# TPM EN INDUSTRIAS DE PROCESO

# TPM EN INDUSTRIAS DE PROCESO

Editado por Tokutarō Suzuki

Originalmente publicado por el
Japan Institute of Plant Maintenance

**TGP-HOSHIN, S. L.**
Marqués de Cubas, 25
Madrid, España

**Productivity Press**
Portland, Oregón

# Indice

## 4 Mantenimiento autónomo

*Kōichi Nakazato*

## 5 Mantenimiento planificado

*Makoto Saitoh*
*Hisao Mizugaki*

## 6 Gestión temprana

*Hisamitsu Ishii*

## 7 Mantenimiento de calidad

*Ykuo Setoyama*

# Mensaje del editor
# en lengua inglesa

El TPM mejora de forma dramática los resultados de las empresas y estimula la creación de lugares de trabajo seguros, gratos y productivos, optimizando las relaciones entre las personas y el equipo que emplean. En época reciente, muchas industrias de proceso del Japón se han beneficiado del TPM, y en años

más recientes aún, divisiones de corporaciones americanas tales como Dupont, Exxon, y Kodak han estado aplicando el TPM en sus procesos. Para ser eficaces, las plantas de proceso deben operar de forma continua durante largos períodos. Los accidentes y averías, incluso los que involucran una sola unidad de la instalación, pueden parar la planta entera y poner en peligro vidas y entorno. Las pérdidas financieras pueden ser devastadoras. Las industrias de proceso necesitan un sistema de gestión de equipos con fuertes rasgos colaborativos como el TPM que pueda garantizar la seguridad, y una operación estable a bajo coste.

Con los años, ha sido un constante placer observar la evolución y maduración de estrategias de mejora eficaces como el TPM. Estamos en deuda con el Japan Institute of Plant Maintenance por la continuidad de su actividad con la que está documentando los *procesos* que fundamentan los excelentes resultados que se logran con el TPM. Mediante la traducción de los nuevos materiales tan pronto como están disponibles, invariablemente vemos como nuevos conceptos y métodos se añaden a los materiales anteriores cubriendo sus lagunas.

*TPM en industrias de proceso*, editado por Tokutarō Suzuki, contiene la experiencia de campo de casi una década en la que se han adaptado los métodos y conceptos TPM, desarrollados en las industrias de manufactura y ensamble, al entorno de las industrias de procesos. Como el anterior *Programa de desarrollo del TPM*, *TPM en las industrias de proceso* incluye capítulos de cada una de las actividades fundamentales del TPM. Sin embargo, como el libro que mencionamos primero se publicó en Japón en 1982, se han añadido conceptos nuevos y refinamientos al programa básico, además de incluir las adaptaciones apropiadas para las industrias de proceso. Este libro, publicado en Japón en 1992, incluye capítulos de temas relativamente nuevos tales como el mantenimiento de calidad (QM) y la programación de la seguridad. Adicionalmente, los capítulos de programas como el mantenimiento planificado y la gestión temprana de equipos (diseño MP) son más claros y más amplios que los escritos anteriores, y reflejan la experiencia de 10 años de aplicaciones y observaciones. El capítulo 12 sobre indicadores y mediciones será particularmente útil para directores que busquen formas de expresar más eficazmente los resultados del TPM.

Como muchos de sus predecesores en nuestra serie de textos TPM, este libro contesta cuestiones que se han estado planteando los lectores del texto básico, *Programa de desarrollo del TPM,* que se publicó en inglés en 1989. Por ejemplo, los tipos de pérdidas que se producen en las industrias de proceso difieren de forma notable de las que se encuentran en las industrias de manufactura y ensamble. A menudo, se nos hacen preguntas sobre métodos de categorización, medición y evaluación de pérdidas en las industrias de proceso. Este libro detalla por primera vez cómo se calcula la *eficacia global de la planta* y revisa, con numerosos ejemplos, la filosofía y estrategias para reducir pérdidas en un entorno de procesos.

Otras cuestiones estudiadas en el libro se refieren a los métodos para promover los programas TPM más fundamentales —por ejemplo, la actividad de equipos de proyectos inter-funcionales encaminada a reducir pérdidas de los equipos. En este libro, estas actividades se denominan «mejora orientada», porque en las industrias de proceso la prioridad de estas actividades es elevar la eficacia de procesos enteros o del conjunto de la planta, no de unidades individuales de equipo. Los proyectos individuales pueden centrarse, por ejemplo, en procesos cuello de botella, o en la simplificación o refinamiento de procesos individuales. Un largo capítulo del consultor del JIPM Kōichi Nakazato explica cómo esta actividad puede planificarse y coordinarse eficazmente a escala de toda la planta —una información que será útil para directores TPM de las plantas de proceso y para los de toda la industria en general.

Otro bloque de actividades básico del desarrollo del TPM es el mantenimiento autónomo realizado por el departamento de producción. Las metas principales del mantenimiento autónomo son aquí las mismas que en el caso del resto de la industria: cambiar la mentalidad de las personas y los hábitos de trabajo utilizando los equipos como medios de instrucción, mientras se persigue el acercamiento al rendimiento óptimo con la participación de los operarios de las máquinas que restauran y controlan su deterioro y corrigen las anomalías. Sin embargo, en las industrias de proceso se han tenido que hacer algunas adaptaciones en los programas y planificación del mantenimiento autónomo. La cuestión clave en los entornos de procesos es: ¿cómo pueden realizar los operarios eficazmente la limpieza, inspección, lubricación y actividades de mejora asociadas con el mantenimiento autónomo cuando son tan elevados el número, variedad, tamaño de equipos y planta y complejidad de procesos en comparación al número de operarios? Este libro revela cómo superar el obstáculo de una baja proporción operarios/equipos, detallando sugerencias prácticas para limitar la cantidad de equipos a incluir en el programa, explicando la planificación y coordinación de la actividad piloto y su despliegue lateral, y realizando ciertos pasos en paralelo.

En algunas implantaciones del TPM en USA, el mantenimiento autónomo se limita a menudo a una «transferencia de tareas»: se forma a los operarios y se les reasignan trabajos PM *requeridos por el equipo en su estado actual.* En el método más progresivo recomendado en este libro, las actividades se centran primeramente en comprender y mejorar las condiciones, y después se define y reasignan las tareas. Conforme se van entendiendo las causas del deterioro y el equipo se restaura y controla mejorando la mantenibilidad, cambia la estructura del trabajo que se requiere.

Esto es particularmente importante a la vista de los planes a largo plazo de muchas empresas que buscan minimizar el personal de operaciones y aumentar el número de instalaciones que funcionan sin presencia de personal. Las actividades a corto plazo pueden involucrar a los operarios realizando el mantenimiento periódico y las reparaciones, en todo o en parte, y mejorando su eficiencia. Sin embargo, el centro de atención a largo plazo de un programa TPM maduro, debe ser mejorar la fiabilidad y mantenibilidad de modo que las responsabilidades futuras de los operarios puedan concebiblemente consistir solamente en la inspección.

Estamos particularmente agradecidos al equipo de autores, todos ellos consultadores del JIPM, por su consentimiento para publicar y compartir su experiencia. Sus ideas se basan en muchos años de trabajo con numerosas empresas. Extendemos nuestra gratitud a Mr. Yoshiki Takahashi, Vicepresidente y Secretario General del JIPM, por autorizar el permiso para la edición en lengua inglesa, y a John Loftus por su excelente traducción.

Damos también las gracias al staff de Productivity Press y colaboradores que han contribuido a la creación de este libro: a Julie Zinkus por su corrección del manuscrito y lectura de pruebas; a Catchword, Inc. por la corrección de pruebas y el índice; a Karen Jones y Jennifer Albert por la dirección editorial; a Bill Stanton y Susan Swanson por el diseño y la dirección de producción; a Caroline Kutil, Michele Saar, Gayle Asmus, y Harrison Typesetting, Inc., por la composición y la preparación del arte; a Jay Cosnett por el diseño de la cubierta.

Norman Bodek
Editor, Productivity Press

Connie Dyer
Director de Investigación y Desarrollo del TPM
Productivity, Inc.

# Prefacio

Han pasado aproximadamente dos décadas desde que el Japan Institute of Plant Maintenance (JIPM) empezó a promover el TPM. Aunque el TPM se desarrolló originalmetne en las industrias de manufactura y ensamble, ahora se ha adoptado activamente en las industrias de proceso. Las empresas japonesas que han introducido el TPM se dividen ahora aproximadamente en una proporción 50/50 entre los dos tipos de industrias.*

El TPM se introdujo originalmente por usuarios de máquinas pero ahora se está implantando cada vez más en los fabricantes de equipos. Se está también extendiendo más allá de los departamentos de producción para abarcar los departamentos administrativos, los de apoyo, los de R & D, y los de ventas. El interés por el TPM crece también por todo el mundo. Por todas partes, hay muchas personas que están empezando a percibir que el TPM es una de las claves de la elevada productividad, la calidad excelente, los costes bajos, y los cortos plazos de fabricación.

El enfoque original del JIPM para la implantación del TPM se describió extensamente en *TPM Development Program* (Productivity Press, 1989, versión en español de TGP en 1992). Sin embargo, el programa descrito en ese libro se inclinaba más bien a las industrias de manufactura y ensamble, y tenía que sufrir algunas adaptaciones para cubrir las necesidades de las industrias de proceso. Para reflejar esas adaptaciones y los recientes desarrollos del TPM en ambos tipos de industrias, el JIPM decidió preparar dos nuevas ediciones diseñadas específicamente para cada industria.

El programa de implantación descrito en la edición para la industria de proceso se ha preparado teniendo siempre presente las características de esta industria. El libro identifica en el capítulo 2 las ocho pérdidas principales comunes a todas las industrias de proceso y describe el pensamiento que apoya la identificación y eliminación de los fallos de equipos y procesos. Explica también la aplica-

---

\* Nota del editor de la edición en inglés: En los Estados Unidos, algo más de una tercera parte de las compañías investigadas que tenían en práctica el TPM en 1990, eran industrias de proceso.

ción del análisis P-M en los proyectos de mejora, utilizando ejemplos de industrias de proceso (cap. 3)

La experiencia que hemos acumulado en el TPM demuestra ampliamente la eficacia de los procedimientos paso a paso. El capítulo 4 detalla un procedimiento de implantación paso a paso del mantenimiento autónomo especialmente diseñado para las industrias de proceso. El capítulo 5 describe cómo puede utilizarse eficientemente un procedimimiento paso a paso para desarrollar un sistema de mantenimiento planificado.

En el capítulo 6 revisamos la gestión temprana del equipo, dando un máximo énfasis a las fases iniciales con la intención de acortar los períodos de marcha en pruebas y lograr un arranque inmediato, libre de problemas. Los capítulos adicionales describen también programas paso a paso para desarrollar un sistema de mantenimiento de calidad (cap. 7), y para educar y formar a los operarios cualificados y técnicos de mantenimiento que se necesitan en las industrias de proceso (cap. 8).

En Japón, crece rápidamente el interés por el TPM en los departamentos administrativos y de apoyo, por lo que el capítulo 9 se destina a esta nueva área. El capítulo 10 trata de la programación de la seguridad en las industrias de proceso, porque la eliminación de accidentes y de la polución es una parte integral de las ocho actividades TPM nucleares descritas en el libro. El capítulo 11 explica las diferencias entre las actividades de pequeños grupos TPM y las de los círculos de calidad, y sugiere métodos para energizar los pequeños grupos como uno de los vectores directrices del TPM.

El capítulo final examina la filosofía del establecimiento de objetivos, detalla los tipos de indicadores de rendimientos utilizados hoy, y ofrece ejemplos de logros actuales del TPM.

Las industrias de proceso están empezando a aplicar el TPM y se espera que muchas otras empresas lo introducirán en el futuro. En nombre de todos los autores, espero que este libro pueda ayudar de alguna forma a esas empresas a introducir eficientemente el TPM y que consigan sus indudables beneficios.

Tokutarō Suzuki
Vicepresidente, Japan Institute of Plant Maintenance
Director, TPM General Research Institute

# Autores

*Supervisor general:*

Tokutarō Suzuki
Vicepresidente, Japan Institute of Plant Maintenance (JIPM)
Director, TPM General Research Institute


*Autores:*

Tokutarō Suzuki – Capítulo 1


Ainosuke Miyoshi – Capítulos 2 y 12
    Consultor Principal, JIPM
    Director, TPM General Resarch Institute, Centro Técnico


Kōichi Nakazato – Capítulos 3 y 4
    Consultor, JIPM
    Director, TPM General Research Institute,
    Centro Técnico, División Técnica


Hisao Mizugaki – Capítulo 5
    Consultor, JIPM
    TPM General Research Institute
    Centro Técnico, División Técnica

Makoto Saitoh – Capítulo 5
    Consultor, JIPM
    TPM General Research Institute
    Centro Técnico, División Técnica

Hisamitsu Ishii – Capítulos 6 y 8
    Consultor, JIPM
    TPM General Research Institute
    Centro Técnico, División Técnica

Ikuo Setoyama – Capítulos 7 y 10
    Consultor, JIPM
    TPM General Research Institute
    Centro Técnico, División Técnica

Makoto Harada – Capítulo 9
    Consultor, JIPM
    TPM General Research Institute
    Centro Técnico, División Técnica

Akira Ichikawa – Capítulo 11
    Consultor, JIPM
    TPM General Research Institute,
    Centro Técnico, División Técnica

# 1
# Visión general del TPM en las industrias de proceso

Las industrias de proceso japonesas introdujeron el mantenimiento preventivo (PM) relativamente pronto porque los volúmenes y tasas de producción, calidad, seguridad, y entorno dependen casi enteramente del estado de la planta y el equipo. Los sistemas de mantenimiento preventivo y productivo* introducidos por las industrias de proceso japonesas han tenido un papel importante en la mejora de la calidad del producto y en la productividad. Han contribuido significativamente al progreso global en la gestión y al expertise en áreas tales como el mantenimiento especializado, la creación de sistemas de gestión de los equipos, la mejora de la tecnología de equipos, y la elevación de la productividad del mantenimiento.

## ORIGEN Y DESARROLLO DEL TPM

Mientras las industrias de proceso avanzaban en el mantenimiento preventivo y productivo, las industrias de manufactura y ensamble invertían en nuevos equipos esforzándose en ser menos intensivas en mano de obra. Los equipos utilizados por estas industrias se han estado automatizando y sofisticando cada vez más, y Japón es ahora un líder mundial en el uso de robots industriales. Esta tendencia hacia la automatización, combinada con la producción «just-in-time», estimuló el interés en mejorar la gestión del mantenimiento en las industrias de manufactura y ensamble. Esto dio origen a un enfoque exclusivamente japonés denominado *mantenimiento productivo total* (TPM), una forma de mantenimiento productivo que involucra a todos los empleados.

---

\* El mantenimiento preventivo se introdujo en Japón, desde USA, en los años 50. El mantenimiento productivo, desarrollado en los años 60, incorporó disciplinas tales como el diseño para prevenir el mantenimiento, ingeniería de fiabilidad y mantenibilidad, e ingeniería económica para elevar la eficiencia de la vida entera del equipo.

1

### Difusión del TPM

El TPM surgió y se desarrolló inicialmente en la industria del automóvil y rápidamente pasó a formar parte de la cultura corporativa de empresas tales como Toyota, Nissan, y Mazda, y de sus suministradores y filiales. Se ha introducido también posteriormente en otras industrias tales como electrodomésticos, microelectrónica, máquinas herramientas, plásticos, fotografía, etc.

También las industrias de proceso, partiendo de sus experiencias de mantenimiento preventivo, han empezado a implantar el TPM. En los últimos años, han estado incorporando el TPM un creciente número de plantas de procesos de industrias de la alimentación, caucho, refinerías de petróleo, químicas, farmacéutica, gas, cemento, papeleras, siderurgia, impresión, etc.

Inicialmente, las actividades TPM se limitaron a los departamentos directamente relacionados con los equipos. Sin embargo, como muestra la figura 1-1, actualmente los departamentos administrativos y de apoyo, a la vez que apoyan activamente al TPM en la producción, lo aplican también para mejorar la eficacia de sus propias actividades. Los métodos de mejora TPM se están aplicando también en los departamentos de desarrollo y ventas.

Esta última tendencia subraya la creciente importancia de considerar desde la fase inicial del desarrollo no sólo los procesos y equipos de producción sino también los productos, con el objetivo de simplificar la producción, mejorar el aseguramiento de la calidad, y la eficiencia, y reducir el período de arranque de una nueva producción. Estos temas son de particular importancia en las industrias de proceso de hoy, conforme continua la diversificación de los productos y se van acortando los ciclos de vida de los mismos.

En años recientes, se ha extendido el interés por el TPM fuera del Japón. Muchas industrias de Estados Unidos, Europa, Asia y Sudamérica están trabajando activamente, o planifican hacerlo, sobre TPM.

### ¿Por qué es tan popular el TPM?

Hay tres razones principales por las que el TPM se ha difundido tan rápidamente en la industria japonesa y ahora lo esté haciendo por todo el mundo: garantiza drásticos resultados, transforma visiblemente los lugares de trabajo, y eleva el nivel de conocimiento y capacidad de los trabajadores de producción y mantenimiento.

#### *Resultados tangibles significativos*

Las empresas que ponen en práctica el TPM invariablemente logran resultados sobresalientes, particularmente en la reducción de averías de los equipos, la minimización de los tiempos en vacío y pequeñas paradas (algo indispensable

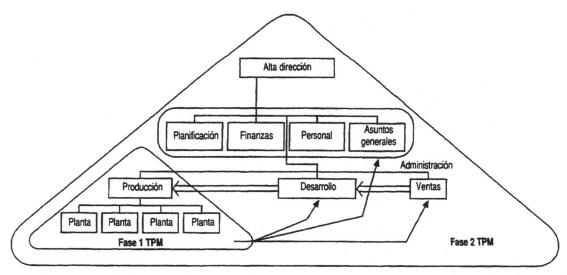

Fase 1 TPM: TPM en Departamento de Producción
Fase 2 TPM: Toda la empresa: producción, ventas, desarrollo, administración.

**Figura 1-1.   Desde el TPM en el departamento de producción al TPM en toda la empresa**

en las instalaciones sin personal); en la disminución de defectos y reclamaciones de calidad; en la elevación de la productividad, reducción de los costes de personal, inventarios y accidentes; y en la promoción de la implicación de los empleados (como lo demuestra el aumento en el número de sugerencias de mejora). (Véase tabla 1-1).

## Transformación del entorno de la planta

A través del TPM, una planta sucia, oxidada cubierta de aceite y grasa, con fugas de lubricantes y polvo, puede transformarse en un entorno de trabajo grato y seguro. Los clientes y otros visitantes quedan gratamente impresionados por estos cambios, y aumenta su confianza en los productos y en la calidad de la gestión de la planta.

## Transformación de los trabajadores de la planta

Conforme las actividades TPM empiezan a rendir resultados concretos (mejorando el entorno de trabajo, minimizando las averías, mejorando la calidad, reduciendo los tiempos de cambio de útiles, etc.), los trabajadores se motivan, aumenta su integración en el trabajo, y proliferan las sugerencias de mejora. Las personas empiezan a pensar en el TPM   como parte necesaria de su trabajo cotidiano.

**Tabla 1-1. Ejemplos de resultados TPM**

---

**Beneficios tangibles**

P  . . . .  Aumento de la productividad neta: entre 1,5 y 2 veces

  • Descenso del número de averías súbitas: desde 1/10 a 1/250 parte de lo anterior

  • Eficacia global de la planta: de 1,5 a 2 veces de anterior

Q  . . . .  Descenso de tasa de defectos del proceso: 90%

  Descenso de reclamaciones de clientes: 75%

C  . . . .  Reducción de costes de producción: 30%

D  . . . .  Stocks de productos y trabajos en curso: reducción a la mitad

S  . . . .  Accidentes: 0

  Incidentes de polución: 0

M  . . . .  Sugerencias de mejora: de 5 a 10 veces más que antes

**Beneficios intangibles**

• Logro de autogestión plena: los operarios asumen las responsabilidad del equipo, se ocupan de él sin recurrir a los departamentos indirectos.
• Se eliminan averías y defectos y se infunde confianza en «puedo hacerlo»
• Los lugares de trabajo antes sucios y grasientos, son ahora limpios, brillantes y vivos
• Se ofrece una mejor imagen a los visitantes y clientes

---

El TPM ayuda a los operarios a entender su equipo y amplía la gama de tareas de mantenimiento que pueden practicar. Les da oportunidad de hacer nuevos descubrimientos, adquirir conocimientos, y disfrutar de nuevas experiencias. Refuerza la motivación, genera interés y preocupación por el equipo, y alimenta el deseo de mantener el equipo en óptimas condiciones.

## CARACTERISTICAS ESPECIALES DE LAS INDUSTRIAS DE PROCESO

Las industrias de proceso se distinguen de la manufactura y las industrias de ensamble por algunas características específicas que, desde luego, tienen su efecto en la implantación del TPM.

*Sistemas de producción diversos.* El término «industrias de proceso» cubre una amplia variedad de industrias que incluye el refino de petróleo, petroquímica,

química general, siderurgia, generación eléctrica, gas, papeleras, cemento, alimentación, farmacéutica, y textil. Las plantas de estas industrias emplean una mezcla de regímenes de producción diversos que van desde la producción continua completamente integrada hasta la producción en lotes o cargas. Asimismo, la tendencia hacia la diversificación y variedad de productos, y la producción en pequeños lotes ha conducido en muchos casos a tener en la misma planta áreas de producción en proceso junto con manufactura y ensamble.

*Diversidad de equipos.* En las industrias de proceso, los procesos de producción consisten en una combinación de operaciones unitarias tales como la pulverización, disolución, reacción, filtración, absorción, concentración, cristalización, separación, moldeado, secado, calentamiento, y cribado, junto con el manejo y transporte de diversas sustancias. Las instalaciones incluyen unidades estáticas tales como columnas, tanques, intercambiadores de calor, calderas y hornos; maquinaria rotativa, bombas, compresores, motores, y turbinas; y la tubería, y sistemas eléctricos e instrumentación que conectan el conjunto.

*Uso de equipo estático.* El equipo estático es una característica particularmente notable de las industrias de proceso. La naturaleza especial de estos equipos requiere actividades TPM que se centren en la relación entre las condiciones de proceso y la calidad del producto e incluyen técnicas para diagnosticar la corrosión, fisuras, quemaduras, obstrucciones, fugas, etc.

*Control centralizado y pocos operarios.* Al contrario que en las industrias de manufactura y ensamble, en las industrias de proceso el control está centralizado. Muchas industrias de proceso tienen una producción integrada y continua con control centralizado de grandes complejos de equipos. A menudo, una amplia gama de equipos está controlada por unos pocos operarios.

*Diversos problemas relacionados con los equipos.* Además de las obstrucciones, fugas, y otros problemas de proceso, el equipo a menudo está plagado de fallos tales como fisuras, roturas, corrosión, agarrotamientos, fatiga, holguras, piezas que se desprenden, desgastes, distorsiones, quemaduras, cortocircuitos, aislamiento defectuoso, cables rotos, operación defectuosa, fugas de corriente, y sobrecalentamiento. Sin embargo, los problemas más comunes son la corrosión, fugas y obstrucciones.

*Alto consumo de energía.* Muchos de los procesos de estas industrias, como por ejemplo, la disolución, reacción, cristalización, horneado, o secado, consumen grandes cantidades de energía eléctrica, gasoil, agua, etc.

*Uso común de unidades de reserva y conexiones de derivación.* Para aliviar los efectos de las averías, es una práctica estándar instalar equipos de reserva, conexiones de derivación, etc.

*Alto riesgo de accidentes y polución.* Algunos procesos manejan sustancias peligrosas o tóxicas y se operan a altas temperaturas y presiones, con el riesgo de explosiones y polución del entorno. Esto hace esencial una estricta gestión de la planta, así como un cuidadoso cumplimiento de los reglamentos.

*Entorno de trabajo deficiente.* Los productos intermedios y finales manejados en las industrias de proceso usualmente consisten en cargas de materiales pulvígenos, líquidos o sólidos. En este contexto, se considera inevitable que el entorno de trabajo se ensucie como resultado de la dispersión de partículas, derrames, fugas etc., condiciones que con frecuencia causan problemas en los equipos.

*Mantenimiento con parada de instalaciones.* El mantenimiento a máquina parada es una característica distintiva de las industrias de proceso. Cuidadosamente planificado, y sistemáticamente ejecutado, el mantenimiento con parada general se considera el modo más eficaz de evitar las averías. Sin embargo, como este tipo de mantenimiento consume un tiempo considerable y es muy intensivo en mano de obra, es también costoso. Encontrar el modo más eficaz de realizar el mantenimiento con parada de instalaciones es por tanto una preocupación perenne de las industrias de proceso.

## DEFINICION DEL TPM

Como las actividades TPM fueron contempladas primeramente en el entorno de los departamentos de producción, el TPM se definió originalmente por el Japan Institute of Plant Maintenance (JIPM) incluyendo las siguientes cinco estrategias:

1. Maximizar la eficacia global que cubra la vida entera del equipo.
2. Establecer un sistema PM global que cubra la vida entera del equipo.
3. Involucrar a todos los departamentos que planifiquen, usen y mantengan equipos.
4. Involucrar a todos los empleados desde la alta dirección a los operarios directos.
5. Promover el PM motivando a todo el personal, p.e., promoviendo las actividades de los pequeños grupos autónomos.

Sin embargo, el TPM se aplica por toda la empresa, abarcando los departamentos de desarrollo del producto, así como los administrativos y de ventas. Para reflejar esta tendencia, el JIPM ha introducido en 1989 una nueva definición del TPM, con los siguientes componentes estratégicos:

1. Crear una organización corporativa que maximice la eficacia de los sistemas de producción.

2. Gestionar la planta con una organización que evite todo tipo de pérdidas (asegurando los cero accidentes, defectos y averías) en la vida entera del sistema de producción.
3. Involucrar a todos los departamentos en la implantación del TPM, incluyendo desarrollo, ventas y administración.
4. Involucrar a todos, desde la alta dirección a los operarios de la planta, en un mismo proyecto.
5. Orientar decididamente las acciones hacia las «cero-pérdidas» apoyándose en las actividades de los pequeños grupos.

## GESTION DEL EQUIPO EN LAS INDUSTRIAS DE PROCESO

La gestión de los equipos en las industrias de proceso tiene los tres aspectos que se muestran en la figura 1-2. El primero involucra la planificación para el ciclo completo de la vida del equipo. El balance («trade-off») entre costes y tecnología debe realizarse contemplando la vida entera de la instalación, desde el momento en que una máquina o instalación se planifica y diseña hasta su reem-

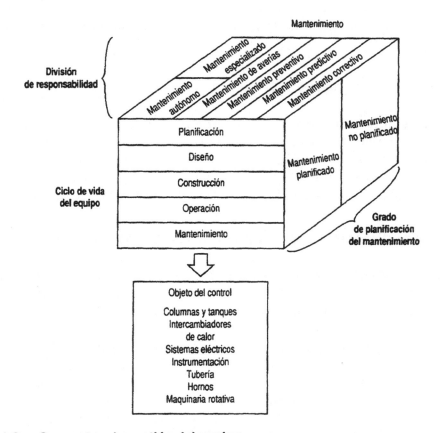

**Figura 1-2.   Conceptos de gestión del equipo**

plazo. El segundo aspecto se refiere al tipo de mantenimiento a realizar, esto es, el enfoque (preventivo, correctivo, predictivo, etc.,) y su frecuencia (programado o no programado). Para eliminar averías, las empresas deben combinar inteligentemente estos diferentes conceptos de mantenimiento.

El tercer aspecto involucra la asignación de responsabilidades para el mantenimiento, esto es, decidir qué tareas se realizarán autónomamente por los operarios de producción o por especialistas de mantenimiento. Hasta el momento presente, los departamentos de producción y mantenimiento atacan algunas tareas de mantenimiento independientemente y otras en colaboración. Sin embargo, la frontera es probable que esté cambiando conforme los equipos se automatizan y se requiere menos intervención de personas. Deben considerarse también los tipos de equipos que se gestionan. La combinación de estrategias adoptadas para lograr los cero averías, defectos y accidentes variará dependiendo de las categorías particulares de equipos, tales como columnas, tanques, intercambiadores de calor, tubería, maquinaria rotativa, sistemas eléctricos, instrumentación, y hornos.

## DESARROLLO DEL TPM

El TPM se implanta normalmente en cuatro fases (preparación, introducción, implantación, y consolidación), que pueden descomponerse en doce pasos (véase tabla 1-2).

### Fase de preparación (pasos 1-5)

Es vital elaborar cuidadosa y prolijamente los fundamentos para un programa TPM. Si la planificación es descuidada, se necesitarán repetidas modificaciones y correcciones durante la implantación. La fase de preparación arranca con el anuncio de la alta dirección de su decisión de introducir el TPM y se completa cuando se ha formulado el plan maestro plurianual de desarrollo del TPM.

### Paso 1: La alta dirección anuncia su decisión de introducir el TPM

Todos los empleados deben comprender el porqué de la introducción del TPM en su empresa y estar convencidos de su necesidad. La elevación de los costes de las primeras materias y los materiales intermedios, la caída de los precios de los productos, y otros factores negativos del entorno, fuerzan a las industrias a organizarse más eficazmente. Muchas empresas están adoptando el TPM como un medio para resolver complejos problemas internos y luchar contra las turbulencias económicas. No es necesario explicar, que la alta dirección debe considerar cuidadosamente estos puntos antes de anunciar su decisión de introducir el TPM.

Sin embargo, cuando la alta dirección formule este compromiso, debe dejar claro su intención de seguir el programa TPM hasta su finalización. Esto informa a todos los empleados y órganos empresariales que la dirección comprende el valor estratégico del TPM y que facilitará el apoyo físico y organizacional necesario para resolver los diversos problemas que inevitablemente surgirán durante la implantación. La etapa de preparación para el TPM comienza con este anuncio.

**Tabla 1-2. Los doce pasos del nuevo programa TPM**

| Paso | Puntos clave |
|---|---|
| **Preparación** | |
| 1. Anuncio formal de la decisión de introducir el TPM | La alta dirección anuncia su decisión y el programa de introducción del TPM en una reunión interna; publicidad en revista de la empresa, etc. |
| 2. Educación sobre TPM introductoria y campaña de publicidad | • Dirección superior: grupos de formación para niveles específicos de dirección<br>• Empleados: cursos, diapositivas, ejemplos, etc. |
| 3. Crear una organización para promoción interna del TPM | • Comité de dirección y subcomités especializados<br>• Oficina de promoción del TPM |
| 4. Establecer los objetivos y políticas básicas TPM | • Establecer líneas de actuación estratégica y objetivos<br>• Prever efectos |
| 5. Diseñar un plan maestro para implantar el TPM | Desde la fase de preparación hasta la postulación para el Premio PM |
| **Introducción** | |
| 6. Introducción lanzamiento del proyecto empresarial TPM | Invitar a clientes, filiales, y subcontratistas |
| 7. Crear una organización corporativa para maximizar la eficacia de la producción | Perseguir hasta el final la eficacia global de la producción |
| 7-1 Realizar actividades centradas en la mejora | Actividades de equipos de proyectos y de pequeños grupos en puntos de trabajo |
| 7-2 Establecer y desplegar programa de mantenimiento autónomo | Proceder paso a paso, con auditorías y certificando la superación de cada paso |
| 7-3 Implantar un programa de mantenimiento planificado | • Mantenimiento correctivo<br>• Mantenimiento con parada<br>• Mantenimiento predictivo |
| 7-4 Formación sobre capacidades para mantenimiento y operación correctos | Educación de líderes de grupo que después forman a miembros de grupos |
| 8. Crear un sistema para la gestión temprana de nuevos equipos y productos | Desarrollar productos y equipos fáciles de usar y mantener |
| 9. Crear un sistema de mantenimiento de calidad | Establecer, mantener y controlar las condiciones para el cero defectos |
| 10. Crear un sistema administrativo y de apoyo eficaz: TPM en departamentos indirectos | • Incrementar la eficacia de los departamentos de apoyo a producción<br>• Mejorar y agilizar las funciones administrativas y el entorno de oficinas |
| 11. Desarrollar un sistema para gestionar la salud, la seguridad y el entorno | Asegurar un entorno de trabajo libre de accidentes y polución |
| **Consolidación** | |
| 12. Consolidar la implantación del TPM y mejorar las metas y objetivos legales | • Postular para el Premio PM<br>• Contemplar objetivos más elevados |

## Paso 2: Educación introductoria para el TPM

Antes de poner en práctica un programa TPM debe comprenderse. Para garantizar que todos comprenden las características del TPM, y las razones estratégicas que han llevado a la dirección a aceptarlo, se planifican seminarios externos y planes de formación internos adecuados para cada nivel.

## Paso 3: Crear una organización de promoción del TPM

El TPM se promueve a través de una estructura de pequeños grupos que se solapan en toda la organización. Como muestra la figura 3-1, en este sistema, los líderes de pequeños grupos de cada nivel de la organización son miembros de pequeños grupos del siguiente nivel más elevado. También la alta dirección constituye en sí misma un pequeño grupo. Este sistema es extremadamente eficaz para desplegar las políticas y objetivos de la alta dirección por toda la organización.

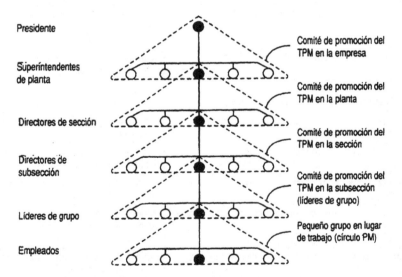

**Figura 1-3.  Solapamiento de actividades de pequeños grupos**

Se debe establecer una oficina de promoción del TPM que se responsabilice de desarrollar y promover estrategias eficaces de promoción del TPM. Para ser eficaz, la oficina debe funcionar con personal permanente, de plena dedicación, ayudado por varios comités y subcomités. Sus funciones incluyen tareas tales como preparar el plan maestro TPM y coordinar su promoción, crear pautas para mantener las diversas actividades TPM en el camino previsto, dirigir campañas sobre temas específicos, diseminar información, y organizar la publicidad. La oficina de promoción juega un papel especialmente importante en la gestión de la implantación del mantenimiento autónomo y en centrar las actividades de mejora (Véanse capítulos 3 y 4).

### Paso 4: Establecer políticas y objetivos TPM básicos

La política TPM básica debe ser parte integral de la política global de la empresa y debe indicar los objetivos y directrices de las actividades a realizar (véase figura 1-4). Los objetivos TPM deben relacionarse con la planificación estratégica de la empresa, es decir, con los objetivos de negocio a medio y largo plazo y deben decidirse solamente después de consultas prolongadas con todos los interesados, incluida la alta dirección. El programa TPM debe durar lo suficiente para obtener los objetivos fijados.

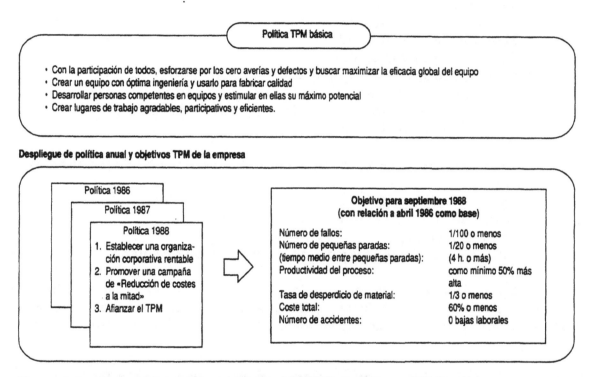

**Figura 1-4. Ejemplo de política y objetivos TPM básicos (Kansai NEC)**

Hay que expresar objetivos numéricos en el máximo grado posible. Al establecer objetivos, empezar por establecer bases de referencia claras. Estas deben facilitar una medición instantánea de la situación existente y expresarse parcialmente de modo cuantitativo y parcialmente cualitativo. Establecer un objetivo significa contemplar un nivel deseable de logro por encima de una línea de fondo particular. La cuestión más difícil es siempre decidir cuánto más hay que situar el objetivo por encima de la base de referencia. Los objetivos deben ser desafiantes, pero alcanzables. Recomendamos revisar el capítulo 12 para más detalles sobre el establecimiento de objetivos y de indicadores del progreso.

### Paso 5: Diseñar un plan maestro TPM

Para formular un plan maestro de implantación, hay primero que decidir las actividades a poner en práctica para lograr los objetivos TPM. Este es un paso importante. Cada empresa ha de reflexionar y decidir sobre los modos más eficientes de cubrir los desfases entre la situación de partida y los objetivos, y entre éstos y las bases de referencia.

Las ocho actividades nucleares TPM (sus pilares tradicionales) son:

- Mejoras orientadas
- Mantenimiento autónomo
- Mantenimiento planificado
- Formación y adiestramiento
- Gestión temprana de los equipos
- Mantenimiento de calidad
- Actividades de departamentos administrativos y de apoyo
- Gestión de seguridad y entorno

Otras actividades particularmente importantes en plantas de proceso específicas incluyen:

- Diagnósticos y mantenimiento predictivo
- Gestión del equipo
- Desarrollo de productos y diseño y construcción de equipos

Estas actividades necesitan presupuestos y orientaciones claras. Asimismo, deben supervisarse apropiadamente. Debe prepararse un programa con hitos claramente visibles para cada actividad, integrando todos ellos en el plan maestro.

### Fase de introducción - Paso 6: «Saque inicial» del proyecto TPM

Una vez que se ha aprobado el plan maestro, puede tener lugar el «saque inicial» del TPM. Este comienzo debe perfilarse para cultivar una atmósfera que eleve la moral e inspire dedicación. En Japón, consiste a menudo en una reunión de todo el personal a la que se invitan clientes, filiales y subcontratistas. En la reunión, la alta dirección confirma su compromiso de implantar el TPM e informa de los planes desarrollados y el trabajo realizado durante la fase de preparación.

### Fase de implantación (pasos 7-11)

Durante la fase de implantación, se realizan actividades seleccionadas para lograr los objetivos del plan maestro. Debe ajustarse el orden y plazo de las actividades de los pasos 7-11 para adaptarlos a las características particulares de la empresa, división, o planta. Algunas actividades pueden realizarse simultáneamente. A continuación, se resumen los pilares o actividades TPM fundamentales.

### Fase de consolidación - Paso 12: Afianzar los niveles logrados y mejorar las metas

En Japón, la primera fase de un programa TPM termina cuando una empresa gana un Premio PM. Sin embargo, las actividades TPM corporativas no terminan aquí. Hay que continuar engarzándolas firmemente en la cultura corporativa haciéndolas cada vez más eficaces.

Una corporación crece persiguiendo continuamente objetivos cada vez más elevados: objetivos que reflejen una visión de lo que la corporación cree debe llegar a ser. Las empresas se están esforzando en realizar planes estratégicos que garanticen su supervivencia y rentabilidad en los próximos años. Los programas TPM deben apoyarlas en este esfuerzo.

Recientemente, más corporaciones están percibiendo la importancia de no contentarse con las mejoras aportadas por su programa TPM inicial. Tales corporaciones están introduciendo una fase adicional en sus actividades con la intención de ganar el Premio PM Especial.

## ACTIVIDADES FUNDAMENTALES DEL DESARROLLO DEL TPM

Las empresas deben seleccionar y poner en práctica actividades que logren eficiente y eficazmente los objetivos estratégicos del TPM. Aunque diferentes empresas pueden seleccionar actividades ligeramente diferentes, las más comunes son las ocho descritas a continuación. Se ha podido comprobar que rinden resultados excelentes cuando se realizan apropiadamente, y son el fundamento y soporte de cualquier programa de desarrollo TPM.

### Paso 7-1: Mejoras orientadas

Las *mejoras orientadas* son un tipo de actividad realizada por equipos de proyectos inter-funcionales compuestos por personas tales como ingenieros de producción, personal de mantenimiento, y operarios. Estas actividades están pensadas para minimizar las pérdidas que se busca erradicar, que se han medido y evaluado cuidadosamente.

Además de las siete pérdidas principales que se experimentan en las industrias de manufactura y ensamble, las industrias de proceso tienen tres tipos adicionales de pérdidas: pérdidas relacionadas con el personal producidas por una operación deficiente; pérdidas de primeras materias relacionadas con el rendimiento,consumo unitario y el reciclaje de productos; y pérdidas de gestión tales como las relacionadas con el consumo de energía y el mantenimiento con parada general. (El capítulo 2, revisa detalladamente el procedimiento para identificar, medir, y atacar las diversas pérdidas de las industrias de proceso).

En las industrias de proceso, las actividades de mejora orientada se dirigen a temas específicos tales como un proceso, un flujo del sistema, una unidad de la instalación, o un procedimiento operativo.Por ejemplo, el diseño del proceso debe ser parte integral del desarrollo y mejora del producto. Un proyecto de mejora orientada puede tratar temas vitales tales como establecer criterios para seleccionar procesos y sus condiciones, descubrir deficiencias en las condiciones del proceso, y localizar y cubrir desfases entre las condiciones de proceso ideales y las actuales.

La tendencia hacia operaciones sin intervención humana está muy avanzada en las industrias de proceso y probablemente irá aún más allá en el futuro. Por esta razón, las ideas para estabilizar los procesos y eliminar averías de los equipos, tiempos en vacío, y pequeñas paradas son también temas importantes para la mejora orientada.

Cuando la atención se centra estrictamente en el equipo, los equipos de proyecto siguen un procedimiento similar al desarrollado en las industrias de manufactura y ensamble. Es decir, documentan y analizan las pérdidas principales relacionadas con los equipos, y entonces estudian cuidadosamente el equipo para identificar las condiciones que se requieren en el proceso para asegurar que se satisfacen esas condiciones.

Sin embargo, sea que la atención se centre en el proceso, el flujo del trabajo, el equipo, o los procedimientos operativos, el equipo de mejora utiliza sistemáticamente los métodos de análisis de causas, tales como el análisis P-M u otros.

El capítulo 3 facilita una revisión detallada de la planificación y gestión de las actividades de equipos de mejora, los métodos empleados,las estrategias para algunas pérdidas específicas, y ejemplos de casos concretos.

### Paso 7-2: Mantenimiento autónomo

El mantenimiento autónomo, detallado extensamente en el capítulo 4, es una de las actividades más características del TPM. Después de que se introdujo en el Japón, procedente de Estados Unidos, el mantenimiento preventivo, se separaron formalmente las funciones de operación y las de mantenimiento. Como los operarios perdieron responsabilidades respecto al equipo, gradualmente perdieron sensibilidad respecto a su mantenimiento.

El mantenimiento autónomo practicado en el TPM invierte esta tendencia. Los operarios se involucran en el mantenimiento de rutina y en actividades de mejora que evitan el deterioro acelerado, controlan la contaminación, y ayudan a mejorar las condiciones del equipo. Como las plantas de proceso emplean un pequeño número de operarios en relación al número y tamaño de los equipos, las estrategias para lograr los objetivos del mantenimiento autónomo deben adaptarse de alguna forma respecto al procedimiento tradicional seguido en las industrias de manufactura y ensamble. Cuando se planifica el mantenimiento autónomo para entornos individuales de proceso, se debe:

- Considerar cómo pueden realizarse más eficazmente las acciones de mantenimiento autónomo en los diferentes tipos de equipos
- Investigar la importancia relativa de los diferentes elementos del equipo y determinar los enfoques de mantenimiento apropiados
- Priorizar las tareas de mantenimiento
- Asignar apropiadamente responsabilidades entre el personal de producción y el de mantenimiento especializado

Las actividades de mantenimiento autónomo se articulan e implantan en una sucesión de pasos y son eficaces solamente si se controla estrictamente la progresión de un paso al siguiente. Para gestionar esto, se designan grupos oficiales de auditoría y se establecen estándares de aprobación o fallo para cada paso. Un director de la planta debe dar la aprobación final para la graduación de cada grupo y autorizar el movimiento al paso siguiente.

¿Por qué es tan importante el control estricto? La limpieza inicial (paso 1), por ejemplo, debe ir mucho más allá del simple hecho de limpiar y ordenar el equipo y áreas adyacentes. Si los esfuerzos del equipo no se centran en identificar y resolver rápidamente los problemas encontrados en el curso de una limpieza profunda, no podrán lograrse los objetivos de eliminar y controlar el deterioro.

Similarmente, dependiendo de la situación de la planta, la sal marina, la lluvia, o la nieve, etc., pueden corroer el equipo y erosionar sus cimientos. Productos tales como los materiales pulvígenos, líquidos, sólidos, gases, etc., pueden también causar un deterioro acelerado del equipo, mediante la dispersión de partículas, las fugas, las obstrucciones y otros fenómenos. Cómo se tratará ese deterioro dependerá en parte del entorno, del equipo, o forma del producto. Sin embargo, si no se ejecuta apropiadamente el paso 2 del programa de mantenimiento autónomo (acción contra las fuentes de contaminación y lugares inaccesibles), el programa decaerá deslizándose hacia atrás, al paso 1, o aún más atrás. Es esencial auditar paso a paso las actividades de los equipos para tenerles adecuadamente centrados en los objetivos de cada paso de forma que se logre una plena implantación del mantenimiento autónomo. Para un examen detallado del mantenimiento autónomo en las industrias de proceso, véase el cap. 4.

### *Paso 7-3: Mantenimiento planificado*

El mantenimiento planificado o programado, detallado en el capítulo 5, abarca tres formas de mantenimiento: el de averías, el preventivo, y el predictivo.

Como con otras actividades TPM, la creación de un sistema de mantenimiento planificado debe hacerse sistemáticamente, superando un paso cada vez.

La finalidad de realizar el mantenimiento preventivo y predictivo es eliminar las averías, pero incluso cuando se realizan prácticas de mantenimiento sistemáticas, siguen ocurriendo fallos inesperados. Tales fallos revelan elementos inapropiados en el «timing» y contenido de los planes de mantenimiento y ponen a la luz que hay medidas ineficaces de prevención de fallos. En el TPM, las actividades de mantenimiento planificado resaltan la importancia de controlar los tiempos medios entre fallos (MTBF) y de usar ese análisis para especificar los intervalos de las tareas (calendarios de mantenimiento semanal, mensual, anual, etc.).

Un ejemplo clásico de mantenimiento planificado es el realizado con parada general de la instalación*. Para hacerlo más eficaz, las empresas lo preparan cada vez con más anticipación. Su objetivo es perfilar planes fiables antes de que comience el trabajo. Como las tareas realizadas durante el mantenimiento con la instalación parada siguen un patrón preestablecido, es útil basar el plan de trabajo en un diagrama de estructura descompuesta del trabajo (WBS). Este diagrama facilita estimaciones precisas de las tareas a realizar durante el mantenimiento, junto con sus magnitudes. Puede utilizarse para calibrar el personal y materiales necesarios para cada tarea y supervisar el presupuesto y objetivos. (Véase cap. 5).

### Paso 7-4: Formación y adiestramiento

La fuerza laboral de una empresa es un activo de gran valor, y todas las empresas deben formar sistemáticamente a sus empleados. Los trabajadores de las industrias de proceso son cada vez más escasos, forman parte de un élite, y cada vez tienen una formación más polivalente, de modo que su adiestramiento debe ser una parte vital del sistema de recursos humanos. Hay que visualizar el tipo de personas que se desea formar y los programas apropiados. En otras palabras, hay que identificar los conocimientos específicos, capacidades, y habilidades de gestión que se desea tener y entonces programar la formación para lograr tal visión. (Véase cap. 8 para modelos de proyectos de programas eficientes).

La formación debe también ajustarse para servir necesidades individuales. Hay que evaluar a cada persona para medir su grado de asimilación de los conocimientos y capacidades requeridos e identificar sus debilidades, y con todo ello programar más eficazmente la formación. Los trabajadores y supervisores deben examinar anualmente los resultados de esta evaluación y en función de esto fijar los objetivos del año próximo y los planes para la fase siguiente.

---

* Debido a un cambio en la ley, el mantenimiento con parada general de las grandes plantas en Japón puede hacerse ahora cada dos años, dependiendo del tipo y estado del equipo, y de que se haya pasado un examen y recibido autorización oficial. La práctica de un programa TPM es un factor favorable para recibir la autorización.

Deben establecerse programas consistentes para lograr los objetivos previstos y, al decidir la clase de personal que se desea tener en un determinado plazo, se diseñan entonces planes globales para la formación en el trabajo y fuera del trabajo (concretando cursos y seminarios).

### Paso 8: Gestión temprana de nuevos equipos y productos

La *gestión temprana,* que se trata en el capítulo 6, incluye la gestión temprana o anticipada del equipo y del producto. La finalidad de estas actividades es lograr —rápida y económicamente— productos que sean fáciles de fabricar y equipos de fácil utilización. Esta sección describe la gestión temprana del equipo.

La gestión temprana del equipo concierne a los usuarios de los equipos, a las empresas de ingeniería, y a los fabricantes de equipos. Habitualmente, se cubren las siguientes etapas:

- Planificación de la investigación de equipos
- Diseño de procesos
- Proyectos de equipos, fabricación e instalación
- Someter a test la operación
- Gestión del arranque

Todas las actividades, desde el proyecto inicial de un equipo hasta su instalación y test, pueden verse como un solo proyecto. El proyecto arranca con el diseño del proceso, el proyecto básico de la planta, y los planos y especificaciones detallados que incluyen el aprovisionamiento, la fabricación, la construcción, y el test de funcionamiento. En su planificación, el equipo de proyecto determina los niveles técnicos de equipo y planta (funciones y rendimientos) junto con los niveles de disponibilidad (fiabilidad, mantenibilidad, etc.), y entonces prepara presupuestos y programas para alcanzar los objetivos.

Al proyectar una planta, se perfilan varios diseños: diseño funcional, de fiabilidad y mantenibilidad, de seguridad, y de economía. En particular, el establecimiento de especificaciones de prevención del mantenimiento (MP) y su puesta en práctica, ayuda a asegurar que los equipos y planta son fiables y se mantendrán fácilmente. Deben realizarse diversas revisiones del diseño en el curso del proyecto, fabricación y construcción de una planta.

Después de completar estas actividades, los equipos instalan las máquinas, realizan operaciones de test, e inician la fase de gestión del arranque. La gestión del arranque es una actividad perfilada para lograr, tan rápidamente como sea posible, las condiciones de producción estable de productos con calidad y cero defectos. En el TPM, un procedimiento eficiente para el logro de una producción en gran escala y estable se conoce como «arranque vertical».

Para una descripción amplia de las actividades de gestión temprana TPM relacionadas con el diseño de equipos y productos, así como con la gestión del arranque, véase el cap. 6.

### Paso 9: Mantenimiento de calidad

El *mantenimiento de calidad* (QM) es un método para fabricar con calidad bien a la primera y evitar los defectos a través de los procesos y equipos. En el mantenimiento de calidad, la variabilidad de las características de calidad de un producto se controlan controlando la condición de los componentes del equipo que les afectan.

Las características de calidad están influenciadas principalmente por los cuatro inputs de la producción: equipos, materiales, acciones de las personas (habilidad), y métodos. El primer paso en el mantenimiento de calidad es clarificar las relaciones entre estos cuatro factores y las características de calidad de un producto analizando los defectos de calidad. En las industrias de proceso, es particularmente importante el efecto del equipo sobre las características de calidad.

En las industrias de proceso, el proceso determina el tipo de equipo necesario. Por tanto, hay que centrarse primero en el proceso, y después en el equipo. En otras palabras, hay que clarificar primero las relaciones entre calidad del producto y las condiciones de proceso y determinar así las condiciones precisas de proceso que se requieren para producir un producto perfecto.

El equipo es un medio para ejecutar un proceso. Por tanto, al aplicar un enfoque QM al diseño del equipo, se debe empezar identificando los componentes que afectarán a las características de calidad del producto. Estos elementos se denominan «componentes de calidad». A continuación, se identifican las condiciones de los componentes de calidad que se requieren para mantener las características de calidad.

El mantenimiento de calidad eficiente asegura la calidad muy al principio del proceso de producción. (Véase cap. 7 para una explicación detallada de la metodología, así como ejemplos de aplicación).

### Paso 10: TPM en departamentos administrativos y de apoyo

Los departamentos administrativos y de apoyo juegan un papel importante como soporte de la producción. La calidad y oportunidad de plazo de la información que aportan estos departamentos tienen un gran efecto sobre las actividades de producción.

Las actividades TPM realizadas por los departamentos administrativos y de apoyo no deben solamente apoyar al TPM en la planta, deben también reforzar sus propias funciones mejorando su organización y cultura. Sin embargo, en comparación con producción, no es fácil para los departamentos administrativos medir los efectos de sus actividades. Un programa TPM en este entorno debe intentar crear una «fábrica de información» y aplicar el análisis de procesos para regularizar el flujo de información. Hay que pensar que los departamentos administrativos y de apoyo son plantas de proceso cuyas tareas principales son recoger, procesar y distribuir información. Este concepto hace más fácil promover y medir el mantenimiento autónomo, la mejora, y otras actividades TPM en un entorno de oficinas.

El mantenimiento autónomo en los departamentos administrativos intenta que se ejecute un trabajo eficiente y libre de problemas, contemplando la acción desde dos ángulos: la función administrativa y su entorno. Puestas en práctica paso a paso, el primer conjunto de actividades reduce los costes y eleva la eficiencia mejorando los procesos administrativos. El segundo conjunto de actividades suprime los obstáculos para un trabajo eficaz ocultos en el entorno físico y psicológico.

La mejora de las tareas administrativas se orienta a su eficiencia y velocidad y a reducir el número de personas necesarias. Para lograr esto, se automatizan las tareas de oficina y se instalan sistemas de proceso de datos tales como redes electrónicas locales, etc. Al mismo tiempo, hay que incrementar la eficiencia administrativa en el apoyo a las decisiones y acciones de planificación de directores y ejecutivos. (Véase cap. 9).

### Paso 11: Gestión de seguridad y del entorno

La seguridad y prevención de efectos adversos sobre el entorno son temas importantes en las industrias de proceso. Los estudios de operabilidad combinados con la formación para prevenir accidentes y el análisis de fallos son medios eficaces para tratar estos asuntos. La seguridad se promueve sistemáticamente como parte de las actividades TPM. Como en el caso de otras actividades TPM, las actividades de seguridad se realizan también con el sistema paso a paso.

Ciertos temas son particularmente importantes en el entorno de los procesos. Por ejemplo, lo es incorporar mecanismos a prueba de errores, esto es, diseñar equipos que funcionarán con seguridad incluso aunque el personal no tome las precauciones apropiadas. Es también importante garantizar la seguridad durante el mantenimiento con parada general. En las industrias de proceso, el mantenimiento con parada requiere una asistencia considerable de subcontratistas externos, y lo mismo puede decirse para las operaciones de limpieza. Esto hace doblemente importante garantizar la seguridad durante dichas operaciones. Siempre que sea posible, hay que verificar la capacidad y cualificaciones de los trabajadores subcontratados, y hacerlo por anticipado. Hay que tomar cada paso practicable para garantizar la seguridad, incluyendo dar una formación rigurosa sobre seguridad y supervisar cuidadosamente el trabajo. Véase el cap. 10 para ejemplos de programas de formación sobre seguridad y actividades relacionadas.

### Paso 12: Sostener la implantación del TPM y elevar sus niveles

Hay varias claves para mantener los niveles TPM una vez logrados. Por ejemplo, crear fuertes grupos TPM en cada nivel y dotar a una organización de promoción que ayude a integrar el TPM en el trabajo diario. El procedimiento paso a paso sistemático que se recomienda para las actividades TPM es eficaz para lograr resultados. Es también útil un enfoque de mejora continua mediante el ciclo CAPD, revisando continuamente hacia arriba los objetivos, y aceptando nuevos desafíos, como el Premio especial PM. Ninguna de estas acciones será eficaz sin el apoyo de mediciones continuas, cuidadosas y concretas. Hay que arrancar con claras líneas de fondo y documentar regularmente y en detalle los resultados de las mejoras. Hay que utilizar indicadores de gestión que muestren a cada uno (en cada nivel) los progresos concretos que se hacen, fomentando la motivación y implicación de todos. Véase el cap. 12, que expone un detallado resumen de los indicadores de gestión claves usados para graficar y estimular el progreso de las actividades TPM.

# 2
# Maximización de la eficacia de la producción

En las industrias de proceso, los productos se fabrican en plantas con equipamiento complejo que consiste en unidades tales como columnas, tanques, intercambiadores de calor, bombas, compresores, y hornos, todas ellas conectadas por tuberías, sistemas de instrumentación, etc. Como resultado de esta integración, es más importante maximizar la eficacia global de una planta que centrarse exclusivamente en la eficiencia de las unidades de equipo individuales.

## EFICACIA DE LA PRODUCCION EN LAS INDUSTRIAS DE PROCESO

La eficacia de una planta de producción depende de la eficacia con que se utilizan el equipo, materiales, personas y métodos. Por tanto, la mejora de la eficacia de la producción en las industrias de proceso arranca con los temas vitales de maximizar la eficacia global de la planta (equipo), la eficiencia de primeras materias y fuel (materiales), la de las tareas (personal), y la de la gestión (métodos). Esto se hace examinando los inputs del proceso de producción (equipos, materiales, personas y métodos) e identificando y eliminando las pérdidas asociadas con cada input para así maximizar los outputs (productividad, calidad, costes, entregas, seguridad y entorno, y moral).

### Pérdidas de rendimiento

La producción en las industrias de proceso usualmente es o bien plenamente continua o básicamente continua con discontinuidad entre cargas. El mantenimiento con parada general, que cierra una planta entera una o dos veces por año, distingue ambos tipos de producción. El cierre periódico de las plantas de proceso se ha visto siempre como necesario para mantener el rendimiento y garantizar la seguridad. Sin embargo, con respecto a la mejora de la efi-

21

cacia de las plantas, el tiempo invertido en la parada se considera una pérdida. Por tanto, maximizar la eficacia de la planta entraña aumentar el número de días que la planta opera sin una avería y mejorar su programa de mantenimiento con parada general.

Las plantas de proceso sufren fallos y problemas de proceso además de los fallos de equipos individuales. La contaminación, las fugas, y las obstrucciones afectan al equipo por dentro y por fuera. Las propiedades de las sustancias que se manejan, la corrosión, o el polvo disperso pueden causar problemas que hacen necesario parar la planta. Tales pérdidas constituyen una categoría diferenciada del tipo usual de averías de máquinas.

En un gran complejo de equipos como suelen ser las plantas de proceso, no es muy útil comparar equipo a equipo el rendimiento proyectado (estándar) con el actual. Es más significativo usar como indicador de referencia el rendimiento global del proceso (la tasa de producción). Las caídas de producción que se producen durante los arranques, paradas o cambios de útiles se suelen considerar *pérdidas de producción normales;* y las que resultan de defectos de la planta y anomalías son *pérdidas de producción anormales.* La reducción de los dos tipos de pérdidas de rendimiento mejora la eficacia global de la planta.

## Pérdidas de defectos y reproceso

Las *pérdidas de defectos* constituyen una categoría aparte de las pérdidas anteriores. Esta categoría incluye las pérdidas por defectos de calidad y por reproceso, que son grandes impedimentos para elevar la eficacia de la planta.

Las pérdidas por *defectos de calidad* incluyen las debidas a productos con graduación inferior y los rechazados y de desecho. Obviamente, todo esto debe reducirse para mejorar la eficacia de la producción.

Las *pérdidas por reprocesamiento* surgen cuando un producto rechazable se recicla en un proceso previo, como sucede a menudo en las plantas químicas. El reproceso genera enormes pérdidas, incluyendo pérdidas de tiempo, físicas y de energía. Es importante minimizarlas.

## EFICACIA GLOBAL DE LA PLANTA

Las industrias de proceso deben maximizar la eficacia de su planta elevando al máximo las posibilidades de sus funciones y rendimiento. La eficacia global se eleva eliminando cuidadosamente todo lo que tienda a perjudicar dicha eficacia. En otras palabras, maximizar la eficacia de la planta implica llevar ésta a condiciones óptimas de operación y mantenerla en ese estado eliminando o al menos minimizando factores tales como los fallos,defectos,o problemas que perjudiquen su rendimiento.

## Las ocho principales pérdidas de una planta

Las ocho pérdidas siguientes son las más importantes que impiden que una planta alcance su máxima eficacia:

1. Paradas programadas
2. Ajustes de la producción
3. Fallos de los equipos
4. Fallos de proceso
5. Pérdidas de producción normales
6. Pérdidas de producción anormales
7. Defectos de calidad
8. Reprocesamiento

### 1. Pérdidas de paradas programadas

Las *pérdidas de paradas programadas* es el tiempo perdido cuando para la producción para el mantenimiento anual planificado o periódico.

Las industrias de proceso usualmente funcionan continuamente a lo largo del año o emplean un estilo de producción en cargas que es básicamente continuo. La mayoría de las plantas en estas industrias emplean un sistema de mantenimiento periódico en el que para toda la planta completamente una o dos veces al año para mantenimiento. Las inspecciones periódicas se realizan generalmente durante las paradas para mantenimiento, y pueden ser exigibles por ley o voluntarias. En cualquier caso, el personal de mantenimiento mide el deterioro e intenta anularlo mientras la planta está parada. Los períodos de parada son por tanto algo esencial para mantener el rendimiento de una planta y garantizar su seguridad.

Sin embargo, la maximización de la eficacia de una planta de producción requiere tratar los períodos de parada como pérdidas y minimizarlas. El tiempo de operación continua de la planta puede ampliarse acortando los períodos de parada y mejorando la eficiencia del trabajo de mantenimiento.

Las pérdidas por paradas programadas surgen también como resultado del servicio periódico requerido mientras la planta está en operación. Por ejemplo, puede pararse parte de una planta para reparación según el plan de mantenimiento mensual. Tales trabajos deben planificarse cuidadosamente para hacerlos más eficientemente.

### 2. Pérdidas por ajustes de la producción

Las pérdidas de ajustes de la producción corresponden al tiempo que se pierde cuando los cambios en los suministros o en la demanda requieren ajustes en los planes de producción. Naturalmente, no surgen estas pérdidas si todos los productos que se fabrican pueden venderse de acuerdo con el plan. Sin embargo, si cae la demanda de un producto porque cambian las necesidades del mercado, la planta que produce dicho producto puede que tenga que cerrar temporalmente. Los ajustes de la producción y los planes de ésta se basan en factores tales como la demanda y los stocks y son, hasta cierto punto, algo inevitable para los productores. Sin embargo, una empresa puede minimizar las pérdidas de ajustes si mantiene un fuerte liderazgo en calidad, costes, y entregas a la vez que estimula continuamente la demanda mejorando su línea de productos y desarrollando productos nuevos. Esto naturalmente incrementará la eficacia global de la planta.

### 3.  Pérdidas de fallos de equipos

Las *pérdidas de fallos de equipos* son el tiempo que se pierde cuando una planta para porque un equipo súbitamente pierde sus funciones específicas.

Pueden distinguirse dos tipos de pérdidas relacionadas con los equipos: pérdidas de fallos de función y de reducción de función. Las *pérdidas de fallos de función* se producen por el tiempo perdido cuando una maquinaria rotativa o equipo estático súbitamente pierden sus funciones específicas y se para la planta. Este tipo de pérdida se considera una pérdida de fallo o avería de equipos.

Por otro lado, las *pérdidas de reducción de función,* son pérdidas físicas tales como defectos o reducciones del rendimiento que se producen mientras la planta está en operación, pero diversos factores causan que el equipo rinda por debajo de lo previsto.

### 4.  Pérdidas de fallos de proceso

Las *pérdidas de fallos de proceso* corresponden al tiempo perdido cuando una planta para como resultado de factores externos al equipo, tales como errores de operación o cambios en las propiedades físicas o químicas de las sustancias que se procesan.

En las industrias de proceso, las plantas paran con frecuencia como resultado de problemas que no son fallos de los equipos. Estos problemas suelen ser resultado de una operación errónea o de las primeras materias. Pueden también ser resultado de válvulas que se retrasan porque están obstruidas por el material que se procesa, obstrucciones que disparan los mecanismos de seguridad, fugas y derrames que causan disfunciones en el equipo eléctrico de medida, y cambios de carga como resultado de las propiedades físicas de las sustancias que se manejan, etc.

Estos problemas pueden tener su origen en las propiedades de los materiales que se procesan o en fenómenos como la corrosión, erosión, o la dispersión de polvo. Los fallos de proceso decrecerán solamente cuando se bloqueen sus fuentes. Como ya hemos mencionado, tales problemas deben distinguirse y tratarse por separado de los fallos súbitos del equipo. Las industrias de proceso logran el objetivo del cero averías solamente si prestan suficiente atención a erradicar los problemas relacionados con los fallos de proceso.

## 5. Pérdidas de producción normales

Las *pérdidas de producción normales* son las pérdidas de rendimiento que ocurren durante la producción normal en el arranque, parada y cambio de utillaje.

La tasa de producción estándar no puede lograrse durante el período de calentamiento del arranque o mantenerse durante el período de enfriamiento anterior a una parada, o durante los tiempos de cambio de utillaje cuando la producción cambia de un producto a otro.

Los descensos de la producción que ocurren en esos tiempos deben tratarse como pérdidas.

El tiempo que toma el calentamiento de una planta después de una parada para mantenimiento (desde el momento del arranque hasta que se produce producto aceptable) es tiempo perdido. Esta pérdida puede minimizarse introduciendo sistemáticamente procedimientos de «arranque vertical» (arranque inmediato, libre de dificultades). Lo mismo se aplica al período de enfriamiento cuando se para la planta. Asimismo, pueden minimizarse las pérdidas de cambio de útiles reduciendo los tiempos de preparación interna de equipos utilizando técnicas de preparación externa realizada por anticipado.

## 6. Pérdidas de producción anormales

Las *pérdidas de producción anormales* son pérdidas de rendimiento que se producen cuando una planta rinde por debajo de su estándar como resultado de disfunciones y otras condiciones anormales que interfieren el funcionamiento.

La capacidad global de una planta se expresa mediante la tasa de producción estándar (t/h). Cuando una planta funciona con una tasa inferior a la estándar, la diferencia entre ésta y las tasas de producción reales es la pérdida de producción anormal.

## 7. Pérdidas de defectos de calidad

Las *pérdidas de defectos de calidad* incluyen el tiempo perdido en la producción de productos rechazables, las pérdidas de los desechos irrecuperables, y las financieras debidas a la baja graduación del producto.

Los defectos de calidad pueden tener muchas causas. Algunas pueden surgir

cuando las condiciones se establecen incorrectamente, debido a disfunciones de
la instrumentación o errores de operación; otras surgen de factores externos tales como fallos, problemas con las primeras materias, o contaminación.

## 8. *Pérdidas de reprocesamiento*

Las *pérdidas de reprocesamiento* son las producidas por el reciclaje de material
rechazado que debe volver a un proceso previo para convertirlo en aceptable.

En el pasado, lo usual era concentrarse en la condición del producto final, y
tendían a ignorarse las pérdidas de los procesos intermedios tales como las pérdidas de tasa de producción y energía por el reciclaje. Sin embargo, en las industrias de proceso se ha de desechar la noción de que el reciclaje es permisible simplemente porque puede hacer aceptables productos rechazables. Debemos tener
presente que el reciclaje es una pérdida sustancial que desperdicia tiempo, materiales y energía.*

La tabla 2-1 define las ocho pérdidas mayores y facilita ejemplos. La figura 2-1
muestra la relación entre estas pérdidas y la tasa de producción.

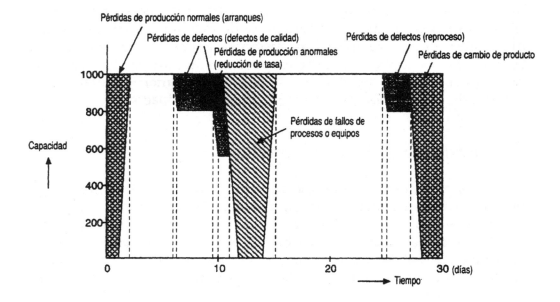

**Figura 2-1. La producción y las ocho pérdidas principales**

---

\* En ciertas industrias o con ciertos productos, el reprocesamiento es imposible. En las plantas
donde sucede esto, lo que habrían sido pérdidas de reproceso se tratan como pérdidas de calidad,
y las ocho grandes pérdidas se reducen a siete.

**Tabla 2-1. Las ocho pérdidas principales de la planta —Definiciones y ejemplos**

| Pérdidas | Definición | Unidades | Ejemplo |
|---|---|---|---|
| 1. **Pérdidas de paradas programadas** | Tiempo de producción perdido cuando para la producción para el mantenimiento planificado anual o el servicio periódico | Días | Trabajo en la parada, servicio periódico, inspecciones reglamentarias, inspecciones autónomas, trabajo de reparación general, etc. |
| 2. **Pérdidas por ajustes de producción** | Tiempo perdido cuando cambios en demanda o suministros exigen ajustes en los planes de producción | Días | Parada para ajuste de producción, parada para reducir stocks, etc. |
| 3. **Pérdidas de fallos de proceso** | Tiempo perdido cuando el equipo pierde súbitamente sus funciones específicas | Horas | Fallos de bombas, motores quemados, cojinetes dañados, ejes rotos, etc. |
| 4. **Pérdidas de fallos de equipos** | Tiempo perdido en paradas debidas a factores externos tales como cambios en las propiedades químicas o físicas de los materiales procesados, errores de operación, materiales defectuosos, etc. | Horas | Fugas, derrames, obstrucciones, corrosión, erosión, dispersión de polvo, operación errónea, etc. |
| 5. **Pérdidas de producción normales** | Pérdidas de la tasa estándar y tiempo en arranques, paradas o cambios de utillaje | Reducción de tasa, horas | Reducciones de la tasa de producción durante período de calentamiento después del arranque; período de enfriamiento antes de parada; y cambios de producto |
| 6. **Pérdidas de producción anormales** | Pérdidas de tasa de prod. cuando la planta rinde por debajo de estándar debido a disfunciones y anomalías | Reducción de tasa | Operación con baja carga, o con baja velocidad, y operación con tasa de producción por debajo del estándar |
| 7. **Pérdidas por defectos de calidad** | Pérdidas debidas a producción de producto rechazable, pérdidas físicas o producto rechazable, pérdidas financieras por baja graduación del producto | Horas, tons., dólares | Pérdidas físicas y de tiempo debidas a producir producto que no cumple los estándares de calidad |
| 8. **Pérdidas de reprocesos** | Pérdidas de reciclaje debidas a tener que devolver el material a proceso anterior | Horas, tons., dolares | Reciclaje de producto no conforme para hacerlo aceptable |

## La estructura de las pérdidas

Para distinguir y cuantificar las pérdidas que impiden la eficacia, es útil identificar la estructura de las pérdidas que ocurren en una planta. La figura 2-2 describe la estructura de las ocho pérdidas mayores y muestra la fórmula para calcular la eficacia global de la planta. Esta estructura de pérdidas se ha preparado considerando las ocho pérdidas desde la perspectiva del tiempo.

### Tiempo de calendario

El *tiempo de calendario* es el número de horas del calendario:

$$365 \times 24 = 8.760 \text{ horas/año}$$
$$30 \times 24 = 720 \text{ horas/mes de 30 días}$$

### Tiempo de trabajo

*Tiempo de trabajo* es el número actual de horas que se espera que una planta esté operando en un mes o año. Para calcular el tiempo de trabajo, del tiempo de calendario se resta el tiempo de paradas planificadas para ajustes de producción o para servicio periódico como el mantenimiento planificado.

### Tiempo de operación

*Tiempo de operación* es el tiempo durante el cual opera la planta. Para calcular el tiempo de operación, hay que restar del tiempo de trabajo el tiempo que pierde la planta por las paradas de fallos del equipo o de procesos.

### Tiempo neto de operación

El *tiempo de operación neto* es el tiempo durante el cual una planta produce a la tasa de producción estándar. Para calcular el tiempo de operación neto, se resta del tiempo de operación el tiempo equivalente a las pérdidas de rendimiento. Las pérdidas del tiempo con bajo rendimiento incluyen las pérdidas de producción normales (reducciones de la tasa de producción debidas a arranques, paradas, y cambios de útiles) y las pérdidas de producción anormales (reducciones en la tasa de producción debidas a anormalidades).

### Tiempo de operación válido

El *tiempo de operación válido* es el tiempo neto durante el cual la planta produce productos aceptables. Para calcular el tiempo de operación válido, hay que sumar el tiempo desperdiciado reprocesando y produciendo productos rechazables. El resultado se resta del tiempo de operación neto.

### Disponibilidad

La *disponibilidad* es el tiempo de operación expresado como porcentaje del tiempo de calendario. Para calcular la disponibilidad, del tiempo de calendario se resta el tiempo perdido durante las paradas programadas (para mantenimiento planificado y ajustes de producción) y el tiempo perdido en paradas súbi-

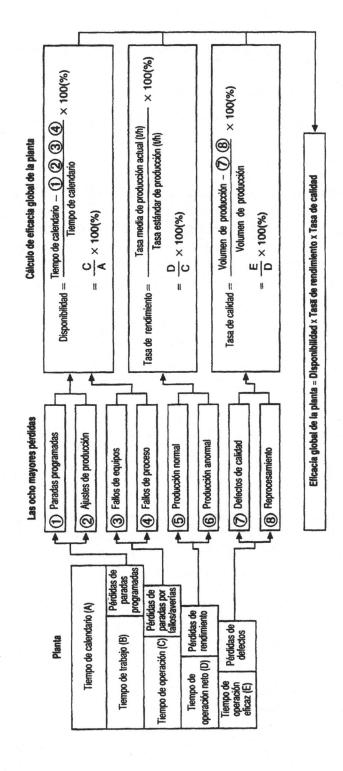

Figura 2-2. Eficacia global de la planta y estructura de pérdidas

tas importantes (fallos de equipos y de proceso). A continuación, se divide el resultado por el tiempo de calendario y se multiplica por 100.

$$\text{Disponibilidad} = \frac{\text{Tiempo calendario} - (\text{tiempo paradas programadas} + \text{tiempo fallos de equipo o proceso}) \times 100 \ (\%)}{\text{Tiempo de calendario}}$$

Pérdidas de paradas programadas = pérdidas de paradas para mantenimiento + pérdidas de ajustes de producción

Pérdidas de paradas súbitas (averías) importantes = pérdidas de fallos de equipos + pérdidas de fallos de proceso

## Tasa de rendimiento

La *tasa de rendimiento* de una planta expresa la tasa de producción como porcentaje de la tasa de producción estándar.

La *tasa de producción estándar* es equivalente a la capacidad de diseño de la planta y es la capacidad intrínseca de una planta particular. Puede expresarse como producción por hora (en tons) (t/h), o por día (t/d). La tasa de producción actual se expresa como una media. Para calcularla, se divide la producción real por el tiempo de operación.

$$\text{Tasa de rendimiento} = \frac{\text{Tasa de producción real media (t/h)}}{\text{Tasa de producción estándar (t/h)}} \times 100\%$$

$$= \frac{(D)}{(C)} \times 100\%$$

$$\text{Tasa de producción real media} = \frac{\text{Tasa de producción real (t/h)}}{\text{Tiempo de operación}}$$

## Tasa de calidad

La *tasa de calidad* expresa la cantidad de producto aceptable (producción total menos producto de graduación baja, desecho y producto reprocesado expresada como un porcentaje de la producción total). La tasa de calidad es similar a la de una planta de manufactura/ensamble:

$$\text{Tasa de calidad} = \frac{\text{Cantidad de producción (t)} - (\text{pérdidas de defectos de calidad} + \text{pérdidas de reproceso}) \ (t)}{\text{Cantidad de producción (t)}}$$

$$= \frac{(E)}{(D)} \times 100\%$$

## Eficacia global de la planta

La *eficacia global de la planta* es el producto de la disponibilidad, la tasa de rendimiento, y la tasa de calidad. Es un indicador global de la condición de una planta que toma en cuenta el tiempo de operación, el rendimiento, y la calidad. Puede utilizarse para evaluar la eficacia con la que se utiliza la planta y se añade valor.

La figura 2-3 muestra la relación entre la producción mensual y las pérdidas en una planta particular. La eficacia global de una planta se calcula como en esta figura.

Tiempo de calendario: 24 h. × 30 días

Tiempo de operación: 24 h. × 27 días

$$\text{Disponibilidad} = \frac{24 \times 27}{24 \times 30} \times 100 = 90\%$$

A.  Volumen de producción actual:
  1.  (500 t/d × 1 día) + (1.000 t/d × 6 días)
      + (800 t/d × 5 días) + (400 t/d × 1 día) = 10.900 t
  2.  (500 t/d × 1 día) + (1.000 t/d × 12 días)
      + (500 t/d × 1 día) = 13.900 t

Total: 10.900 + 13.000 = 23.900 t

$$\text{Tasa de producción actual: } \frac{23.900}{27} = 885 \text{ t/d}$$

B.  $\text{Tasa de rendimiento} = \dfrac{885}{1.000} \times 100 = 88{,}5\%$

Si se producen 100 tons de productos rechazables, entonces

C.  $\text{Tasa de calidad} = \dfrac{23.800 \text{ t}}{23.900 \text{ t}} \times 100 = 99{,}6\%$

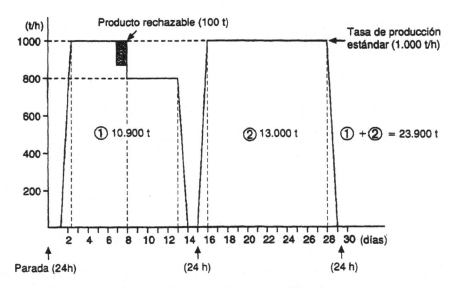

**Figura 2-3. Ejemplo de cálculo de la eficacia global de la planta**

D.   Eficacia global de la planta = (A) x (B) x (C) x 100
$$= (0,9 \times 0,885 \times 0,966) \times 100$$
$$= 79,3\%$$

La eficacia global de la planta en este ejemplo es el 79,3%. Obviamente tienen que mejorarse sus tasas de rendimiento y disponibilidad.

## MAXIMIZACION DE LA EFICACIA DE LOS INPUTS DE PRODUCCION

Como se ha explicado anteriormente, para maximizar la eficacia de la producción en las industrias de proceso una empresa debe incrementar infatigablemente la eficacia con la que utiliza los recursos de producción (inputs): equipos, materiales, personas, y métodos. Hemos examinado ya el tema de la eficiencia de los materiales (incluyendo la energía), el personal (trabajo), y los métodos (gestión), usando ejemplos de casos concretos.

### Reducción de pérdidas de materiales y energía

Los costes de energía y primeras materias en las industrias de proceso constituyen un porcentaje significativo sobre los costes totales, un porcentaje muy superior a la que se da generalmente en la manufactura y ensamble. Es por tanto vital eliminar las pérdidas en estas áreas.

### *Costes de producción y consumo unitario*

Como muestra la figura 2-4, los costes de producción generalmente consisten en elementos fijos y variables.

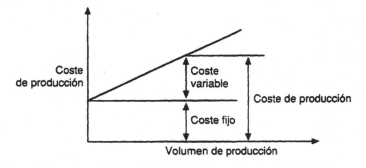

**Figura 2-4. Estructura de los costes de producción**

Los costes variables incluyen los de primeras materias, y materiales auxiliares, materiales de embalaje, fuel, vapor, energía eléctrica, agua, aire comprimido, etc. El control del consumo por unidad de producto puede reducir los costes variables y el conjunto de los costes de producción.

$$\text{Consumo por unidad de producción} = \frac{\text{Coste variable de elemento usado}}{\text{Cantidad de producto}} \quad \text{o} \quad \frac{\text{Coste variable de elemento usado}}{\text{Coste de proceso de materiales}}$$

Algunos ejemplos de ratios de consumos por unidad de producto son los siguientes:

- Consumo unitario de materiales auxiliares = $\frac{\text{Materiales auxiliares usados}}{\text{Cantidad de producto}}$ (Kg/t)

- Consumo unitario de fuel = $\frac{\text{Fuel utilizado}}{\text{Cantidad de producto}}$ (Kl/t)

- Consumo unitario de energía eléctrica = $\frac{\text{Energía eléctrica utilizada}}{\text{Cantidad de producto}}$ (Kwh/t)

- Consumo unitario de materiales de embalaje = $\frac{\text{Materiales de embalaje utilizados}}{\text{Cantidad de producto}}$ (rollos/t)

## Control de los consumos unitarios

Los consumos unitarios generalmente tienden a decrecer conforme se incrementa la producción. Como muestra la figura 2-5, el elemento de coste fijo del consumo decrece en proporción inversa a la producción. Es por tanto inapropiado comparar directamente los números de consumo unitario de cantidades de producción diferentes.

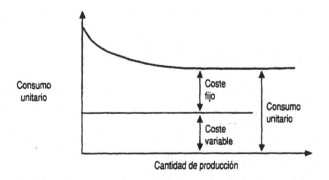

**Figura 2-5. Consumo unitario en función del volumen de producción**

Lo correcto es comparar los números de consumos unitarios de los mismos volúmenes de producción preparando un gráfico apropiado para cada tipo de consumo unitario de producción. Por ejemplo, si la tasa de producción estándar de una planta es 1.000 tons/día, podemos calcular los consumos unitarios para las tasas de producción de 1.000, 950, 900, 850 tons., etc., a partir de resultados pasados, y utilizar un gráfico de consumos unitarios/producción para supervisar dichos consumos. Para controlar el consumo unitario con mayor precisión se puede usar el gráfico para derivar una ecuación cuadrática.

### Control estacional de los consumos unitarios

Los cambios estacionales de la temperatura afectan a algunos elementos de los consumos unitarios de la producción, tales como el fuel, vapor, energía eléctrica, y agua, de modo que las comparaciones no son tan fácilmente interpretables si se toma el conjunto del año. Por ejemplo, como muestra la figura 2-6, el consumo unitario de fuel y vapor decrece en verano y se incrementa en invierno, mientras el consumo unitario de electricidad y agua a menudo aumenta en verano por el aumento del uso de aire acondicionado y sistemas de refrigeración. Por tanto, es importante recoger datos mensuales de consumos unitarios y establecer índices de consumos unitarios separados para los períodos marzo a septiembre y septiembre a marzo. Esto mejora la precisión del control de los consumos.

**Figura 2-6. Consumo unitario estacional**

### Control del consumo unitario por producto

En las industrias de proceso, la misma planta produce a menudo varios productos diferentes. Si cambia un producto, entonces cambian también los consumos unitarios.

Por ejemplo, si comparamos la producción de partículas de 300 micrones con la de partículas de 500 micrones o 900, el consumo unitario aumenta con el tamaño de la partícula como resultado del aumento en el uso de vapor para concentración, el tamizado de mayores cantidades de producto de tamaño inferior al deseado, etc. Como indica la figura 2-7, para controlar el consumo unitario, hay que medir su valor para diferentes productos, y establecer índices en consecuencia.

### Reducción de las pérdidas de primeras materias

En cierta fábrica de gas que produce coque de fundición a partir de carbón, ciertas cantidades de carbón se desprendían de los transportadores que trasladaban el material desde el almacén de carbón hasta los hornos de coque. El equipo de mejora dibujó un plano que mostraba los puntos de caída del carbón y se hicieron mediciones detalladas del carbón que se caía y de las partes y equipos en que se producía el fenómeno. El equipo de mejora empezó entonces una campaña *Cero Caídas de Carbón* en un esfuerzo para eliminar el problema. Como resultado, la empresa pudo reducir la cantidad de carbón caído por un factor de 7, desde 35 t/mes a 5 t/mes.

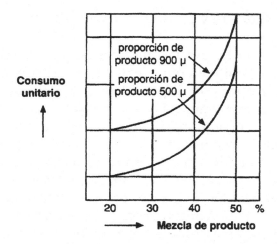

**Figura 2-7.   Consumo unitario según mezcla de producto**

### Evitar las pérdidas de primeras materias y ahorrar energía

En una papelera, un equipo de mejora redujo drásticamente la cantidad de primeras materias descargadas disueltas en el agua de salida mejorando el proceso de mezcla. Esto redujo las pérdidas de primeras materias en 400 t/año. La mejora en el proceso hizo asimismo redundantes dos grandes bombas, reduciendo el consumo de energía y ahorrando a la empresa 150.000 $/año.

### Simplificación del proceso

A menudo, las empresas amplian o modifican viejas plantas cuando introducen nuevos productos o alteran procesos para mejorar productos existentes. Frecuentemente, lo que se hace es simplemente añadir el nuevo equipo dejando en la planta el equipo viejo y redundante. Las unidades estáticas, maquinaria, tubería, y cableado se complican cada vez más, produciendo a menudo pérdidas de primeras materias y energía.

En la papelera mencionada en el punto anterior, un equipo de mejora inició una campaña de simplificación de procesos para eliminar el equipo innecesario. Eliminaron 610 bombas, 61 tanques, y 18 kms. de tuberías, con un peso total de 4.000 tons. Eliminaron también la operación de 63 máquinas rotativas, ahorrando 2.600 KW de electricidad. La planta redujo también drásticamente su dotación de personal centralizando y simplificando los procesos.

La retirada del equipo innecesario liberó 6.800 m² de espacio, convirtiendo las áreas de trabajo en lugares más ordenados y espaciosos. Ahora se detectan más fácilmente las fugas, el óxido, las vibraciones y otras anormalidades y han mejorado la mantenibilidad, operabilidad y seguridad de la planta.

### Reducción de los materiales para el mantenimiento

Para enfrentarse con las averías inesperadas y reparaciones de emergencia, las plantas mantienen habitualmente materiales y piezas de mantenimiento en stock de modo que siempre esté disponible la pieza que se necesita en cualquier momento. Sin embargo, a menudo hay excesivos stocks de estos materiales (considerando la planta en su conjunto) cuando las distintas áreas de trabajo mantienen sus propios almacenes y emiten sus propias órdenes de compra. A menudo, tener los materiales de mantenimiento en un almacén central único reduce sistemáticamente los stocks y sus costes. Por tanto, suele ser lo mejor clasificar los repuestos en dos categorías: los almacenados permanentemente con niveles mínimos en una sola localización central, y otros almacenados no permanentemente (unidades de reserva, reservas, piezas consumibles, y herramientas) en puntos de almacenaje descentralizados de las diferentes áreas.

La clave para reducir los materiales y repuestos de mantenimiento es minimizar la cantidad de los almacenes permanentes. Un objetivo satisfactorio es reducir el número de elementos diferentes en un 30 por 100 y su valor y cantidad total en un 50 por 100.

### Reducción de las pérdidas de mano de obra

Las pérdidas de mano de obra se refieren al desperdicio de trabajo humano que se produce por una deficiente condición de la planta. Una planta que convive con anormalidades o averías genera trabajo extra, tal como inspecciones e informes sobre el equipo averiado, la realización de ajustes que no deberían ser necesarios etc. Las acciones de emergencia y el seguimiento de las pequeñas incidencias características de las plantas de proceso (fugas, derrames, obstrucciones, etc.) requieren muchas horas de trabajo. Todo este trabajo extra es una pérdida y debe eliminarse.

### Reducción de las pérdidas de limpieza

En la planta de gas mencionada anteriormente, un equipo de mejora lanzó una campaña para eliminar los derrames de polvo de coque durante el paso 2 del programa de mantenimiento autónomo de la planta. (El paso 2 introduce medidas contra las fuentes de contaminación y las áreas inaccesibles). Las actividades de la campaña consistieron en localizar los puntos de derrame en los transportadores y tomar acciones eficaces contra las fuentes del problema. Como resultado, la planta redujo el derrame de polvo de coque por un factor de 6 —de 12 t/d a 2 t/d— con un ahorro anual de 67.000$ en gastos de limpieza. Su campaña *Cero Derrames de Carbón*, anteriormente mencionada, redujo también drásticamente la cantidad pagada a las empresas de limpieza.

### Nuevos sistemas de control para la reducción de personal

Con el fin de mejorar su modo de operar la planta y reducir el número de operarios, una planta química modernizó sus equipos de medición y salas de control, centralizando además éstas últimas. La introducción del nuevo sistema de control forzó a sus operarios a adquirir una amplia instrucción sobre el manejo de ordenadores y a controlar una amplia gama de equipos. Como resultado, la planta pudo reasignar de turno 40 trabajadores.

### Centralización y simplificación de procesos

La papelera mencionada anteriormente organizó una campaña para regularizar íntegramente la planta. Los equipos reorganizaron el flujo de materiales en toda la planta para eliminar el equipo innecesario y simplificar y centralizar los diversos procesos. Como resultado, la planta pudo reducir su fuerza laboral en 60 personas.

### Reducción de las pérdidas de gestión

Las *pérdidas de gestión* son las que surgen como consecuencia de sistemas de gestión deficientes o la mala operación de esos sistemas.

Las pérdidas de gestión incluyen, por ejemplo, los cambios de útiles frecuentes causados por modificaciones no previstas de los planes de producción, y las pérdidas de distribución que surgen por un deficiente manejo y transporte interno de los materiales. Es importante minimizar estas pérdidas.

### Reducción de las pérdidas de distribución

La planta química mencionada anteriormente almacenaba primeras materias para productos textiles en un almacén distante y los retiraba de acuerdo con los planes de utilización de materiales preparados por el departamento de producción. La reducción del nivel de primeras materias almacenadas y su entrega directa al departamento de producción redujo considerablemente los costes de transporte interno. El uso del espacio sobrante generado en el almacén permitió a la empresa reducir los alquileres de almacenes externos con un ahorro anual de 720.000$.

### Reducción de pérdidas administrativas

La eficiencia administrativa puede elevarse eliminando las pérdidas administrativas y mejorando la capacidad mediante el uso de mejores sistemas de procesamiento de la información.

En la planta química mencionada anteriormente, la reorganización de las oficinas redujo el número de ficheros a la mitad y el número de documentos en circulación en una cuarta parte. También la introducción de equipos informáticos redujo la carga de trabajo administrativo, a la vez que la preparación de manuales de procedimientos mejoró la eficiencia de las tareas administrativas de rutina. Además, un programa de formación en múltiples tareas liberó 12 personas para otros trabajos. La introducción de un sistema de mesas compartidas dejó libre cierta cantidad de espacio, mejorando considerablemente la comunicación entre trabajadores, y creando un entorno de trabajo más eficaz.

### Reducción de pérdidas por tests y análisis

Las plantas químicas realizan muchos tipos de tests y análisis, incluyendo tests de aceptación de primeras materias y de muestras entre procesos, así como análisis finales del producto. Estas tareas son importantes para el control de calidad y de entregas, pero muchas de ellas se realizan manualmente. La planta gasificadora mencionada anteriormente mejoró la eficiencia de su trabajo de test y análisis, y potenció su sistema de gestión de calidad introduciendo procedimientos de análisis y tests automáticos. Los nuevos equipos y procedimientos automáticos, incluyendo análisis «on line», permitieron a la empresa reducir las pérdidas de análisis y tests y aumentar el número de mediciones realizadas. Como resultado, pudieron reducir sus recursos humanos en un 30 por 100.

## MEJORA CONTINUA

La filosofía de la mejora continua en las industrias de proceso es fundamentalmente la misma que en la manufactura y el ensamble. Sin embargo, hay diferencias prácticas entre estos dos tipos de industrias. Las industrias de proceso se distinguen por tener equipo en gran escala, operar las 24 horas del días, manejar muchos materiales diferentes, una elevada probabilidad de corrosión, y muchos problemas con fugas, derrames, y dispersión de polvo.

Con todo, las industrias de proceso deben aplicar la misma filosofía básica a la mejora continua. Como en los casos de la manufactura y el ensamble, las industrias de proceso deben evitar el deterioro acelerado, revertir la acción del deterioro, eliminar todas las ligeras anomalías, y conseguir un funcionamiento óptimo de la planta.

El siguiente examen de la filosofía de la mejora continua y sus procedimientos se centra en los problemas característicos de las industrias de proceso.

## Fallos de proceso

Con el término *fallo de proceso* nos referimos a todo lo que cree una anormalidad de proceso o de calidad que necesite parar una planta. Su origen puede estar en el interior o exterior del equipo. Las propiedades físicas de los materiales que se manejan, las fugas debidas o corrosión o fisuras, las obstrucciones, la contaminación, el polvo disperso y otras, son todas ellas causas habituales de fallos de proceso. El número de fallos se reduce solamente si se eliminan las fuentes de dichos problemas.

### *Contramedidas para fugas por corrosión o fisuras*

Los problemas de maquinaria y tubería, tales como fisuras de corrosión bajo tensión o erosión por fluidos, pueden surgir como resultado de defectos de pintura o deterioro en los materiales de construcción del equipo. A la vez que es vital realizar cuidadosos chequeos diarios, para evitar la corrosión es también importante, como parte de un programa de mantenimiento especializado, seguir para las nuevas plantas estrictos procedimientos de aceptación. La revisión cuidadosa desde la fase de diseño en adelante, ayudará a identificar y corregir rápidamente los defectos de los materiales o instalación.

### *Medidas contra obstrucciones*

Las obstrucciones se producen usualmente como resultado de incrustaciones y escamas, materias extrañas, absorción de humedad, etc., pero las reacciones anormales tales como la polimerización pueden también obstruir las tuberías, dependiendo de las propiedades de los materiales que fluyen. Se ven frecuentemente marcas de martillo en tolvas y tuberías, pero meramente golpear el equipo no puede parar las obstrucciones. Mientras el contenido de humedad de los materiales es a menudo un factor clave en su formación, en muchos casos las obstrucciones se han eliminado, por ejemplo, mejorando las formas de las tolvas, los ángulos de sus lados, o sus materiales de recubrimiento.

### Sistemas de prevención de obstrucciones

La planta gasificadora mencionada anteriormente construyó un sistema para verificar columnas, intercambiadores de calor, y tuberías de modo que se pudiesen predecir y evitar las obstrucciones. Las obstrucciones frecuentemente se producen como resultado de desechos de alquitrán y naftalina que se adhieren a la tubería e intercambiadores de calor al pasar gas no refinado o compuestos de carbón que se adhieren en el equipo de extracción de alquitrán. Para luchar con esto, la empresa desarrolló técnicas de diagnóstico para la predicción de obstrucciones. Miden caídas de presión, distribución de temperaturas, y conductividad térmica y aplican también técnicas de radiaciones y reflexión y láser.

Para evitar obstrucciones, se han desarrollado nuevos fluidos de limpieza y sistemas de limpieza interna que se ponen en práctica sin abrir el equipo. Se ha desarrollado también un aparato de limpieza por ultrasonidos.

### Medidas anti-contaminación

Con el término *contaminación* nos referimos a cualquier materia extraña, o sustancia corrosiva o reactiva que se adhiere a la maquinaria o tubería o se esparce por el interior de la planta. Esta clase de problema no desaparece a menos de que las fuentes de la contaminación se descubran y eliminen.

Las fuentes de contaminación incluyen las juntas de estanqueidad de bombas y otras máquinas rotativas y la tubería corroída, fisurada o perforada. El mejor modo de detectar esto es lanzar un programa amplio de mantenimiento autónomo. Sin embargo, es difícil eliminar completamente tales fuentes solo con el mantenimiento autónomo, y la planta necesita el apoyo de un staff de mantenimiento especializado.

### Prevención de la difusión de polvo

El polvo disperso supone usualmente un gran dolor de cabeza para muchas plantas que manejan estos materiales. Se hace particularmente ostensible en equipos de transporte de gran escala, tales como elevadores de cangilones o cubetas y correas de transporte, máquinas de pulverización como las machacadoras, engranajes de pesaje, y equipos de secado como hornos rotatorios. Hasta que tales problemas se resuelvan, el programa de mantenimiento autónomo no puede progresar.

Un buen punto de arranque es cubrir las secciones abiertas del equipo de trasporte. La conexión de secciones y tolvas en las correas de transporte causa problemas particulares, pero es posible reducir la cantidad de polvo disperso en los alrededores encerrando las fuentes con cortinas suficientemente estancas al polvo.

En los pulverizadores, las fuentes comunes de contaminación incluyen las puertas de inspección, juntas de ejes, y conductos de entrada. Para localizar todas las fuentes de polvo, es importante inspeccionar a fondo el pulverizador, interna y externamente, y entonces encerrar o sellar todos los focos potenciales. Puede también ser eficaz aumentar la capacidad de recoger polvo del equipo o localizar la recogida.

El equipo de secado tiene también muchas fuentes de polvo. En un equipo tan grande, hay un límite a lo que puede hacerse mediante el mantenimiento autónomo por sí solo. Antes de empezar las actividades de mantenimiento autónomo, es útil atacar el problema a través de actividades de proyecto que ponen en práctica grupos especializados o mediante sesiones de mejora.

## *Prevenir errores de operación*

Los errores de los operarios a menudo causan fallos de proceso. Los errores pueden surgir fácilmente como resultado de olvidos, confusiones, falta de atención, ignorancia, o un trabajo en equipo deficiente. Las industrias de proceso deben desarrollar en consecuencia operarios que sean competentes tanto en procesos como en equipos. La creación y puesta en práctica de un sistema de inspección general puede enseñar a los operarios a comprender íntimamente los procesos. Como parte de este programa, hay que desarrollar buenos manuales con los que entrenar para operar, regular y ajustar los equipos. Hacer esto mejorará la seguridad y estabilizará los procesos.

Para que los operarios sean competentes en cuanto a equipos, la inspección general del equipo debe ser parte del programa de mantenimiento autónomo como en el caso de la manufactura y el ensamble.

## Filosofía de cero fallos de equipos

El TPM despliega seis medidas para el cero averías, todas las cuales deben practicarse a fondo para eliminar los fallos en la maquinaria general:

- Devolverle a la instalación sus condiciones básicas
- Aplicar y seguir estrictamente las condiciones de uso
- Revertir el deterioro
- Abolir los entornos que causan el deterioro acelerado
- Corregir las debilidades de diseño
- Mejorar las capacidades de las personas

Estas seis actividades no pueden ser eficaces si una planta las emprende apresuradamente todas a la vez. Es más eficaz dividirlas en cuatro fases y ponerlas en práctica sistemáticamente y en orden. De este modo, puede conseguirse y medirse el progreso estable hacia el cero averías. Las cuatro fases, que forman parte integral de la creación de sistemas de mantenimiento autónomo y planificado, tienen como principales los siguientes temas:

1. Reducir la variación de los intervalos entre fallos
2. Alargar la vida útil de los equipos
3. Revertir periódicamente el deterioro
4. Predecir los tiempos de vida de los equipos

## Promover medidas contra fallos y daños de los equipos

Una característica distintiva de las industrias de proceso es la gran variedad de equipos que emplean. El enfoque más práctico para mantener y mejorar este equipo es dividirlo en categorías tales como maquinaria rotativa, columnas y tanques, intercambiadores de calor, tuberías, sistemas de instrumentación eléctrica, etc.

### Maquinaria rotativa

Las plantas de proceso usan gran número de máquinas rotativas tales como bombas, ventiladores, agitadores, separadores, y compresores. La filosofía básica y enfoque para la mejora continua de estos equipos es la misma que para el equipo general, como se ha descrito en la sección anterior. Como técnicas de diagnóstico se usan comúnmente métodos de medida de vibraciones.

### Columnas y tanques

Cuando una planta se ha estado operando durante 10 años, es probable que factores tales como el agua de lluvia hayan corroído los exteriores del equipo. La erosión y corrosión avanzadas son particularmente comunes en equipo con revestimiento externo tal como tuberías y columnas de fraccionamiento en puntos en los que la protección es defectuosa. Las diversas técnicas de diagnóstico, medición, y reparación de daños de esta clase de corrosión externa son parte de la responsabilidad de departamentos de mantenimiento especializados.

### Tuberías y válvulas

Las tuberías sobre soportes a menudo están localizadas en alturas peligrosas, de modo que revisarlas forma parte del trabajo de personal de mantenimiento especializado. Sin embargo, un programa de mantenimiento autónomo debe incluir chequeos diarios de anormalidades tales como fugas, obstrucciones, corrosión, o las vibraciones y fugas de la tubería a nivel del suelo, o las válvulas defectuosas. Existen diversas medidas para atacar tales problemas, pero es mejor ponerlas en práctica bajo la supervisión de un departamento de mantenimiento especializado.

Asimismo, como la tubería exterior se oxida y corroe particularmente de modo rápido, a veces el personal pinta las tuberías no sistemáticamente como una medida de urgencia. Esta es una práctica deficiente que debe abandonarse. Antes de pintar algo, primero es importante localizar todos los defectos tales como fugas, obstrucciones, deformaciones, y áreas dañadas, y después reparar o corregir todo esto. La pintura es apropiada *sólo* después de eliminar las condiciones anormales y preparar apropiadamente las superficies.

## Equipo eléctrico

Por razones de seguridad, usualmente sólo personal de mantenimiento cualificado trata con el equipo eléctrico. Sin embargo, las averías y problemas eléctricos son generalmente frecuentes, de modo que es importante empezar un programa de mejora en este área después de que los operarios hayan sido formados en temas de seguridad e inspección general de equipo eléctrico.

Los sensores de detección, tales como los sensores de límites, los fotoeléctricos, y los de proximidad son particularmente propensos a anormalidades y, a menudo, se producen problemas. También ocurren a menudo problemas en el equipo de control como resultado de quemaduras y otros daños en los relés electromagnéticos. Los problemas en el equipo de control y detección pueden reducirse considerablemente estableciendo las condiciones básicas del equipo (p.e., limpieza, lubricación, apretado de pernos), y observando las condiciones apropiadas de uso, y restaurando el deterioro.

## Instrumentación

Las anormalidades en los instrumentos de medida, tales como imprecisiones y bloqueos, las causan a menudo defectos de los propios instrumentos, la contaminación interna, la entrada de materias extrañas, la corrosión, filtros obstruidos, etc. Incluir todo esto como parte del chequeo diario en un programa de mantenimiento autónomo puede eliminar tales problemas.

## Promover medidas contra los defectos de calidad

Durante mucho tiempo se nos ha exhortado a «introducir la calidad a través del equipo». En efecto, este es el objetivo del mantenimiento de calidad.

En pocas palabras, para anticiparnos a los problemas de calidad que se originan en el equipo o en las condiciones de proceso, los equipos de mantenimiento de calidad integran las actividades de gestión del equipo y el aseguramiento de la calidad, identifican las relaciones entre las características de calidad y las condiciones de equipo y proceso, y entonces establecen y mantienen las condiciones que no crean defectos. Logran esto clarificando el sistema de causas-efectos que da lugar a los defectos y el rango que debe mantenerse en cada condición del equipo para que el sistema rinda productos libres de defectos.

El prerrequisito básico para un mantenimiento de calidad eficaz es un conjunto de operarios competentes en equipos y proceso desarrollados mediante un programa de capacitación y mantenimiento autónomo. Los operarios pueden entonces mantener y controlar las condiciones especificadas y, consecuentemente, lograr el cero defectos.*

Para establecer las condiciones que no produzcan defectos, las plantas deben abandonar el viejo enfoque según el cual el personal detecta y corrige las condiciones defectuosas solamente cuando se inspecciona el equipo o se detecta un defecto. Por el contrario, el personal debe medir periódicamente los cambios en ciertos elementos de inspección que afectan a la calidad y tomar acción correctiva antes de que estos elementos se desvíen de los rangos aceptables. En esencia, las plantas deben cambiar desde un sistema de control reactivo basado en la verificación de efectos a otro proactivo basado en el chequeo de causas.

## REFERENCIAS

Imagawa y Konishi. *Plant Failure Analysis and Measurement/Diagnostic Technology.* (Texto de seminario en japonés). Tokyo: JIMP, 1990.

Japan Institute of Plant Maintenance, ed., *TPM Promotion in Process Industries Symposium.* (Actas en japonés). Tokyo: JIPM, 1989

——. *1989 National Equipment Management Symposium.* (Actas en japonés). Tokyo: JIMP, 1989.

——. *1989 Digest of PM Prize Winners, Acceptance Reports.* (Actas en japonés). Tokyo: JIPM, 1989.

——. *TPM Glossary.* (En japonés) Tokyo: JIMP, 1983.

——. *TPM for Managers.* (Texto de curo en japonés). Tokyo: JIPM, 1992.

——. *Programa de desarrollo del TPM* Tokyo: JIPM, 1983. (Versión española: TGP Hoshin y Productivity Press, 1992).

Tokutarō Suzuki. *New Directions in TPM.* Tokyo: JIPM, 1989. (En inglés: Productivity Press, 1992).

---

* Véase cap. 7 para un programa de mantenimiento de calidad.

# 3
# Mejora orientada

Como todas las actividades encaminadas a revitalizar las organizaciones, el objetivo del TPM es mejorar los resultados corporativos y crear lugares de trabajo gratos y productivos. Una característica importante del TPM es su efecto potencial sobre el umbral de rentabilidad. Sin embargo, cuando escuchan a otros hablar de «hacer beneficios a través del TPM», algunas personas concluyen que es un modo fácil de ganar dinero para la empresa. Esta actitud más bien pasiva no puede rendir buenos resultados. Solamente adoptando una actitud proactiva e invirtiendo el tiempo y dinero necesarios para hacer rentable un programa TPM, puede una empresa percibir beneficios tales como aumentar su productividad en 1,5 veces o en 10 veces la rotación sobre las inversiones.

La actividad de mejora orientada* es una prioridad en cualquier programa de desarrollo TPM y está en la cabecera de la lista de los ocho fundamentos del desarrollo TPM. Es una de las actividades principales del plan maestro TPM, y su puesta en práctica empieza simultáneamente con el arranque del TPM.

## ¿QUE ES LA MEJORA ORIENTADA?

La mejora orientada incluye todas las actividades que maximizan la eficacia global de equipos, procesos y plantas a través de una intransigente eliminación de pérdidas y la mejora de rendimientos.

Muchas personas preguntan cuál es la diferencia entre la mejora orientada y las actividades de mejora continua diarias que ya vienen practicando. El punto básico a recordar sobre la mejora orientada es que si una empresa está haciendo ya todas las mejoras posibles en el curso del trabajo de rutina y las actividades de pequeños grupos, la mejora orientada es innecesaria. Sin embargo, las mejoras del día a día, en la práctica, no marchan tan regularmente como sería deseable.

---

* El concepto «mejora orientada» es análogo al de «actividad de mejora del equipo» del TPM de las industrias de manufactura y ensamble. Véase S. Nakajima, *Programa de Desarrollo del TPM* (TGP Hoshin y Productivity, Madrid, 1992).

Las personas se quejan de estar demasiado ocupadas, que las mejoras son difíciles de hacer, o que no se les asigna suficiente presupuesto. Como resultado, los problemas difíciles permanecen irresueltos, y continúan las pérdidas y el desperdicio, haciendo aún más remota la posibilidad de mejorar.

### La mejora orientada se pone en práctica sistemáticamente

El procedimiento siguiente es extremadamente eficaz para romper el ciclo vicioso que impide que las mejoras se implanten firmemente en los lugares de trabajo:

- Seleccionar un tema
- Formar un equipo de proyecto
- Registrar el tema
- Investigar, definir y poner en práctica la mejora
- Evaluar los resultados

Una mejora realizada de acuerdo con este procedimiento es una *mejora orientada* que se distingue de la mejora continua diaria, general. Se caracteriza por la asignación de recursos (equipos de proyecto que incluyen ingeniería, mantenimiento, producción, y otro personal especializado) y por un procedimiento de trabajo cuidadosamente planificado y supervisado.

### *La mejora orientada no debe desplazar las actividades de mejora de los pequeños grupos*

Los directores y personal staff deben cuidar no dejarse absorber tan exclusivamente por la mejora orientada que olviden apoyar las actividades de los pequeños grupos que trabajan a nivel de los talleres e instalaciones, puesto que esto tendría un efecto negativo y dañaría el programa TPM en su conjunto. Por tanto, es vital dar al personal un sentimiento de autoorgullo estimulando activamente el aspecto de la mejora del programa de mantenimiento autónomo y aprovechando cuidadosamente las ideas que hacen allí. Esta clase de actividad impregna la organización con gran energía y entusiasmo.

### *La mejora orientada prioriza la eficacia global de la planta*

Finalmente, es importante entender que en las industrias de proceso la actividad de mejora orientada no se dirige exclusivamente a los elementos individuales del equipo, sino que más bien los grupos de mejora deben dar prioridad a los problemas que elevan la eficacia del conjunto de la planta o proceso.

## PERDIDAS Y LOS SEIS RESULTADOS PRINCIPALES

La mejora orientada intenta eliminar toda clase de pérdidas. Por tanto, es importante identificar y cuantificar esas pérdidas.

Con el método tradicional de identificar pérdidas, se analizan estadísticamente los resultados para identificar los problemas, y luego se investiga y rastrea hacia atrás para encontrar las causas. El método adoptado en el TPM asume un enfoque práctico y se centra en examinar *directamente* los inputs de la producción como causas. Examina los cuatro inputs principales del proceso de producción (equipo, materiales, personas, y métodos), y considera como pérdida cualesquiera deficiencias en esos inputs.

El logro de un TPM rentable en las industrias de proceso puede ser difícil si los equipos de mejora limitan su método de abordar los problemas al usado en las industrias de manufactura y ensamble (p.e., maximizar la eficacia global del *equipo* eliminando las siete pérdidas principales). Hay que considerar las características únicas de las industrias de proceso:

- La producción es continua.
- El proceso en su conjunto es más importante que los equipos individuales.
- Las propiedades de los materiales procesados cambian por modos complejos.
- El proceso consume grandes cantidades de energía.
- Los operarios deben controlar una amplia gama de equipos.

Las empresas de la industria de proceso a menudo deben incorporar o retirar conceptos de las siete pérdidas básicas para resaltar los problemas que caracterizan su propio entorno. Por ejemplo, la tabla 3-1 relaciona las diez pérdidas principales y temas de mejora asociados usados en una planta de proceso particular.

### Los seis resultados principales

Para evaluar los resultados logrados a través de la mejora orientada se deben evaluar los seis outputs de la producción (PQCDSM) tan cuantitativamente como sea posible. La tabla 3-2 ofrece un ejemplo de cómo pueden descomponerse estos resultados principales (o indicadores). Comúnmente, los grupos de mejora usan indicadores como los mostrados en esta tabla para evaluar los resultados de los proyectos de mejora orientada. Si un tema es particularmente grande o complejo, los resultados se entenderán más fácilmente si los indicadores se descomponen aún más. Por ejemplo, la mejora de la productividad del personal puede medirse en términos de:

- reducción del tiempo de trabajo manual (horas)
- reducción del tiempo de lubricación y chequeo

- reducción del tiempo de ajustes
- reducción del tiempo de preparación y cambio de útiles

Similarmente, la mejora en la productividad del equipo puede medirse en términos de:

- reducción de las averías súbitas
- reducción de los fallos de proceso
- reducción de pequeñas paradas, tiempos en vacío, y pequeños ajustes
- reducción de los tiempos de calentamiento y enfriamiento
- aumento de la disponibilidad
- aumento de la tasa de rendimiento

La evaluación de los resultados de la mejora orientada del modo descrito, y hacerlo de modo visual, rinde buenos beneficios. Es menos probable que las actividades declinen si los gráficos y cuadros que muestran los problemas atacados por el grupo y los resultados logrados se comparten públicamente en tableros especiales.

**Tabla 3-1. Pérdidas principales y temas de mejora asociados**

| Pérdida | Ejemplos de temas de mejora orientada |
|---|---|
| 1. Pérdidas de fallos de equipos | Eliminar los fallos mejorando la construcción de los cojinetes del eje principal de los separadores de producto |
| 2. Pérdidas de fallos de proceso | Reducir el trabajo manual evitando la obstrucción de electrodos de medidor de pH en aparatos de descolorización |
| 3. Pérdidas de tiempos en vacío y pequeñas paradas | Aumentar la capacidad de producción reduciendo disfunciones de descargadores de separadores |
| 4. Pérdidas de velocidad | Incrementar la tasa de rendimiento mejorando el montaje de los agitadores en los cristalizadores |
| 5. Pérdidas de defectos de proceso | Evitar la contaminación con materias extrañas mejorando la lubricación de cojinetes intermedios en transportadores de productos tipo tornillo |
| 6. Pérdidas de arranque y rendimiento | Reducir las pérdidas de producción normal mejorando el trabajo de remezcla durante el arranque |
| 7. Pérdidas de energía | Reducir el consumo de vapor concentrando la alimentación de líquido en el proceso de cristalización |
| 8. Pérdidas de defectos de calidad | Eliminar las quejas de clientes evitando la adhesión del producto que resulta de la absorción de humedad por los sacos de producto de papel Kraft |
| 9. Pérdidas de fugas y derrames | Incrementar el rendimiento del producto mejorando el débil soporte de los cojinetes en los elevadores de cangilones |
| 10. Pérdidas de trabajo manual | Reducir el número de trabajadores automatizando la recepción y aceptación de materiales auxiliares |

**Tabla 3-2. Muestra de indicadores para evaluar los outputs de producción**

| P (Producción) | Q (Calidad) |
|---|---|
| 1. Aumento de productividad del personal | 1. Reducción de la tasa de defectos de proceso |
| 2. Aumento de productividad del equipo | 2. Reducción de quejas de clientes |
| 3. Aumento de productividad del valor añadido | 3. Reducción de tasa de desechos |
| 4. Aumento de rendimientos de producto | 4. Reducción del coste de medidas contra defectos de calidad |
| 5. Aumento de la tasa de operación de la planta | 5. Reducción de costes de reprocesamiento |
| 6. Reducción del número de trabajadores | |
| **C (Coste)** | **D (Entregas)** |
| 1. Reducción de horas de mantenimiento | 1. Reducción de entregas retrasadas |
| 2. Reducción de costes de mantenimiento | 2. Reducción de stocks de productos |
| 3. Reducción de costes de recursos (reducción de consumos unitarios) | 3. Aumento de tasa de rotación de inventarios |
| 4. Ahorros de energía (reducción de consumos unitarios) | 4. Reducción de stocks de repuestos |
| **S (Seguridad)** | **M (Moral)** |
| 1. Reducción de número de accidentes con baja laboral | 1. Aumento del número de sugerencias de mejora |
| 2. Reducción del número de otros accidentes | 2. Aumento de la frecuencia de las actividades de pequeños grupos |
| 3. Eliminación de incidentes de polución | 3. Aumento de número de hojas de lecciones de «punto único» |
| 4. Grado de mejora en requerimientos de entorno legales | 4. Aumento del número de irregularidades detectadas |

## LA MEJORA ORIENTADA EN LA PRACTICA

La preparación física y mental es esencial antes de empezar cualquier proyecto de mejora orientada. Los grupos de mejora deben prepararse de los siguientes modos:

- Comprender plenamente la filosofía de la mejora orientada.
- Comprender plenamente la significación de las pérdidas y la importancia de orientarse a mejorar la eficacia global.
- Entender bien el proceso de producción, incluyendo sus principios teóricos básicos.
- Reunir datos sobre fallos, problemas, y pérdidas, y llevar gráficos de su evolución en el tiempo.
- Clarificar las condiciones básicas necesarias para asegurar el apropiado funcionamiento del equipo y definir claramente los factores que contribuyen a su estado óptimo.
- Dominar las técnicas necesarias para analizar y reducir los fallos y pérdidas.
- Observar cuidadosamente los lugares de trabajo para descubrir lo que realmente sucede, y las oportunidades de mejora.

## Adoptar una perspectiva «macro» (de conjunto)

Como ya hemos señalado, en las industrias de proceso es más importante identificar las deficiencias del proceso en su conjunto que en las unidades de equipos individuales. El objetivo es mejorar la eficacia global. Por ejemplo, para aumentar la capacidad de producción de un proceso, hay que investigar el proceso entero e identificar claramente los subprocesos y equipos que crean cuellos de botella. Este es un primer paso más eficaz que apresurarse a mejorar un equipo que se avería frecuentemente o reducir sin pensárselo mucho (y quizá innecesariamente) los procedimientos de arranque o los períodos de parada para mantenimiento.

La figura 3-1 muestra un ejemplo de análisis de capacidad de proceso (PCA) que pretendía aumentar la tasa estándar de producción en un 10 por 100, esto es, desde 400 tons/día a 440 tons/día.

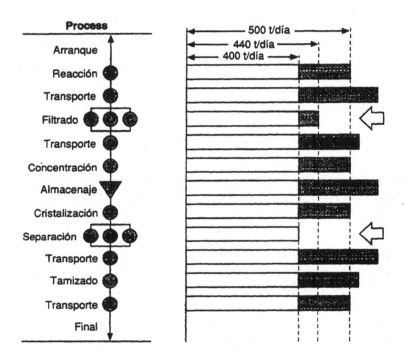

**Figura 3-1. Ejemplo del proceso ....**

En este caso, el equipo de mejora estudió primero el subproceso que causaba el cuello de botella (el proceso de separación), e identificó un tema de mejora. Calcularon que elevando la tasa de rotación (de la máquina) en un 5 por 100, e incrementando en consecuencia la fuerza centrífuga, reducirían el tiempo de ciclo en un 10 por 100. Como resultado de mejoras orientadas, principalmente en el sistema de control eléctrico, elevaron la capacidad de proceso en un 10 por 100.

Más tarde, cuando se previó un incremento adicional en la demanda, la capacidad de producción global requerida ascendió a 500 tons/día. Ahora, los cuellos de botella eran los procesos de filtración y de separación. Mejorando el pre-revestimiento de los filtros en el proceso de filtración se redujo la frecuencia de lavados y se aumentó la capacidad como resultado de disponer de más tiempo para ciclos de filtración. En el proceso de separación, el análisis de los fallos pasados reveló que las averías y las pequeñas paradas debidas a roturas del eje principal y disfunciones del descargador habían hecho descender la tasa de operación en un 10 por 100 como mínimo. La instalación de sensores de no-contacto y la mejora de la construcción de los cojinetes del eje principal eliminó completamente estos fallos y permitió cumplir el objetivo de elevar la capacidad de producción global.

Comenzar de este modo con un enfoque «macro» y proceder gradualmente a un análisis cada vez más detallado puede elevar regularmente la capacidad global de un proceso y rendir excelentes resultados.

## «Orientación a ceros»

Una característica importante del TPM es su «orientación a ceros», que estimula sistemáticamente a los grupos a reducir a cero toda clase de pérdidas. La clave para las cero pérdidas es identificar y establecer condiciones óptimas de proceso como parte de un programa de mantenimiento autónomo. Para tener éxito con este enfoque, hay que tener en cuenta los siguientes puntos:

- Detectar meticulosamente, sacar a la luz y eliminar todas las pequeñas deficiencias.
- Establecer y mantener las condiciones básicas del equipo (limpieza, lubricación, apretado de pernos), identificando y estableciendo condiciones ideales u óptimas.
- Corregir exhaustivamente cada deficiencia identificada, cualquiera que sea su importancia relativa aparente.

## Simplificar el equipo

Temiendo las pérdidas de producción debidas a averías y otros problemas, las industrias de proceso han adoptado el costoso hábito de instalar unidades de reserva, tanques reguladores, tuberías derivada («bypass»), y otros equipos redundantes. Muy a menudo, hay equipos que han estado parados por años que se dejan descomponer. También frecuentemente, un programa de prevención del mantenimiento (MP) inadecuado conduce a duplicaciones de equipos y a una capacidad innecesariamente alta.

El desarrollo de un programa positivo de simplificación de procesos y equipos puede eliminar muchos de estos tipos de pérdidas y rendir los siguientes resultados:

- Simplificar el equipo que hay que mantener reduce el trabajo diario de lubricación y chequeo.
- Simplificar el equipo a mantener también reduce el número de horas de trabajo de mantenimiento con instalación parada y los costes de reparación.
- Los consumos unitarios decrecen cuanto menos energía eléctrica y vapor se usan.
- «Adelgazar» los complejos sistemas de tuberías y equipos reduce el número de errores de operación.

### Elevar el nivel de tecnología de ingeniería

La mejora orientada en las plantas de proceso requiere a menudo un alto nivel de tecnología de ingeniería. Además de mejorar el nivel de tecnología propia relativa a los productos de la empresa, es también necesario elevar los estándares de ingeniería química, termodinámica, hidrodinámica, metalurgia, nuevos materiales, ingeniería de instrumentación, ingeniería de control, e ingeniería económica. Aunque todas estas disciplinas no pueden dominarse de la noche a la mañana, un programa de mejora TPM enérgico ayuda a elevar los niveles en estas áreas sacando a la luz desfases en el conocimiento.

## PROCEDIMIENTOS PASO A PASO PARA LA MEJORA ORIENTADA

La práctica indica que es más fácil y eficaz realizar las actividades de mejora paso a paso, documentando el progreso visualmente conforme se procede. Este enfoque tiene las siguientes ventajas:

- Cada uno puede ver lo que sucede y toma un activo interés en el programa de mejora orientada.
- Los planes para equipos y personas individuales se desarrollan por separado pero integrados con objetivos generales para maximizar resultados.
- El comité de mejoras puede supervisar más fácilmente el progreso y controlar el programa.
- La organización de presentaciones y auditorías al terminar cada paso hace más fácil consolidar lo logrado y suscitar entusiasmo.

La tabla 3-3 muestra el procedimiento paso a paso completo, desde el paso 0 (seleccionar temas de mejora) hasta el 7 (consolidación de ganancias).

**Tabla 3-3. Procedimiento paso a paso para la mejora orientada**

| Actividad/paso | Detalle |
|---|---|
| Paso 0: Selección de tema de mejora | 1. Seleccionar y registrar tema<br>2. Formar equipo de proyecto<br>3. Planificar actividades |
| Paso 1: Comprender la situación | 1. Identificar procesos cuello de botella<br>2. Medir fallos, defectos y otras pérdidas<br>3. Usar líneas de fondo para establecer objetivos |
| Paso 2: Descubrir y eliminar anormalidades | 1. Sacar a la luz infatigablemente todas las anormalidades<br>2. Restaurar el deterioro y corregir las pequeñas deficiencias<br>3. Establecer las condiciones básicas del equipo |
| Paso 3: Analizar causas | 1. Estratificar y analizar pérdidas<br>2. Aplicar técnicas analíticas (análisis P-M, FTA, etc.)<br>3. Emplear tecnología específica, fabricar prototipos, conducir experimentos |
| Paso 4: Plan de mejora | 1. Diseñar propuestas de mejora y preparar planos<br>2. Comparar la eficacia y costes de las propuestas alternativas y compilar presupuestos<br>3. Considerar los efectos peligrosos y desventajas posibles |
| Paso 5: Implantar mejora | 1. Realizar plan de mejora (implantarlo)<br>2. Practicar la gestión temprana (operaciones de test y aceptación formal)<br>3. Facilitar instrucciones para el equipo mejorado, métodos de operación, etc. |
| Paso 6: Chequear resultados | 1. Evaluar resultados en el tiempo conforme progresa el proyecto de mejora<br>2. Verificar si se han logrado los objetivos<br>3. Si no es así, empezar de nuevo en el paso 3 (análisis de causas) |
| Paso 7: Consolidar beneficios | 1. Definir estándares de control para sostener resultados<br>2. Formular estándares de trabajo y manuales<br>3. Retroalimentar información al programa de prevención del mantenimiento |

## Paso 0: Seleccionar un tema de mejora y formar un equipo o grupo de proyecto

Cuando se comienza un proyecto de mejora orientada, se selecciona primeramente un tema, se evalúa su dificultad, y se registra el tema.

### Seleccionar el tema

Aunque las secciones y subsecciones de una planta seleccionan sus propios temas, éstos se deben armonizar con los objetivos de la planta en su conjunto y con la política de la empresa. Asimismo, deben referirse a los procesos o equipos que dan lugar a las pérdidas principales tales como defectos de calidad repetidos, reclamaciones de clientes costosas, elevados honorarios de subcontratistas, extensos trabajos de rectificación o reproceso, o importantes derrames de material pulvígeno o fugas de líquidos. Hay que empezar con los temas que rindan mayores reducciones de costes.

Recordar también que el modo más fácil de lograr aceptación de un programa de mejora es empezar en las áreas que producen los mayores dolores de cabeza en la producción diaria. Esto requerirá que los directores visiten las áreas de producción para comprender claramente las dificultades de las personas. Si ésta no es una práctica corriente en su empresa, ahora es el momento de adoptarla.

### Decidir el tipo de mejora

El paso siguiente es clasificar los temas de mejora por tipos (búsqueda de beneficios o respaldo al mantenimiento autónomo). En las industrias de proceso, con grandes fuentes de contaminación, es extremadamente importante adoptar el enfoque correcto para cada uno de estos tipos de mejora.

Es relativamente fácil presupuestar una mejora que busca beneficios, porque se calcula fácilmente la rentabilidad sobre la inversión, se producen resultados altamente visibles, y es claro el período de recuperación de los fondos. Por otro lado, la mejora para respaldar el mantenimiento autónomo, trata las fuentes de contaminación y lugares inaccesibles y es, por tanto, de efectos menos espectaculares. Su beneficio financiero directo es pequeño comparado con su coste y lleva más tiempo recuperar éste, lo que dificulta su justificación económica.

Sin embargo, si la planta considera su relativamente pequeña rentabilidad como excusa para dejar de lado este tipo de mejora, el programa de mantenimiento autónomo no pasará más allá de la fase de limpieza. Esto fácilmente acaba con el entusiasmo del personal y para el programa de raíz. El entorno de trabajo permanecerá sucio y maloliente, y los empleados más jóvenes lo aborrecerán. Las fugas de líquidos y pulvígenos son las causas principales del deterioro acelerado, de modo que hay que dar una alta prioridad a la mejora de respaldo del programa de mantenimiento autónomo.

Los dos tipos de mejora requieren diferentes ópticas presupuestarias. La tabla 3-4 muestra un enfoque para diseñar y presupuestar un sistema de mejora orientada para ambos tipos de mejora. Una estructura de presupuesto fijo asigna fondos sobre una base ad hoc para las mejoras que buscan beneficios. Los fondos para las mejoras de soporte del programa de mantenimiento autónomo se asignan apropiadamente en forma de un agregado para cada semestre o año contable.

### Evaluar las dificultades

Después de categorizar un tema de mejora, el paso siguiente es evaluar su dificultad según criterios preestablecidos y decidir quién lo acomete. La tabla 3-5 es un ejemplo de un sistema de ordenación, pero cada industria y lugar de trabajo debe desarrollar criterios que se ajusten a sus propias características.

Con base en esta evaluación, hay que decidir quién se responsabiliza del proyecto de mejora. Idealmente, todas las mejoras deberían realizarse por las personas en el curso de su trabajo diario o como parte de las actividades de mantenimiento autónomo. Esto evita disputas sobre quién es responsable de qué. Sin embargo, cuando se atacan problemas difíciles, hay que formar equipos bien dotados con miembros de varias funciones, incluyendo personas de producción, mantenimiento, diseño, ingeniería, control de calidad, etc. Para ciertos temas, algunos equipos serán más eficaces si incluyen también operarios y representantes de fabricantes de equipo.

### Tabla 3-4. Sistema de mejora orientada

| Tipo de mejora orientada | Tema de mejora | Grado de dificultad | Responsabilidad |
|---|---|---|---|
| Búsqueda de beneficios, p.e., asignación ad hoc de presupuestos | Eliminación máxima de todas las pérdidas | A | Equipo de proyecto |
| | | B | Departamento de mantenimiento |
| | | C | Equipos de mantenimiento autónomo |
| Soporte al mantenimiento autónomo, p.e., asignación global de presupuesto | Medidas contra fuentes de contaminación | A | Equipo de proyecto |
| | | B | Departamento de mantenimiento |
| | Medidas contra lugares inaccesibles | C | Equipos de mantenimiento autónomo |

### Tabla 3-5. Muestra de criterios para evaluar dificultades

| Grado | Criterios de evaluación |
|---|---|
| A | 1. Pérdidas y problemas que afectan a muchos departamentos<br>2. Fuentes principales de derrames y fugas que se han dejado sin chequear durante muchos años<br>3. Problemas serios, urgentes que causan retrasos en entregas, reclamaciones de clientes importantes, etc.<br>4. Problemas complejos que requieren un alto nivel de tecnología de ingeniería<br>5. Mejoras que se prevé costarán 40.000$ o más |
| B | 1. Pérdidas y problemas restringidos a un solo departamento, fuentes de contaminación de severidad media<br>2. Corrección de debilidades del equipo tales como resistencia estructural, construcción, materiales, etc.<br>3. Mejoras que requieren un nivel medio de tecnología de ingeniería y que se prevé costarán entre 8.000 y 40.000$ |
| C | 1. Pérdidas que los operarios pueden eliminar con directrices y ayuda<br>2. Mejorar los puntos inaccesibles que dificultan la operación de rutina, la inspección y la lubricación<br>3. Eliminar las fuentes de contaminación sin grandes modificaciones del equipo |

Mientras la tabla 3-4 muestra el departamento de mantenimiento del equipo como responsable de los proyectos de mejora calificados como B, ésta no es una regla irrompible. Por ejemplo, el Departamento de control o aseguramiento de la calidad puede asumir la responsabilidad de las mejoras que conciernan a las pérdidas de calidad, mientras los de producción o ingeniería pueden manejar las que se refieran a la simplificación de procesos o a añadir valor.

### Registrar el tema

Después de seleccionar un tema y formar el grupo responsable de ponerlo en práctica, el grupo debe registrar dicho tema. Para asegurar que los proyectos de mejora orientada tienen un ímpetu suficiente, un comité de mejoras u oficina deben asumir tareas tales como coordinar temas, asignar presupuestos, supervisar el progreso, organizar auditorías, y mantener las mejoras estandarizándolas.

Para aclarar dónde radica la responsabilidad de los proyectos, hay que indicar si la mejora se realizará por un equipo de proyecto o un departamento regular, o como parte de las actividades del mantenimiento autónomo. La figura 3-2 es un ejemplo de impreso de registro de tema.

---

**Impreso de registro de mejora**

**A:** Presidente, Comité de mejoras centradas

**Fecha:** 20 diciembre 1989

**Tema:** Medidas contra materias extrañas en sistema transportador de producto

**Tipo de pérdida:** Pérdida de calidad

**Duración planificada:** enero a marzo 1990

**Líder:** Sperber

**Reuniones programadas:** 1 a 3 tarde cada viernes

**De:** Sec. de producción n.° 1, Departamento de producción

**Preparado por:** W. Batchelor

**Responsable:** Equipo de proyecto

**Miembros:** Wilson

Majewski

Klein

---

**Figura 3-2. Muestra de impresos de registro de tema**

### Planificar la actividad

Se planificarán las actividades que vayan a durar de tres a seis meses para completar todos los pasos. Si un proyecto dura demasiado, es fácil que termine empantanándose produciendo resultados desafortunados.

## Paso 1: Comprender la situación

Se emplea el análisis de capacidad del proceso para identificar las pérdidas principales y los cuellos de botella del proceso global. Cuando se identifican pérdidas, hay que prestar atención a las pérdidas de energía y otras peculiares de la planta en cuestión además de las ocho pérdidas principales. Hay que establecer objetivos tan elevados como sea posible pero que no sean realmente inalcanzables.

## Paso 2: Sacar a la luz y eliminar las anormalidades*

La experiencia indica que las pérdidas principales tiene su origen en el deterioro o en el fallo en establecer y mantener las condiciones básicas que aseguren el funcionamiento apropiado del equipo (p.e., limpieza, lubricación, chequeos de rutina, apretado de pernos). Antes de aplicar cualquier técnica analítica compleja, hay que eliminar escrupulosamente todas las pequeñas deficiencias y los efectos del deterioro. Similarmente, hay que asegurar que, para establecer las condiciones básicas, se siguen cuidadosos procedimientos de orden (limpieza, lubricación, apretado de pernos). Durante este paso, se construye gradualmente un cuadro de las condiciones óptimas para equipos y procesos. Esto ayudará a identificar directrices y objetivos de mejora específicos.

## Paso 3: Analizar las causas

Se utilizan medios tales como las cámaras de video de alta velocidad para analizar los movimientos rápidos o registrar lentamente observaciones. Hay que basar el análisis de las causas en la observación directa de los equipos y lugares de trabajo. Para analizar las causas, hay que usar técnicas apropiadas. Para cuestiones que involucren tecnología de ingeniería especial, es apropiado pedir la ayuda de los fabricantes del equipo (pero no depender demasiado de ellos).

## Paso 4: Planificar la mejora

Durante el bosquejo y desarrollo de propuestas, deben formularse varias alternativas, sin dejar de lado ninguna idea en esta fase. Para conseguir los mejores resultados, no hay que limitar la participación a uno o dos miembros del staff de ingeniería o pasar la responsabilidad a fabricantes u otros expertos. Cuanto más elevadas sean las cualificaciones técnicas de una persona, más probable es que tome una decisión arbitraria y evite cambios incluso si posteriormente se encuentra que estaba equivocada.

---

* Si ya están corrigiendo satisfactoriamente las condiciones anormales con los tres primeros pasos del programa de mantenimiento autónomo, se pasa directamente al paso 3 (analizar las causas).

Hay que evitar cuidadosamente las mejoras que crean nuevos problemas. Por ejemplo, aumentar la capacidad de un proceso puede causar que se produzcan productos defectuosos, mientras elevar la calidad del producto hasta un nivel innecesariamente alto puede conducir a un consumo excesivo de energía. Cuando se planifican mejoras, haya que considerar cuidadosamente el posible uso de nuevos materiales.

## Paso 5: Implantación de la mejora

Es crucial que cada persona del lugar de trabajo comprenda y acepte las mejoras que se implantan. Las mejoras impuestas coercitivamente por orden superior, nunca se apoyarán apropiadamente. Particularmente, cuando se mejoren los métodos de trabajo, hay que consultar y dar una información completa en cada fase a las personas del lugar de trabajo.

Cuando una planta tiene más de una unidad de máquina del mismo tipo, hay que empezar implantando la mejora en una unidad, y después extender la mejora a las demás después de verificar los resultados. (Este procedimiento se conoce en el TPM como «despliegue lateral» o «expansión horizontal»).

## Paso 6: Chequear los resultados

Si no se logra un objetivo, es especialmente importante perseverar y ser flexible —no permanecer atado al plan original. Hay que comprobar los resultados desde la fase de implantación en adelante, y detallar las mejoras que se muestren más eficaces, y las razones de ello. Esta clase de información se debe mostrar en tableros o paneles por toda la empresa, lo que ayudará a asegurar que cada área se beneficia de la experiencia de los grupos de mejora.

El comité u oficina de mejoras debe proyectar un gráfico o cuadro apropiados para listar todos los proyectos de mejora, supervisar su progreso, y asegurar que todas las ganancias de cada paso se mantienen firmemente. La tabla 3-6 muestra un ejemplo.

**Tabla 3-6. Muestra de gráfico de control de programa de mejora orientada**

| Gráfico de control de programa de mejora orientada | | | | | | Paso 1: Comprender la situación / Paso 4: Plan de mejora | | Paso 2: Descubrir y eliminar anormalidades / Paso 5: Implantación | | Paso 6: Chequear resultados | | Paso 3: Analizar causas / Paso 7: Consolidar ganancias | | |
|---|---|---|---|---|---|---|---|---|---|---|---|---|---|---|
| Denominación del tema | Pérdida | Resp. | Valor actual | Valor objetivo | | Programa (meses) | | | | | | Eval. Resultados | | |
| | | | | | | 1 | 2 | 3 | 4 | 5 | | A | B | C |
| 1. Prevenir materias extrañas en sistema transportador de producto | Calidad | Equipo de proyecto | Sedimento 80 | Sedimento 10 | Plan | | | | | | | | | |
| | | | | | actual | | | | | | | | | |
| 2. Mejorar construcción de cojinete de eje principal de separador de producto | Fallo | Mantenimiento | 2/año: 50 h | 0 | Plan | | | | | | | | | |
| | | | | | actual | | | | | | | | | |
| | | | | | Plan | | | | | | | | | |
| | | | | | actual | | | | | | | | | |

## Paso 7: Consolidación de los logros

Las mejoras basadas en la restauración del deterioro o el restablecimiento de las condiciones básicas pueden fácilmente declinar. Es importante asegurar su permanencia mediante chequeos periódicos y estándares de mantenimiento. Asimismo, después de mejorar los métodos de trabajo, es importante estandarizarlos para evitar que las personas vuelvan a los viejos hábitos.

Similarmente, hay que realizar auditorías al terminar cada paso y tomar acciones apropiadas para asegurar que se mantienen los logros obtenidos en cada paso. Una auditoría requiere que los miembros de los equipos reflexionen sobre su progreso y conozcan cuidadosamente los nuevos pasos posibles antes de apresurarse en seguir adelante.

## TECNICAS ANALITICAS PARA LA MEJORA

El TPM intenta lograr lo máximo —cero pérdidas y cero averías— de modo que nunca excluye ningún método que ayude a lograr esos fines. Aunque este libro trata de la mejora orientada en las industrias de proceso, es bueno usar técnicas usadas comúnmente en otras industrias siempre que sea apropiado.

Las mejoras orientadas proceden regularmente si los miembros de los equipos responsables aprenden técnicas analíticas básicas leyendo libros o asistiendo a seminarios. Algunos métodos analíticos útiles en las mejoras incluyen:

- Análisis P-M (los fenómenos se analizan en función de sus principios físicos)
- Análisis «know-why» (conocer-porqué) (también denominado «análisis porqué-porqué»)
- Análisis del árbol de fallos (FTA)
- Análisis modal de fallos y efectos (FMEA)
- Ingeniería industrial (IE)
- Análisis de valores (VA)
- Producción «just-in-time» (JIT)
- Las siete herramientas QC (también denominadas las siete herramientas de dirección)

Las técnicas analíticas son herramientas para identificar todas las causas de los fallos, defectos de calidad y similares entre un gran número de fenómenos complejos e interrelacionados. Como hemos mencionado anteriormente, en determinados casos se puede requerir un alto nivel de tecnología de ingeniería específica. Sin embargo, hay que asegurar que los equipos de mejora basen cualquier análisis de la información recogida en el lugar de los hechos, de acuerdo con el principio de las «tres realidades» —localización real, objeto real, y fenómeno real.

La tabla 3-7 muestra cómo se aplican algunas de las técnicas analíticas más comunes. El análisis P-M se describe a continuación con algún detalle.

## ANALISIS P-M

El *análisis P-M* es una técnica para analizar fenómenos tales como los fallos o defectos de proceso en función de sus principios físicos y para dilucidar los mecanismos de esos fenómenos en relación con los cuatro inputs de la producción (equipos, materiales, personas, y métodos). Es una técnica apropiada para atacar las pérdidas crónicas (véase figura 3-3).

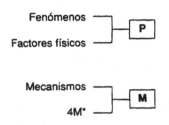

*4M = Equipo, materiales, personas y métodos

**Figura 3-3.   Análisis P-M**

## Características del análisis P-M y precauciones en su uso

El análisis P-M .es especialmente conveniente para tratar las pérdidas que surgen de una variedad de causas complejas, interrelacionadas, y problemas intratables que se resisten a repetidos intentos de solución por otros métodos; y asimismo para los problemas crónicos que prometen que consumirán gran cantidad de tiempo en su solución. Por esta razón, los equipos de mejora utilizan a menudo el análisis P-M cuando investigan la mejora última —por ejemplo, reducir una tasa de defectos desde el 0,5 por 100 a 0.

Cuando la tasa de ocurrencia de pérdidas y fallos está a un nivel elevado como un 5 o 10 por 100, primeramente los equipos deben reducir el nivel utilizando métodos convencionales tales como restaurar todas las señales de deterioro, establecer condiciones básicas, y aplicar el análisis «porqué-porqué». El análisis P-M solamente es apropiado cuando todos estos métodos ya no rinden más resultados (véase figura 3-4).

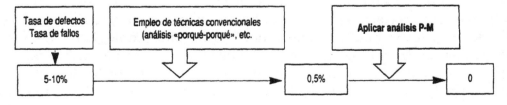

**Figura 3-4.   Aplicación correcta de los análisis PM**

Tabla 3-7. Técnicas analíticas comunes

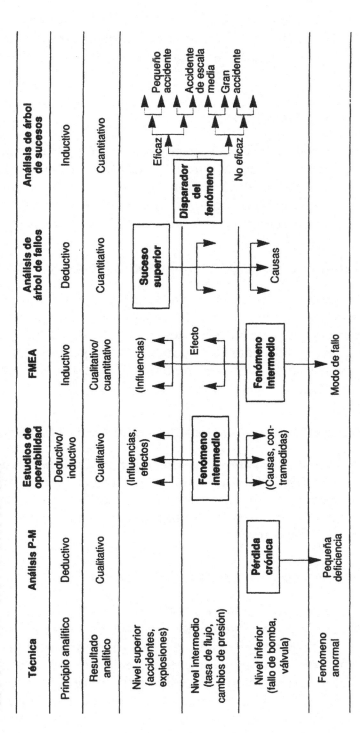

## Pasos del análisis P-M

La actividad de mejora usando el análisis P-M se desenvuelve siguiendo los ocho pasos siguientes. El éxito se fundamenta realizando observaciones directas y cuidadosas del fenómeno actual y analizándolas en función de las leyes y principios físicos.

### Paso 1: Clarificar el fenómeno

*Estratificar el fenómeno de acuerdo con el tipo.* Para comprender con precisión un fenómeno, hay que estudiar cómo se manifiesta, dónde y cuándo ocurre, y todo ello directamente en el lugar donde se produce. No hay que conjeturar o teorizar. Hay que distinguir cuidadosamente los diferentes tipos de fenómenos y variaciones de ocurrencias en las diferentes unidades del equipo.

### Paso 2: Investigar los principios físicos involucrados

*Analizar el problema en función de las leyes y principios físicos incidentes.* Se describe *cómo* sucede el problema: la mecánica de su generación. Pero no se describe en términos de sus causas posibles. Por ejemplo, la barra del pistón de un cilindro neumático puede parar a mitad de camino por diversas razones. Un análisis físico describe lo que sucede en términos físicos: la resistencia soportada por el pistón es mayor que su fuerza de avance.

### Paso 3: Identificar las condiciones que producen el problema

*Identificar todas las condiciones que dan lugar consistentemente al problema.* ¿Cuáles son las condiciones que deben estar presentes para que el problema se manifieste? En el ejemplo del cilindro neumático, hay dos condiciones que podrían causar el problema: (1) La fuerza que impulsa el pistón es baja. (2) La resistencia recibida por el pistón es elevada.

### Paso 4: Considerar los inputs de la producción

*Investigar las relaciones entre las condiciones establecidas en el paso previo y los inputs de producción (equipos, materiales, personal y métodos).* Relacionar sistemáticamente todos los factores que están involucrados en la producción de esas condiciones. Por ejemplo, si la fuerza impulsora del pistón es baja, puede que llegue poco aire al pistón. En ese caso, la presión del aire será baja, puede que la manguera del aire esté funcionando mal, puede haber obstrucciones o una fuga en la junta, o puede haber fugas de aire dentro del cilindro como consecuencia de cierto número de anomalías en la guarnición, anillo colector, forro, etc. Todos estos factores potenciales deben enumerarse e investigarse.

### Paso 5: Determinar las condiciones óptimas

*Con base en objetos reales, planos y estándares, determinar la condición óptima para cada factor causal.* ¿Idealmente, qué condiciones, si están presentes, evitarían la producción del problema? Por ejemplo, ¿se han identificado valores estándares para las condiciones de proceso? ¿Existen prácticas que aseguren que se cumplirán?

### Paso 6: Investigar los métodos de medición

*Determinar los métodos más fiables para medir los desfases entre las condiciones causales y sus valores ideales.*

### Paso 7: Identificar deficiencias

*Relacionar todos los factores que se desvían del óptimo y cualesquiera anormalidades o pequeñas deficiencias.* Usando los métodos identificados en el paso previo, investigar los procesos y mecanismos relevantes e identificar cualquier desviación de condiciones.

### Paso 8: Formular e implantar plan de mejora

*Redactar e implantar un plan para corregir cada deficiencia y controlar o eliminar su repetición.*

## Puntos clave en la realización del análisis P-M

Los pasos 1 al 4 representan la primera fase de un análisis P-M. Al poner en práctica los pasos 3 y 4, es esencial observar realmente la planta y el equipo *directamente*. La preparación de un plano estructural en tres dimensiones es extremadamente útil para realizar trabajo analítico mientras la planta está en funcionamiento.

A menudo, las pérdidas crónicas las causan factores que se han ignorado consistentemente. Para poder llegar a las raíces ocultas de los problemas, el análisis P-M intenta específicamente desenmascarar cada factor posible contribuyente. No hay que excluir ningún factor cuando se consideren las relaciones entre las condiciones que dan lugar al problema y los inputs de producción. Hay que cuidar no echar un jarro de agua fría sobre las opiniones de cualquiera. Si se omiten factores en esta fase, el plan de mejora será incompleto y el problema no se erradicará.

La clave para la segunda fase del análisis P-M es determinar las condiciones óptimas o estándares y verificar cómo se desvían éstas de las situación real. Por ejemplo, no se puede adoptar la acción correcta si no se conocen los valores óptimos de las propiedades físicas (viscosidad, concentración, pH, grosor de grano, y contenido de humedad) y los valores estándares de los factores que las influencian (temperatura, presión, grado de vacío, velocidad de flujo, tasa de flujo, etc.). Lo mismo se aplica naturalmente al rendimiento, precisión, capacidad, y otros atributos de máquinas, unidades estáticas, catalizadores, etc.

Es también importante la selección de instrumentos de medida y técnicas para verificar discrepancias entre las condiciones actuales y los estándares y esto requiere una considerable investigación y preparación. Algunos temas pueden requerir el uso de aparatos de test u otros medios que no están disponibles dentro de la empresa, y hay que considerar alquilar el equipo o contratar a alguna empresa exterior para que realice el trabajo.

## PROGRAMA DE REDUCCION DE PERDIDAS DE FALLOS

Para lograr el cero fallos, es esencial descubrir todos los defectos ocultos en las condiciones del equipo. Las seis medidas descritas a continuación se aplican al tratar esos defectos una vez se han descubierto.

### Seis medidas para cero averías

*1. Eliminar el deterioro acelerado estableciendo las condiciones básicas del equipo (limpieza, lubricación, y apretado de pernos).* La actividad más básica es establecer y mantener las condiciones mínimas requeridas para mantener el equipo en funcionamiento —esto es, tenerlo limpio, bien lubricado, y con los pernos bien apretados. Los fallos son mucho menos probables en equipos no contaminados y bien lubricados y que no tienen partes o piezas flojas.

*2. Eliminar el deterioro acelerado cumpliendo las condiciones de uso.* El equipo se proyecta para usarlo en ciertas condiciones, y éstas deben cumplirse. Por ejemplo, las bombas están diseñadas para manejar materiales con ciertas propiedades, a ciertas presiones, viscosidades, temperaturas, etc. La operación en condiciones diferentes es probable que cause un deterioro acelerado, acorte su vida útil, y dé lugar a fallos inesperados.

Lo mismo se aplica a los catalizadores. Su uso en condiciones para las que no han sido proyectados produce cambios anormales en los productos tratados, afecta adversamente al resto del proceso de producción, y conduce a fallos de proceso (obstrucciones y otros) y a fallos de calidad.

En las industrias de proceso, es particularmente importante operar toda la maquinaria, equipo estático, catalizadores, y otros de acuerdo con sus especificaciones para minimizar la posibilidad de grandes accidentes.

*3. Restaurar el equipo hasta su condición óptima restaurando el deterioro.* El deterioro del equipo es de dos tipos: acelerado y natural. El *deterioro acelerado* se debe a una causa artificial y surge cuando no se mantienen las condiciones básicas del equipo o cuando las condiciones de uso no son las correctas. A menudo, se produce muy rápidamente. El *deterioro natural* es una forma gradual de deterioro debida a factores tales como desgaste, corrosión, y cambios en las propiedades de los materiales. Puede dar como resultado una sucesión de fallos, empezando por las piezas o partes más débiles del equipo. Por ejemplo, si el manguito está desgastado, el collarín de una bomba con fugas no estará fijo a pesar de las muchas veces que se reemplace la guarnición. Tampoco será útil reemplazar el manguito si el eje está desgastado, puesto que esto hará que rápidamente el manguito tenga un desgaste desigual. Además, el desgaste desigual de eje y manguito es inevitable a menos de que se evite la holgura excesiva debida al deterioro del cojinete mismo.

Por tanto, el modo más rápido de lograr el cero fallos es examinar cada parte del equipo, medir con precisión su grado de deterioro, y adoptar un enfoque balanceado para restaurar el deterioro. El enfoque «apaga fuegos» (tratar los problemas conforme surgen, sin tratar las causas raíces) no es bueno en modo alguno. Para lograr el cero fallos, debe detectarse y predecirse el deterioro con precisión —a través del mantenimiento con parada y el mantenimiento predictivo— como parte de un sistema de mantenimiento planificado. El capítulo 5 trata en detalle este aspecto de la reducción de pérdidas de fallos.

*4. Restaurar los procesos hasta su condición óptima aboliendo los entornos que causan el deterioro acelerado.* En muchas plantas de proceso, es imposible leer los indicadores de nivel del aceite o verificar los pernos flojos por la contaminación del polvo derramado y las fugas de fluido. Las correas en V y cadenas están cubiertas de polvo, y los motores de suciedad y hollín. Un entorno como éste es un abono perfecto para alimentar el deterioro acelerado. En estos casos, las actividades de manteamiento autónomo son muy útiles, pero son aún más importantes los proyectos de mejora orientada encaminados a eliminar las principales fuentes de contaminación. Es vital limpiar y controlar los entornos que estimulan el deterioro acelerado. De otro modo, no será posible mantener las condiciones básicas del equipo y observar las condiciones apropiadas de uso.

*5. Alargar las vidas útiles de los equipos corrigiendo las debilidades de diseño.* El funcionamiento del equipo en condiciones de esfuerzo, tales como altas velocidades de rotación, cargas elevadas, y frecuentes paradas y arranques (por ejemplo, en centrifugadoras tipo suspendido) da lugar a fallos debidos a roturas de ejes, daños en cojinetes, etc. Observar que las cargas sean correctas, los tiempos de ciclo, y otras condiciones de uso no es suficiente para tratar esta clase de problemas y fallos. En tales casos, puede ser necesario cambiar el material o dimensiones del eje o la construcción de los cojinetes. El único modo de lograr el cero averías sin corregir las debilidades de diseño tales como resistencia insuficiente, materiales inadecuados, o defectos estructurales es acortar el intervalo entre períodos de servicio, lo que puede dar origen a unos costes de mantenimiento extravagantes.

*6. Eliminar los fallos inesperados mejorando las capacidades de operación y mantenimiento.* Incluso cuando el equipo es extremadamente fiable, pueden ocurrir aún averías inesperadas como resultado de errores de operación y reparación. Los departamentos de producción deben cultivar las capacidades de los operarios para detectar los primeros indicios de anormalidades, y pedirles que mantengan las condiciones básicas y que inspeccionen usando sus cinco sentidos. La mejora de las capacidades de inspección y operación eliminará también los errores de operación. Mientras tanto, los departamentos de mantenimiento deben apoyar las actividades de mantenimiento autónomo de los operarios, y crear un sistema de inspección y servicio periódico que evite omisiones y duplicidades, y facilitar a los técnicos de mantenimiento la adquisición de maestría en las técnicas de mantenimiento más avanzadas para reforzar su función de «doctores de equipos». La sensibilidad personal —la habilidad para reconocer que algo no anda bien— es vital, tanto en el personal de producción como en el de mantenimiento. No puede lograrse el objetivo del cero fallos si las personas no tienen esta facultad.

La figura 3-5 ofrece un esquema de las seis medidas para el cero averías y muestra los distintos roles de los departamentos de operación y mantenimiento.

### Cuatro fases para el cero averías

Como muestra la figura 3-5, las seis medidas para el cero averías entrañan una enorme cantidad de trabajo. Es contraproducente intentar acelerar un programa de reducción de fallos poniendo en efecto simultáneamente las seis medidas. La puesta en práctica de un sistema de mantenimiento planificado antes de establecer las condiciones básicas —cuando el equipo está aún sucio, las tuercas y pernos sueltos o flojos, y con los mecanismos de lubricación funcionando inapropiadamente— conduce frecuentemente a fallos antes de llegar a la fecha prevista para el próximo servicio importante. Para evitar esto, se tendría que fijar un intervalo de servicio irrazonablemente corto, y se perdería la verdadera utilidad del programa de mantenimiento planificado.

Es igualmente arriesgado apresurarse a implantar el mantenimiento predictivo. Muchas empresas compran equipos de diagnóstico y software para supervisar las condiciones, mientras son negligentes en las actividades de mantenimiento básicas. Sin embargo, es imposible predecir intervalos óptimos de servicio en un entorno en el que no se verifican el deterioro acelerado y los errores de operación.

El modo más eficaz para lograr el cero averías es poner en práctica las seis medidas en las siguientes cuatro fases (véase tabla 3-8).

### Tabla 3-8.   Cero averías en cuatro fases

| Fase 1 Estabilizar los intervalos entre fallos | Fase 2 Alargar la vida del equipo | Fase 3 Restaurar periódi- camente el deterioro | Fase 4 Predecir la vida del equipo |
|---|---|---|---|
| 1. Establecer las condiciones básicas limpiando, lubricando, y apretando pernos<br><br>2. Aflorar las anomalías y restaurar el deterioro<br><br>3. Clarificar las condiciones de operación y cumplir las condiciones de uso<br><br>4. Abolir los entornos que causan el deterioro acelerado (eliminar o controlar las principales fuentes de contaminación)<br><br>5. Establecer estándares de chequeo y lubricación diarios<br><br>6. Introducir extensamente controles visuales | 1. Evaluar el equipo para seleccionar ítems PM (priorizar tareas de mantenimiento)<br><br>2. Ordenar los fallos de acuerdo con su seriedad<br><br>3. Evitar la repetición de las averías principales<br><br>4. Corregir las debilidades de diseño del equipo<br><br>5. Eliminar los fallos inesperados evitando errores de operación y reparación<br><br>6. Mejorar capacidades de ajuste y montaje | 1. Crear un sistema de mantenimiento periódico<br>• Realizar servicios periódicos<br>• Realizar inspecciones periódicas<br>• Establecer estándares de trabajo<br>• Controlar repuestos<br>• Controlar datos<br>• Procesar en ordenador la información de mantenimiento<br><br>2. Reconocer los indicios de anormalidad y detectarlos pronto<br><br>3. Tratar correctamente las anormalidades | 1. Montar un sistema de mantenimiento predictivo<br>• Formar equipos de diagnóstico<br>• Introducir técnicas de diagnóstico de equipos<br>• Supervisar las condiciones<br><br>2. Consolidar las actividades de mejora<br>• Realizar análisis de fallos sofisticados usando técnicas específicas de ingeniería<br>• Ampliar la vida del equipo usando nuevos materiales y tecnología |

## Fase 1: Reducir la variación en los intervalos entre fallos

*Restaurar el deterioro.* Con esta actividad se pretende restaurar el equipo desde un estado deteriorado a su condición original, reduciendo así la variación entre los intervalos de fallo. Como muestra la figura 3-6, el equipo objeto de deterioro acelerado a menudo falla aunque se establezca un período de reemplazo extremadamente corto, tal como indica la porción sombreada bajo la curva. Debe reducirse la dispersión para reducir la frecuencia de fallos.

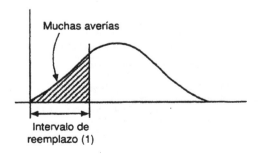

**Figura 3-6. Reducción de variaciones en los intervalos entre fallos (Fase 1)**

SEIS MEDIDAS PARA EL CERO AVERIAS

## ① Establecer condiciones básicas

1. Limpieza - Eliminar causas de deterioro acelerado

2. Apretado - Chequear tuercas y pernos e impedir aflojamientos

3. Lubricación - Lubricar donde sea necesario y reemplazar lubricantes sucios
   - Mejorar sistemas de lubricación
   - Estandarizar tipos de lubricantes

4. Preparar estándares de limpieza, chequeo y lubricación

## ② Cumplir condiciones de uso

1. Establecer condiciones de operación y manejo - fijar valores para presiones, grados de vacío, temperaturas, concentración, viscosidad, contenido de humedad, tamaño de grano, etc.

2. Estandarizar métodos de operación y manejo - preparar manuales y facilitar OJT

3. Estandarizar tareas de ajuste/montaje
   - Listar puntos de ajuste
   - Mejorar métodos de ajuste

4. Estandarizar arranques de proceso y procedimientos de parada

## ③ Cumplir condiciones de uso

### Detectar y predecir el deterioro

1. Chequear los procesos usando los cinco sentidos e identificar áreas de deterioro

2. Chequear el equipo usando los cinco sentidos e identificar las partes deterioradas

3. Preparar estándares para chequeo periódico de patrullas

4. Preparar estándares para inspección y reemplazo periódicos

5. Fijar y estandarizar tiempos de reemplazo y restauración, p.e.,
   - Tiempos de ciclo para catalizadores, etc.
   - Tiempos de limpieza de tamices de cribas

6. Crear técnicas para reconocer señales de anormalidades de proceso

7. Formular estándares para verificación de condiciones - especificar mediciones y mejorar equipo de medida

### Restaurar y prevenir el deterioro

1. Evaluar y priorizar el equipo (seleccionar equipo PM)

2. Preparar registros de equipos
   - Registros de control del equipo
   - Optimizar los intervalos de servicio

3. Estandarizar los procedimientos de inspección de revisión periódica
   - Preparar calendario mantenimiento anual
   - Procesar electrónicamente la información

4. Estandarizar las tareas de desmontaje, montaje y reemplazo

5. Mejorar los métodos de trabajo de inspección, reemplazo y reparación

6. Control estricto de materiales de mantenimiento y repuestos
   - Estandarizar y centralizar
   - Definir estándares de control de stocks

7. Control estricto de planos y datos - compartir y centralizar datos; aplicar técnicas de recuperación

## Departamento de producción

1. Chequeo y fabricación diarios
2. Operación y manipulación
3. Pronta detección de anormalidades
4. Ajustes y montajes
5. Pequeñas mejoras para fuentes de contaminación y lugares inaccesibles

**Figura 3-5.  Seis medidas para el cero averías**

| ④ Abolir entornos que causan deterioro acelerado | ⑤ Corregir debilidades de diseño | ⑥ Mejorar capacidad de operación y mantenimiento | |
|---|---|---|---|
| | | Asegurar operación y manipulación correctas | Asegurar reparaciones libres de errores |

**④ Abolir entornos que causan deterioro acelerado**

1. Medidas contra fuentes principales de contaminación
   - Descubrir fuentes de contaminación
   - Realizar inspección general de puntos de dispersión de polvo
   - Realizar inspección general de recogida de polvo y equipo usado para esto
   - Reducir fuentes de derrames de polvo, fugas de líquidos y de gas
   - Retirar materiales acumulados en edificios y estructuras

2. Medidas contra lugares inaccesibles importantes
   - Identificar puntos de chequeo y medidas difíciles
   - Identificar áreas de «layout» deficiente
   - Mejorar lugares inaccesibles

3. Apoyar las mejoras de mantenimiento autónomo en fuentes de contaminación y lugares inaccesibles

**⑤ Corregir debilidades de diseño**

1. Eliminar debilidades inherentes del equipo procedentes del diseño o defectos de fabricación
   - Dimensiones, resistencia
   - Materiales
   - Construcción del equipo, construcción de piezas
   - Forma (gradientes de toberas, etc.)
   - Resistencia a corrosión
   - Resistencia a desgaste

2. Mejorar resistencia a condiciones de entorno
   - mejorar pintura anti-corrosión
   - Investigar nuevos materiales resistentes a corrosión
   - Considerar nuevos materiales de revestimiento

3. Mejorar procesos cuello de botella - introducir medidas para evitar sobrecargas

4. Adoptar medidas para evitar repetición de fallos principales

**⑥ Mejorar capacidad de operación y mantenimiento**

**Asegurar operación y manipulación correctas**

1. Evitar errores de operación y manejo
   - Preparar manuales detallando cambios en propiedades físicas y condiciones de operación
   - Mostrar en el equipo los valores correctos de ajuste
   - Introducir más controles visuales
   - Marcar tuberías con direcciones de flujo y contenido
   - Indicar si las válvulas están abiertas o cerradas
   - Tener limpias las ventanas y placas de datos de los instrumentos de medida
   - Indicar direcciones de rotación
   - Emplear etiquetas y medios a prueba de errores

2. Evitar errores al tratar anormalidades
   - Estandarizar procedimientos de trato de anormalidades
   - Estandarizar técnicas de predicción

3. Trabajo seguro
   - Instalar bloqueos de seguridad
   - Indicar si los conmutadores están en sí o no
   - Formación para prevención de accidentes y aguzar la conciencia individual de riesgo

**Asegurar reparaciones libres de errores**

1. Evitar errores de reparación
   - Analizar fallos repetidos
   - Mejorar métodos de reparación
   - Estandarizar la selección de materiales
   - Estandarizar piezas y repuestos
   - Formular estándares de trabajo
   - Definir estándares de órdenes de trabajo

2. Evitar errores de aceptación
   - Reforzar las capacidades de supervisión
   - Formular estándares de aceptación
   - Establecer un sistema de aceptación de operación y mantenimiento

3. Evitar errores en operaciones de test
   - Estandarizar procedimientos de operación y test
   - Preparar listas de chequeo

**Departamento de mantenimiento**

1. Chequeos e inspecciones periódicas
2. Servicio periódico
3. Mejora de las principales fuentes de contaminación y lugares inaccesibles
4. Mejora de equipo
5. Prevención de repeticiones y análisis de fallos
6. Tests de operación y aceptación

A menudo, el deterioro no se verifica, incluso aunque el personal es consciente de él y comprende que conduce a averías. La planta está falta de fondos, piensan, y no tienen recursos humanos o tiempo para parar. El resultado de esta actitud miope es averías frecuentes y un gran desperdicio de tiempo y dinero, que son las verdaderas razones por las que faltan recursos. La fase 1 está pensada para romper este círculo vicioso.

*Prevenir el deterioro acelerado.* La tarea siguiente es ampliar la vida del equipo y continuar reduciendo la variación en los intervalos de fallos evitando el deterioro acelerado. Como muestra la figura 3-7, alargar la vida del equipo mediante el control del deterioro reduce considerablemente el número de fallos, incluso aunque se amplíen los intervalos de reemplazo de (I) a (II).

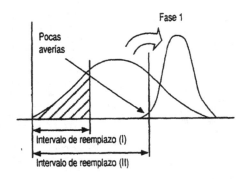

**Figura 3-7. Alargar los tiempos de vida (Fase 1)**

Para prevenir el deterioro acelerado se requieren las siguientes acciones:

*Establecimientos de las condiciones básicas.* Empezar por poner al equipo en condiciones de funcionamiento excelentes mediante acciones básicas de orden. Esto corresponde al primer paso del programa de mantenimiento autónomo (limpieza inicial).

*Cumplir las condiciones de uso.* Usualmente, las condiciones de uso se cumplen cuando el equipo es nuevo, pero se olvidan después de algunos años de operación. Sin embargo, ignorar las condiciones de uso crea tensiones y fatiga que pueden conducir a una gran avería. Es importante clarificar las condiciones de uso. Por tanto, hay que asegurar su cumplimiento estandarizando las condiciones y utilizando medios visuales apropiados en el lugar de trabajo que recuerden a las personas lo que tienen que hacer.

*Eliminación del deterioro acelerado.* Las grandes fuentes de contaminación tales como la dispersión de polvo y las fugas de líquidos crean situaciones extremas que promueven el deterioro y hacen imposible cumplir las condiciones y chequear el equipo. Las actividades de mantenimiento autónomo y los proyectos de pequeñas mejoras no pueden resolver tales situaciones. Hay que atacarlas por medio de mejoras profundas realizadas por equipos de proyectos que incluyan directivos y personal técnico.

*Preparar estándares de inspección diaria y lubricación fáciles de utilizar.* Para mantener el equipo y proceso en condiciones óptimas, hay que preparar estándares de limpieza, chequeo y lubricación que sean fáciles de aplicar. Es recomendable emplear extensos controles visuales para hacer observar estos estándares por todos como parte de su trabajo diario.

Las actividades de la fase 1 son los fundamentos del mantenimiento del equipo y de su gestión. A menos de que estos fundamentos sean sólidos, la construcción sobre ellos de un sistema de mantenimiento predictivo o planificado es como hacerlo sobre arena.

## Fase 2: Alargar la vida del equipo

*Diseño correcto y debilidades de fabricación.* Una vez eliminado el deterioro acelerado, el equipo sólo sufrirá el deterioro natural. El equipo tiene un período de vida inherente porque se deteriora de modo natural; conforme cambia el balance entre el deterioro acelerado y el natural aumentando la proporción de éste, decrece la dispersión de los intervalos entre fallos del equipo y su vida se alarga. Sin embargo, como en el caso de las personas, algunas partes del equipo tienen una vida más larga que otras. Una pieza que tenga una vida inherente corta debe tener algo equivocado en su diseño o fabricación. La fase 2 corrige las debilidades de diseño y fabricación y refuerza la constitución del equipo mejorando sus dimensiones, resistencia, materiales, forma, construcción, etc.

*Evitar la repetición de las principales averías.* La corrección de una debilidad de diseño y fabricación en una unidad del equipo puede evitar la repetición de importantes averías en otras unidades del equipo. Cada fallo proporciona una lección valiosa sobre debilidades. La experiencia demuestra que las medidas basadas en los resultados de análisis de fallos extensos son extremadamente eficaces para alargar la vida del equipo.

Las actividades de la fase 2 generalmente se reúnen bajo el título de *mantenimiento correctivo.* Como muestra la figura 3-8, pueden alargar considerablemente el período de vida del equipo y ampliar hasta (III) el intervalo de reemplazo de la figura.

*Evitar los errores de operación y reparación.* Un obstáculo para extender la vida del equipo es la producción de un fallo inesperado que sucede como resultado de errores de operación o reparación. Este irritante problema no puede resolverse manteniendo condiciones óptimas o corrigiendo debilidades de diseño, cualquiera que sea el esfuerzo aplicado a esas áreas. Asimismo, el hecho de que esté involucrado el error humano hace difícil resolver rápidamente estos fallos. El único modo de tratar con ellos es a través de una formación continua en operación y mantenimiento y el empleo de controles visuales y medios tipo poka-yoke (a prueba de errores).

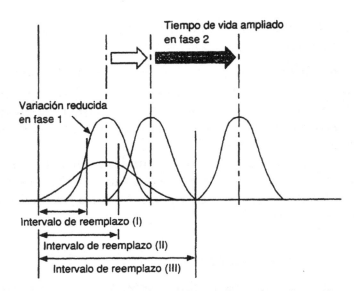

**Figura 3-8. Alargando los tiempos de vida (fase 2)**

## Fase 3: Restaurar periódicamente el deterioro

*Realizar inspecciones y servicios periódicos.* Para mantener y ampliar la vida del equipo lograda en las fases 1 y 2, hay que establecer un sistema de mantenimiento planificado o preventivo. La clave está en determinar los intervalos óptimos de inspección y servicio. Si estos intervalos son demasiado largos el resultado es repetidas averías; si son demasiado cortos, se produce un desperdicio de recursos de mantenimiento. Para determinar los intervalos apropiados, es vital prevenir con precisión el alargamiento de la vida del equipo que resulte de las mejoras de la fase 2.

Como ilustra la figura 3-9, no se producen fallos si se selecciona el intervalo de reemplazo correcto. El intervalo puede ser casi tan largo como (III), supuesto que se haya efectivamente ampliado la vida del equipo en las fases 1 y 2.

Finalmente, como parte del calendario de mantenimiento de unidades o componentes del equipo, hay que reevaluar continuamente y establecer los intervalos de inspección y servicio más económicos conforme se inspeccione y sirva repetidas veces al equipo. Una forma de ampliar un intervalo de servicio es realizar un chequeo y diagnóstico simples unos pocos meses antes de la programación de un servicio.

*Establecimiento de estándares de mantenimiento e inspección.* Un sistema de mantenimiento planificado será más fiable si los equipos de mantenimiento preparan y cumplen estándares para hacer inspecciones y servicios fluidos mientras mejoran constantemente el trabajo de mantenimiento e inspección.

*Control de piezas de repuesto y materiales de mantenimiento.* Para realizar eficazmente el mantenimiento planificado con un pequeño equipo de personal, es

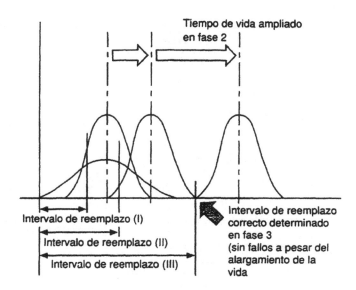

**Figura 3-9. Revertir periódicamente el deterioro (Fase 3)**

esencial el control «just-in-time» de piezas de repuesto y materiales de mantenimiento.

*Reconocer los signos de anormalidad en el proceso.* Aunque el mantenimiento preventivo es un modo fiable de mantener los equipos, no es un «curalotodo» para lograr el cero averías en las plantas de proceso, que cada vez son más complejas. Los departamentos de producción y mantenimiento deben trabajar juntos para desarrollar capacidades de diagnóstico cada vez más sensibles. Los operarios, que son los que están en un contacto más íntimo con el proceso, deben desarrollar la habilidad de reconocer señales de anormalidad interna aguzando su sensibilidad y poniendo sus cinco sentidos al chequear las instalaciones.

### Fase 4: Predecir la vida del equipo a partir de sus condiciones

Una vez desarrolladas las tres primeras fases, se reduce considerablemente el número de fallos como resultado del desarrollo del sistema de mantenimiento planificado y la afinada sensibilidad de los operarios para las anormalidades. Sin embargo, cualquiera sea el cuidado con el que se calcule un intervalo de servicio, este cálculo no es más que una conjetura educada. Para asegurar las cosas, usualmente el personal de mantenimiento establece intervalos de servicio más cortos de lo que es necesario. Sin embargo, si se intenta garantizar el funcionamiento libre de problemas de todos los equipos mediante el mantenimiento planificado, inevitablemente se producirá un exceso de mantenimiento, porque no todos los equipos fallan entre servicio y servicio.

Por otro lado, la habilidad de los operarios para reconocer señales de peli-

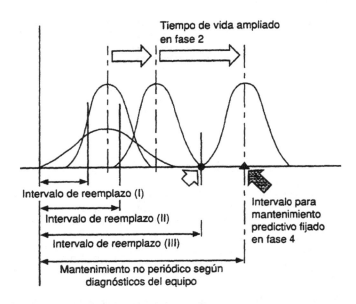

**Figura 3-10. Predicción de tiempos de vida (Fase 4)**

gro es limitada. Por tanto, en la fase 4 se usan instrumentos para evaluar la condición del equipo y acumular datos, y predecir entonces las vidas de los equipos a partir de las evidencias de estos datos.

Supongamos que el intervalo de reemplazo de una pieza o unidad del equipo se fija en (III) en la fase 3 y que el mantenimiento planificado tiene que hacerse en el punto ●. Sin embargo, la distribución de la vida del equipo indica que aún hay disponible algún tiempo de operación, incluso sin averías. Para poder seguir aprovechando un funcionamiento libre de problemas y aún alargar el intervalo de mantenimiento para evitar un uso excesivo de recursos, deben utilizarse técnicas de diagnóstico para predecir el punto ▲. Esta es la razón por la que el mantenimiento predictivo se contempla como ideal y, potencialmente, como el tipo de mantenimiento más rentable.

Recientemente, se han hecho sorprendentes avances en técnicas de diagnóstico de equipos y software de proceso de datos, y todo esto puede aplicarse a un amplio rango de problemas y áreas. Sin embargo, antes de aplicar esto hay que decidir primero qué equipo se usará para diagnosticar, dónde se instalará, y qué es lo que hay que predecir por medio de qué datos. Si el equipo se compra sin preparar su introducción, puede terminar cogiendo polvo en un estante. Hay que recordar también que las personas pueden supervisar satisfactoriamente muchos equipos usando sólo sus cinco sentidos. Frecuentemente, las empresas desarrollan sus propios instrumentos de medida explotando hasta el límite de lo posible sus propios descubrimientos. Hay que introducir los procedimientos de supervisión y control mejor adaptados a los propios equipos y procesos.

### *Relación entre las cuatro fases y la mejora*

La tabla 3-9 muestra la relación entre las cuatro fases y las diversas actividades TPM. Ilustra cómo las cuatro fases integran y conexionan el programa de mantenimiento autónomo en siete pasos para los operarios y el programa de seis pasos para construir un sistema de mantenimiento planificado que realiza el departamento de mantenimiento. El añadido de los proyectos de mejora orientada crea un triángulo de actividades que, cuando se realizan apropiadamente, garantizan el cero averías, y resultados espectaculares.

### *Ejemplo de mejora de debilidad de diseño*

Este ejemplo, que se detalla en la figura 3-11, ilustra una mejora en la que se corrigió una debilidad de diseño en una refinería de azúcar.

El equipo es un separador centrífugo tipo suspendido que separa los cristales de azúcar del jarabe en cargas de 500 kg a 1.350 rpm. El eje principal tenía solamente un cojinete superior, mientras su extremo inferior giraba libre. Antes de la mejora, la operación del eje era inestable y, a menudo, se curvaba o rompía.

Se restauró el deterioro y se establecieron las condiciones básicas a través del programa de mantenimiento autónomo. Asimismo, un equipo de mejora adoptó varias medidas para eliminar las pequeñas paradas y tiempos en vacío del descargador de cristales, mejorando, por ejemplo, los detectores de movimiento. Aún así, los fallos del eje continuaban retrasando la producción y era extremadamente costoso y consumía mucho tiempo reemplazar los ejes dañados.

El equipo descubrió que el problema radicaba realmente en la construcción del cojinete del eje principal. No se han producido más fallos del eje después de mejorar el cojinete. Se estandarizó esta mejora y se desplegó lateralmente a equipos similares con la misma debilidad.

## PROGRAMA DE MEJORA DE PERDIDAS DE RENDIMIENTO

Como se ha mencionado anteriormente, las pérdidas de rendimiento comprenden pérdidas de producción normales y anormales. Estas dos pérdidas se tratan con diferentes tipos de actividad de mejora.

Las pérdidas de producción normales pueden reducirse incrementando la producción en los períodos de arranque después de las paradas para mantenimiento. En las industrias de proceso, a menudo lleva muchas horas o incluso varios días a una planta lograr la producción normal después de ponerla en marcha. Para esto, hay tres razones principales:

- Los operarios deben chequear la regulación de los sistemas de control durante la operación, de modo que la planta arranque bien por debajo de la tasa de producción estándar y aumente ésta gradualmente.

**Tabla 3-9. Relación entre las cuatro fases del cero averías y las actividades TPM**

| 7 pasos del mantenimiento autónomo | Reducir la variación de los intervalos entre fallos | Alargar los tiempos de vida de los equipos | Restaurar periódicamente el deterioro | Predecir los tiempos de vida del equipo |
|---|---|---|---|---|
| 1. Realizar limpieza inicial | Restaurar el deterioro y establecer las condiciones básicas | | | |
| 2. Suprimir las fuentes de contaminación y mejorar la accesibilidad | Abolir las condiciones que causan el deterioro acelerado | | | |
| 3. Establecer estándares de limpieza y chequeo | Mantener las condiciones óptimas | | | |
| 4. Realizar inspecciones generales del equipo | Desarrollar operarios competentes en equipos (evitar errores de operación) | | | |
| 5. Realizar inspecciones generales del proceso | | Desarrollar operarios competentes en procesos (capaces de operar, ajustar, y manejar correctamente anomalías) | | |
| 6. Sistematizar el mantenimiento autónomo | | Sistematizar, remover o descartar los elementos innecesarios, ordenar eficientemente el resto | | |
| 7. Practicar una auto-gestión plena | | | | Consolidar las actividades de mejora |

| | Reducir la variación de los intervalos entre fallos | Alargar los tiempos de vida de los equipos | Restaurar periódicamente el deterioro | Predecir los tiempos de vida del equipo |
|---|---|---|---|---|
| **6 pasos del mantenimiento especializado** | | | | |
| 1. Evaluar y comprender las condiciones actuales del equipo | Preparar registros de equipos, evaluar el equipo | | | |
| 2. Suprimir el deterioro y corregir debilidades | Apoyar el mantenimiento autónomo, evitar la repetición de anormalidades, realizar proyectos de mejora | | | |
| 3. Crear un sistema de información de gestión | | Crear sistemas de datos de gestión para supervisar fallos, equipos y presupuestos | | |
| 4. Crear un sistema de mantenimiento periódico | | Mejorar la eficiencia del PM, planificación de inspecciones, SDM | | |
| 5. Crear un sistema de mantenimiento predictivo | | | Introducir técnicas de diagnóstico de equipos y P. de M | |
| 6. Evaluar mantenimiento planificado | | | | Evaluar sistema de mantenimiento planificado / Evaluar equipo de R/M |
| **Proyectos de mejora orientada** | Eliminar el deterioro acelerado controlando las principales fuentes de contaminación / Mejorar la mantenibilidad mejorando la accesibilidad | Corregir las debilidades de fabricación y diseño | Emplear técnicas sofisticadas de análisis de fallos | Desarrollar nuevos materiales y tecnología |

Notas: PM = mantenimiento periódico; SDM = mantenimiento con parada programada; P de M = mantenimiento predictivo; R/M = fiabilidad y mantenibilidad

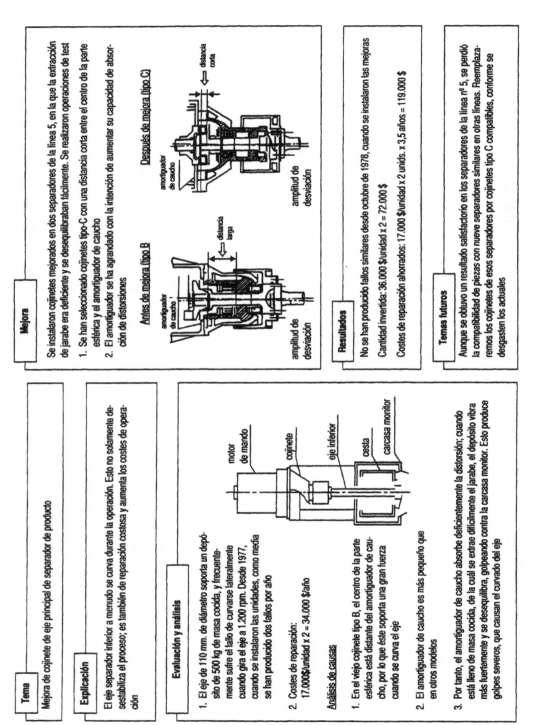

**Tema**

Mejora de cojinete de eje principal de separador de producto

**Explicación**

El eje separador inferior a menudo se curva durante la operación. Esto no solamente desestabiliza el proceso; es también de reparación costosa y aumenta los costes de operación

**Evaluación y análisis**

1. El eje de 110 mm. de diámetro soporta un depósito de 500 kg de masa cocida, y frecuentemente sufre el fallo de curvarse lateralmente cuando gira el eje a 1.200 rpm. Desde 1977, cuando se instalaron las unidades, como media se han producido dos fallos por año

2. Costes de reparación:
17.000$/unidad x 2 = 34.000 $/año

*Análisis de causas*

1. En el viejo cojinete tipo B, el centro de la parte esférica está distante del amortiguador de caucho, por lo que éste soporta una gran fuerza cuando se curva el eje

2. El amortiguador de caucho es más pequeño que en otros modelos

3. Por tanto, el amortiguador de caucho absorbe deficientemente la distorsión; cuando está lleno de masa cocida, de la cuál se extrae difícilmente el jarabe, el depósito vibra más fuertemente y se desequilibra, golpeando contra la carcasa monitor. Esto produce golpes severos, que causan el curvado del eje

**Mejora**

Se instalaron cojinetes mejorados en dos separadores de la línea 5, en la que la extracción de jarabe era deficiente y se desequilibraban fácilmente. Se realizaron operaciones de test

1. Se han seleccionado cojinetes tipo-C con una distancia corta entre el centro de la parte esférica y el amortiguador de caucho
2. El amortiguador se ha agrandado con la intención de aumentar su capacidad de absorción de distorsiones

**Resultados**

No se han producido fallos similares desde octubre de 1978, cuando se instalaron las mejoras

Cantidad invertida: 36.000 $/unidad x 2 = 72.000 $

Costes de reparación ahorrados: 17.000 $/unidad x 2 unids. x 3,5 años = 119.000 $

**Temas futuros**

Aunque se obtuvo un resultado satisfactorio en los separadores de la línea nº 5, se perdió la compatibilidad de piezas con nueve separadores similares en otras líneas. Reemplazaremos los cojinetes de esos separadores por cojinetes tipo C compatibles, conforme se desgasten los actuales

**Figura 3-11.   Ejemplo de corrección de debilidad de diseño**

- Incluso después de haber alimentado en el proceso las materias primas, toma bastante tiempo hasta que éstas pasan por los distintos subprocesos y salen al final como producto acabado.
- Antes de producir un producto aceptable, el sistema debe purgarse de materias extrañas introducidas durante el trabajo de mantenimiento con parada, y depurarse de los residuos descompuestos mientras la planta está parada. Esto se logra haciendo circular materiales a procesar u otros materiales.

Por tanto, para reducir las pérdidas de producción normales durante el arranque, se requiere mejorar la eficiencia del input de primeras materias y minimizar el tiempo que se tarda en alcanzar la tasa de producción estándar. Lo mismo se aplica al tiempo de parada: el personal de mantenimiento puede reducir el tiempo de parada aumentando la eficiencia del almacenaje de materiales en proceso y creando mejores métodos para tratar los residuos.

La reducción de las pérdidas de producción anormal requieren un enfoque diferente —los equipos de mejora deben investigar y eliminar las causas de los fallos de proceso. Un proceso que opera a la tasa de producción estándar no sufre pérdida alguna supuesto que sea estable. Sin embargo, en la práctica a menudo se producen fallos en el equipo, y asimismo son extremadamente comunes los fallos de proceso como resultado de adhesiones, obstrucciones, derrames, ajustes y otros problemas similares. Mientras todas estas cosas puede que no obliguen a parar completamente un proceso, si pueden forzar a que tenga que operarse a bajo rendimiento o carga y proporcionar a los operarios toda clase de dolores de cabeza tratando de recuperar la tasa de producción estándar.

En una planta hipotética (desafortunadamente muchas veces real), las patrullas de mantenimiento se dedicaban regularmente a inspeccionar el equipo y mantener la seguridad pero eran incapaces de cumplir su función porque los transmisores portátiles continuamente emitían mensajes como «La salida del colector de polvo está bloqueada —acudan y dénle un buen golpe»; «Vayan y hagan algo en el elevador de cangilones— la entrada está atascada y la corriente está subiendo»; y «El amortiguador de la salida del silo no funciona apropiadamente —vayan inmediatamente a echarle un vistazo». Como resultado, la planta estaba atrapada en un círculo vicioso: las anomalías no se detectaban a tiempo; y el deterioro acelerado permanecía sin verificar. Las averías eran frecuentes, lo que forzaba a la planta a funcionar a media carga. Para reducir las pérdidas anormales de producción, los equipos debieron eliminar las adherencias, las obstrucciones, las fugas, los derrames, el flujo excesivo, y otras causas de fallos de proceso.

## Eliminación de pérdidas normales de producción

Imaginemos un proceso que tarda dos días en arrancar. El primer paso hacia la mejora es comprender a fondo la situación actual describiendo e ilustrando gráficamente lo que sucede desde el momento en que arranca la planta hasta el momento en que se alcanza la tasa de producción estándar. Si los grupos de mejora orientada establecen el objetivo de reducir el tiempo de arranque a medio día (doce horas), por ejemplo, deben entonces formular el procedimiento ideal para lograr la tasa de producción estándar en, digamos, 36 horas y usar el análisis de capacidad del proceso para determinar qué subprocesos están causando cuellos de botella, como se ilustró en la figura 3-1. Un grupo debe entonces reducir el tiempo de arranque mejorando el equipo o los métodos de trabajo de los procesos cuello de botella. Algunos ejemplos de tales mejoras son:

- Mejorar los «layouts» de tubería para simplificar la limpieza interna
- Mejorar los métodos con los que los materiales intermedios se transforman en productos
- Mejorar los métodos de reciclaje o equipos para tratar los residuos que quedan en el sistema
- Eliminar los ajustes intuitivos de los sistemas de control estandarizando las regulaciones y facilitando sistemas de apoyo para detectar desviaciones de los valores establecidos.

## Reducción de las pérdidas de producción anormales

Para mejorar la tasas de rendimiento de una planta, o bien hay que mantener consistentemente la tasa de producción estándar reduciendo las pérdidas de producción anormales o alterar el proceso de modo que produzca a una tasa superior a la estándar. Esto requiere mejoras de equipos o métodos que eviten las adherencias, obstrucciones, bloqueos, flujo excesivo y otros problemas. Por ejemplo, las medidas para evitar las obstrucciones y bloqueos incluyen alterar la inclinación de equipos tales como canales, silos, y conductos, o mejorar sus revestimientos internos, e introducir o mejorar filtros, cribas vibrantes, martillos neumáticos, etc. La adherencia puede evitarse introduciendo métodos de limpieza mejorados o empleando materiales con mejores propiedades anti-incrustaciones, por ejemplo.

La tabla 3-10 muestra un ejemplo de un proceso en el que un equipo identificó diez grandes pérdidas de proceso y mejoró la «tasa de operación efectiva» (idéntica al ratio de rendimiento).

Este ejemplo está tomado del proceso de producción de glutamato monosódico en la planta Kyushu de Ajinomoto. El equipo hizo un uso notable del análisis «conocer-porqué» para mejorar diversas condiciones y métodos de operación y producción y reducir fallos. Las mejoras incluyeron lo siguiente:

- Evitar las incrustaciones diseñando métodos de lavado
- Empleo de condiciones de operación más apropiadas
- Introducción de materiales mejorados

**Tabla 3-10.    Mejora en tasa de operación de proceso de producción MSG**

| Proceso/ subproceso | Tasa efectiva de operación (%) | Pérdidas de averías | | | | | | | | | |
|---|---|---|---|---|---|---|---|---|---|---|---|
| | | Ajustes produc. | Fallos | Prep./ ajustes | Pequeñas paradas | Tiempos en vacío | Capacidad | Defectos | Arranques | Otros procesos | Operación |
| Decoloración/filtrado | 48 | 25 | 0 | 5 | 0 | 8 | 5 | 1 | 3 | 5 | 0 |
| Concentración | 55 | 20 | 3 | 10 | 0 | 0 | 8 | 0 | 0 | 4 | 0 |
| Cristalización | 55 | 20 | 2 | 3 | 0 | 0 | 15 | 0 | 0 | 5 | 0 |
| Separación/secado | 45 | 25 | 5 | 10 | 0 | 0 | 13 | 1 | 0 | 1 | 0 |

**ANALISIS DE CAUSAS**

**PREPARACION Y PRACTICA DE PLAN DE MEJORAS**

| Equipo | Pérdida de operación | | Mejoras | |
|---|---|---|---|---|
| | Antes | Después | Elementos | Detalles |
| Concentrador (A) | 33,5% | 28,6% | • Reducción de pérdidas de preparación y ajustes | • Mejorada la remoción de incrustaciones<br>• Cambiadas condiciones de operación previstas para evitar incrustaciones |
| Concentrador (B) | 20,2 | 10,3 | • Aliviada carga<br>• Mejorado concentrador | • Aumentada concentración en proceso previo<br>• Nuevo material con mejores propiedades antiincrustación |
| Separador | 26,7 | 2,8 | • Mejora del proceso<br>• Condiciones de operación del separador | • La mejora de la cristalización rinde mejores cristales<br>• Velocidad de rotación más elevada |
| Filtro (A) | 75,0 | 64,0 | • Minimización de preparación/ajustes<br>• Reducción de pérdidas de fallos | • Reducción de tiempos de ciclo<br>• Mejorada unidad de mando |
| Filtro (B) | 60,0 | 12,9 | • Suprimida la pérdida progresiva de capacidad | • Mejorado método y frecuencia de lavado del filtro medio<br>• Mejorada separabilidad del filtro medio |

**Confirmación de resultados:** Auditoría de la dirección después de la mejora
**Consolidación:** Reescribir los estándares

Fuente: Simposio Nacional de Gestión de Plantas 1986

* Logro de capacidades de filtración consistentemente más elevadas mejorando los métodos de lavado del filtro medio y las propiedades de separación

## PROGRAMACION DE REDUCCION DE PERDIDAS POR DEFECTOS

Como se ha descrito anteriormente, las pérdidas por defectos en las industrias de proceso consisten en las pérdidas debidas a defectos de calidad y reproceso. Las pérdidas de defectos de calidad surgen cuando el producto se desecha por la contaminación de materias extrañas o problemas en la concentración, viscosidad, contenido de humedad, tamaño de grano, pureza, color, y otros que se producen en el proceso.

Las materias extrañas pueden incluir objetos extraños tales como insectos, pero generalmente consisten en óxido, partículas metálicas, sustancias del proceso solidificadas, y otros materiales que tienen su origen en la planta y en el mismo equipo. Los problemas en propiedades tales como la concentración, contenido de humedad, pureza y color se producen cuando el proceso opera bajo condiciones que se desvían de los valores preestablecidos. Es por tanto esencial clarificar las relaciones entre el equipo por una parte, y las condiciones operativas por otra, con la calidad antes de intentar ninguna mejora. Para esto, es indispensable un programa de mantenimiento de calidad. El capítulo 7 describe la filosofía y práctica del mantenimiento de calidad y sus herramientas analíticas.

Los defectos de calidad que consisten en concentración incorrecta, contenido de humedad, pureza, color, y otros surgen a menudo cuando las condiciones de operación se desvían del estándar. Para evitar todo esto, los operarios tienen en consecuencia un papel importante. Deben tener una comprensión clara de los materiales que se procesan y ser capaces de preparar y ajustar correctamente el proceso. Es, por tanto, esencial desarrollar operarios competentes en procesos, aplicando el paso 5 del programa de mantenimiento autónomo descrito en el capítulo 4.

### Medidas contra las pérdidas de reproceso

Las industrias de proceso frecuentemente convierten un producto rechazable de un proceso en producto aceptable reciclándolo en un proceso previo. La mayoría de las plantas, cuando calculan la tasa de calidad, no hacen distinción entre producto reprocesado y fabricado correctamente la primera vez. Estos datos son extremadamente confusos. El reproceso desperdicia una gran cantidad de energía, hace difícil mantener la tasa de producción estándar, y reduce el mantenimiento. Hay que revisar a fondo las pérdidas que se generan de este modo. Cuando los directores se enorgullecen de que su planta no produce producto desechable, probablemente esto significa que está teniendo lugar una gran cantidad de reproceso.

Para reducir las pérdidas de reproceso, hay que empezar por tomarlas en serio calculando y evaluando su amplitud. A continuación, se desarrolla un programa amplio de mantenimiento de calidad para asegurar que el proceso no produzca nunca productos rechazables. Este enfoque es mucho mejor que continuar reprocesando mientras se buscan vanamente modos de reducir su coste. Es importante estimar con precisión el dinero que cuesta el reproceso. Los costes pueden expresarse, por ejemplo, como coste por tonelada del output reciclado de cada subproceso o del output total.

## PROGRAMA DE SIMPLIFICACION DE PROCESOS

Cuando se consideran mejoras en las industrias de proceso, es útil expresar la retribución de la simplificación en función del aumento de eficiencia. La simplificación tiene muchas ventajas directas, así como varios beneficios derivados:

- Como los materiales fluyen a través de un recorrido de tuberías y equipos más cortos, se reducen las pérdidas de fallos de proceso y mejoran los rendimientos.
- Menos unidades de equipo consumen menos energía y valor.
- La eliminación de equipos y tubería innecesarios reduce el número de fuentes de contaminación posibles y otros defectos de calidad.
- Como los operarios tienen menos equipos que supervisar, mejora la operabilidad y se reducen los errores de operación.
- Con menos unidades de equipo se crea espacio extra, que puede convertirse en zonas de seguridad o valiosas áreas de trabajo.

### Simplificación del proceso en industrias de proceso

Las industrias de proceso mantienen un gran número de unidades en reserva para afrontar las pérdidas de producción debidas a averías. Muchas líneas de retorno y derivaciones facilitan el reproceso, y las unidades de equipo y tubería que se han vuelto innecesarias por modificaciones de proceso a menudo simplemente se deja que se deterioren. A menudo, el equipo se utiliza simplemente porque está allí. Demasiadas personas, satisfechas con el *status quo*, nunca intentan verificar a fondo si las funciones o rendimientos de ciertos equipos realmente se siguen necesitando. Mientras es cierto que elevar la capacidad de los procesos cuello de botella es una gran preocupación en las industrias de proceso, la simplificación de procesos es también un tema importante para la mejora orientada y rinde excelentes resultados.

### Ejemplo de simplificación

La figura 3-12 esquematiza una mejora de simplificación de procesos introducida en la planta Kyushu de Ajinomoto. Este estudio de caso es instructivo porque las mejoras abarcan a los métodos de trabajo además del equipo.

La planta utilizaba dos filtros Oliver en serie para eliminar impurezas de la solución de glutamato monosódico. El equipo de mejora deseaba eliminar uno de estos filtros. Primero, calcularon los tiempos de operación efectiva de estos dos filtros. Estos eran muy inferiores a lo esperado; el filtro número 1 operaba solamente 6,2 horas de 24, y el número 2 sólo 5,7 horas. Sus tasas de operación efectiva eran por tanto, respectivamente, el 26 y 24 por 100.

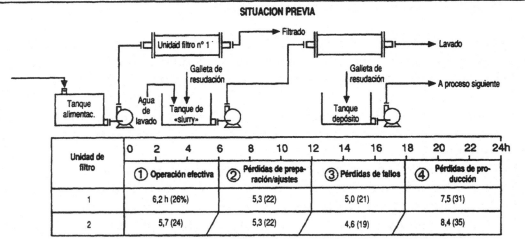

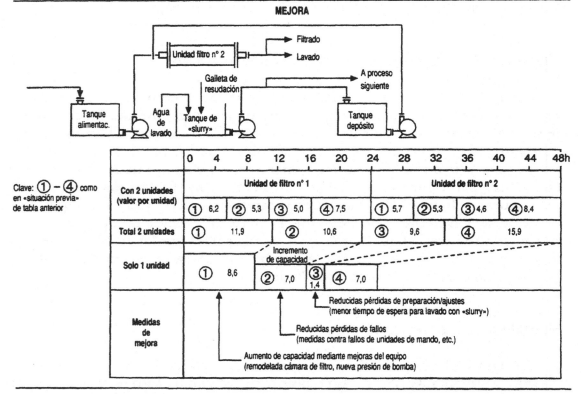

Originalmente, se consideraba que las unidades estaban operando a plena capacidad, pero sus tasas de operación eran sorprendentemente bajas. Nuestra meta era eliminar una unidad de filtrado

Fuente: Simposio Nacional de Gestión de Plantas 1986

**Figura 3-12.   Ejemplo de simplificación de procesos**

El equipo empleó entonces un análisis «conocer-porqué» en cinco pasos para identificar los factores que reducían las tasas de operación efectiva. Se descubrió que las pérdidas de preparaciones y ajustes y los fallos contabilizaban más del 40 por 100 de la pérdida, enfocando así en esta dirección los objetivos de la mejora. Las pérdidas de producción planificada contabilizaban un 30 por 100 de la pérdida de tasas de operación, pero el equipo de mejora opinaba que no era necesario tratar este tipo de pérdida en ese momento.

El equipo utilizó entonces de nuevo el análisis «conocer-porqué» para estudiar los orígenes de cada tipo de pérdida y facilitar un punto de partida para la mejora. Sus propuestas de mejora incluyeron elevar la capacidad del filtro, reducir el tiempo de lavado de restos, y tomar acciones para evitar fallos de la unidad de mando.

Estas mejoras produjeron las siguientes reducciones de pérdidas:

*Eliminación de pérdidas de rendimiento del filtro.* La remodelación de la cámara del filtro y el cambio de la presión de la bomba aumentaron la capacidad de filtrado en un 28 por 100.

*Eliminación de pérdidas de preparación/ajustes.* La reducción del tiempo de espera para lavado con «slurry» redujo las pérdidas en un 34 por 100.

*Eliminación de pérdidas de fallos.* Las medidas contra los fallos dirigidas principalmente a mejorar las unidades de mando produjeron una reducción de pérdidas del 85 por 100.

Estas mejoras hicieron posible operar el proceso con una sola unidad de filtrado, simplificándolo considerablemente. Sin embargo, el tiempo de operación efectiva del proceso con una unidad era de 8,6 horas, es decir, aún una pérdida del 64 por 100, y no se había logrado aún el objetivo del cero averías. El equipo continuó con el proyecto con la intención de elevar el nivel de las mejoras a través del análisis P-M y de tecnología de ingeniería.

## CONCLUSION

La clave de la eficacia de las mejoras orientadas es aplicar enfoques simples. En vez de intentar aplicar un cóctel complejo de técnicas teóricas, es más eficaz adoptar un procedimiento directo de trabajo en planta: primero, descubrir y erradicar todas las pequeñas deficiencias, restaurar el deterioro, y reestablecer incansablemente las condiciones básicas. Las mejoras más sofisticadas son posibles sólo cuando se han resuelto los problemas básicos.

## REFERENCIAS

Instituto Japonés de Mantenimiento de Plantas, ed., *National Equipment Management Symposium* (en japonés). Tokyo, JIPM, 1986.
——. *Plant Engineer,* 11 (1986) (en japonés).
——. *TPM Development Program in Process Industries.* (Textos de seminario en japonés). Tokyo: JIPM, 1992.
——. *Programa de Desarrollo del TPM* (edición en español). Madrid: TGP Hoshing y Productivity Press.
S. Senju y Y. Futami, *Fundamentals of Engineering Economics* (en japonés). Tokyo: Japan Management Association, 1983.

# 4
# Mantenimiento autónomo

El TPM mejora los resultados empresariales y crea lugares de trabajo agradables y productivos cambiando el modo de pensar y trabajar con los equipos de todo el personal. El mantenimiento autónomo (mantenimiento realizado por el departamento de producción) es uno de los pilares básicos más importantes del TPM.

## DESARROLLO DE UN PROGRAMA DE MANTENIMIENTO AUTONOMO

Dos claves para desarrollar un programa eficaz de mantenimiento autónomo son la *profundidad* y la *continuidad*. Un factor adicional decisivo es una perfecta integración con otras dos actividades TPM fundamentales: la *mejora orientada* y el *adiestramiento y formación*.

### Los objetivos del mantenimiento autónomo

La misión del departamento de producción es producir buenos productos tan rápidamente y baratos como sea posible. Una de sus funciones más importantes es detectar y tratar con prontitud las anormalidades del equipo, que es precisamente el objetivo de un buen mantenimiento. El mantenimiento autónomo incluye cualquier actividad realizada por el departamento de producción relacionada con una función de mantenimiento y que pretenda mantener la planta operando eficiente y establemente con el fin de satisfacer los planes de producción. Los objetivos de un programa de mantenimiento autónomo son:

- Evitar el deterioro del equipo a través de una operación correcta y chequeos diarios
- Llevar el equipo a su estado ideal a través de su restauración y una gestión apropiada
- Establecer las condiciones básicas necesarias para tener el equipo bien mantenido permanentemente

Otro objetivo importante es utilizar el equipo como medio para enseñar nuevos modos de pensar y trabajar.

### Necesidad del mantenimiento autónomo

En el pasado, en las industrias de proceso era normal que los operarios de la planta mantuvieran su equipo chequeándolo regularmente y realizando pequeños servicios. Aunque diferentes empresas tenían diferentes prácticas, en muchas de ellas los operarios realizaban reparaciones generales desmontando por completo equipos tales como las bombas. En general, se ponía en práctica un alto grado de mantenimiento autónomo.

Sin embargo, durante la era de alto crecimiento de los años 50 y 60, el equipo se tornó más sofisticado y complejo conforme avanzaba la tecnología y las plantas se agrandaban. Con la introducción del mantenimiento preventivo, el mantenimiento del equipo se especializó considerablemente. Al mismo tiempo, se hacían considerables progresos en la automatización y centralización. Para hacer frente a las dos crisis sucesivas de los precios del petróleo, las empresas japonesas redujeron el número de operarios de planta con el fin de reducir costes. Desde esa época hasta ahora, los departamentos de producción han jugado un papel sobre todo de supervisión, concentrándose en la producción y dejando el mantenimiento a los especialistas. Esto ha dado alas al síndrome: «Yo hago funcionar el equipo-tú lo reparas».

Sin embargo, el futuro es incierto y muchas empresas confían en sobrevivir reduciendo los costes para mejorar su competitividad. Como resultado, el mantenimiento autónomo ha llegado a ser un programa indispensable para eliminar pérdidas y desperdicio en las plantas y maximizar la eficacia del equipo existente.

También los avances en el campo de los ordenadores han intensificado la tendencia hacia la automatización y la operación sin presencia de personal. Sin embargo, un gran obstáculo es la gran cantidad de trabajo manual que se requiere para mantener los numerosos sensores que requiere la automatización y tratar las fugas, derrames, obstrucciones y otros problemas característicos de las industrias de proceso. El personal más adecuado para resolver estos problemas es el que está en contacto más íntimo con ellos en los lugares de trabajo (los operarios), de modo que es creciente la necesidad del mantenimiento autónomo.

### LA PRODUCCION Y EL MANTENIMIENTO SON INSEPARABLES

Actualmente, a menudo es conflictiva la relación entre los departamentos de producción y mantenimiento. Cuando para la producción debido a fallos del equipo, los departamentos de producción se quejan amargamente: «Mantenimiento no hace bien su trabajo»; «Tarda demasiado tiempo en reparar el equipo»; o «Este equipo es tan anticuado, que no hay que maravillarse porque se averíe». Asimismo, proclaman que están demasiado ocupados para hacer los vitales chequeos diarios.

Paralelamente, el departamento de mantenimiento critica al de producción: «Preparamos los estándares, pero no hacen los chequeos»; «No saben cómo operar apropiadamente los equipos»; o, «No lubrican las máquinas». El departamento de mantenimiento excusa sus propios fallos diciendo que tiene demasiadas reparaciones que hacer y le falta personal. Finalmente, «se saca un as de la manga»: «Desearíamos poner en práctica el mantenimiento correctivo, pero no tenemos dinero para esto». Con estas actitudes en ambos lados, no hay modo de alcanzar el objetivo de un buen mantenimiento: detectar y tratar rápidamente las anomalías del equipo.

El departamento de producción debe abandonar la mentalidad «Yo opero-tú reparas», y asumir la responsabilidad del equipo y la de evitar su deterioro. Sólo entonces, el departamento de mantenimiento puede aplicar apropiadamente las técnicas de mantenimiento especializado que asegurarán un mantenimiento eficaz. Por su parte, el departamento de mantenimiento debe descartar la idea de que su trabajo es simplemente hacer reparaciones. En vez de ello, debe concentrarse en medir y restaurar el deterioro de modo que los operarios puedan utilizar el equipo con confianza. Ambos departamentos deben definir claramente y consensuar sus respectivas funciones y derribar las barreras entre ellos a través de la mutua confianza y apoyo. Deben integrar sus esfuerzos hasta que lleguen a ser como las dos caras de una misma moneda. Este es el único modo de crear un lugar de trabajo libre de fallos y dificultades.

## CLASIFICACION Y ASIGNACION DE TAREAS DE MANTENIMIENTO

Las actividades pensadas para lograr las condiciones óptimas en el equipo y maximizar su eficacia global se refieren bien a *mantener* el equipo o a *mejorarlo*. Las actividades de mantenimiento se dirigen a mantener el equipo en un estado deseado —evitando y corrigiendo fallos. La tabla 4-1 resume algunas técnicas y actividades de mantenimiento.

**Tabla 4-1. Técnicas y actividades de mantenimiento**

| | |
|---|---|
| Operación normal | Operación, ajustes y montaje correctos (prevención de errores humanos) |
| Mantenimiento preventivo | Mantenimiento diario (condiciones básicas del equipo, chequeos, pequeño servicio) Mantenimiento periódico (chequeos periódicos, inspección y revisión general periódicas, servicio periódico) |
| Mantenimiento predictivo | Verificación de condiciones, servicio a intervalos medios y largos |
| Mantenimiento de averías | Detección pronta de anormalidades, reparaciones de emergencia, prevención de repeticiones (reparación de averías) |

Por otro lado, las actividades de mejora alargan la vida del equipo, reducen el tiempo necesario para realizar el mantenimiento y hacen éste innecesario. Por ejemplo, el mantenimiento correctivo se centra en la fiabilidad y en la mejora de la mantenibilidad del equipo existente, y las actividades de prevención del mantenimiento promueven el diseño de nuevo equipo que sea de operación y mantenimiento más fáciles y menos costosos, y que permitan un arranque «vertical» después de la instalación o de «un solo golpe» después de una parada.

Estas actividades de mantenimiento y mejora se realizan simultáneamente en tres áreas: prevención, medición, y restauración del deterioro. No se puede lograr el cero fallos si se deja de lado cualquiera de estas áreas. Por tanto, el primer paso para crear un sistema de mantenimiento es clarificar las responsabilidades de los departamentos de producción y mantenimiento en cada una de estas áreas y asegurar que el programa integrado está libre de omisiones y duplicaciones. Hay que otorgar una importancia particular a la prevención del deterioro (la actividad de mantenimiento básica) para crear un fundamento sólido para el mantenimiento planificado y predictivo (véase figura 4-1).

## Actividades del departamento de producción

El departamento de producción debe centrarse en la prevención del deterioro. Debe construir su programa de mantenimiento autónomo alrededor de las siguientes tres clases de actividades:

1.  *Evitar el deterioro:*

    - Operación correcta — evitar errores humanos
    - Ajustes correctos — evitar errores de proceso (defectos de calidad)
    - Orden básico (establecimiento de las condiciones básicas del equipo) — limpieza, lubricación, apretado de pernos
    - Prontas predicción y detección de anormalidades — impedir fallos y accidentes
    - Registros del mantenimiento — retroalimentar información para evitar repeticiones y crear diseños que eviten el mantenimiento

2.  *Medir el deterioro:*

    - Inspección diaria — patrullas de chequeo y chequeos con los cinco sentidos durante el funcionamiento del equipo
    - Inspección periódica — parte de la inspección general durante la parada de la planta para mantenimiento

3.  *Predecir y restaurar el deterioro:*

    - Pequeños servicios —medidas de emergencia cuando surgen las condiciones anormales y reemplazo de piezas simples, etc.

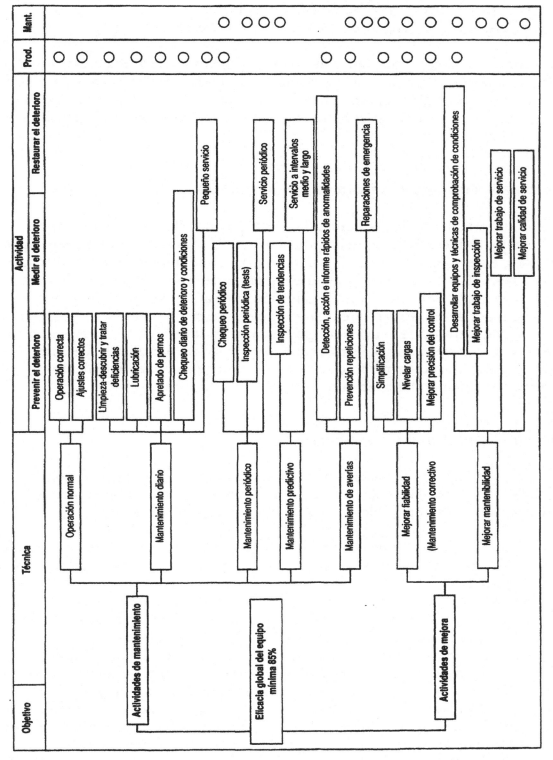

**Figura 4-1. Clasificación y asignación de tareas de mantenimiento**

- Informe rápido y preciso de fallos y problemas
- Asistencia a la reparación de fallos inesperados

Todas estas actividades son importantes, pero es esencial establecer las condiciones básicas del equipo (limpiar, lubricar y apretar pernos) para evitar el deterioro acelerado. Conjuntamente con el chequeo diario hecho con los cinco sentidos, esta es una de las responsabilidades más básicas del departamento de producción.

## Actividades del departamento de mantenimiento

El departamento de mantenimiento es el jugador clave en el mantenimiento del equipo. Principalmente, debe poner sus esfuerzos en el mantenimiento planificado, en el predictivo y en el correctivo, concentrándose en medir y restaurar el deterioro. Debe reconocer que no es un taller de reparaciones, restaurando el equipo averiado dejándolo en su condición previa a la avería. Como organización de especialistas, su verdadera tarea es elevar la mantenibilidad, operabilidad y seguridad a través de actividades perfiladas para identificar y lograr condiciones óptimas en el equipo. Esto requiere avanzadas capacidades de mantenimiento y tecnología, de modo que los departamentos de mantenimiento deben esforzarse constantemente en aumentar su acervo técnico.

### Apoyo al mantenimiento autónomo

La guía y apoyo apropiados del departamento de mantenimiento son indispensables para establecer el mantenimiento autónomo y hacerlo una parte eficaz del programa de mantenimiento. Las tareas más importantes son:

- Facilitar instrucciones en técnicas de inspección y ayudar a los operarios a preparar estándares de inspección (puntos a chequear, intervalos de chequeo, etc.)
- Facilitar formación en técnicas de lubricación, estandarizar tipos de lubricantes, y ayudar a los operarios a formular estándares de lubricación (puntos de lubricación, tipos de lubricantes, intervalos, etc.)
- Tratar rápidamente el deterioro, las pequeñas deficiencias, y las deficiencias en las condiciones básicas del equipo (por ejemplo, realizar prontamente el trabajo de mantenimiento identificado por los operarios)
- Dar asistencia técnica en las actividades de mejora tales como eliminar las fuentes de contaminación, hacer más accesibles las áreas difíciles para la limpieza, lubricación, e inspección y mejorar la eficiencia del equipo
- Organizar las actividades de rutina (reuniones de mañana, rondas para recibir órdenes de tareas de mantenimiento, etc.)

Sobre todo, el departamento de mantenimiento debe siempre pensar, planificar y actuar concertadamente con el departamento de producción en todo lo que concierne al mantenimiento del equipo. Algunas otras actividades del departamento de mantenimiento son:

- Investigación y desarrollo de nuevas tecnologías de mantenimiento
- Crear sistemas de registros de mantenimiento, datos para mantenimiento y resultados de mediciones
- Desarrollar y utilizar técnicas de análisis de fallos e implantar medidas para evitar la repetición de fallos serios
- Aconsejar a los departamentos de diseño y desarrollo de equipos (participar en el diseño MP y en las acciones de gestión temprana del equipo)
- Control de repuestos, plantillas, herramientas y datos técnicos

## ESTABLECIMIENTO DE LAS CONDICIONES BASICAS DEL EQUIPO

Las actividades de mantenimiento autónomo del departamento de producción se centran en la prevención del deterioro. Una parte importante de esto es establecer y mantener las condiciones básicas del equipo (a través de la limpieza, lubricación y apretado de pernos). De hecho, esta es la actividad de mantenimiento más básica. En el TPM, el orden básico del equipo se referencia como «establecer las condiciones básicas del equipo». Esta sección describe lo que son esas condiciones.

### Deterioro del equipo

La causa de la mayoría de los fallos es el deterioro del equipo. Esto incluye el deterioro natural, función de la vida inherente del equipo, y el deterioro acelerado, que se produce cuando el equipo funciona en un entorno nocivo, creado artificialmente. La clave para evitar fallos es evitar el deterioro acelerado.

Como muestra la figura 4-2, el establecimiento de las condiciones básicas del equipo implica eliminar las causas del deterioro acelerado. Incluye la *limpieza* (remover todas las trazas de polvo y suciedad y descubrir y erradicar los defectos ocultos), la *lubricación* (evitar el desgaste y quemaduras manteniendo limpios y repuestos los lubricantes) y el *apretado de pernos* (evitar las disfunciones y averías asegurando tuercas y pernos).

### ¿Cuáles son las condiciones óptimas?

En japonés, la palabra para «fallo» o «avería» consiste en dos caracteres que significan *intencional* y *daño*. Lo que hay que comprender en esto es que las máquinas no se averían por sí mismas —que es el personal el que las avería por omi-

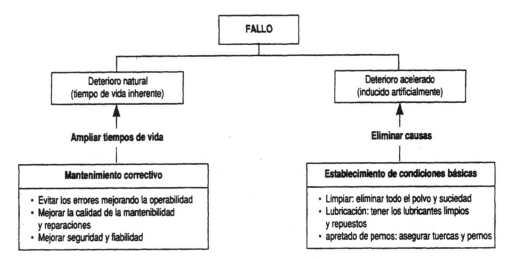

**Figura 4-2.** **Establecer condiciones básicas del equipo eliminando las causas del deterioro acelerado**

siones o actos deliberados—, por tanto, nuestro primer paso debe ser establecer las condiciones mínimas requeridas para mantener el equipo en funcionamiento (condiciones básicas del equipo). A continuación, nos esforzaremos para llevar el equipo hasta su estado ideal, esto es, a un nivel en el que rinda óptimamente. El llevar el equipo hasta su estado ideal se indica en el TPM como «establecer las condiciones óptimas o básicas».

Por ejemplo, si falla la bombilla en un proyector o lámpara de techo, probablemente Vd. la reemplazará inmediatamente, porque el proyector debe tener una bombilla funcionando como condición para su operación. Supongamos, sin embargo, que la bombilla funciona, pero que emite una luz débil. En este caso, funciona, pero al nivel más básico. Puede aún utilizarse un proyector cuando la luz es un poco oscura, el foco no es muy nítido, la lente está empañada, o las transparencias están sucias. En tales casos, incluso aunque el proyector no esté en sus condiciones óptimas, puede aceptar la situación. Sin embargo, cuanto más concesiones haga respecto al buen funcionamiento, más se apartará el equipo de su estado ideal.

Las condiciones óptimas para una correa en V cuádruple son:

- Sin fisuras
- Sin abultamientos
- Limpias
- No desgastadas
- No retorcidas
- Sin ningún daño
- No estiradas

Si no se chequea el equipo, estas condiciones terminarán fallando una por una y, eventualmente, la máquina terminará funcionando con una sola correa, incapaz de transmitir la fuerza motriz suficiente. Si se ignoran las condiciones óptimas, toda clase de pérdidas como las anteriores imperceptiblemente se vuelven crónicas.

## La importancia de la limpieza

La limpieza consiste en remover todo el polvo, suciedad, grasa, aceite, y otros contaminantes que se adhieren al equipo y accesorios, con la finalidad de descubrir los defectos ocultos. Esto es algo más que un ejercicio de cosmética. Son innumerables los efectos nocivos derivados del fallo en limpieza. La tabla 4-2 relaciona algunos de los más serios.

**Tabla 4-2. Efectos nocivos de la limpieza inadecuada**

| Fallos | La suciedad y materias extrañas penetran en las partes giratorias y deslizantes, sistemas hidráulicos y neumáticos, sistemas de control eléctrico, sensores, etc., causando pérdidas de precisión, disfunciones, y fallos como resultado de desgastes, obstrucciones, resistencia por fricción, fallos eléctricos, etc. |
|---|---|
| Defectos de calidad | Los defectos de calidad los causa directamente la contaminación del producto con materias extrañas, o indirectamente una disfunción del equipo |
| Deterioro acelerado | La acumulación de polvo y suciedad hace difícil encontrar y rectificar fisuras, holguras excesivas, lubricación insuficiente, y otros desórdenes, con el resultado de deterioro acelerado |
| Pérdidas de velocidad | El polvo y la suciedad aumentan el desgaste y la resistencia por fricción, causando pérdidas de velocidad tales como tiempos en vacío y bajo rendimiento |

### Puntos clave para la limpieza

En el TPM, la limpieza es una forma de inspección. Su finalidad no es meramente limpiar, sino descubrir los defectos ocultos o anormalidades en las condiciones del equipo. Los puntos clave para la limpieza son:

- Limpiar el equipo regularmente como parte del trabajo diario.
- Limpiar profundamente —remover todas las capas de suciedad y adherencias acumuladas durante años.
- Abrir todas las anteriormente ignoradas tapas, dispositivos de seguridad, etc., para descubrir y remover cada mota de polvo de cada esquina y recoveco.
- Limpiar elementos auxiliares y accesorios igual que las unidades principales, p.e., equipo de transporte, cajas de control, y tanques de lubricante (por dentro y fuera).
- No dar por acabada la tarea cuando una pieza se ensucia inmediatamente de nuevo después de limpiarla. Por el contrario, observar cuidadosamente

el tiempo que toma que la pieza se contamine de nuevo, de dónde procede la contaminación, y su grado de severidad.

### Puntos clave para inspección

No es fácil practicar el concepto la «limpieza es inspección». La habilidad para reconocer e identificar deficiencias sólo puede desarrollarse a través de una extensa experiencia directa. La clave para detectar pequeñas deficiencias en las condiciones del equipo y otras anormalidades es formarse un cuadro mental de la condición ideal del equipo y tenerlo presente mientras se le limpia. Estas son algunas sugerencias para encontrar fallos:

- Buscar defectos visibles e invisibles, tales como holguras, pequeñas o sutiles vibraciones, y ligeros sobrecalentamientos que solamente se descubren tocando.
- Buscar cuidadosamente poleas y correas desgastadas, cadenas de mando sucias, filtros de succión bloqueados, y otros problemas que probablemente conducirán a disfunciones.
- Observar si el equipo es fácil de limpiar, lubricar, inspeccionar, operar y ajustar. Identificar los obstáculos tales como cubiertas grandes obstructivas, lubricadores mal posicionados, etc.
- Asegurar que todos los aparatos de medida operan correctamente y están claramente marcados con los valores especificados.
- Investigar también problemas ocultos tales como la corrosión interior en el material aislante de tuberías, columnas y tanques, y las obstrucciones en el interior de canales y toberas.

### ¿Qué es la limpieza diaria?

Los chequeos diarios que los operarios realizan en sus áreas son algo más que una formalidad. Aseguran que se detectan las anormalidades y que se tratan tan pronto como es posible.

En las plantas de proceso, muchos operarios realizan inspecciones inútiles o sin sentido basadas en estándares «sui géneris». Se marcan limpiamente las columnas con un OK con una semana de anticipación, y los directores se autoengañan al pasar por esos lugares. Sin embargo, los chequeos ritualizados no tienen valor ni sentido alguno. La verdadera inspección diaria significa estar alerta lo suficiente como para identificar cualquier cosa fuera de lo ordinario mientras se opera el equipo o se patrulla la planta, y ser capaz de tratar esas cosas y de informar correctamente. Se requiere un alto grado de capacidad y sensibilidad. La comprensión de los estándares y listas de chequeo son sólo ayudas potencialmente útiles —no debe confiarse superlativamente en ellos como medios para evitar el deterioro.

Por tanto, la realización de chequeos diarios verdaderamente útiles, requiere estándares fáciles de entender y operarios altamente capacitados. En las tablas 4-3 (1)-(7) se ofrecen algunos ejemplos de puntos de chequeo que son útiles para preparar estándares y hojas de lecciones de punto único. Sin embargo, no hay meramente que copiar estas listas. Más bien, se pueden utilizar como guía para crear listas de chequeo apropiadas para sus propios lugares de trabajo.

**Tabla 4-3 (1). Puntos a chequear para pernos y tuercas**

| | |
|---|---|
| **Ligeros defectos** | ☐ ¿Hay tuercas o pernos flojos?<br>☐ ¿Faltan alguna tuerca o perno? |
| **Longitud de pernos** | ☐ ¿Sobresalen todos los pernos de las tuercas en 2 o 3 pasos de tornillo? |
| **Arandelas** | ☐ ¿Se usan arandelas planas en los grandes orificios?<br>☐ ¿Se usan arandelas roscadas en angulares y canales?<br>☐ ¿Se usan arandelas de resorte en piezas sujetas a vibración?<br>☐ ¿Se usan arandelas idénticas en piezas idénticas? |
| **Montaje de pernos y tuercas** | ☐ ¿Se insertan los pernos desde abajo, y son visibles las tuercas desde el exterior?<br>☐ ¿Están los mecanismos tales como los sensores de límite asegurados al menos por dos pernos?<br>☐ ¿Están las tuercas de orejeta volteadas correctamente? |

**Tabla 4-3 (2). Puntos de chequeo para lubricación**

| | |
|---|---|
| **Almacenaje de lubricantes** | ☐ ¿Están los almacenes de lubricantes siempre limpios, ordenados, y bien organizados aplicando los principios 5S?<br>☐ ¿Están siempre tapados los contenedores de lubricante?<br>☐ ¿Están claramente indicados los tipos de lubricante y se controla apropiadamente el stock? |
| **Entradas de lubricantes** | ☐ ¿Se mantienen siempre limpias las boquillas de grasa, los conductos de lubricante de reductores de velocidad y otras entradas de lubricante?<br>☐ ¿Están a prueba de polvo los conductos de los lubricantes?<br>☐ ¿Están los conductos de lubricante correctamente etiquetados con los tipos y cantidades de lubricantes? |
| **Indicadores de nivel de aceite** | ☐ ¿Se mantienen limpios siempre los calibres de nivel de aceite, y es fácil ver los niveles de aceite?<br>☐ ¿Está claramente marcado el nivel de aceite?<br>☐ ¿Está el equipo libre de fugas de aceite, y sin obstrucciones los tubos de aceite y válvulas de respiración? |
| **Mecanismos de lubricación automática** | ☐ ¿Operan correctamente los mecanismos automáticos de lubricación y suministran la cantidad correcta de lubricante?<br>☐ ¿Hay algún tubo de aceite o grasa obstruido, hendido o machacado? |
| **Condiciones de lubricación** | ☐ ¿Están siempre limpias y bien lubricadas las piezas rotatorias, deslizantes, y transmisiones (p.e., cadenas)?<br>☐ ¿Están los alrededores libres de contaminación por exceso de lubricante? |

### Tabla 4-3 (3). Puntos de chequeo de sistemas de transmisión

| Correas en V y poleas | ☐ ¿Hay correas desgastadas, fisuradas, con abultamientos, o contaminadas por aceite o grasa?<br>☐ ¿Hay correas torcidas o que falten?<br>☐ ¿Hay correas flojas o estiradas excesivamente?<br>☐ ¿Hay correas múltiples bajo tensión uniforme y todas del mismo tipo?<br>☐ ¿Sobresalen las superficies superiores de las correas por encima de las coronas de las poleas? ¿Están los fondos de cualquier polea de garganta brillantes (indicando una correa o polea desgastadas)?<br>☐ ¿Están las poleas correctamente alineadas? |
| --- | --- |
| Cadenas de rodillos | ☐ ¿Hay alguna cadena estirada (indicando desgaste de dientes o cojinetes)?<br>☐ ¿Hay dientes articulados desgastados, dañados, o faltan?<br>☐ ¿Es suficiente la lubricación entre dientes y cojinetes?<br>☐ ¿Están las articulaciones correctamente alineadas? |
| Ejes, cojinetes y acoplamientos | ☐ ¿Hay algún sobrecalentamiento, vibración, o ruido anormal debido a una holgura excesiva o lubricación deficiente?<br>☐ ¿Hay algunas llaves o cabillas flojos o faltan?<br>☐ ¿Hay algún acoplamiento mal alineado u oscilante?<br>☐ ¿Están desgastadas las juntas de algún acoplamiento? ¿Falta algún perno? |
| Engranajes | ☐ ¿Están los engranajes apropiadamente lubricados con la cantidad correcta de lubricante? ¿Están limpios los alrededores?<br>☐ ¿Hay algún diente desgastado, roto, dañado, o agarrotado?<br>☐ ¿Hay algún ruido o vibración anormales? |

### Tabla 4-3 (4). Puntos de chequeo del sistema hidráulico

| Unidades hidráulicas | ☐ ¿Está en la reserva hidráulica la cantidad correcta de fluido, y se indica el nivel correcto?<br>☐ ¿Está el fluido en la temperatura correcta? ¿Se indican las temperaturas máxima y mínima permisibles?<br>☐ ¿Está el fluido turbio (indicando entrada de aire)?<br>☐ ¿Están todas las entradas de aire y filtros limpios?<br>☐ ¿Está bloqueado algún filtro de succión?<br>☐ ¿Operan normalmente todas las bombas de fluido sin ruido o vibración inusuales?<br>☐ ¿Son correctas las presiones hidráulicas, y se muestran claramente las gamas de operación? |
| --- | --- |
| Intercambiadores de calor | ☐ ¿Hay alguna fuga de agua o fluido en los tubos o refrigeradores de fluido?<br>☐ ¿Son correctas las diferencias de temperatura entre las entradas y salidas de agua y fluido? ¿Está bloqueado algún tubo? |
| Equipo hidráulico | ☐ ¿Hay alguna fuga de fluido?<br>☐ ¿Están apropiadamente asegurados los mecanismos hidráulicos sin alguna fijación improvisada?<br>☐ ¿Operan correctamente los mecanismos hidráulicos sin pérdidas de velocidad o alimentación?<br>☐ ¿Son correctas las presiones hidráulicas, y funcionan correctamente todos los calibres de presión (puntos cero, desviación)? |
| Tubería y cableado | ☐ ¿Están todos los tubos y mangueras debidamente fijados?<br>☐ ¿Hay alguna fuga de fluidos? ¿Hay alguna manguera fisurada o dañada?<br>☐ ¿Funcionan correctamente todas las válvulas? ¿Es fácil ver si las válvulas están abiertas o cerradas?<br>☐ ¿Hay tubos, cables o válvulas innecesarios? |

## Tabla 4-3 (5). Puntos de chequeo de sistemas neumáticos

**FRLs***

- ☐ ¿Se mantienen siempre limpios los FRLs? ¿Es fácil ver su interior? ¿Están montados suficientemente cerca?
- ☐ ¿Tienen suficiente aceite, y están limpios los drenajes?
- ☐ ¿Es correcta la tasa de goteo del aceite (aproximadamente 1 gota cada diez carreras)?
- ☐ ¿Están los FRLs instalados a no más de 3 m. del equipo neumático?
- ☐ ¿Están las presiones ajustadas al valor correcto y se indican claramente los rangos de operación?

**Equipo neumático**

- ☐ ¿Hay alguna fuga de aire comprimido de los cilindros neumáticos o válvulas solenoides?
- ☐ ¿Están firmemente montados todos los cilindros neumáticos y válvulas solenoides?
- ☐ ¿Están en uso algunos arreglos improvisados (cable, cinta adhesiva, etc.)?
- ☐ ¿Hay algunos pistones sucios, desgastados o dañados?
- ☐ ¿Están instalados los controladores de velocidad inmediatamente cerca?
- ☐ ¿Hay algún ruido anormal o sobrecalentamiento en las válvulas solenoides, o algunos cables conductores rayados o estirados en exceso?

**Tubería y cablería**

- ☐ ¿Hay puntos en los tubos o mangueras neumáticos propensos a acumular fluido?
- ☐ ¿Están todos los tubos y mangueras firmemente sujetos?
- ☐ ¿Hay alguna fuga de aire comprimido? ¿Está alguna manguera fisurada o dañada?
- ☐ ¿Operan correctamente todas las válvulas? ¿Es fácil ver si las válvulas están abiertas o cerradas?
- ☐ ¿Hay tubos, cables o válvulas innecesarios?

*Conjuntos de filtro-regulador-lubricador

## Tabla 4-3 (6). Puntos de chequeo de sistema eléctrico

**Paneles de control**

- ☐ ¿Se mantienen los interiores de los tableros de distribución, tableros de conmutadores, y paneles de control limpios, pulidos y bien organizados aplicando los principios 5S?
- ☐ ¿Se han dejado en el interior algunos objetos extraños o materiales inflamables?
- ☐ ¿Están en buenas condiciones los cables del interior de los paneles de control? ¿Hay cables enroscados o estirados?
- ☐ ¿Funcionan correctamente todos los amperímetros y voltímetros y están claramente marcados?
- ☐ ¿Está roto algún instrumento o lámpara de aviso? ¿Funciona mal alguna lámpara?
- ☐ ¿Están en buenas condiciones las puertas de los paneles de control? ¿Abren y cierran correctamente?
- ☐ ¿Hay posiciones u orificios no usados? ¿Son los paneles de control a prueba de agua y polvo?

**Equipo eléctrico**

- ☐ ¿Están todos los motores libres de sobrecalentamiento, vibraciones, y ruidos y olores inusuales?
- ☐ ¿Están limpios todos los ventiladores y aletas de enfriamiento de motores?
- ☐ ¿Hay algún perno de unión flojo? ¿Están libres de fisuras o daños los pedestales?

**Sensores**

- ☐ ¿Están limpios y libres de holguras excesivas todos los sensores de límite?

### Tabla 4-3 (6). Puntos de chequeo de sistema eléctrico (continuación)

| | |
|---|---|
| **Sensores** (continuación) | ☐ ¿Están limpios los interiores de los sensores de límite? ¿Está estirado algún cable?<br>☐ ¿Están todas las cubiertas en buenas condiciones?<br>☐ ¿Están incorrectamente instalados algunos sensores de límite?<br>☐ ¿Tienen los sensores de límite algunas pinzas desgastadas, deformadas, o de forma incorrecta?<br>☐ ¿Están los sensores fotoeléctricos y los de proximidad limpios y libres de holguras excesivas?<br>☐ ¿Hay algún sensor mal posicionado? ¿Están claramente indicadas las posiciones correctas?<br>☐ ¿Están libres de desgastes o rozaduras todos los cables conductores, y el aislamiento intacto en los puntos de entrada? |
| **Conmutadores** | ☐ ¿Están todos los conmutadores manuales limpios, sin daños, y libres de holguras excesivas?<br>☐ ¿Están todos los conmutadores instalados en la posición correcta?<br>☐ ¿Están instalados en el punto adecuado los conmutadores de parada de emergencia, y funcionan correctamente? |
| **Tubería y cableado** | ☐ ¿Hay tubos, hilos, o cables de energía flojos o no asegurados?<br>☐ ¿Hay alguna toma de tierra dañada o desconectada?<br>☐ ¿Hay tubos corroídos o dañados? ¿Hay cables que tengan dañado el aislamiento?<br>☐ ¿Hay cables enrollados sobre el suelo o colgados de forma insegura? |

### Tabla 4-3(7). Puntos de chequeo para equipo de propósito general

| | |
|---|---|
| **Bombas** | ☐ ¿Están las bombas y sus soportes libres de ruidos inusuales, vibración y holguras?<br>☐ ¿Están los pernos de anclaje asegurados, libres de corrosión y sin daños?<br>☐ ¿Están los soportes y pedestales libres de corrosión, fisuras, y otros daños?<br>☐ ¿Hay alguna fuga de líquidos o dispersión procedente de la guarnición?<br>☐ ¿Hay alguna fuga de líquidos o dispersión desde tubos o válvulas?<br>☐ ¿Están obstruidos algunos tubos o válvulas?<br>☐ ¿Funcionan correctamente y están marcados con los rangos apropiados de operación todos los indicadores de presión, vacío, y de flujo, termómetros, y otros instrumentos de medición?<br>☐ ¿Son correctos los valores de la corriente de arranque y de operación estable? ¿Están claramente indicados?<br>☐ ¿Funcionan correctamente todas las válvula? ¿Es fácil ver si las válvulas están abiertas o cerradas? |
| **Agitadores** | ☐ ¿Están todos los agitadores y sus soportes libres de ruidos inusuales, vibración y holgura?<br>☐ ¿Están todos los pernos del soporte debidamente seguros, libres de corrosión, y sin daños?<br>☐ ¿Están todos los soportes y pedestales libres de corrosión, fisuras, y otros daños?<br>☐ ¿Hay fugas de aire o gas en alguna guarnición?<br>☐ ¿Hay fugas de aire o gas en algunos conductos o amortiguadores?<br>☐ ¿Hay algunos conductos bloqueados u obstruidos?<br>☐ ¿Están todos los indicadores de presión, de vacío y de flujo, termómetros, y otros instrumentos de medición funcionando apropiadamente y marcados con las gamas de operación correctas?<br>☐ ¿Son correctos los valores de la corriente de arranque y de operación estable? ¿Se indican claramente?<br>☐ ¿Están funcionando correctamente todos los amortiguadores? ¿Es fácil ver si están abiertos o cerrados? |

## IMPLANTACION DEL MANTENIMIENTO AUTONOMO PASO A PASO

Los objetivos de la limpieza, entendida como medio de inspección son reestablecer las condiciones básicas del equipo, llevar el equipo hasta su estado ideal, y crear lugares de trabajo libres de anomalías en el equipo, averías y paradas, y defectos de calidad. Sin embargo, lograr esto no es fácil para unos operarios imbuidos de la mentalidad «Yo lo hago funcionar-tú lo reparas».

La adopción de un procedimiento de implantación paso a paso que cada uno pueda entender fácilmente, permite que las actividades evolucionen lenta pero profundamente. El enfoque paso a paso delimita claramente las actividades de cada fase, facilitando la ejecución de auditorías regulares que dan fé de los avances hechos en cada paso, y da a los operarios un sentimiento de logro conforme avanza el programa. Hay que explicar claramente las intenciones y objetivos de cada paso respecto a equipos y personas, dar a conocer la finalidad de las actividades, y aportar las directrices de la dirección que sean necesarias (véase tabla 4-4).

La tabla 4-4 describe los pasos del mantenimiento autónomo adaptados a las plantas de industrias de proceso. Esta tabla incorpora la experiencia de muchas industrias de proceso que han implantado programas de mantenimiento autónomo, incluyendo Ajinomoto Foods, Onoda Cement, Nishi Nippon Seito, Nissan Petrochemical, etc.

### Visión general de los siete pasos

El mantenimiento autónomo se implanta en siete pasos, empezando por la limpieza inicial y procediendo regularmente hasta la plena autogestión. Con ello se pretenden establecer unas condiciones de proceso óptimas aplicando repetidas interacciones del ciclo de dirección para la mejora continua (CAPD) mostrado en la Tabla 4-5.

Los pasos 1 al 3 dan prioridad a suprimir los elementos que causan el deterioro acelerado, prevenir y revertir el deterioro, y establecer y mantener las condiciones básicas en el equipo. Paralelamente, los objetivos de estos pasos son conseguir que los operarios se interesen y responsabilicen por sus equipos y ayudarles a liberarse de su auto-imagen como meros pulsadores de conmutadores o ajustadores de sensores. En los pasos 4 a 5, los líderes de grupos enseñan procedimientos de inspección a sus miembros, y la inspección general se amplía desde las unidades de equipos individuales a procesos enteros. Los objetivos de estos pasos son reducir las averías y formar a operarios que comprendan y dominen a fondo sus equipos y procesos.

Los pasos 6 y 7 están pensados para reforzar y elevar el nivel del mantenimiento autónomo y actividades de mejora, estandarizando sistemas y métodos, y ampliando la esfera de acción desde los equipos a otras áreas tales como los almacenes, distribución, etc. El objetivo último de estos pasos es una organización robusta y la cultura en la que cada lugar de trabajo es capaz de autogestionarse.

## Tabla 4-4.   Los siete pasos del mantenimiento autónomo

| Pasos | Actividades | Objetivos (claves para las auditorías de lugares de trabajo) |
|---|---|---|
| 1. **Realizar limpieza inicial** | • Eliminar el polvo y la suciedad del equipo<br>• Descubrir las irregularidades tales como los ligeros defectos, fuentes de contaminación, lugares inaccesibles, y fuentes de defectos de calidad<br>• Eliminar los elementos innecesarios y raramente usados, y simplificar el equipo | • Evitar el deterioro acelerado eliminando el entorno nocivo de polvo y suciedad<br>• Elevar la calidad de trabajo de inspección y reparación y reducir los tiempos de inspección eliminando el polvo y la suciedad<br>• Establecer las condiciones básicas del equipo<br>• Descubrir y reparar los defectos ocultos |
| 2. **Eliminar las fuentes de contaminación y lugares inaccesibles** | • Reducir el tiempo dedicado a dejar en orden el equipo, eliminando las fuentes de polvo y suciedad, evitando la dispersión, y mejorando las partes que sean de limpieza, chequeo, lubricación, apretado o manipulación difíciles | • Incrementar la fiabilidad intrínseca del equipo impidiendo la adhesión de polvo y suciedad y controlando esto en su fuente<br>• Incrementar la mantenibilidad mejorando la limpieza, inspección y lubricación<br>• Crear equipos que no requieran trabajo manual |
| 3. **Establecer estándares de limpieza, lubricación y apretado de pernos** | • Formular estándares de trabajo que ayuden a mantener la limpieza, lubricación y apretado de pernos a niveles adecuados con mínimos tiempo y esfuerzo<br>• Mejorar la eficiencia del trabajo de inspección introduciendo controles visuales | • Sostener las tres condiciones básicas para mantener adecuadamente el equipo y prevenir su deterioro (limpieza, lubricación, y apretado de pernos)<br>• Realizar inspecciones precisas por medio de controles visuales tales como placas de identificación y especificaciones y de gamas de operación correcta (colocadas sobre equipos e indicadores) |
| 4. **Realizar la inspección general del equipo** | • Facilitar formación sobre técnicas de inspección con base en manuales<br>• Poner en condición óptima a elementos individuales del equipo mediante la inspección general<br>• Modificar el equipo para facilitar el chequeo. Hacer un uso extenso de los controles visuales | • Mejorar la fiabilidad realizando inspecciones generales y revertir el deterioro en cada parte del equipo (tuercas y pernos, sistemas de mando, etc.)<br>• Adiestrar a todos los operarios para inspeccionar fiablemente, introduciendo controles visuales tales como placas de máquinas, placas de especificaciones de correas en V, placas de tipos y cantidades de lubricantes, placas sobre indicadores con las gamas correctas de operación, indicadores «on-off» sobre válvulas, indicadores de dirección de giro, cinta termocrómica, etc. |
| 5. **Realizar inspecciones generales de los procesos** | • Facilitar instrucción sobre los rendimientos de procesos, operaciones y ajustes, adiestrar sobre el manejo de anomalías con el fin de mejorar la fiabilidad operacional y tener operarios competentes<br>• Impedir las duplicidades u omisiones en la inspección, incorporando a la inspección periódica de cada equipo estándares provisionales de inspección, limpieza y reposición del proceso entero o del área | • Mejorar la fiabilidad y seguridad globales de los procesos mediante una operación correcta<br>• Afinar la precisión de la inspección de los procesos extendiendo y mejorando los controles visuales, pe., indicadores de contenidos de tubos y direcciones de flujo<br>• Modificar el equipo para facilitar su funcionamiento |
| 6. **Mantenimiento autónomo sistemático** | • Instaurar el mantenimiento de calidad y de seguridad estableciendo claros procedimientos y estándares.<br>• Mejorar los procedimientos de preparación y reducir el trabajo en proceso<br>• Establecer un sistema de auto-gestión para mejorar el flujo en el lugar de trabajo, las piezas de repuesto, herramientas, trabajo en curso, productos finales, datos, etc. | • Precisar las relaciones entre los equipos y la calidad del producto y establecer un sistema de mantenimiento de calidad<br>• Estandarizar el mantenimiento y control del equipo de transporte, piezas de repuesto, herramientas, trabajos en proceso, productos finales, datos, rutas de paso, equipos de limpieza, y otros, e introducir controles visuales para todo en los lugares de trabajo |
| 7. **Práctica plena de la auto-gestión** | • Desarrollar actividades de mejora y estandarizarlas de acuerdo con los objetivos y políticas, y reducir costes eliminando el desperdicio en los lugares de trabajo<br>• Mejorar continuamente los equipos llevando registros precisos del mantenimiento (p.e., MTBF) y analizando los datos sistemáticamente | • Analizar sistemáticamente los datos para mejorar los equipos, y elevar la fiabilidad, seguridad, mantenibilidad, calidad y operabilidad de los procesos<br>• Priorizar las mejoras del equipo: ampliar su período de vida y los intervalos de chequeo, usando datos firmes para identificar debilidades |

## Tabla 4-4.   Los siete pasos del mantenimiento autónomo

| Objetivos humanos (claves para auditorías SGA) | Funciones de directivos y staff (promoción de motivación, capacidad y oportunidad) |
|---|---|
| • Estimular a los operarios a que toquen su equipo y que se familiaricen con él, desarrollando un sentimiento de posesión y compromiso con el equipo, y estimulando su curiosidad<br>• Facilitar a los líderes de grupo que aprendan sobre liderazgo practicando este paso en pequeños grupos<br>• Enseñar a las personas a reconocer los ligeros defectos y otras irregularidades | • Explicar la relación entre la contaminación y el deterioro acelerado (mantenibilidad) —esto es, explicar el significado de «condiciones óptimas»<br>• Señalar las partes más importantes a mantener limpias y explicar la importancia de las condiciones básicas del equipo (limpieza, lubricación, apretado de pernos). Enseñar usando manuales de lubricación, pernos y tuercas<br>• Explicar el significado de «la limpieza» es inspección |
| • Enseñar la filosofía y práctica de la mejora del equipo, empezando con proyectos en pequeña escala, fáciles de completar<br>• Crear un ambiente y provocar ideas de mejora a través de las actividades de los pequeños grupos<br>• Facilitar al personal la satisfacción y la emoción de participar en mejoras que tienen éxito | • Estimular ideas de mejora y hacer sugerencias prácticas, p.e., proporcionar guía técnica y apoyo<br>• Enseñar técnicas de resolución de problemas tales como el análisis «porqué-porqué»<br>• Asegurar que otros departamentos respondan rápidamente a las peticiones de trabajo<br>• Dar orientaciones sobre el uso de marcas de ajuste y controles visuales |
| • Asegurar que los operarios obedecen los estándares y, aprender su importancia (p.e., comprender qué es gestionar el lugar de trabajo) haciendo que los elaboren ellos mismos<br>• Hacer que las personas aprendan la importancia del trabajo en equipo estimulando sus aportaciones individuales | • Facilitar sugerencias para la correcta redacción y presentación de estándares de limpieza e inspección<br>• Dar asistencia técnica en la preparación de estándares de lubricación<br>• Explicar cómo los controles visuales pueden simplificar el chequeo, y dar consejos prácticos |
| • Aprender la estructura básica, funciones y criterios de evaluación del equipo y adquirir maestría en el chequeo mediante formación y chequeo directo con las propias manos<br>• Aprender a reparar las anormalidades del equipo a través de la práctica directa<br>• Los jefes de grupo aprenden a ejercer el liderazgo enseñando a los miembros de su grupo lo aprendido anteriormente por ellos. Además, a los miembros del grupo se les enseña qué es espíritu de equipo en la práctica.<br>• Estimular la comprensión y utilidad de los datos haciendo que las personas recojan datos de la inspección general y planteando mejoras a partir de ellos | • Preparar manuales de inspección general y elaborar casos concretos de dificultades, y formar líderes de grupo en técnicas de inspección<br>• Preparar programas de inspección<br>• Formar en los propios lugares de trabajo sobre métodos simples de rectificación de anormalidades<br>• Reparar inmediatamente las anormalidades descubiertas<br>• Dar orientaciones en la mejora de los controles visuales<br>• Instruir sobre la recogida y análisis de datos<br>• Involucrar a los líderes de grupo en la planificación del mantenimiento |
| • Capacitar a los operarios para operar los procesos y tratar correctamente las anomalías<br>• Capacitar a los operarios para comprender las relaciones entre el equipo y las propiedades de los materiales procesados y dominar las técnicas de montajes correctos<br>• Concienciar a los operarios sobre su papel en el mantenimiento planificado y estimular la auto-gestión a través de las inspecciones y reemplazos periódicos de piezas<br>• Ayudar a los operarios a percibir la necesidad de registrar datos a lo largo del tiempo | • Preparar manuales de inspección general de los procesos y de sus problemas, y adiestrar a los líderes de grupo en técnicas de inspección<br>• Facilitar formación en los propios lugares de trabajo sobre procedimientos de montaje y ajuste<br>• Dar orientaciones sobre la inspección periódica y reemplazo de piezas, técnicas y documentación, e instruir sobre la determinación de los intervalos apropiados basados en datos firmes<br>• Evitar duplicidades u omisiones en el mantenimiento planificado delineando claramente las responsabilidades de los departamentos de producción y mantenimiento |
| • Ampliar la esfera de la auto-gestión sistematizando y estandarizando los elementos de control<br>• Ayudar a las personas a comprender la relación entre el equipo y la calidad y a apreciar la importancia del mantenimiento de calidad<br>• Estandarizar la gestión de los lugares de trabajo y la recogida de datos, ayudando a las personas a comprender la necesidad de mejoras encaminadas a elevar los estándares<br>• Hacer que los directivos y supervisores entiendan sus verdaderas funciones (mejorar los estándares y asegurar que se cumplen) | • Preparar diagramas de flujo del sistema de procesos e instruir sobre su estandarización<br>• Preparar manuales de mantenimiento de calidad que sistematicen la relación entre equipo y calidad, y usarlos para instruir<br>• Facilitar apoyo técnico para tareas tales como estandarizar el flujo de trabajo, y ayudar en la perfección de los controles visuales<br>• Dar educación y guía en análisis y técnicas de mejora tales como IE, PM y QC |
| • Aumentar la conciencia y preocupación por la dirección por objetivos y hacer a cada uno consciente de los costes (incluidos los costes de mantenimiento)<br>• Capacitar a los operarios para realizar reparaciones simples y restaurar el equipo formándoles en técnicas de reparación<br>• Aumentar la habilidad de los operarios para registrar y analizar datos, y que adquieran maestría en técnicas de mejora | • Explicar la importancia de la dirección por objetivos<br>• Adiestrar en los propios lugares de trabajo sobre técnicas de reparación<br>• Facilitar soporte técnico para mejoras del equipo y elevar la capacidad de mejora de los operarios incluyéndoles en proyectos de mejora<br>• Dar orientaciones prácticas sobre estandarización de las mejoras y participación en actividades MP |

Por otro lado, estos pasos hay que ajustarlos a la condiciones particulares de cada industria y planta. Más adelante, en este capítulo se describen algunos casos.

## Paso 1: Realizar la limpieza inicial

El objetivo del paso 1 del programa de mantenimiento autónomo es elevar la fiabilidad del equipo a través de tres actividades:

- Eliminar el polvo, la suciedad y los desechos
- Descubrir todas las anormalidades
- Corregir las pequeñas deficiencias y establecer las condiciones básicas del equipo

**Tabla 4-5. El ciclo CAPD en el mantenimiento autónomo**

| Paso 1: Realizar la limpieza inicial | *Chequear* el equipo y descubrir irregularidades | C |
|---|---|---|
| Paso 2: Eliminar las fuentes de contaminación y mejorar los puntos inaccesibles | *Actuar* contra las fuentes de contaminación y lugares inaccesibles | A |
| Paso 3: Establecer estándares de limpieza e inspección | *Planificar* y *hacer* chequeos basados en estándares | P, D |
| Paso 4: Realizar inspecciones generales periódicas del equipo | Repetir para cada categoría C → A → P → D | |
| Paso 5: Inspecciones generales del proceso | Repetir para cada categoría C → A → P → D | |
| Paso 6: Sistematizar el mantenimiento autónomo | C → A → P → D → C → A → P → D | |
| Paso 7: Practicar la plena auto-gestión | C → A → P → D → C → A → P → D | |

### *Eliminar polvo, suciedad y hollín*

Una limpieza profunda fuerza a los operarios a tocar cada parte del equipo. Esto incrementa su interés en él y su resolución para no permitir que el equipo se ensucie de nuevo. Con todo, a menudo la limpieza inicial tiene un arranque lento porque muchos operarios no comprenden porqué deben hacerla, o creen que deben hacerla los de mantenimiento. Incluso cuando se les dice que la limpieza inicial significa tener que dejar el equipo inmaculado, los operarios no calibran bien hasta donde tienen que llegar en sus actividades de limpieza. Al comienzo, son normales los ensayos y errores. Por eso, es importante que los directivos y técnicos de mantenimiento faciliten de forma paciente y prolongada, directrices prácticas y ayuden a los operarios a contestar los siguientes tipos de cuestiones que surgen conforme realizan la limpieza inicial:

- ¿Qué es lo que puede ir mal si ésta parte está sucia?
- ¿Qué le sucede a esta columna o tubo cuando esta parte está oxidada?
- ¿Cómo afectará al producto si esto está bloqueado u obstruido?
- Esta parte se sigue ensuciando a pesar de que la limpio a menudo. ¿De dónde surge la contaminación?

A través de la práctica, los operarios van comprendiendo gradualmente los problemas que origina la contaminación y cómo lo hace. Empiezan a reconocer la importancia de la limpieza como inspección, y resuelven mantener inmaculado en el futuro a su equipo. Esto, a su vez, les estimula a pensar modos de mejorar su equipo para poder limpiarlo más fácilmente.

### Descubrir todas las anormalidades

Una anormalidad es una deficiencia, desorden, ligera irregularidad, defecto, falla o fisura: cualquier condición que pueda derivar en otros problemas. La tabla 4-6 clasifica las anormalidades en siete tipos, con ejemplos de cada uno. a través de la práctica de la limpieza profunda que saca a la luz las irregularidades ocultas, los operarios aprenden que «la limpieza es inspección». Sin embargo, no puede esperarse que los operarios que practican por primera vez el mantenimiento autónomo, comprendan lo que es o no es una anormalidad. Necesitan ser instruidos en el mismo equipo para poder contestar a cuestiones como éstas:

- ¿Qué problemas pueden ocurrir si esta tuerca o perno falta o está flojo?
- ¿Qué problemas pueden ocurrir si este aceite está sucio o es usado?
- ¿Qué problemas pueden ocurrir si esta cadena o correa en V está floja?

*Facilitar ayudas de aprendizaje.* Es útil preparar ayudas de aprendizaje para esta parte del paso 1. Por ejemplo, se prepara un manual sobre los diferentes tipos de anormalidades relacionadas en la tabla 4-6, y se le emplea como guía práctica.

*Desarrollar lecciones de punto único.* Son también útiles las lecciones de punto único. Los operarios pueden aprender a reconocer anormalidades usando hojas especialmente preparadas con diagramas simples que ilustran un solo punto, por ejemplo, el uso correcto o incorrecto de tuercas y pernos. Estas hojas se emplean sistemáticamente en la enseñanza de los grupos de mantenimiento autónomo (véase figura 4-3).

*Señalar las anormalidades donde ocurren.* Otra técnica es señalar el punto en el que se ha producido una anormalidad, utilizando una tarjeta que indica lo que se ha encontrado, quién lo encontró, y la naturaleza del problema. Esto per-

**Tabla 4-6. Muestra amplia sobre el descubrimiento de siete tipos de anormalidad**

| Anormalidad | Ejemplos |
|---|---|
| **1. Pequeñas deficiencias** | |
| • Contaminación | Polvo, suciedad, partículas, aceite, grasa, óxido, pintura |
| • Daños | Fisuras, aplastamientos, deformaciones, curvados, picaduras |
| • Holguras | Sacudidas, ladeos, exceso de recorrido o salida, excentricidad, desgaste, distorsión, corrosión |
| • Flojedad | Cintas, cadenas |
| • Fenómenos anormales | Ruido inusual, sobrecalentamiento, vibración, olores extraños, descoloraciones, presión o corriente incorrecta |
| • Adhesión | Bloqueos, agarrotamiento, acumulación de partículas, disfunciones, escamas |
| **2. Incumplimiento de las condiciones básicas** | |
| • Lubricación | Insuficiente, suciedad, no identificada, inapropiada, fugas de lubricante |
| • Suministro de lubricante | Suciedad, daños, puertas de lubricación deformadas, tubos de lubricación defectuosos |
| • Indicadores de nivel de aceite | Suciedad, daños, fugas; no indicación del nivel correcto |
| • Apretado | Tuercas y pernos: holguras, omisiones, pasados de rosca, demasiado largos, machacados, corroídos, arandela inapropiada, tuerca de orejetas al revés |
| **3. Puntos inaccesibles** | |
| • Limpieza | Construcción de la máquina, cubiertas, disposición, apoyos, espacio |
| • Chequeo-inspección | Cubiertas, construcción, disposición, posición y orientación de instrumentos, exposición de gamas de operación |
| • Lubricación | Posición de la entrada de lubricante, construcción, altura, apoyos, salida lubricante, espacio |
| • Apretado de pernos | Cubiertas, construcción, disposición, tamaño, apoyos, espacio |
| • Operación | Disposición de máquina; posición de válvulas, conmutadores y palancas; apoyos |
| • Ajustes | Posición de indicadores de presión, termómetros, indicadores de flujo, indicadores de humedad, indicadores de vacío. etc. |
| **4. Focos de contaminación** | |
| • Producto | Fugas, derrames, chorros, dispersión, exceso de flujo |
| • Primeras materias | Fugas, derrames, chorros, dispersión, exceso de flujo |
| • Lubricantes | Fugas, derrames, infiltraciones, fluidos hidráulicos, fuel oíl, etc. |
| • Gases | Fugas de aire comprimido, gases, vapor, humos de exhaustación, etc. |
| • Líquidos | Fugas, vertidos y chorros de agua fría, agua caliente, productos semiacabados, agua de refrigeración, desperdicio de agua, etc. |
| • Desechos | Chispas, recortes, materiales de embalaje, y producto no conforme |
| • Otros | Contaminantes traídos por personas, carretillas elevadoras, etc., e infiltraciones por grietas de edificios |
| **5. Fuentes de defectos de calidad** | |
| • Materias extrañas | Inclusión, infiltración, y arrastre de óxido, partículas, desechos de cable, insectos, etc. |
| • Golpes | Caídas, sacudidas, colisiones, vibraciones |
| • Humedad | Demasiada, poca, infiltración, eliminación de defectivo |
| • Tamaño de grano | Anormalidades en tamices, separadores centrífugos, separadores de aire comprimido, etc. |
| • Concentración | Calentamiento inadecuado, calentamiento, composición, mezcla, evaporación, agitación, etc. |
| • Viscosidad | Calentamiento inadecuado, calentamiento, composición, mezcla, evaporación, agitación, etc. |
| **6. Elementos innecesarios y no urgentes** | |
| • Maquinaria | Bombas, agitadores, compresores, columnas, tanques, etc. |
| • Tuberías | Tubos, mangueras, conductos, válvulas, amortiguadores, etc. |
| • Instrumentos de medida | Temperaturas, indicadores de presión, indicadores de vacío, amperímetros, etc. |
| • Equipo eléctrico | Cableado, tubería, conectadores de alimentación, conmutadores, tomas de corriente, etc. |
| • Plantillas y herramientas | Herramientas generales, herramientas de corte, plantillas, moldes, troqueles, bastidores, etc. |
| • Piezas de repuesto | Equipo de reserva, repuestos, stocks permanentes, materiales auxiliares, etc. |
| • Reparaciones provisionales | Cinta, fibras, cable, chapa, etc. |
| **7. Lugares inseguros** | |
| • Suelos | Desequilibrados, rampas, elementos que sobresalen, fisuras, escamas, desgastes (placas de cubierta) |
| • Pasos | Demasiado inclinados, irregulares, escamado capa antideslizante, corrosión, faltan pasamanos |
| • Luces | Oscuras, mala posición, sucias o pantallas rotas, no a prueba de explosiones |
| • Maquinaria rotativa | Desplazadas, cubiertas rotas o caídas, sin mecanismos de seguridad o parada de emergencia |
| • Dispositivo de levantamiento | Cables, ganchos, frenos y otras partes de grúas y elevadores |
| • Otros | Sustancias especiales, disolventes, gases tóxicos, materiales de aislamiento, señales de peligro, vestidos de protección, etc. |

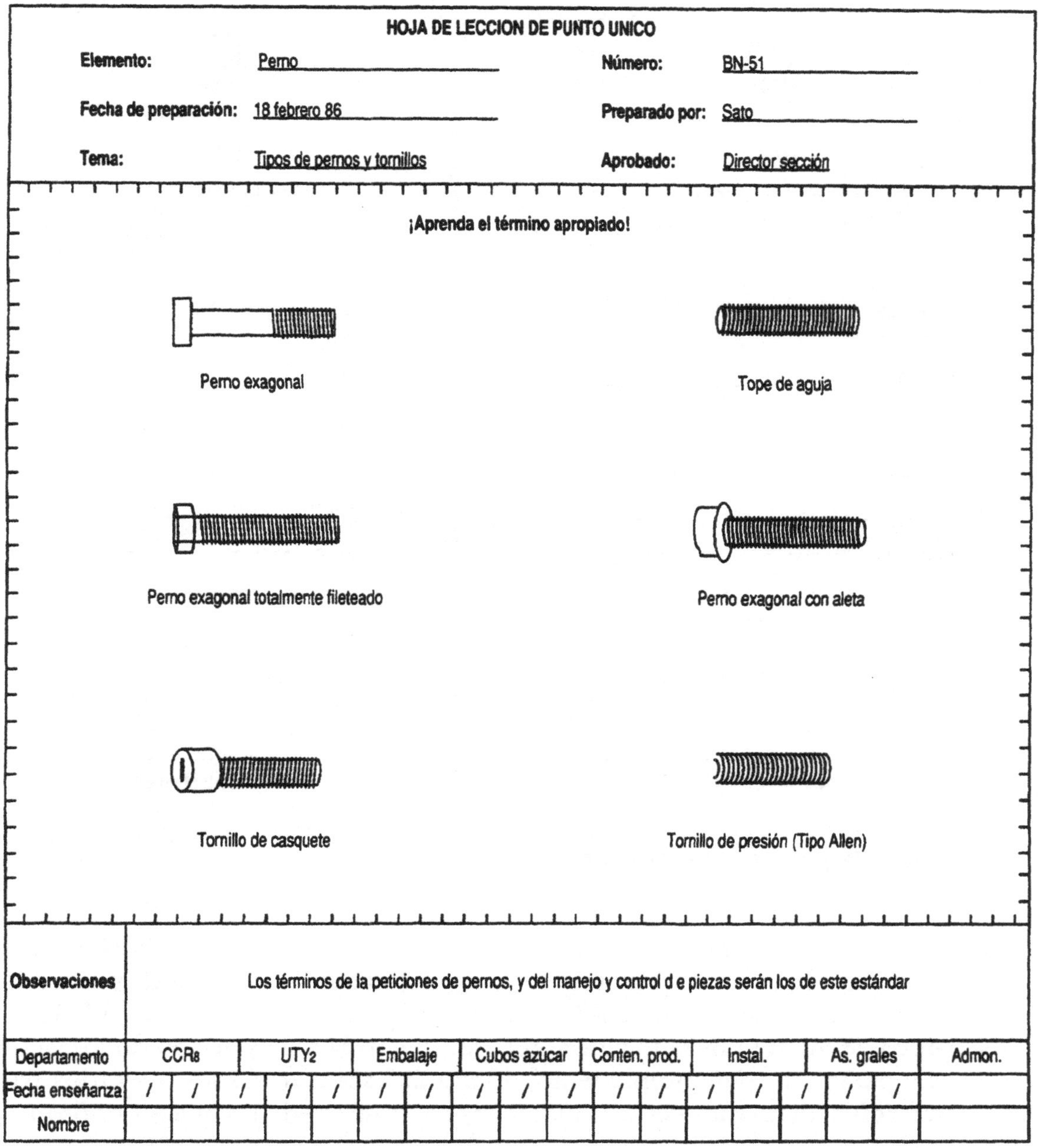

**HOJA DE LECCION DE PUNTO UNICO**

| | |
|---|---|
| Elemento: Perno | Número: BN-51 |
| Fecha de preparación: 18 febrero 86 | Preparado por: Sato |
| Tema: Tipos de pernos y tornillos | Aprobado: Director sección |

**¡Aprenda el término apropiado!**

Perno exagonal

Tope de aguja

Perno exagonal totalmente fileteado

Perno exagonal con aleta

Tornillo de casquete

Tornillo de presión (Tipo Allen)

| Observaciones | Los términos de la peticiones de pernos, y del manejo y control d e piezas serán los de este estándar |
|---|---|

| Departamento | CCR8 | UTY2 | Embalaje | Cubos azúcar | Conten. prod. | Instal. | As. grales | Admon. |
|---|---|---|---|---|---|---|---|---|
| Fecha enseñanza | / / | / / | / / | / / | / / | / / | / / | / / |
| Nombre | | | | | | | | |

**Figura 4-3. Muestra de hoja de lección de un punto**

mite a cada uno ver lo que sucede y participar en las actividades. Se emplean tarjetas blancas o verdes para los problemas que los operarios pueden manejar por sí solos, y rojas para los que debe tratar el departamento de mantenimiento. La señalización de problemas es una llamada de atención e involucra a todos en su solución, incluyendo al grupo TPM, a los colegas, supervisores, y personal del departamento de mantenimiento (véase figura 4-4).

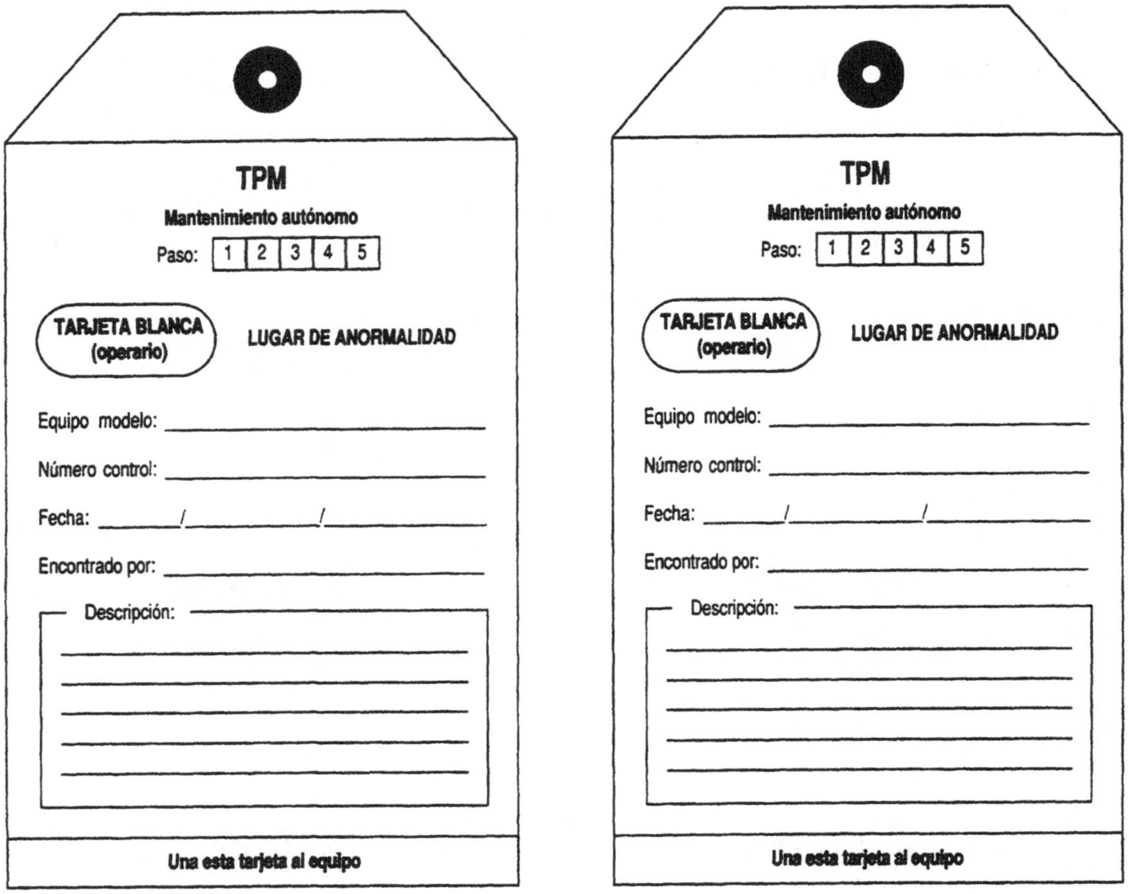

**Figura 4-4.  Tarjetas para señalar anormalidades**

Cuando se realizan de esta forma las actividades de limpieza inicial, usualmente se detectan varios cientos de anormalidades en una sola unidad de equipo. Las repetidas reuniones (semanales o quincenales) y las actividades de los grupos de mantenimiento autónomo, junto con la guía y acción de los supervisores y personal de mantenimiento, afinan la habilidad de los operarios para detectar deficiencias y aumenta rápidamente el número de las que identifican.

### Corrección de pequeñas deficiencias y establecimiento de las condiciones básicas del equipo

*Corrección de pequeñas deficiencias.* Es esencial elevar la fiabilidad del equipo estableciendo sus condiciones básicas. Hay que empezar por corregir las deficiencias pequeñas tales como daños, juego excesivo, deformaciones, y desgastes tan pronto como se detectan. Cuando se descubre un daño serio —tal como piezas severamente fisuradas o rotas que solamente pueden repararse por un especialista o el fabricante— hay que pedir al departamento de mantenimiento que las trate inmediatamente.

*Lubricación.* La lubricación es una de las condiciones básicas más importantes para preservar la fiabilidad del equipo. Es un medio para asegurar tanto un funcionamiento eficiente mediante la prevención del desgaste o quemaduras, como el mantenimiento de la precisión operacional de mecanismos neumáticos, y la reducción de la fricción. Sin embargo, a menudo el equipo se lubrica descuidadamente. A menudo, se opera en condiciones como las siguientes:

- El personal no comprende la necesidad e importancia de la lubricación y se expresa de esta forma: «El aceite de esta máquina no se ha cambiado en cinco años, y continúa funcionando perfectamente».
- No se han enseñado a los operarios los principios de la lubricación o los problemas que puede causar una lubricación inapropiada.
- Se utilizan demasiados tipos de lubricante diferentes y bastantes puntos de lubricación son inaccesibles.
- Se confía en exceso en los engrasadores mecánicos y otros mecanismos de lubricación automática.
- A menudo, los estándares de lubricación no existen o son difíciles de seguir.

Tales condiciones exponen al equipo a un deterioro acelerado. Para empezar contrarrestando esto en el paso 1, hay que poner en práctica las siguientes actividades conforme se vayan descubriendo anormalidades relacionadas con la lubricación:

- Enseñar la importancia de la lubricación usando lecciones de punto único
- Lubricar inmediatamente siempre que se encuentre un equipo inadecuadamente lubricado o no lubricado.
- Reemplazar todos los lubricantes contaminados.
- Limpiar y reparar todas las entradas de lubricante e indicadores de nivel sucios o dañados.
- Verificar si todos los mecanismos de lubricación automática funcionan correctamente.
- Limpiar y lubricar todas las piezas que giran o se deslizan, las cadenas de mando y otras piezas móviles.
- Limpiar y reparar todo el equipo de lubricación manual y contenedores de lubricante.

*Apretado.* Todas las máquinas contienen tuercas, pernos y tornillos como elementos esenciales de su construcción. Los equipos funcionan apropiadamente sólo si estos elementos de unión están debidamente apretados. Sólo es preciso que un perno esté flojo para empezar una reacción en cadena de desgaste y vibraciones. Si la máquina vibra ligeramente, otros pernos empiezan a aflojarse, la vibración alimenta la vibración, el equipo empieza a dar sacudidas y hacer ruidos, las ligeras fisuras se terminan convirtiendo en profundas grietas, algunas piezas terminan dañadas o completamente rotas, y el resultado es una gran avería.

A menudo, las averías y otros problemas son resultado de una combinación de condiciones actuando juntas (véase figura 4-5). Por ejemplo, una célula fotoeléctrica probablemente funcionará de modo satisfactorio incluso si vibra un poco o su cubierta de vidrio está ligeramente sucia. Sin embargo, si se aflojan sus pernos de unión, la vibración aumentará, aflojándose aún más los pernos y magnificando la vibración. Cualquier ligera desalineación o contaminación del receptor de luz puede entonces combinarse con lo anterior y causar una disfunción. El aflojamiento original de los pernos, no un problema en sí mismo, dispara la cadena de eventos que conducen al fallo.

El análisis de los fallos realizado en una planta reveló que el apretado inadecuado de pernos contribuía, de un modo u otro, directa o indirectamente, a aproximadamente la mitad de los fallos. En muchos entornos, es plenamente adecuado reevaluar la importancia del apretado de pernos y tuercas.

Mientras se pone en práctica el paso 1 del programa de mantenimiento autónomo, hay que emprender las acciones que se relacionan a continuación conforme se investigan y descubren deficiencias y anormalidades relacionadas con pernos y tuercas. Es extremadamente importante establecer las condiciones básicas del equipo y cegar las fuentes de problemas potenciales.

- Apretar y asegurar los pernos y tuercas flojos.
- Reemplazar los pernos y tuercas que falten.
- Reemplazar los pernos y tuercas pasados de rosca o demasiado largos.
- Reemplazar los pernos y tuercas dañados o con desgaste severo.
- Reemplazar las arandelas y tuercas de orejetas inapropiadas.
- Utilizar mecanismos de bloqueo en tuercas importantes que se aflojan persistentemente.

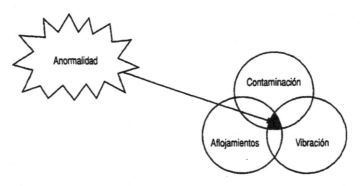

**Figura 4-5.  Combinación de deficiencias**

Estas actividades son verdaderamente básicas. De hecho, si se mantienen constantemente las condiciones básicas del equipo limpiando, lubricando, y apretando los pernos y tuercas como se ha expuesto, los fallos del equipo pasarán a ser probablemente cosa del pasado.

## Descubrir los puntos peligrosos y formar para prevenir accidentes

Aunque la seguridad debe ser siempre superlativa, los accidentes continuarán ocurriendo. Como se indica en lá tabla 4-6, descubrir y neutralizar todas las fuentes de peligro en el equipo y el entorno de trabajo evita accidentes y crea lugares de trabajo seguros, limpios y gratos.

Las actividades de limpieza inicial y mejora que realizan los operarios como parate de un programa de mantenimiento autónomo no son tareas de rutina. Los operarios no están acostumbrados a ellas como lo están a sus operaciones regulares. Por tanto, hay que considerar y asegurar cuidadosamente la seguridad de las actividades de mantenimiento autónomo. Hay que perfilar un programa de prevención de accidentes usando ilustraciones, y poniendo en práctica procedimientos de seguridad con el equipo real durante todas las actividades de mantenimiento autónomo. Se ha comprobado en muchas empresas la eficacia de estos procedimientos para lograr cero accidentes.

## Paso 2: Eliminar las fuentes de contaminación y puntos inaccesibles

Durante el paso 1, los operarios usan sus manos y los cinco sentidos físicos para realizar la limpieza inicial y detectar anormalidades. Durante el paso 2, usan su cabeza para crear mejoras eficaces.

Cuando el equipo se ensucia pronto de nuevo, o no se puede mantener el nivel de limpieza obtenido inicialmente, habitualmente los operarios sienten el impulso de hacer algo para resolverlo. En otras palabras, se vuelven conscientes de la necesidad de hacer mejoras. Empiezan a pensar sobre los modos de controlar las fugas, derrames y otras fuentes de contaminación, Intentan también mantener las condiciones básicas del equipo establecidas en el paso 1, pero se dan cuenta que esto les exige una cantidad de tiempo y esfuerzo considerables. Se sienten incómodos con los lugares difíciles de alcanzar y se sienten obligados a pensar sobre mejorar su accesibilidad. El objetivo del paso 2 es reducir el tiempo de limpieza, chequeo y lubricación introduciendo dos tipos de mejora (véase figura 4-6).

### Identificar y eliminar las fuentes de fugas y derrames

Los lugares de producción en las industrias de proceso suelen tener una amplia variedad de fuentes de contaminación, lo que a menudo tiene efectos deletéreos sobre el equipo. Por ejemplo:

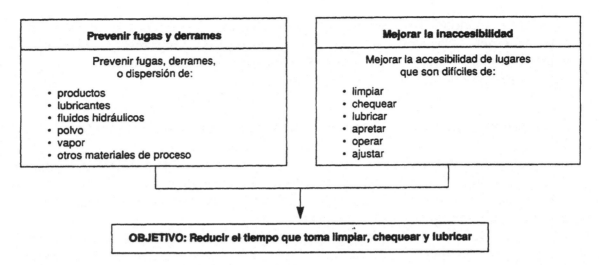

**Figura 4-6.    Objetivos para fuentes de contaminación y lugares inaccesibles**

- El polvo y las descargas de vapor hacen difícil mantener los niveles de limpieza inicial
- La contaminación de polvo y grasa estorba para el chequeo de pernos, tuercas, indicadores de niveles de aceite, etc.
- La contaminación de polvo causa deterioro acelerado, tal como el desgaste excesivo de correas en V y cadenas motrices.
- La contaminación de los sensores de límite, fotosensores y otros sensores provoca disfunciones.
- Las fugas de líquidos y vapor corroe las unidades de proceso, soportes y otras estructuras.
- La infiltración de polvo en los paneles de control hace que éste no sea fiable.
- La contaminación general deteriora el entorno de trabajo y la calidad del producto.

Aunque son numerosos los efectos peligrosos de la contaminación, por diversas razones se hace muy poco sobre ello en muchas plantas. Por ejemplo, raramente se piensa cuando se diseñan equipos tales como los vibradores y transportadores en hacerlos a prueba de polvo o poco emisores de éste. Muchos creen que es imposible impedir que escape polvo o vapor, de modo que se encogen de hombros y no hacen nada en particular. Otros entienden que las mejoras cuestan demasiado dinero y, por tanto, no pueden hacerse.

Sin embargo, desde el punto de vista de la mantenibilidad del equipo, la calidad, y el entorno, es inexcusable no controlar las fugas, derrames, dispersión de polvo, vapores y líquidos corrosivos. Son necesarias profundas medidas de mejora. Para remediar las fuentes de contaminación los siguientes puntos son claves:

- Comprobar con precisión la naturaleza de la contaminación y cómo y dónde se genera.
- Reunir datos cuantitativos sobre el volumen de fugas, derrames, y otras contaminaciones (esto ayuda a los operarios a comprender la importancia de la medición).
- Estimular a los operarios a rastrear la contaminación hasta su fuente original —por ejemplo, las obstrucciones en los conductos y canales de recogida de polvo.
- Primero, localizar la contaminación, después reducirla persistentemente mediante mejoras sucesivas. Esto produce los mejores resultados porque las mejoras de un golpe son imposibles.
- Realizar mejoras orientadas con equipos de proyecto que incluyan directivos y staff técnico. Son esenciales los equipos de proyecto cuando se trate de grandes fuentes de contaminación que los operarios no pueden resolver mediante el Mantenimiento autónomo.
- Considerar el uso de nuevas técnicas y materiales para sellados, juntas, medios de protección, etc.

### Mejorar la accesibilidad para reducir el tiempo de trabajo

Incluso cuando se hayan establecido las condiciones básicas del equipo y se hayan logrado grandes mejoras en ello, puede que su mantenimiento exija demasiado tiempo y esfuerzo, y que parte del trabajo sea excesivamente peligroso. En tales casos, el chequeo y la lubricación no perdurarán mucho tiempo. Las condiciones óptimas no se logran verdaderamente hasta que la limpieza, chequeo y lubricación son tan fáciles que cualquiera pueda hacerlo con seguridad, rápida y correctamente. Esto incluye las siguientes actividades de mejora:

*Reducir los tiempos de limpieza.* Preparar y someter a test resúmenes de actividades de limpieza (bosquejar estándares provisionales), que permitan decidir "de una ojeada" cómo suprimir los focos de contaminación, hacer más accesibles los lugares de limpieza difícil, o diseñar herramientas de limpieza más eficientes.

*Reducir los tiempos de chequeo.* Para ello, suele ser conveniente: preparar un resumen de actividades de chequeo con fotos o esquemas. Preparar cuadros de chequeos. Inspeccionar tuercas, pernos, correas en V, cadenas, acoplamientos, y otros para confirmar si los operarios pueden realizar chequeos dentro de los tiempos asignados; diseñar herramientas de inspección mejoradas; instalar cubiertas que se suelten rápidamente; mejorar el posicionamiento y orientación de los anclajes; crear espacio extra; facilitar plataformas donde los operarios puedan estar mientras chequean los puntos difíciles; etc.

*Identificar los lugares de lubricación difícil.* Usar gráficos de lubricación ilustrados para chequear mecanismos tales como los indicadores de nivel de aceite y FRLs (conjuntos de filtro-regulador-lubricador) y reponer o cambiar lubricantes.

*Simplificar las tareas de lubricación.* Reponer los indicadores de nivel de aceite, FRLs, entradas de lubricante, etc.; estandarizar los tipos de lubricante; mejorar los medios de lubricación manual; y tomar acción para evitar que se contaminen las entradas de lubricante.

*Seguir un procedimiento similar para el equipo difícil de operar o ajustar.* En las industrias de proceso, la clave para lograr un control remoto o el funcionamiento sin presencia de personas es eliminar el trabajo manual tal como el de desbloquear canalones, retirar derrames de primeras materias o productos, limpiar sensores, y ajustar las condiciones de proceso manipulando controles tales como válvulas y llaves.

La figura 4-7 es un ejemplo de resumen de actividades de limpieza. Una importante preparación para el paso 3 del programa de mantenimiento autónomo es identificar los lugares y elementos de la limpieza, chequeo y lubricación, cuando se preparen tales cuadros (establecimiento de estándares de limpieza y chequeo).

| Parte | Trabajo | Punto de referencia | Mejora 1 | Mejora 2 | Mejora 3 | Mejora 4 | Observaciones |
|---|---|---|---|---|---|---|---|
| 1. Camisa superior | Limpiar | 1/sem. (25 min) | Mejora inspección cubierta respiradero (21 min) | Mejora pestaña camisa (15 min) | Cierre estanco punto de entrada eje (10 min) | Mejorar lubricación cadena de mando (8 min) | |
| 2. Camisa inferior | Limpiar | 1/sem. (30 min) | Mejora inspección cubierta respiradero (26 min) | Mejora pestaña camisa (20 min) | Cierre estanco punto de entrada conducto (10 min) | →  (10 min) | |
| 3. Sección de toma | Limpiar | 1/sem. (20 min) | Montar placa a prueba de polvo (10 min) | Mejorar lubricación eje (7 min) | →  (7 min) | →  (7 min) | |
| 4. Motor de mando | Limpiar | 1/sem. (10 min) | Reducir fuga lubricante (5 min) | →  (5 min) | →  (5 min) | →  (5 min) | |
| Total | | 85 mim | 62 mim | 47 mim | 32 min | 30mim | |

Figura 4-7.  **Muestra de gráfico de limpieza**

## Paso 3: Establecer estándares de limpieza e inspección

El objetivo de este paso es garantizar el mantenimiento de los logros obtenidos en los pasos 1 y 2, esto es, asegurar el mantenimiento de las condiciones básicas y de la situación óptima del equipo. Para lograr esto, los grupos de operarios deben estandarizar los procedimientos de limpieza e inspección y asumir la responsabilidad de mantener su propio equipo.

### *Los estándares impuestos desde arriba nunca se cumplen*

Muchas instalaciones de producción tienen excelentes estándares de inspección y listas de chequeo, aunque realmente los operarios no los usan. Frecuentemente, los departamentos de mantenimiento se quejan de que preparan y entregan estándares al departamento de producción pero los operarios los ignoran. Los directivos confirman resignadamente que los operarios descuidan la realización de chequeos aunque se les recuerde una y otra vez. Estas son algunas de las razones típicas desde el punto de vista de los operarios:

- «Se nos han dado algunos estándares, pero realmente no sabemos porqué tenemos que hacer esos chequeos.»
- «Realmente no comprendemos qué es lo que tenemos que chequear y cómo hacerlo».
- «Si intentamos realizar los chequeos de acuerdo con los estándares, nos lleva demasiado tiempo y perdemos producción».
- «Los chequeos son difíciles de hacer porque el equipo tiene muchos puntos demasiado elevados, poco iluminados o sólo alcanzables en mala postura.

Los estándares que el personal no cumple, probablemente se han establecido sin considerar quién tiene que seguirlos, o cómo y dónde hay que realizar los chequeos. El personal nunca seguirá apropiadamente los estándares mientras la dirección practique un estilo de mando coercitivo: «Nosotros establecemos los estándares-tú los obedeces».

### *Los estándares auto-establecidos se cumplen siempre*

Durante el paso 1 del programa de mantenimiento autónomo, los operarios hacen un gran esfuerzo limpiando su equipo, corrigiendo las pequeñas deficiencias, y estableciendo y manteniendo las condiciones básicas del equipo. Durante el paso 2, reducen el tiempo requerido para estas tareas controlando las fuentes de contaminación y haciendo más accesibles las áreas a limpiar, inspeccionar y lubricar. Como resultado, los operarios se vuelven conscientes de la necesidad e importancia de mantener su equipo en este nuevo estado, considerablemente mejorado.

Durante el paso 3, con una guía apropiada para preparar estándares y establecer puntos de chequeo, el personal tendrá la motivación, habilidad y oportunidad de formular estándares realistas para prevenir el deterioro ejecutando chequeos diarios.

### *Guía para preparar estándares*

Los estándares provisionales facilitan a los operarios realizar fácil, correctamente, y sin omisiones los chequeos diarios. Por tanto, los estándares deben responder a las cuestiones tipo «5W y 1H» (¿Dónde?, ¿Qué?, ¿Cuándo?, ¿Porqué?, ¿Quién? y ¿Cómo?) e incorporar los siguientes puntos:

*Elementos de inspección.* Los miembros del equipo deben reunirse para decidir lo que hay que limpiar, chequear, y lubricar con el fin de mantener las condiciones básicas del equipo. Los supervisores deben comprobar cualesquiera omisiones o duplicaciones.

*Puntos clave.* Cada uno debe examinar qué es lo que probablemente ocurrirá si una parte en particular se contamina, afloja o se lubrica insuficientemente. El propósito de esto es comprender y recordar el problema que puede crearse si no se mantienen las condiciones básicas u óptimas del equipo. Aquí es asimismo importante la guía y consejo de los supervisores.

*Métodos.* Hay que decidir el método más simple y apropiado para chequear, y diseñar controles visuales claros que permitan a todos realizar los chequeos correcta y fiablemente.

*Herramientas.* Hay que decidir qué herramientas usar para limpiar, chequear y lubricar, y etiquetarlas claramente.

*Tiempos.* Decidir cuánto tiempo puede asignarse a cada tarea y establecer objetivos alcanzables. Los tiempos tienen que acortarse sucesivamente acumulando mejoras diseñadas para simplificar y minimizar el trabajo manual.

*Intervalos.* Decidir sobre la frecuencia de las inspecciones y supervisar el logro de los objetivos. Se proyectan y acumulan mejoras para prolongar los intervalos de inspección. Tareas tales como la reposición y cambio de lubricantes requieren el consejo de expertos de mantenimiento.

*Responsabilidad.* Hay que asignar a alguien cada tarea para asegurar que no se olvida nada; especificar claramente las funciones de cada persona para elevar su sentido de responsabilidad respecto al equipo.

La muestra de estándares provisionales expuesta en la figura 4-8 ilustra la práctica de la filosofía «inspección a través de la limpieza».

### Introducir extensivamente controles visuales

La clave para una realización consistente de las tareas de limpieza, chequeo y lubricación es que sean fáciles de ejecutar correctamente por cualquiera. Un modo eficaz de lograr esto es usar controles visuales. Estos medios visuales se colocan directamente sobre el equipo a controlar e indican claramente las condiciones de operación, direcciones de rotación, y otras informaciones. Los siguientes ejemplos pueden adaptarse para uso en cada punto de trabajo particular:

- Marcar cada unidad de equipo con su nombre y código para una identificación inmediata (figura 4-9).
- Poner marcas en tuercas y pernos indicando el nivel de apriete para simplificar el chequeo (figura 4-10).
- Señalar en instrumentos tales como indicadores de presión, indicadores de vacío, termómetros, y amperímetros los rangos aceptables para facilitar una operación correcta (figura 4-11).
- Indicar los niveles de lubricante, tipos y cantidades para mejorar la mantenibilidad (figura 4-12).
- Etiquetar las cubiertas de mecanismos tales como las correas en V, cadenas y acoplamientos con sus direcciones de rotación y especificaciones para mejorar la mantenibilidad y simplificar el chequeo (figura 4-13).
- Etiquetar los tubos con su dirección de flujo y contenidos para mejorar la mantenibilidad, operabilidad y seguridad (figura 4-14).
- Poner indicaciones «on/off» en válvulas y conmutadores para mejorar la mantenibilidad, operabilidad y seguridad (figura 4-14).

### Paso 4: Realizar inspección general del equipo

Los operarios de las plantas que fabrican productos industriales, deben conocer a fondo sus equipos. Sin embargo, se cree generalmente que los operarios sólo necesitan seguir las instrucciones para hacer funcionar sus máquinas, y muchas empresas no hacen ningún esfuerzo para enseñar a los operarios la estructura y características de sus equipos. Algunas empresas incluso reducen el número de operarios, y les dicen a los que quedan que no deben poner ni un dedo sobre el equipo. En tales casos, lo único que hacen los operarios es pulsar los conmutadores o pasear alrededor de canales, cintas y conductos para desbloquearlos. Esta actitud no beneficia a nadie.

**TPM** — Estándar de mantenimiento autónomo (Limpieza, chequeo y lubricación)

Grupo: Sprinter
Líder: Hicks
Tarjeta n.°: MA-6810-40

Preparado: 25/6/85
Revisado: 3/12/85

Localización: CCR    Equipo: Cristalizadores Núms. 1-4

**Chequeo a través de la limpieza**

| Pieza | Estándar | Método | Herramienta | Acción en caso anormal | Tiempo (min) | Intervalo D | S | M | A | Resp. |
|---|---|---|---|---|---|---|---|---|---|---|
| 1 Sección motor | No suciedad/derrame aceite | Limpiar | | — | 10 | O | | | | Bova |
| 1-1 Transmisión | No vibración, ruido anormal, sobrecalentamiento | | | Informe a supervisor | (1) | O | O | | | . |
| 1-2 Indicador nivel aceite | Cantidad especificada | | — | Llenar hasta marca | (1) | | O | | | . |
| 1-3 Cadena y dientes | No ruido anormal, lubricación adecuada | | | Lubricar | | O | | | | . |
| 2 Cojinete exterior | Limpio | Limpiar | | — | 10 | | O | | | . |
| 2-1 Collarín | Sin fugas | | | Apretar o reemplazar | (1) | | O | | | . |
| 2-2 Cojinete | Sin sobrecalentamiento o holgura | | — | Lubricar; observar; apretar si es necesario | (1) | O | | | | . |
| 2-3 Caja de agua de enfriam. | Sin fugas | | | Apretar o reemplazar | (1) | | O | O (Desg. tapa) | | . |
| 3 Árbol interior | Limpio | Limpiar | | — | 10 | | O | | | . |
| 3-1 Collarín | Sin fugas | | — | Apretar o reemplazar | (1) | | O | | | . |
| 3-2 Cojinete | Sin sobrecalentamiento o holgura | | | Lubricar //observar; apretar si es necesario | (1) | O | O | | | . |
| 3-3 Caja de aceite collarín | No acumulación | Recup | Rascador | Chequear caja estanca | 10 | | O | | | . |
| 3-4 Tornillo de cojinete/rueda estriada | No ruido inusual, sobrecalentamiento, o deformación pasos tornillo | | — | Informar a supervisor | (3) | | | | | . |

Tiempo requerido (min)

**LUBRICACIÓN**

| Punto de engrase | Tipo de lubricación | Cantidad lubricante | Método | Herramienta | Acción en caso anormal | Tiempo (min) | Intervalo D | S | M | A | Resp. |
|---|---|---|---|---|---|---|---|---|---|---|---|
| 1-1 Reductor velocidad | Daphne Super CS #68 | 12 | aceitera | | — | 10 | | | | O | Gibos |
| 1-3 Cadena | ◇ | Lubric. total | ◇ | — | | 0,5 | | O | | | . |
| 2-2 Cojinete exterior | Grasa | Girar tapa 2-3 v. | A mano | — | | 3 | | O | | | . |
| 3-2 Cojinete interior | ◇ | ◇ | ◇ | — | | ◇ | | O | | | . |
| 3-5 Caja tornillo | #220S | | aceitera | | — | 10 | | | | 2x | . |

Tiempo requerido (min)

**Figura 4-8. Muestra de estándar provisional de limpieza, chequeo y lubricación**

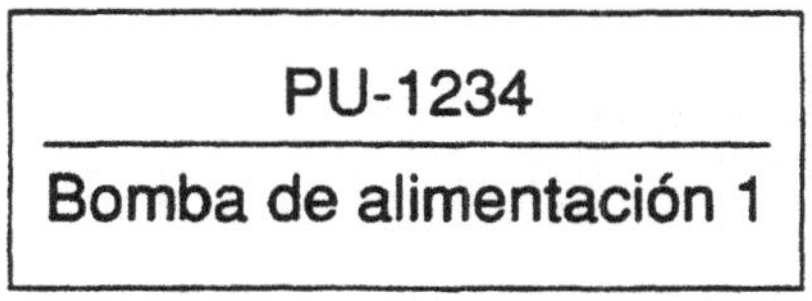

> PU-1234
> _____
> Bomba de alimentación 1

**Figura 4-9.   Placa con nombre de equipo**

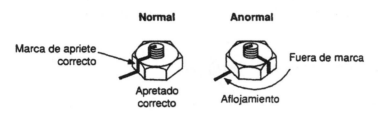

**Figura 4-10.   Marcar para apriete correcto de tuercas y pernos**

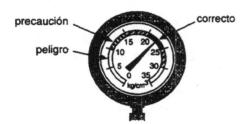

**Figura 4-11.   Calibre de presión con indicadores de gamas de operación**

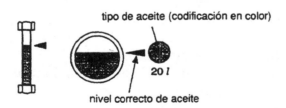

**Figura 4-12.   Calibre de aceite e indicadores de tipo**

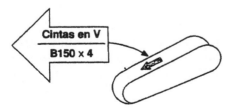

**Figura 4-13.   Tarjeta de cinta en V e indicador de dirección**

**Figura 4-14. Etiquetas para tubos y válvulas e indicadores de flujo**

## Desarrollar operarios competentes en equipos

Por otro lado, las empresas en las que los operarios están bien versados en sus equipos están revolucionando los conceptos de la gestión industrial y produciendo sobresalientes resultados.

Los operarios adiestrados en sus equipos son capaces de reparar las pequeñas deficiencias, pero es aún más importante su habilidad para detectar anormalidades. Para ser verdaderamente competente, un operario debe ser capaz de reconocer cualquier cosa que esté fuera de lo ordinario e identificarla inmediatamente como una anormalidad.

Tales anormalidades no son efectos tales como una avería del equipo, o su parada, o la producción de productos defectuosos. Más bien, la clase de anormalidades que los operarios deben detectar son fenómenos causales que presagian averías antes de que sucedan o que señalan la posibilidad de producir artículos defectuosos en algún momento futuro. Los operarios deben detectar tales anormalidades suficientemente pronto para prevenir fallos y defectos. Un operario verdaderamente competente puede detectar estas causas anormales en su fase inicial y tratarlas rápida y eficientemente. Esta es la clase de operario que intentamos desarrollar a través del mantenimiento autónomo.

El desarrollo de operarios competentes en equipos revoluciona no sólo la gestión del equipo sino todos los demás aspectos de la gestión de los lugares de trabajo. El programa de formación sobre mantenimiento autónomo y las capacidades de inspección que describimos aquí son el primer paso hacia el desarrollo de operarios alertas, una especie de «sensores humanos».

La formación de operarios es costosa y consume tiempo. Deben aprender sobre todos los aspectos de sus equipos, empezando por lo básico tal como funciones, construcción y principios de operación del equipo. Deben también formarse en procedimientos de inspección del equipo. Muchas empresas han demostrado que este es el único modo de establecer un sistema TPM apropiado, y lograr excelentes resultados. El programa de formación descrito aquí refleja su experiencia.

### Preparación para la formación en inspección general

La formación en inspección general persigue dos objetivos: que cada operario adquiera las habilidades requeridas, y que se logren resultados tangibles mediante las inspecciones generales de todos los equipos. Para lograr ambos objetivos, deben seguirse regularmente los pasos que se muestran en la figura 4-15, en el orden apropiado, y principalmente a través de las actividades de los pequeños grupos.

*Selección de elementos de inspección general.* Hay que empezar por determinar con precisión lo que se ha de enseñar a los operarios con el fin de que hagan funcionar e inspeccionar correctamente su equipo. Para seleccionar los elementos de inspección apropiados en cada lugar de trabajo particular, hay que considerar tanto las especificaciones del diseño del equipo como el historial de problemas, averías y defectos. Siempre hay que incluir en esto el equipo de finalidad general tal como válvulas, bombas y agitadores, además de los elementos funcionales básicos (tuercas, pernos, sistemas de lubricación, sistemas de mando, neumáticos, hidráulicos, eléctricos, instrumentación, etc.).

*Preparar materiales para formación en inspección.* Se han de detallar todos los elementos que los operarios deben chequear con sus cinco sentidos, y se resumen en una lista de chequeo de inspección general.

A continuación, hay que decidir lo que los operarios deben aprender para ser capaces de chequear esos elementos y preparar un manual de inspección general para los líderes de grupos. Este manual debe relacionar y describir las funciones básicas y la estructura del equipo a inspeccionar, sus componentes con sus nombres y funciones, criterios de funcionamiento normal, procedimientos de inspección y acciones a tomar cuando se descubran anormalidades.

El formato corriente de un manual no es suficiente para que los operarios comprendan a fondo toda la información. Hay que preparar también maquetas, gráficos de pared fáciles de comprender, y muestras reales de ejes desgastados, aceite sucio, etc. La formación práctica directa en cuestiones tales como el apretado correcto de tuercas y pernos y la inserción apropiada de guarnición de prensaestopas es también extremadamente eficaz. Es esencial preparar talleres de formación, plantillas, herramientas, y simuladores de instrumentación para usar todo esto con el propósito indicado.

*Redactar el programa de formación en inspección general.* Mientras se preparan los programas y las ayudas de enseñanza, el staff del departamento de mantenimiento debe redactar un programa de formación (planing) previa consulta con los responsables de producción. Se asigna un tiempo estándar de un mes para cada unidad del programa de estudios, incluyendo la inspección general a realizar por los operarios al final de cada unidad. Por tanto, para ocho unidades pro-

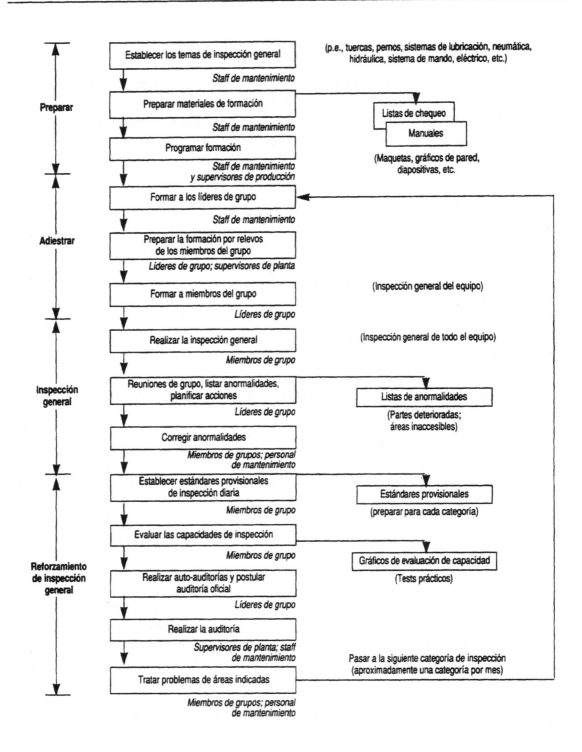

**Figura 4-15.   Procedimiento para desarrollar programa de inspección general**

gramadas, el plan dura ocho meses. El procedimiento para cada unidad del programa de estudios es:

1.  El staff de mantenimiento instruye a los líderes de equipos.
2.  Los líderes de equipos enseñan a los miembros de sus equipos (enseñanza por relevos).
3.  Los operarios realizan inspecciones generales.
4.  Se realiza una auditoría y el equipo consolida o estandariza los procedimientos de inspección.

La figura 4-16 es un ejemplo de este procedimiento.

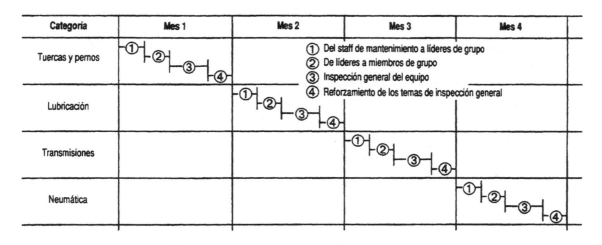

**Figura 4-16.   Muestra de impreso de programa para formación en inspección general**

## La práctica de la formación en inspección general

*La importancia de «enseñar por relevos».* El método de «enseñanza por relevos» es el modo más eficaz de realizar el programa de formación. Así, el staff de mantenimiento enseña a los líderes de equipos, y éstos enseñan entonces lo que han aprendido a los miembros de sus equipos. Esto permite a los líderes ejercer su liderazgo y a los grupos adquirir espíritu de equipo.

Al enseñar, los líderes de equipos experimentan los problemas, tribulaciones y satisfacciones del liderazgo. La responsabilidad del desarrollo de su grupo les fuerza a desarrollar su propia capacidad. Mientras tanto, los miembros de los grupos intentan apoyar el entusiasmo y los esfuerzos de sus líderes y satisfacer sus expectativas. Este sistema de enseñanza y aprendizaje inyecta energía y vitalidad extras en los grupos.

*Formación de los líderes de grupo.* El staff de mantenimiento debe hacer algo más que enseñar a los líderes de grupo los conocimientos que deben transferir. Deben también ayudar a los líderes a desarrollar su capacidad de liderazgo y aconsejarles sobre modos eficaces de transmitir sus conocimientos a los miembros de los equipos.

*Preparación de la formación por los líderes de los grupos.* Por su parte, los líderes deben hacer algo más que transmitir la información que han recibido. Tendrán que preparar materiales adicionales de enseñanza que traten temas específicos del equipo propio de cada lugar de trabajo. Además, los líderes deben definir el nivel apropiado de enseñanza que deben adquirir los miembros del equipo.

*Enseñanza por la práctica.* La enseñanza por relevos típica del TPM es más bien una forma de experiencia directa, y no tanto una instrucción en clase. Los líderes de grupo adiestran en el propio lugar de trabajo mientras realizan la inspección general del equipo. Los líderes deben hacer su enseñanza tan eficaz como sea posible, además de crear modos de hacerla interesante y amena. Por ejemplo, cuando se enseñen los momentos de torsión correctos para tuercas y pernos, los líderes deben preguntar a los miembros del equipos que conjeturen el par requerido para la rotura de un perno. Deben también estimular una mayor implicación invitando a los miembros de los equipos a preparar hojas de lecciones de punto único.

*Realización de la inspección general del equipo.* El objetivo de la formación en inspección general es restaurar el deterioro y establecer las condiciones básicas del equipo. Esto se logra realizando una inspección general de cada elemento de la instalación que ha pasado ya a través de los tres primeros pasos del programa de mantenimiento autónomo. La corrección repetida de las anormalidades y la mejora de los puntos difíciles de inspeccionar y lubricar, mejora la capacidad de inspección de los operarios y aumenta la fiabilidad del equipo.

En esta fase, el departamento de mantenimiento tendrá que preparar las plantillas y herramientas necesarias para la inspección y responder rápidamente a cualquier sugerencia de mejora del trabajo. Cuando los equipos alcanzan la fase de inspección general, la moral puede desplomarse si no están disponibles las herramientas necesarias o si no se han corregido las anormalidades encontradas por los equipos.

*Consolidación después de cada inspección general.* Al terminar cada inspección general, los equipos deben asegurar el nivel de eficiencia conseguido. Para que la instalación permanezca en sus condiciones óptimas, hay que volver a plantearse y mejorar los estándares provisionales de limpieza e inspección preparados en el paso 3 del programa de mantenimiento autónomo. Esta es la primera parte de la consolidación.

La segunda parte es evaluar las capacidades individuales de los operarios en relación con la inspección general terminada y facilitar instrucción adicional cuando sea necesario.

La tercera parte de la consolidación es realizar una auditoría de cada tema o elemento de la inspección general que se acaba de terminar para verificar si se han aportado resultados tangibles en la fiabilidad del equipo.

La cuidadosa ejecución de un programa de formación para inspección general del equipo, junto con un completo mantenimiento y chequeo, crean eventualmente un lugar de trabajo libre de fallos.

## Paso 5: Realizar la inspección general del proceso

Los objetivos de los cuatro primeros pasos del mantenimiento autónomo son desarrollar operarios competentes en equipos y mejorar la fiabilidad de los mismos. Sin embargo, solamente estos logros no asegurarán una operación y control eficaces en las industrias de proceso.

### *Desarrollo de operarios competentes en equipos*

En las plantas de proceso, los operarios deben operar y supervisar una gama extremadamente amplia de grandes unidades de proceso y equipo asociado. Durante el proceso, los materiales que se manejan cambian frecuentemente de estado, y propiedades tales como la concentración y la pureza a menudo varían considerablemente conforme se somete a los materiales a temperaturas y presiones extremas. Un solo error de ajuste del proceso, o fallo en rectificar apropiadamente una anormalidad, pueden causar un serio accidente o una gran cantidad de producto no conforme.

Por estas razones, los operarios deben comprender íntimamente el rendimiento y las funciones de sus procesos. Deben ser capaces de realizar ajustes y montajes precisos con base en un profundo conocimiento de los materiales que se manejan; deben ser capaces de reconocer las señales de anormalidades y tomar acción apropiada.

Sin embargo, en la realidad, a muchos operarios no se les ha dado la oportunidad de ser algo más que pulsadores de botones y percutores de martillazos. Con un conocimiento apenas superior a la nada sobre los procesos o propiedades de los materiales que se manejan, patrullan la planta sin habilidad para reconocer una anormalidad donde es posible reconocerla. Esto garantiza precisamente lo que se desea evitar: unas pérdidas enormes de calidad, reproceso, y reducción de grado de los productos. Y crea situaciones en las que es más probable que se produzcan grandes desastres y accidentes. Esta desafortunada situación se debe a menudo enteramente a la falta de esfuerzo de formación por parte de la empresa.

El propósito del paso 5 del programa de mantenimiento autónomo es romper este círculo vicioso y crear plantas seguras, y libres de pérdidas y desperdicio. La fiabilidad operacional y la seguridad del equipo se elevan formando a los operarios para convertirlos en competentes en procesos y operaciones, y en técnicas de inspección general. La tabla 4-7 relaciona las condiciones que los operarios deben satisfacer para ser competentes en procesos.

**Tabla 4-7. Elementos necesarios para los operarios competentes en procesos**

**Nivel 1**
• Comprender las funciones y los rendimientos de los procesos
• Operación correcta de los procesos

**Nivel 2**
• Comprender las propiedades de los materiales que se manejan
• Realizar ajustes y montajes correctos

**Nivel 3**
• Detectar pronto las anormalidades
• Tomar acciones de emergencia contra las anormalidades

**Nivel 4**
• Reconocer las señales de anormalidad
• Tratar correctamente las anormalidades
• Realizar correctamente chequeos generales periódicos y reemplazo de piezas

## Procedimiento para desarrollar un programa de formación en inspección de procesos

La figura 4-17 muestra tres fases en el desarrollo de un programa de formación en inspección general de procesos: Paso 5-1 — operación y manipulación correctas, paso 5-2 — ajustes y montajes correctos, y paso 5-3 — manejo correcto de las anormalidades.

*Paso 5-1: Operación y manipulación correctas.* Hay que evitar la enseñanza de estilo autoritario confiando en los voluminosos estándares de trabajo existentes. En vez de esto, realizar una enseñanza «por relevos» escalonada usando lecciones de un punto único cuidadosamente preparadas por los directivos y el staff. Al enseñar a los operarios, no centrarse demasiado en las funciones y rendimientos de equipos individuales: más bien, enfatizar cómo consisten los procesos en combinaciones de equipos que transforman los materiales en productos finales.

Evitar también la enseñanza de tipo teórico basada en conferencias en clase. Es más eficaz la formación en los propios puntos de trabajo sobre el equipo real para enseñar la operación y manipulación correctas.

*Paso 5-2: Ajustes y montajes correctos.* Se utiliza la enseñanza por relevos para formar en ingeniería química básica. Esto ayudará a los operarios a adquirir maestría en los procedimientos correctos de ajuste y montaje basados en la com-

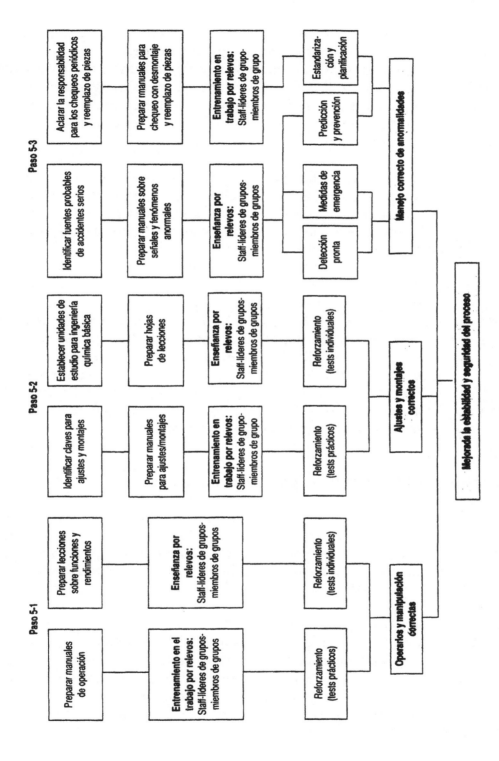

**Figura 4-17.   Procedimiento para implantar la inspección general del proceso**

prensión de cómo afectan al equipo y calidad del producto las propiedades de los materiales que se procesan y los cambios que les suceden.

La fiabilidad de los ajustes y montajes se mejora utilizando controles visuales (que indiquen contenidos y direcciones de flujo en tubos, rangos aceptables en los instrumentos de medida, etc.). Es importante que los operarios sepan exactamente porqué los rangos de operación son los que son, y qué efecto tienen en la calidad del producto y proceso.

*Paso 5-3: Manejo correcto de las anormalidades.* Esta fase consiste en dos tareas separadas. Primero, identificar las partes del proceso que puedan «avisar» futuros o previsibles accidentes, preparar manuales que describan las señales de aviso, y enseñar a los operarios a reconocer y comprender dichas señales de modo que puedan predecir y evitar accidentes.

Segundo, compilar estándares provisionales de limpieza y chequeo desarrollados durante los pasos 1 al 4 para las unidades de equipo individuales, agregándolos y coordinándolos para crear estándares de inspección periódica y reemplazo de procesos completos o áreas. Esto informa y conciencia al personal sobre su función en el mantenimiento planificado. Estos estándares se coordinan con el programa de mantenimiento planificado del departamento de mantenimiento para evitar omisiones o duplicaciones. Como parte de esto, se incrementa la precisión de los chequeos del proceso enseñando a los operarios técnicas simples para la inspección general y supervisión de las condiciones, tales como supervisar la tensión de las cadenas de elevadores de cangilones.

## Preparación para la inspección general del proceso

*Establecer una unidad de programa de estudios para cada categoría de equipo.* Se definen categorías para los equipos de las áreas de las que son responsables los operarios, y se establece una unidad de programa de estudios para cada categoría. Las categorías típicas incluyen la maquinaria giratoria, intercambiadores de calor, columnas de reacción, tamices, equipo de transporte, y unidades de filtrado.

Cuando se prepara la parte del programa destinada a enseñar temas básicos de ingeniería química, se seleccionan temas que profundicen la comprensión de los operarios de las propiedades de los materiales procesados y cómo cambian estas propiedades. Los temas típicos incluyen propiedades tales como la viscosidad, concentración, y pureza así como la relación con condiciones del proceso tales como la temperatura, pH y presión, y los mecanismos de reacción, cristalización, separación y disolución.

*Preparar listas de chequeo de inspección general.* La inspección general del proceso realizada durante los pasos 5-1 al 5-3 requiere listas de chequeo. Al preparar éstas, hay que distinguir claramente entre los elementos que los operarios deben identificar y registrar, y los que deben registrar los directivos y staff, e incorporar esto en los manuales. La figura 4-18 muestra algunos ejemplos de listas de chequeo.

***Preparar materiales de enseñanza para formación en inspección general del proceso.*** Mientras el staff de mantenimiento ayuda a desarrollar operarios competentes en procesos durante el paso 4, los directivos y staff de los departamentos de producción e ingeniería deben cooperar preparando materiales de enseñanza para inspección general de procesos y realizando el programa de formación. Hay que preparar los siguientes materiales:

- Manuales de operación y manipulación del proceso
- Manuales de ajustes y montaje del proceso
- Balances de material y calor
- Hojas de lecciones de ingeniería química básica
- Hojas de problemas especiales
- Manuales de inspección periódica general

**Paso 5-1: Lista de chequeo de funciones y rendimientos**

| Elemento # | Composición del proceso (equipos) | Papel Función Rendimiento | Especif. | Relación con calidad | ¿Porqué es necesario? ¿Hay alguna pérdida? | Propuestas de mejora (simplificación) (aumento de capacidad) |
|---|---|---|---|---|---|---|
| | | | | | | |

**Paso 5-2: Lista de chequeo de ajustes y montajes**

| Elemento # | Puntos de ajuste/montaje | Tarea | | | Cambios en propiedades | Rango correcto/ razones | Efecto en calidad | Acción en caso de anormalidad |
|---|---|---|---|---|---|---|---|---|
| | | ¿Por qué? | ¿Qué? | ¿Cómo? | | | | |
| | | | | | | | | |

**Paso 5-3: Lista de chequeo de problemas de proceso y errores humanos**

| Elemento # | Ocurrencias pasadas Ejemplos/localización | Fecha/frecuencia | Descripción del problema | Análisis (¿por qué sucede?) | Propuesta para evitar repetición |
|---|---|---|---|---|---|
| | | | | | |

**Paso 5-4: Lista de chequeo para anticipar accidentes serios**

| Elemento # | Equipo/parte probable | Accidente/desastre anticipado | Señales de aviso/ fenómeno | Daño/pérdida previstos | Acción correcta |
|---|---|---|---|---|---|
| | | | | | |

**Figura 4-18.   Muestra de impresos de listas de chequeo de inspección general**

***Práctica de la formación en inspección general del proceso.*** Usando el método de enseñanza por relevos, el staff de producción puede enseñar a los líderes de grupos, quiénes a su vez transmiten el conocimiento a los miembros de sus grupos, de modo que las personas puedan aprender enseñando a otros.

Cuando se entrene al personal en operaciones, manipulación, ajustes, montajes, y prevención de accidentes, hay que evitar en lo posible el estudio en clases. Es mucho más eficaz la formación en las áreas de trabajo usando el equipo real que manipulan normalmente los operarios. Los operarios deben trabajar con el personal de mantenimiento para aprender a realizar inspecciones desmontando el equipo o a reemplazar piezas. El personal de mantenimiento debe ayudar también en la preparación de estándares.

### *Consolidación de la formación en inspección general.*

* *Evaluación de capacidades:* Hay que evaluar los niveles de capacidad de los operarios mediante tests individuales y haciéndoles practicar la corrección de anormalidades. Esto incluye un seguimiento persistente de la formación.
* *Establecer criterios de acción:* Se mejora la calidad del mantenimiento estableciendo inspecciones periódicas y criterios de reemplazo basados en los estándares provisionales de limpieza e inspección.
* *Preparar planes de mantenimiento:* El departamento de producción debe crear un sistema eficaz de mantenimiento autónomo preparando calendarios de mantenimiento anual y listas de chequeo. Debe cooperar estrechamente con el departamento de mantenimiento para evitar omisiones o duplicaciones.
* *Construir un sistema de prevención de repeticiones:* Para evitar la repetición de accidentes, los operarios preparan impresos de informe de anormalidades y de planes de acción, y reúnen y analizan cuidadosamente la información.

La práctica del paso 5 del programa de mantenimiento autónomo, (1) desarrolla operarios competentes en procesos, (2) logra objetivos de cero fallos/defectos a través de operaciones y ajustes correctos, (3) elimina accidentes a través de un manejo correcto de las anormalidades, y (4) acerca a la planta a un estado ideal.

## Paso 6: Sistematizar el mantenimiento autónomo

La planta que completa los cinco primeros pasos del programa de mantenimiento autónomo, logra condiciones óptimas en el equipo y establece un sistema de estándares que apoya esas condiciones. Los operarios competentes en equipos y procesos son capaces de detectar y prevenir las anormalidades por anticipado a través de chequeos y operaciones apropiados. El paso 6 añade los toques de acabado al sistema de mantenimiento autónomo.

### *Mantenimiento de calidad y la sistematización del mantenimiento autónomo*

Uno de los objetivos del paso 6 es facilitar a los operarios que realicen un mantenimiento autónomo profundo y amplio del proceso entero y que amplíen sus actividades al campo del mantenimiento de calidad. Las actividades que promueven esto incluyen la estandarización de los diversos elementos del control, la preparación de diagramas de flujo del proceso y manuales de mantenimiento de calidad, y profundizar en la comprensión de los operarios de la relación entre equipo y calidad. Los operarios descubren las fuentes de los defectos de calidad realizando inspecciones generales del mantenimiento de calidad, anotando observaciones en los diagramas de flujo del proceso y en diagramas estructurales simples de los equipos y, gradualmente, crean un sistema que les permite detectar y rectificar pronto las anormalidades que afectan a la calidad.

## PREPARACION DE UN PLAN MAESTRO DE MANTENIMIENTO AUTONOMO

Los procesos de producción de las plantas de proceso difieren en varios aspectos de los de las plantas de manufactura o ensamble. Como el TPM se desarrolló originalmente en estas últimas, algunos de los aspectos de los programas de desarrollo originales del TPM no eran totalmente adecuados para las plantas de proceso. Los responsables de preparar los planes maestros TPM en las industrias de proceso se veían particularmente afectados por la falta de ejemplos concretos de programas de mantenimiento autónomo y otras acciones TPM que pudiesen dar respuesta a las necesidades de sus plantas.

Las industrias de proceso funcionan continuamente durante largos períodos. Los accidentes y averías durante el funcionamiento pueden parar procesos enteros, y las pérdidas financieras resultantes pueden ser devastadoras. A menudo, las condiciones de la planta son un peligro para la seguridad y el entorno. Cada vez más las empresas buscan en el TPM sistemas que puedan asegurar un funcionamiento estable y sin riesgos. Es urgente la necesidad de desarrollar programas de mantenimiento autónomo esencialmente pensados para las industrias de proceso.

En las siguientes páginas proponemos algunos indicadores de actividad basados en las características de las industrias de proceso y se describe un sistema para evaluar el equipo y conducirlo gradualmente a la protección del mantenimiento autónomo.

### Priorización de actividades mediante la evaluación del equipo

Los objetivos y actividades principales del mantenimiento autónomo son los mismos en cualquier fábrica: (1) cambiar la mentalidad del personal y hábitos de trabajo usando el equipo como herramienta de instrucción; y (2) al mismo tiempo, aproximar el equipo a su rendimiento óptimo restaurando y controlando sistemáticamente el deterioro y corrigendo anormalidades.

Para maximizar la eficacia y eliminar los fallos, un programa de mantenimiento autónomo debe ser profundo y continuo. Sin embargo, una característica de las industrias de proceso es que los operarios manejan una gama más amplia de equipos que los operarios de manufactura y ensamble. Bajo estas circunstancias, intentar completar el programa de mantenimiento autónomo para cada unidad del equipo dentro de un período especificado redundará en mejoras incompletas. Si el programa omite también algunas de las auditorías y formación necesarias, el programa puede terminar como poco más que un ejercicio de cosmética.

Para asegurar que el programa de mantenimiento autónomo sea al mismo tiempo profundo y sostenido en plantas con grandes cantidades de equipo, los planificadores deben priorizar las actividades con base en una cuidadosa evaluación de los equipos. Deben también determinar los modos de introducir y desplegar las actividades de mantenimiento autónomo de forma que se asegure la comprensión y el nivel de capacitación deseado.

### Seleccionar el equipo prioritario a través de evaluaciones

Para seleccionar el equipo prioritario, se determinan precisamente los elementos sobre los que se basará la evaluación, y se formulan criterios para cada elemento. Por ejemplo, la figura 4-19 ofrece seis elementos de evaluación: seguridad y polución, calidad y rendimiento, estatus operativo, costes de oportunidad, frecuencia de fallos, y mantenibilidad. Sin embargo, cada empresa individualmente debe establecer los criterios que se ajusten a las características de sus plantas y procesos. Por ejemplo, podría ser necesario añadir a esta lista la productividad o las regulaciones del gobierno. Además, hay que asegurar la selección de criterios que puedan cuantificarse y revisarse más adelante conforme avance las actividades.

Después de establecer los criterios, se evalúan todos los equipos. En la figura 4-19, el equipo se clasifica en tres rangos (A, B y C) de acuerdo con el gráfico de flujo. Los elementos clasificados como A o B se designan equipos PM. En este ejemplo, el equipo clasificado como A en función de la seguridad y polución, calidad y rendimiento, automáticamente se clasifica como A en la consideración global, de modo que no necesitan evaluarse los elementos restantes. En la práctica, hay que modificar el procedimiento mostrado en el diagrama de flujo para ajustarlo a las condiciones particulares de la planta.*

---

* Este tipo de evaluación puede utilizarse también en el diseño de un sistema de mantenimiento planificado o en la selección y priorización de equipos para la supervisión de vibraciones y otras formas de mantenimiento predictivo.

| Elem. de evaluación | Grado A | Grado B | Grado C |
|---|---|---|---|
| **S** Seguridad y polución entorno | Un fallo podría causar serios problemas de seguridad y entorno en el área circundante | Un fallo podría causar algunos problemas de seguridad y entorno en el área circundante | Un fallo no causará problemas de seguridad o entorno en las áreas circundantes |
| **Q** Calidad y rendimiento | Un fallo podría causar productos defectuosos o afectar seriamente al rendimiento | Un fallo podría causar variaciones de calidad o afectar moderadamente al rendimiento | Un fallo no podría afectar ni a la calidad ni al rendimiento |
| **W** Estatus de operación | 24 Horas de operación | De 7 a 14 horas de operación | Operación intermitente |
| **D** Factor de retraso (costes de oportunidad) | Un fallo pararía la planta entera | Un fallo pararía solamente el sistema afectado | Está disponible unidad de reserva. Es más económico esperar al fallo y entonces repararlo |
| **P** Período (intervalo de fallo) | Paradas frecuentes (cada seis meses o más) | Paradas ocasionales (aproximadamente una vez al año) | Difícilmente se produce una parada (menos de una vez al año) |
| **M** Mantenibilidad | Tiempo de reparación: 4 horas o más<br><br>Coste de reparación: alrededor de 1.600$ | Tiempo de reparación: 1-4 hr.<br><br>Coste de reparación: 400 a 1.600$ | Tiempo de reparación: menos de 1 hora<br><br>Coste de reparación: menos de 400$ |

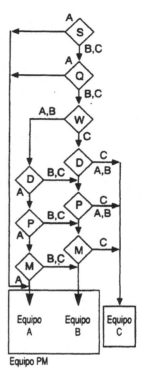

**Figura 4-19.  Criterios de evaluación de equipos**

La tabla 4-8 y la figura 4-20 muestran cómo se seleccionó el equipo PM en una planta de proceso. Solamente el 44,3 por ciento de todas sus unidades tienen estatus de equipo PM, pero el promedio de equipos asignado para mantenimiento autónomo a cada operario es con todo relativamente elevado: 9,6 unidades/operario.

### Medición de la carga de mantenimiento autónomo

Cuando se introduce por primera vez el mantenimiento autónomo, se suele seleccionar una unidad particular del equipo para usarla como modelo (lo que en TPM se denomina «equipo modelo»). Como primer objetivo, el equipo modelo se propone superar los tres primeros pasos del mantenimiento autónomo relacionados en la tabla 4-5. Una vez superada la fase modelo, para determinar el mejor modo de proceder al despliegue horizontal a otras áreas, se calcula la «carga de mantenimiento autónomo» potencial: el número medio de unidades de equipo que un operario puede asumir en el mantenimiento autónomo. Esta media debe calcularse pensando en cada uno de los pequeños grupos de operarios que realizarán inmediatamente el mantenimiento autónomo, no para las

**Tabla 4-8. Muestra de cuadro de equipo PM**

| Máquina/mecanismo | Todo el equipo | | Unidades PM | |
|---|---|---|---|---|
| | Equipo | % del total | Unidades | Tasa PM (%) |
| 1. Columnas y tanques | 375 | 31,0 | 38 | 10,1 |
| 2. Maquinaria rotativa | 299 | 25,0 | 194 | 64,9 |
| 3. Equipo de transporte | 280 | 23,0 | 121 | 43,2 |
| 4. Separadores centrífugos | 17 | 2,0 | 17 | 100,0 |
| 5. Filtros y tamices | 40 | 3,0 | 29 | 72,5 |
| 6. Cristalizadores y hornos | 11 | 1,0 | 11 | 100,0 |
| 7. Calentadores y refrigeradores | 59 | 5,0 | 23 | 39,0 |
| 8. Balanzas y detectores de metal | 44 | 4,0 | 39 | 88,6 |
| 9. Empaquetadoras y máquinas de coser | 40 | 3,0 | 35 | 87,5 |
| 10. Calderas | 3 | 0,3 | 3 | 100,0 |
| 11. Otros | 42 | 3,4 | 26 | 61,9 |
| Total | 1.210 | | 536 | 44,3 |

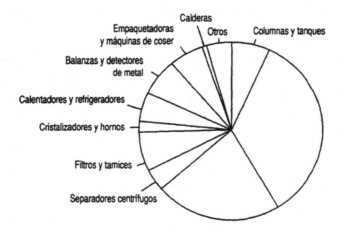

**Figura 4-20. Equipo PM**

grandes unidades de la organización tales como la planta entera, departamento, o sección. Los resultados se exhiben en un cuadro similar al mostrado en la tabla 4-9. Esta clase de cuadro es útil para visualizar cómo se desplegará el programa de mantenimiento autónomo y también para registrar su progreso. Cada unidad del equipo en la que se haya completado el programa de mantenimiento autónomo puede retirarse del cuadro.

**Tabla 4-9. Tabla de carga de mantenimiento autónomo**

| Grupo | Miembros | Total | Carga (equipos PM) | | Carga Total |
| --- | --- | --- | --- | --- | --- |
| | | | Grado A | Grado B | |
| Más | López<br><br>García<br>Puig<br>Lavín<br>(líder) | | 1. Transportador de alimentación 1<br>2. Transportador de alimentación 2<br>3. Elevador de alimentador 3<br>4. Báscula cinta alimentador<br>5. Separador centrífugo separador<br><br>20. Compresor instrumentación | 1. Bomba de alimentador de agua caliente<br>2. Bomba de alimentador 1<br>3. Bomba filtro lavador<br>4. Compresor filtro<br>5. Tanque de agitación alimentador<br><br>18. Agitador carbón | 38/95 |
| Turbo | Mesa<br>Osorio<br><br>Ferrer<br><br>Lasa<br>(líder) | | 1. Horno de reciclaje de carbón<br>2. Columna de absorción de carbón activado<br>3. Tornillo de desagüe<br>4. Bomba Nash<br>5. Bomba de elevación 2<br><br>23. Agitador de exhaustación de horno de reciclaje | 1. Secador rotativo de producto<br>2. Transportador vibrante de producto<br>3. Agitador de succión recolector de polvo<br>4. Tamiz de producto<br>5. Transportador de recuperación de cinta de acero<br><br>19. Unidad de enfriamiento de botellas de producto | |
| · ·<br>· · | · ·<br>· · | · ·<br>· · | · ·<br>· · | · ·<br>· · | |
| **Total subsección** | | **20** | **115 unidades** | **108 unidades** | **223/11,1** |

## Clarificación de las responsabilidades de mantenimiento

*Responsabilidad para el mantenimiento periódico.* Conforme progresa la actividad de mantenimiento autónomo, aumenta gradualmente la gama de equipos que mantienen los operarios. Hay que tener cuidado en no sobrecargar a los operarios con muchas unidades de equipo o tareas. En particular, hay que distinguir claramente entre las responsabilidades del departamento de producción y las del departamento de mantenimiento en lo que se refiere a las actividades de mantenimiento periódico distintas a la inspección (véase tabla 4-10).

**Tabla 4-10. Muestra de asignación de responsabilidades para mantenimiento periódico**

| Tarea | Mantenimiento autónomo | Mantenimiento especializado |
| --- | --- | --- |
| Reemplazar guarnición eje bomba | Guarnición de prensaestopas | Juntas mecánicas |
| Reemplazar cintas en V y cadenas | Modelos B e inferior,<br>JIS 100 e inferior | Modelos C y superior<br>JIS 120 y superior |
| Reemplazar lubricante | 15 kw e inferior | 18,5 kw y superior |
| Desmontaje bomba | Equipo PM, 3,7 kw e inferior | Equipo PM, 5,5 kw y superior |

*Sistema y política de mantenimiento de equipos.* Conforme avanzan los operarios en los pasos del mantenimiento autónomo, limpiando su equipo y eliminando el deterioro acelerado, los directores de producción deben prever el tipo de sistema de mantenimiento que necesitarán cuando la planta haya alcanzado su estado ideal. El propósito del mantenimiento autónomo no es meramente eliminar el polvo, la suciedad y el deterioro acelerado. Con el tiempo, contribuye significativamente a maximizar la eficacia global de la planta y a reducir sus costes, como se indica en la tabla 4-7. De este modo, ¿cuáles serán los papeles o funciones que jugarán los trabajadores de mantenimiento y los de producción para mantener estos elevados niveles de rendimiento? Hay que tener presente que conforme una empresa minimiza el número de operarios y avanza hacia una operación sin presencia humana, se limita el volumen de mantenimiento periódico y trabajo de reparación que los operarios pueden hacer por sí mismos.

Por supuesto, el plan maestro del TPM debe incluir la creación de un sistema global de mantenimiento de los equipos. Por tanto, es esencial incorporar planes de personal (número de personas y su certificación) basados en los planes estratégicos de la empresa a medio y largo plazo. La figura 4-21 es una propuesta de sistema global de mantenimiento teniendo en cuenta las inversiones a medio y largo plazo de la empresa y los planes de dotación de personal. Este plan contempla las actividades de mantenimiento autónomo realizadas después de completar los siete pasos y haber incidido principalmente en la inspección.

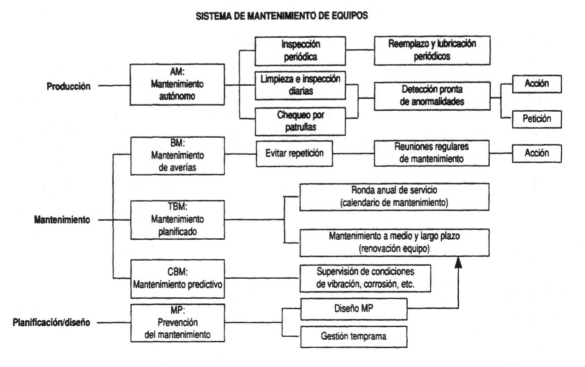

**Figura 4-21.  Muestra de sistema de mantenimiento**

## Adaptación de los pasos de desarrollo del mantenimiento autónomo

En las industrias de proceso, la elevada proporción equipos/operarios es un gran obstáculo para desarrollar un programa de mantenimiento autónomo. Priorizar los equipos y determinar las cargas de mantenimiento autónomo son dos modos de superar esta dificultad y de encontrar el mejor modo de desplegar el programa de mantenimiento autónomo en siete pasos. Esta sección ofrece ejemplos prácticos de cómo pueden adaptarse eficazmente los pasos del desarrollo.

### *La pauta básica de desarrollo en siete pasos*

Cuando la carga de mantenimiento autónomo es de tres unidades por persona o menos, se considera adecuada la pauta básica de desarrollo de los siete pasos mostrados en la tabla 4-4. Entonces, usualmente se adopta un plan maestro como el mostrado en la figura 4-22.

El sistema llamado *despliegue de modelo* consiste en seleccionar una unidad del equipo que tenga una alta tasa de fallos o un gran número de fuentes de contaminación como modelo con el que practicar los 3 primeros pasos. El objetivo es enseñar los 3 primeros pasos del mantenimiento autónomo a través de la persistente repetición de actividades y auditorías. Los operarios que han adquirido maestría en la implantación del equipo modelo, la pueden aplicar después al resto de los equipos. Esta segunda fase se conoce en TPM como *despliegue lateral u horizontal.*

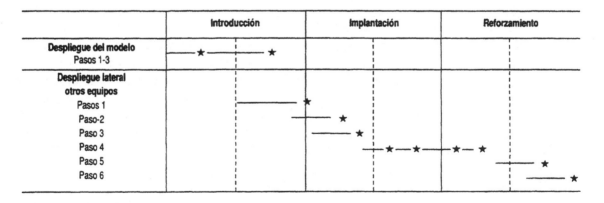

**Figura 4-22.   Muestra de plan maestro de mantenimiento autónomo**

### *Dificultades que surgen de las altas cargas de mantenimiento autónomo*

En el desarrollo de un programa típico de mantenimiento autónomo en un entorno en el que la carga es de cinco unidades o más por operario, surgen diversas dificultades y problemas. Imaginemos un grupo de seis operarios, responsable de treinta unidades de equipo, que intenta seguir la pauta básica descrita en la tabla 4-4. En teoría, seleccionarán una unidad como modelo para despliegue, y después aplicarán las técnicas aprendidas a las restantes 29 unidades en un despliegue lateral.

La figura 4-23 muestra gráficamente lo que ocurre. Seleccionan la unidad A como equipo modelo, y proceden con el paso 1 (limpieza inicial), paso 2 (tratar las fuentes de contaminación y lugares inaccesibles), y paso 3 (establecer estándares de limpieza y chequeo), realizando una auditoría al terminar cada paso. Conforme hacen ésto, remueven toda la suciedad y grasa, establecen las condiciones básicas del equipo, restauran el deterioro, eliminan las fuentes de contaminación y lugares inaccesibles, y realizan chequeos basándose en estándares provisionales. De este modo, se alcanza un punto en el que son capaces de mantener el equipo modelo cerca de su estado óptimo.

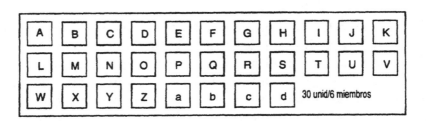

**Figura 4-23.   Carga de equipos para un grupo**

Después, las actividades entran en la fase de despliegue lateral, en la que los miembros del grupo deben aplicar las técnicas aprendidas a otros equipos de su área. Los miembros comienzan realizando la limpieza inicial en la unidad B. Una vez eliminado todo el polvo y suciedad en la unidad B, limpian en secuencia las unidades C, D, E y F. Sin embargo, desafortunadamente, no se han eliminado aún las fuentes de contaminación ni mejorado los lugares inaccesibles, de modo que el grupo encuentra difícil mantener el nivel de limpieza que han logrado con el paso 1. Para cuando empiezan con la unidad G, la unidad B está nuevamente sucia y deben volver atrás y repetir el proceso desde el comienzo. De este modo, el equipo nunca superará de la fase de limpieza inicial.

Esta situación prevalece más aún en las industrias de proceso, con numerosas fuentes de contaminación. y, cuando las actividades no pueden proseguir con todo vigor, los operarios pierden motivación y el programa de mantenimiento autónomo puede llegar a su colapso.

### Despliegue por bloques y despliegue por áreas

La extensión del mantenimiento autónomo desde el equipo modelo hasta el equipo remanente requiere una considerable ingeniosidad. No es fácil mantener las unidades ya completadas a la altura requerida, mientras se trata a las restantes. La figura 4-24 ilustra cómo ha logrado ésto una planta de proceso. Después de tratar el equipo modelo, el grupo amplió las actividades a bloques de equipos similares. Aunque realizaron secuencialmente los tres primeros pasos del mantenimiento autónomo durante la fase de «despliegue del modelo», en la fase de «despliegue en bloques» realizaron los pasos *simultáneamente.* A continuación, ampliaron las actividades a las áreas de equipos y, en éstas, ejecutaron simultáneamente los pasos 1 al 4. Esta última fase se conoce como «despliegue de área«.

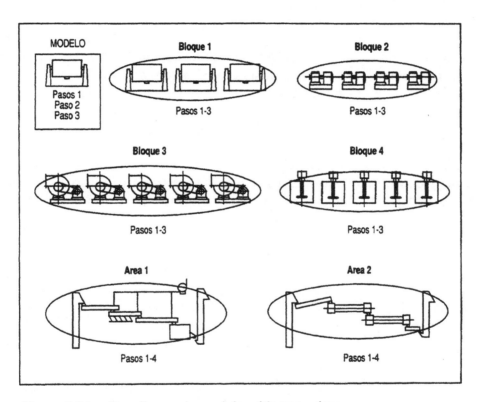

**Figura 4-24.    Despliegue de modelo – bloque – área**

*Actividades de «punto» (despliegue de modelo).* Como muestra la figura 4-24, el despliegue de modelo en este ejemplo consistió en seleccionar una unidad del equipo como modelo y realizar en ella en secuencia los tres primeros pasos del mantenimiento autónomo. El paso 1 consistió en la limpieza inicial, incluido el desmontaje completo y revisión general, seguido de una auditoría. Una vez pasada con éxito dicha auditoría, comenzaron el paso 2. En este paso, eliminaron o controlaron las fuentes de contaminación, mejoraron los lugares inaccesibles, y restauraron el equipo hasta dejarlo mejor que nuevo. Pusieron entonces en práctica el paso 3 (preparación de estándares de inspección provisionales), manteniendo el equipo en su estado original mediante la limpieza, el chequeo y la lubricación periódicos. Como muestra la figura 4-25, la fase de despliegue de modelo duró nueve meses. Durante ese tiempo, 19 equipos trabajaron en 27 unidades de equipo.

*Actividades de «superficie» (despliegue de bloques).* Para desplegar lateralmente las técnicas de mejora aprendidas durante la fase de despliegue del modelo, los equipos seleccionaron bloques de equipos similares para la fase despliegue de bloques.

Realizaron los pasos 1 al 3 simultáneamente en un bloque inicial de 3 unidades, llevando las tres hasta el mismo nivel mantenible como modelo. A continuación, realizaron las mismas actividades en un segundo bloque de 4 unidades. En total, trataron 4 bloques del mismo modo, hasta mejorar todas las unidades de todos los bloques hasta un nivel consistentemente mantenible.

El nivel de mejora de las fuentes de contaminación y áreas inaccesibles creció regularmente conforme terminaban cada bloque eliminando el desperdicio de las limpiezas repetidas. Una auditoría confirmó los tres pasos realizados en cada bloque.

Como muestra la figura 4-25, tomó trece meses completar los bloques 1 al 4. Cuarenta y dos personas organizadas en diez grupos trataron 212 unidades de equipos durante este tiempo. El enfoque adoptado permitió extender y acelerar

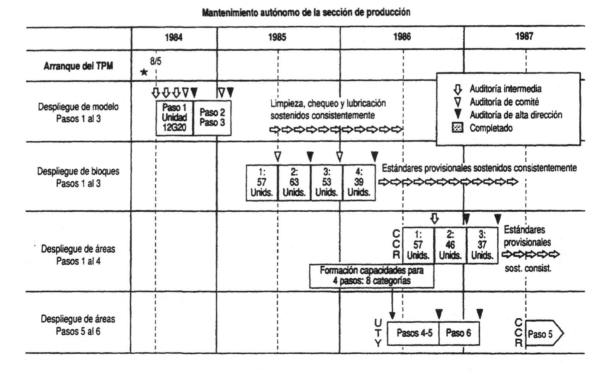

**Figura 4-25.   Muestra de resultados logrados a través del mantenimiento autónomo**

el programa de mantenimiento autónomo. Durante la fase de despliegue de bloques, la carga de mantenimiento autónomo fue de 5,05 unidades por persona.

*Actividades en «volumen» (despliegue de áreas).* En la fase final, despliegue de áreas, se dividió el proceso de producción en áreas separadas, con un grupo a cargo de cada área. La idea era considerar en tres dimensiones los problemas de los equipos: por una parte atender las irregularidades de la calidad; por otra resolver todos los posibles desórdenes dentro de las áreas; y, finalmente, asentar los fundamentos para un programa de mantenimiento autónomo esencialmente ajustado a las necesidades de la industria por procesos.

El despliegue de áreas en este ejemplo tuvo varias características distintivas. Para evitar la ritualización de las actividades y desarrollar sus conocimientos sobre equipos, los operarios aprendieron técnicas de mantenimiento que cubrían ocho temas (tuercas y pernos, transmisiones, cojinetes, etc.). Añadieron el paso 4 del programa de mantenimiento autónomo (inspección general del equipo) a los 3 primeros pasos, y pusieron en práctica simultáneamente los pasos 1 al 4. El área 1 consistía en siete unidades de equipo. Después de llevar este área a su estado óptimo mediante la ejecución de los pasos 1 al 4, similarmente ampliaron las actividades al área 2, como muestra la figura 4-24. Como indica la figura 4-25, llevó doce meses completar las áreas 1 a 3, con 35 personas en 5 pequeños grupos tratando 140 unidades de equipos. La carga de mantenimiento autónomo durante la fase de despliegue de áreas fue de 4 unidades por persona. Se auditaron conjuntamente los pasos 1 al 4 conforme se terminó cada área, y se sometió a test a los operarios sobre su grado de capacidad en cada tema.

La figura 4-26 describe los objetivos del desarrollo de las actividades desde el nivel de «punto» a la «superficie» y al «volumen». En este lugar de trabajo, los grupos llevaron la planta a su condición óptima completando los pasos 1 al 4 para las 379 unidades de equipo, logrando excelentes resultados en cuanto a minimización de fallos y trabajo manual. La carga de mantenimiento autónomo aumentó durante este tiempo hasta 9,59 unidades por operario.

## Revisión de los estándares en el paso 5

Los equipos prepararon un estándar provisional para limpieza, inspección, y lubricación para cada una de las 379 unidades de equipos. El número total de estándares fue de 1.137. Después de consolidar los estándares individuales de limpieza, inspección y lubricación y eliminar los duplicados para unidades idénticas, el número de estándares se redujo a 300.

Aunque los operarios habían intentado formular estándares que pudiesen cumplir, simplemente eran demasiados para un lugar de trabajo en el que los niveles de recursos humanos se habían reducido. En el paso 5 del programa de mantenimiento autónomo (inspección general del proceso), los equipos refinaron y estandarizaron adicionalmente el sistema. Se establecieron estándares realistas que podrían cumplirse (véase figura 4-27).

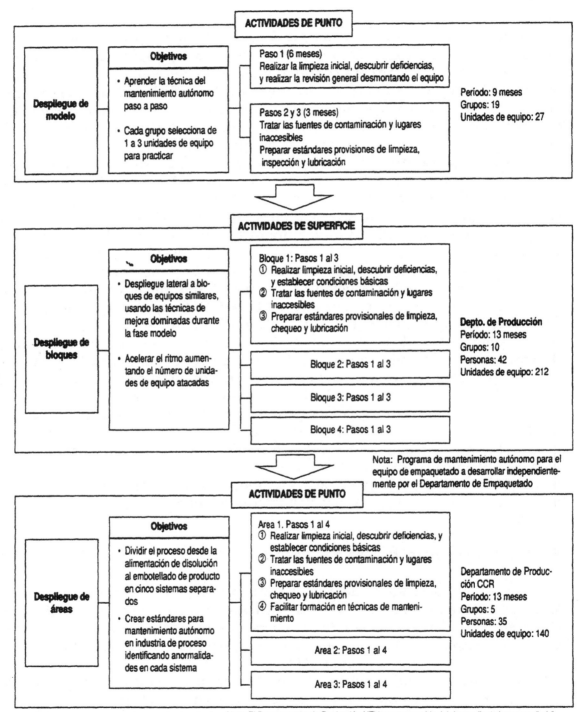

**Figura 4-26.    Desde el «punto» a la «superficie» y al «volumen»**

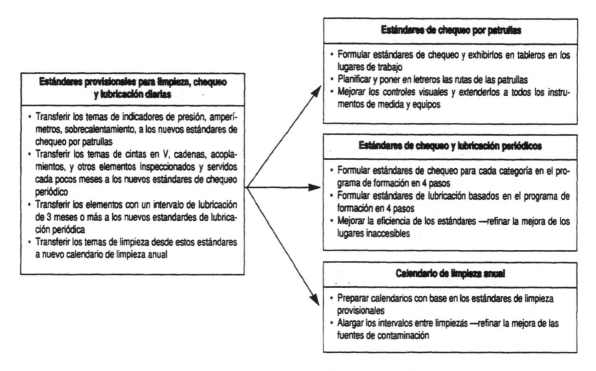

**Figura 4-27. Refinamiento de los estándares de mantenimiento autónomo**

## AUDITORÍAS DEL MANTENIMIENTO AUTONOMO

El desarrollo en pasos de un programa de mantenimiento autónomo, tal como se ha descrito, tiene dos ventajas que hace esencialmente eficaz el programa:

- Las actividades producen resultados concretos conforme se van implantando
- Se evalúan y confirman los resultados como parte del programa

El factor singular más importante para el éxito de un programa de mantenimiento autónomo es realizar una cuidadosa auditoría al completar cada paso para confirmar los resultados logrados y apuntar la dirección para el trabajo adicional. La auditoría facilita guía donde se necesita y fortalece en las personas el sentimiento de logro. Mientras el enfoque de trabajo paso a paso hace que los grupos de operarios comprendan más fácilmente el progreso, las auditorías sirven como piedras miliares en la ruta y ayudan a consolidar los beneficios logrados con cada paso.

Las auditorías del mantenimiento autónomo facilitan algo más que meras oportunidades para evaluar el progreso y dar directrices. Actúan asimismo como postes de señales que indican hasta dónde debe llegar cada fase de las actividades. Al incluir presentaciones en las que participan los miembros de los equipos, pueden ayudar a desarrollar personas disciplinadas que se ven en cierto modo obligadas a organizar lógicamente sus experiencias. Estas son características importantes que no se ven en otros tipos de actividades de pequeños grupos. Las auditorías son de hecho la herramienta de dirección más eficaz para asegurar que un programa de mantenimiento autónomo procede con gran vigor.

Las auditorías pueden ser de distintos niveles (normales complementarios): auto-auditorías, auditorías a nivel de sección, y auditorías de la alta dirección. Las auto-auditorías promueven una supervisión y evaluación del progreso eficaces; las auditorías a nivel de sección mantienen vivas las actividades facilitando guía y ayuda; las auditorías de la alta dirección alimentan la motivación mediante el reconocimiento. La figura 4-28 muestra un diagrama de flujo de un sistema típico de auditorías.

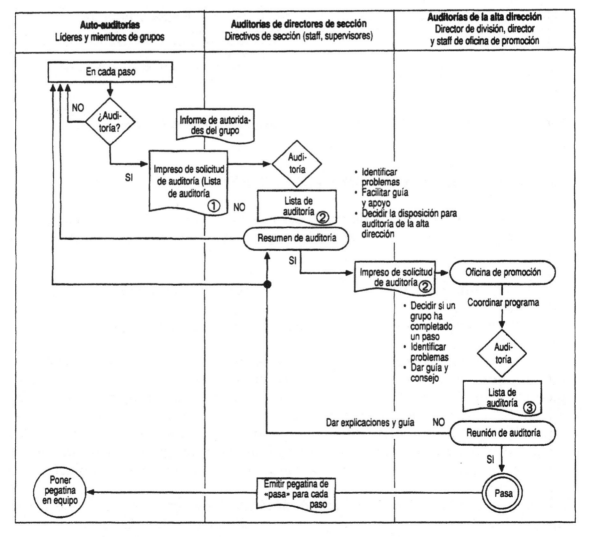

**Figura 4-28.   Diagrama de auditorías de mantenimiento autónomo**

# 5
# Mantenimiento planificado

El mantenimiento planificado normalmente se establece para lograr dos objetivos: mantener el equipo y el proceso en condiciones óptimas y lograr la eficacia y la eficiencia en costes. En un programa de desarrollo del TPM, el mantenimiento planificado es una actividad metódicamente estructurada para lograr estos dos objetivos.

## GESTION DEL EQUIPO EN LAS INDUSTRIAS DE PROCESO

En una industria de proceso, la gestión del equipo está profundamente influenciada por tres factores: las características especiales de sus equipos, la naturaleza de sus procesos y los fallos de las instalaciones, y la capacidad y funciones de su personal de mantenimiento.

### Características del equipo

Las plantas de producción de las industrias de proceso consisten usualmente en equipos estáticos, tales como columnas, tanques e intercambiadores de calor, conectados mediante tubos a maquinarias rotativas (bombas, compresores, etc.). Los instrumentos de medida y mecanismos de control mantienen las condiciones constantes o las varían de acuerdo con un programa preestablecido, o bien controlan y supervisan de forma intermitente el proceso. Las unidades de equipo que se combinan e integran sistemáticamente someten los materiales a diversos cambios químicos, físicos y biológicos conforme procede el proceso que los transforma en un producto final. Al final de cada proceso de producción, el equipo auxiliar recibe y almacena los materiales y productos, embala, guarda, y entrega el producto final. Un uso pleno del sistema de producción requiere un control cuidadoso de todo este equipo.

Algunas unidades de equipo de las industrias de proceso son de gran tamaño, y su consumo de energía es considerable. Conforme el equipo giratorio aumenta su tamaño y velocidad, se fuerza a las plantas a operar en condiciones que ponen a los materiales estructurales en los límites de su resistencia. Por tanto, es esencial garantizar la fiabilidad operacional e intrínseca de los equipos en los más altos niveles, sin contrapartidas en material defectuoso o fallos en la instalación.

La mayoría de los equipos de las industrias de proceso se proyectan y fabrican en un lugar diferente a su punto de trabajo. Consecuentemente, es habitual que no se beneficien de un programa prolongado de refinamientos y mejoras. Las incorrecciones de proyecto y las debilidades de instalación, a menudo, perjudican su funcionamiento. Además, en los últimos años muchas plantas se han dotado de sistemas de control digital distribuido y, a veces, pequeños fallos del software o señales de control equivocadas causan problemas de proceso. Por tanto, es también importante mantener en condiciones óptimas los mecanismos de control y el software.

La tabla 5-1 indica algunas de las características especiales del equipo de las industrias de proceso. Generalmente, suelen ser muy elevadas las pérdidas debidas a fallos del equipo, de modo que las debilidades de éste deben corregirse sistemáticamente hasta asegurar una operación eficaz y evitar accidentes, fallos y defectos de calidad.

**Tabla 5-1.    Características del equipo de industrias de proceso**

| Equipo | Características | Debilidades |
|---|---|---|
| **Equipo estático** | • Tamaño grande y en aumento <br> • Uso de materiales nuevos | • Diseño no perfectamente apropiado y diferentes condiciones de operación (debido a la diversificación de primeras materias, etc.). <br> • Problemas a menudo invisibles hasta la aparición de la avería. |
| **Maquinaria rotativa** | • Mayor y más rápida <br> • No equipo de reserva | • Alta tasa de fallos tempranos. <br> • Largos períodos de MTTR. |
| **Equipo de medición y control** | • Digitalización creciente | • Cada vez más «cajas negras». |

## Fallos del equipo y problemas de proceso

Además de problemas con el equipo, estas industrias están plagadas de problemas de proceso tales como bloques, fugas, contaminación y derrames de polvo. Es crucial prevenir las paradas súbitas de la planta debidas a tales problemas.

Los problemas de proceso son a menudo crónicos, y provocados por una compleja combinación de causas. Por ejemplo, la forma externa o la construcción interna de un equipo pueden crear deficiencias locales de uniformidad en la fluidez, dispersión, temperatura, composición u otras propiedades de las sustancias procesadas, y esto a su vez puede producir cambios no deseables físicos o químicos.

Los fallos del equipo y pérdidas de proceso pueden clasificarse en cinco amplias categorías:

- Fallos del equipo o problemas de proceso que causan paradas.
- Anormalidades de calidad.
- Anormalidades referentes a consumos unitarios.
- Reducciones de capacidad.
- Problemas de seguridad y entorno.

La mayoría de estos problemas son resultado de anormalidades o desórdenes del equipo. Una planta puede evitarlos si lograr llevar los equipos y procesos hasta su estado ideal. La figura 5-1 muestra estos problemas principales así como los desórdenes del equipo y los defectos ocultos que los crea.

## Personal de mantenimiento en las industrias de proceso

La proporción entre el número de profesionales de mantenimiento y el número de equipos es generalmente pequeña en las industrias de proceso, y la principal tarea del departamento de mantenimiento es planificar y organizar. Su papel es primordialmente administrativo, y los subcontratistas realizan la mayor parte del trabajo de reparaciones y mantenimiento. A menudo, el personal de

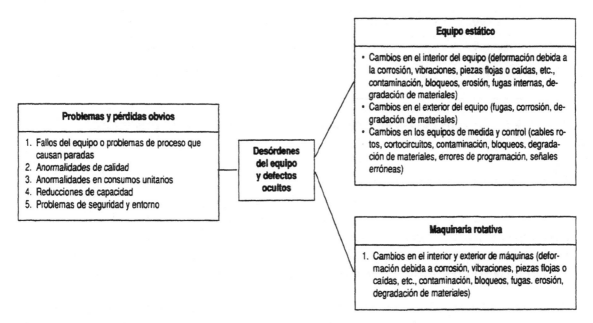

**Figura 5-1. Problemas comunes y sus causas**

mantenimiento de la empresa recibe una formación insuficiente para mejorar su capacidad.

## MANTENIMIENTO PLANIFICADO PARA INDUSTRIAS DE PROCESO

En el TPM, el mantenimiento planificado se basa en dos pilares: por una parte en el mantenimiento autónomo del departamento de producción y por otra en el especializado del departamento de mantenimiento. En un sistema de mantenimiento planificado, el personal de mantenimiento realiza dos tipos de actividades:

* Actividades que mejoran el equipo.
* Actividades que mejoran la tecnología y capacidad de mantenimiento.

Estas actividades deben planificarse, realizarse y evaluarse sistemática y orgánicamente. La figura 5-2 ilustra la relación entre las dos. Más adelante, en este capítulo, presentamos un procedimiento paso a paso para desarrollar estas actividades.

**Figura 5-2. Las dos clases de actividades del mantenimiento especializado**

### Regímenes de mantenimiento

La figura 5-3 muestra los diferentes regímenes de mantenimiento utilizados actualmente. Un programa de mantenimiento planificado eficiente combina, tan racionalmente como sea posible, el mantenimiento basado en tiempo (TBM), con el basado en condiciones (CBM), y el mantenimiento de averías (BM).

*Mantenimiento basado en tiempo (TBM).* El mantenimiento basado en el tiempo consiste en inspeccionar, servir, limpiar el equipo y reemplazar piezas pe-

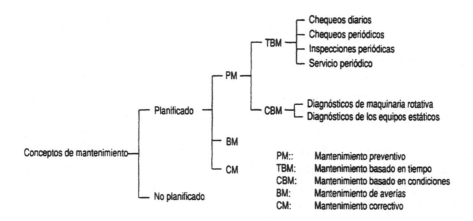

**Figura 5-3. Tipos de mantenimiento**

riódicamente para evitar averías súbitas y problemas de proceso. Es un concepto que debe formar parte tanto del mantenimiento autónomo como del especializado.

*Mantenimiento basado en condiciones (CBM).* El mantenimiento basado en condiciones utiliza equipos de diagnóstico para supervisar y diagnosticar las condiciones de las máquinas móviles, de forma continua o intermitente durante la operación y en inspección durante la marcha (verificando la condición del equipo estático y comprobando las señales de cambio con técnicas de inspección no destructivas). Como implica su nombre, el mantenimiento basado en condiciones se pone en marcha en función de las condiciones reales del equipo en vez de por el transcurso de un determinado lapso de tiempo.

*Mantenimiento de averías (BM).* Al contrario que en los dos sistemas precedentes, con este sistema se espera a que el equipo falle para repararlo. Se utiliza el concepto de mantenimiento de averías cuando el fallo no afecta significativamente a las operaciones o a la producción o no genera otras pérdidas aparte de los costes de reparación.

*Mantenimiento preventivo (PM).* El mantenimiento preventivo combina los métodos TBM (base en tiempo) y CBM (base en condiciones) para mantener en funcionamiento el equipo, controlando componentes, ensambles, subensambles, accesorios, fijaciones, etc. Se ocupa también de mantener el rendimiento de los materiales estructurales y de prevenir la corrosión, fatiga, y otras formas de deterioro.

*Mantenimiento correctivo (CM).* El mantenimiento correctivo mejora el equipo y sus componentes de modo que pueda realizarse fiablemente el mantenimiento preventivo. Si el equipo tiene debilidades de diseño debe rediseñarse.

## Función del mantenimiento planificado en la gestión del equipo

La gestión del equipo asegura que el equipo funcione y rinda como se esperaba durante toda su vida, es decir, desde la planificación, fabricación, instalación y operación, hasta su desecho. La figura 5-4 muestra la posición del mantenimiento planificado dentro del ciclo de vida de un equipo.

La vida útil del equipo ordinario no queda claramente especificada en la fase de diseño. A menudo queda determinada no por la amplitud de la vida física del equipo sino por el decrecimiento del rendimiento económico del proceso al que contribuye el equipo. La vida útil de los equipos de medida y mecanismos de control puede también estar determinada por el tiempo en que aún se disponga de repuestos, una vez que los mecanismos mismos hayan dejado de fabricarse.

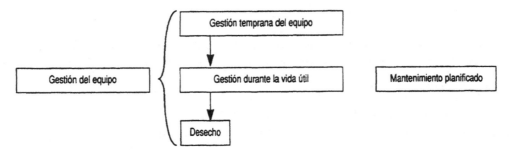

**Figura 5-4.   El mantenimiento planificado como parte del ciclo de vida de una máquina**

El mantenimiento planificado es extremadamente importante para la vida del equipo. A largo plazo, puede incluso determinar el éxito o fracaso de una línea entera de productos. Como en otros sectores industriales, los productos de las industrias de proceso cambian con el tiempo, y las plantas deben estar readaptándose continuamente de modo que puedan producir productos que satisfagan las necesidades de cada tiempo. Los cambios en las primeras materias o condiciones de proceso crean problemas inesperados de equipos y procesos que pueden conducir a reducciones de producción, menores rendimientos, o incluso serios accidentes. Por tanto, es esencial perfilar el mantenimiento planificado en función de las características de cada equipo y proceso.

En este entorno, un aspecto particularmente importante del mantenimiento planificado es asegurar que las mejoras logradas con el mantenimmiento correctivo se incorporan a los siguientes proyectos. Para ello, se reúne información sobre la mantenibilidad y las mejoras de debilidades de diseño. Esta información se clasifica y archiva para usarla como datos MP.

## Mantenimiento planificado – ¿Quién es responsable?

La figura 5-5 muestra los diferentes regímenes de mantenimiento mencionados anteriormente, integrados en un sistema de mantenimiento planificado. Se

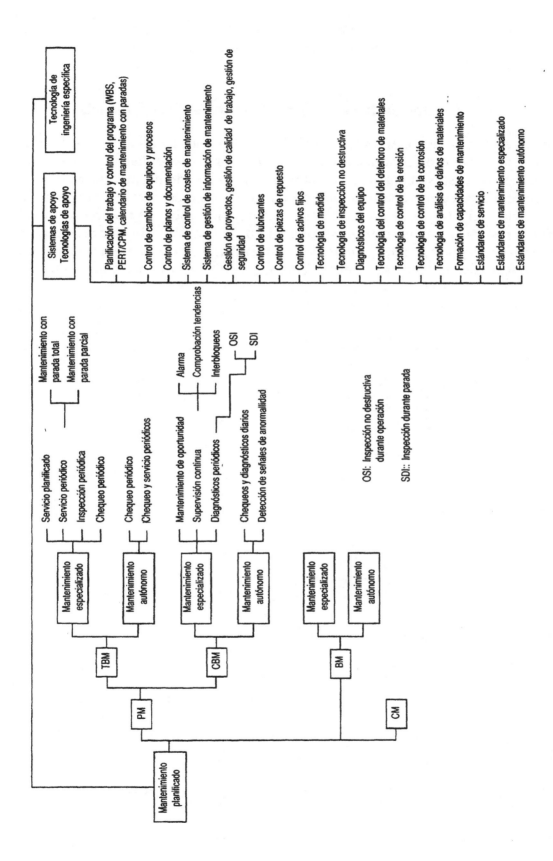

**Figura 5-5. Sistema de mantenimiento planificado (indicando asignación de responsabilidad)**

indican las responsabilidades de cada departamento y las tecnologías de mantenimiento y control que necesita la empresa para apoyar el sistema de mantenimiento planificado.

### *Mantenimiento basado en tiempo en el mantenimiento planificado*

Los objetivos del mantenimiento planificado son eliminar los fallos del equipo y problemas de proceso, así como minimizar las pérdidas. El primer paso para el logro de estos objetivos es el mantenimiento basado en tiempo, esto es, la realización de tareas de mantenimiento tales como las mostradas en la figura 5-6 de acuerdo con un programa establecido. La decisión sobre el tipo de mantenimiento a realizar y en qué equipos dependerá de las políticas de empresa, planes a medio y largo plazo, planes anuales, etc. Sin embargo, para mantener el equipo en su estado ideal es vital usar todos los datos y tecnología de mantenimiento disponibles. Es por tanto esencial una estrecha cooperación entre el departamento de mantenimiento y otros departamentos.

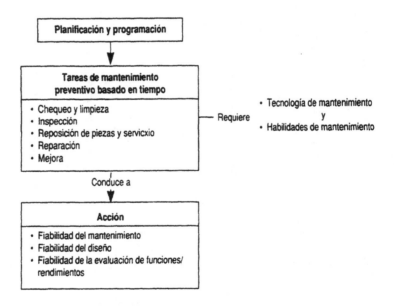

**Figura 5-6.    Tareas del mantenimiento preventivo TBM**

### *Mantenimiento basado en condiciones en el mantenimiento planificado*

La segunda actividad principal del mantenimiento planificado, el mantenimiento basado en condiciones, tiene dos direcciones primordiales:

- Supervisión de las condiciones: esto debe hacerse mientras el equipo está funcionando para calibrar con precisión sus funciones y rendimiento.

- Inspección sobre la marcha (OSI): esto ayuda a aumentar la precisión de la planificación del mantenimiento con parada. En las plantas de proceso se realizan muchas tareas durante el mantenimiento anual con parada general. Si las inspecciones durante el mantenimiento con parada revelan defectos que deben corregirse, el personal de mantenimiento debe modificar el plan de mantenimiento con parada. Esto puede causar un retraso en volver a poner en marcha la planta entre otros problemas.

El mantenimiento basado en tiempo y el basado en condiciones controlan las condiciones de ensambles, subensambles y componentes que componen un equipo. Es crítico identificar con precisión y controlar todos los componentes cuyo fallo puede conducir a averías del equipo o pérdidas de rendimiento, causar defectos de calidad, comprometer la seguridad o perjudicar el entorno.

### *El mantenimiento de averías en el mantenimiento planificado*

La tercera actividad principal del mantenimiento planificado, el mantenimiento de averías, consiste en reemplazar piezas o realizar otros trabajos de reparación después de averiarse el equipo. Para facilitar las reparaciones rápidas y la prevención, hay que capacitar a los operarios para que detecten las anomalías cuando realizan los chequeos diarios o supervisan rutinariamente el equipo.

## EL SISTEMA DE MANTENIMIENTO PLANIFICADO

La estrecha cooperación entre los departamentos de producción y mantenimiento es el factor clave para asegurar que el mantenimiento planificado se realiza con eficacia. El mantenimiento eficaz requiere también, en diferentes ocasiones, el apoyo activo de otros departamentos tales como ingeniería de producción, seguridad y entorno, administración, personal, finanzas, desarrollo y marketing. Estos departamentos deben también cooperar y coordinarse estrechamente con mantenimiento.

Las corporaciones organizan sus funciones de mantenimiento especializado de formas diferentes, dependiendo de su tamaño, tipo de actividad, organización del personal, historial, etc. La tabla 5-2 muestra algunas características de los sistemas de mantenimiento de diferentes industrias. Puede considerar las características que se ajustan mejor a las necesidades de su planta en particular.

En un sistema de mantenimiento *centralizado*, los técnicos de mantenimiento se asignan de modo permanente a un centro gestionado por el departamento de mantenimiento. Desde esta instalación central los técnicos se trasladan al área o instalación de producción que les requiere. Este sistema es común en las plantas de tamaño medio con poco personal de mantenimiento.

**Tabla 5-2.   Uso actual de los sistemas de mantenimiento**

|  | Mecánica | Electricidad | Instrumentación | Diagnósticos de equipos | Construcción |
|---|---|---|---|---|---|
| Centralizado | ◯ | ◎ | ◎ | ◎ | ◎ |
| Descentralizado | ◯ | △ | △ | — | — |
| Mixto | ◯ | △ | △ | — | — |

◎ Uso frecuente          ◯ Usado a veces          △ Raramente usado

En un sistema *descentralizado,* los técnicos de mantenimiento se asignan permanentemente a diferentes lugares de trabajo. Este sistema es común en grandes plantas. Sin embargo, incluso en grandes plantas usualmente sólo se descentralizan los mecánicos; el personal de mantenimiento eléctrico y de instrumentación típicamente permanece centralizado.

En un sistema *mixto,* parte del personal de mantenimiento se asigna permanentemente a diferentes lugares de trabajo, y el resto a un centro de mantenimiento general. De nuevo, las plantas usualmente adoptan el sistema mixto para el mantenimiento mecánico y el sistema centralizado para el mantenimiento eléctrico e instrumentación.

Cada uno de estos tres sistemas tienen ventajas y desventajas, como indica la tabla 5-3. Por ejemplo, en un «sistema de mantenimiento de línea» (descentralizado, con el personal de mantenimiento informando a producción), pueden surgir problemas de profesionalidad y motivación, reduciéndose la calidad del mantenimiento. Hay que seleccionar un sistema sólo después de evaluar el conjunto de la situación, incluyendo la necesidad de hacer rotaciones en el trabajo.

**Tabla 5-3.   Ventajas y desventajas de diferentes sistemas de mantenimiento**

|  | Ventajas | Desventajas |
|---|---|---|
| **Centralizado** | • Los conocimientos y tecnología se difunden fácilmente<br>• Los problemas se investigan fácilmente | • Colaboración difícil con departamento de operaciones<br>• Recolección incompleta de datos de operaciones |
| **Descentralizado** | • Buenas comunicaciones con departamento de operaciones<br>• Respuestas de mantenimiento rápidas | • Dificultades para compartir tecnología y habilidades<br>• Se requiere más personal<br>• Difícil rotación de trabajos |
| **Mixto** | • Buenas comunicaciones con departamento de operaciones<br>• Se posibilitan la difusión de habilidades/tecnología y la investigación de problemas | • Gestión algo difícil<br>• Se necesita ingenio para rotar los trabajos |

## MEJORA DE LA EFICACIA DEL MANTENIMIENTO

Para mejorar la eficacia del mantenimiento, hay que empezar por reducir los fallos del equipo, problemas de proceso y pérdidas tales como los defectos de calidad, altos consumos unitarios, producción reducida y problemas de seguridad y entorno.

El indicador básico de la eficacia es la proporción output/input. Pero primero recomendamos medir la eficacia actual usando el siguiente indicador de las mejoras:

$$\frac{\text{Resultados (ahorros de costes anuales en total)}}{\text{Costes de mantenimiento} + \text{depreciación anual de la inversión en mejoras}}$$

Siendo los costes de mantenimiento = costes de TBM, CBM, BM y reparaciones de fallos inesperados.

A continuación hay que esforzarse por una mejora enérgica de la eficacia reduciendo el coste de los inputs (el denominador del precedente indicador de las mejoras) optimizando el sistema global TBM/CBM/BM. Para ayudar en esto, puede ser necesario explorar nuevos conceptos de mantenimiento, tal como el mantenimiento centrado en la fiabilidad (RCM) *.

¿Cómo se mide la eficacia del mantenimiento en la mayor parte de las empresas? Una encuesta del JIPM en 1989 revela las mediciones usadas con más frecuencia en las corporaciones japonesas (véase figura 5-7).

## CREACION DE UN SISTEMA DE MANTENIMIENTO PLANIFICADO

El objetivo del TPM es reforzar la constitución básica de una empresa mediante el logro del cero defectos, cero fallos y cero accidentes. Es decir, eliminar todo tipo de pérdidas. Lo más importante de todo esto es el cero fallos o averías.

### Logro del cero averías

Los accidentes más serios de las plantas de producción afloran mientras se da respuesta a problemas tales como los fallos de los equipos. Muy pocos apare-

---

* El mantenimiento centrado en la fiabilidad es «un proceso utilizado para determinar lo que debe hacerse para asegurar que cualquier activo físico continua cumpliendo sus funciones previstas y deseadas en su contexto operativo presente» (John Mounbray, *Reability-centered Maintenance*. New York: Industrial Press, 1992, p.7). Es una estructura altamente desarrollada inicialmente en el sector de la aviación civil, que permite a los usuarios determinar la estrategia de mantenimiento más apropiada para diferentes activos.

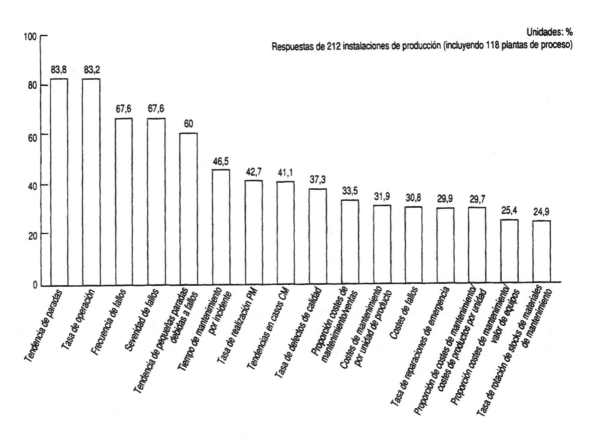

**Figura 5-7.    Uso de indicadores de resultados de mantenimiento**

cen cuando los procesos operan normalmente y los operarios supervisan o chequean ligeramente su equipo.

Similarmente, la mayoría de los defectos de proceso y producto ocurren cuando las plantas paran por averías, se están reparando o poniendo de nuevo en marcha. Las tasas de defectos son naturalmente muy bajas en las plantas que continúan operando normalmente durante largos períodos. En otras palabras, el logro del cero averías es el modo más rápido de eliminar accidentes y defectos.

Para evitar accidentes y defectos hay que prevenir la posibilidad de fallos serios que hagan parar grandes sistemas o procesos completos. La clave es crear un sistema de mantenimiento planificado que combine varias actividades de mantenimiento especializado.

### Las seis medidas para el cero averías

Como hemos examinado en el capítulo 3 en relación con la reducción de pérdidas, muchas plantas son negligentes con las condiciones básicas del equipo (limpieza, lubricación y apretado de pernos) y no cumplen las condiciones de uso. En tales plantas, el equipo sufre deterioro acelerado. Son habituales los tiempos en vacío, las pequeñas paradas y los fallos ligeros, y oscilan ampliamente los intervalos entre fallos. En situaciones como éstas, es inútil intentar realizar el mantenimiento predictivo o periódico.

El departamento de mantenimiento no puede lograr el cero averías solamente con el mantenimiento planificado. Tampoco el departamento de producción puede lograrlo solamente con el mantenimiento autónomo. Sin embargo, ambos departamentos pueden lograr resultados significativos combinando los mantenimientos autónomo y planificado e implantando consistentemente las seis medidas para el cero averías detalladas anteriormente (véase cap. 3: programa de reducción de las pérdidas de fallos).

## Las cuatro fases del cero averías

Las seis medidas para el cero averías introducidas anteriormente implican una enorme cantidad de trabajo. Ponerlas en práctica todas a la vez es casi imposible. Incluso aunque se pudiesen implantar las seis medidas a la vez, es probable que se continuaría despilfarrando tiempo intentando realizar el mantenimiento periódico sobre equipos sucios, mal lubricados y expuestos a un deterioro acelerado. Un equipo que se avería antes de la fecha de su siguiente servicio fuerza a establecer intervalos de servicio ridículamente cortos. En cualquier caso, el mantenimiento periódico falla. Por otro lado, el mantenimiento predictivo está sujeto a los mismos límites. No importa lo buenas que sean las técnicas de diagnóstico, no pueden predecirse intervalos de servicios óptimos en un entorno en el que los fallos persisten como resultado de pernos y tuercas flojos, errores de operarios, etc.

Muchas plantas de producción han encontrado que el modo más eficaz de implantar eficientemente las seis medidas para el cero averías es distribuirlas en cuatro fases y proceder sistemáticamente a través de ellas (véase cap. 3, pp. 66-75).

## Cuatro fases para cero averías en equipo estático

En las industrias de proceso son comunes numerosas unidades de equipo estático tales como columnas, tanques, tubos, intercambiadores de calor y hornos. Otra característica es la naturaleza de los fallos más comunes tales como la corrosión, fugas y obstrucciones. Las actividades para el cero averías en las industrias de proceso deben considerar estas características. La tabla 5-4 muestra un ejemplo de las cuatro fases aplicadas para lograr cero fallos en el equipo estático. La recomendamos como guía para desarrollar un programa que se ajuste a una planta particular.

### Implantación de las actividades de mantenimiento paso a paso

Un tema importante para el departamento de mantenimiento es cómo planificar y poner sistemáticamente en práctica en el tiempo las diversas actividades del mantenimiento planificado. Las actividades genéricas y el enfoque paso a paso ofrecido a continuación resumen la experiencia práctica de muchas implantaciones TPM eficientes.

Por supuesto, el objetivo del departamento de mantenimiento al implantar el mantenimiento planificado es eliminar los fallos. Las seis medidas para el cero averías y las cuatro fases del cero fallos descritas en el capítulo 3 forman una base excelente para un programa paso a paso. La tabla 5-5 muestra cómo se coordina un programa de seis pasos para desarrollar las actividades del departamento de mantenimiento con el concepto de cuatro fases para el cero averías y el programa de mantenimiento autónomo descrito en el capítulo 4. El objetivo de este programa es implantar un sistema de mantenimiento planificado sólido y eficaz.

Las ventajas del enfoque paso a paso consisten en que los resultados se acumulan conforme se despliegan las actividades y se refuerzan y contrastan entre sí como parte integral del programa. Para utilizar plenamente estas ventajas, el equipo de planificación debe especificar claramente lo que tiene que hacerse en cada paso. La tabla 5-6 lista las actividades típicas realizadas en cada paso, y la tabla 5-7 muestra un plan maestro para estas actividades.

Las actividades seleccionadas dependerán del nivel del mantenimiento de los equipos en cada planta en particular. Las plantas con un sistema de mantenimiento débil y fallos frecuentes deben poner consistentemente en práctica todos los pasos, uno a uno. Las plantas que tienen ya un sistema relativamente fuerte deben centrarse en los pasos diseñados para reducir los fallos y elevar el rendimiento eliminando las debilidades de diseño y operación.

### Auditorías

La clave para el éxito del procedimiento paso a paso es el sistema de auditorías: al terminar cada paso se auditan los resultados para corroborarlos o proponer su mejora. Cuando se preparen listas de chequeo para la auditoría hay que clarificar lo que debe hacerse y los resultados que deben lograrse en cada paso. La tabla 5-8 ofrece una muestra de lista de chequeo para la auditoría del paso 1. Es importante proceder a lo largo del programa de modo controlado, marcando decisivamente el final de cada paso y el principio del siguiente.

Las auditorías del mantenimiento especializado requieren tener un alto nivel de *expertise* y, por tanto, son más difíciles que las auditorías del mantenimiento autónomo. Sin embargo, son claras oportunidades de aprendizaje, por lo que deben tomar parte en ellas directores al nivel de departamento y superior.

**Tabla 5-4.    Cuatro fases para cero averías en el equipo estático**

| Columnas, tanques, tuberías, intercambiadores de calor, hornos, válvulas, instrumentos de medida, etc. | | |
|---|---|---|
| **Fase 1:**<br>**Establecer**<br>**condiciones**<br>**básicas** | **A.** | **Exteriores (partes en contacto con el entorno externo)**<br>1.  Remover la corrosión y mantener secas las superficies<br>2.  Reemplazar el aislamiento término dañado o descolorido; investigar las razones del deterioro<br>3.  Chequear la existencia de corrosión interior al aislamiento; secar las partes afectadas<br>4.  Investigar/reparar fugas e infiltraciones<br>5.  Chequear daños en apoyos tubos<br>6.  Investigar causas de vibración y golpes (golpes de ariete, etc.)<br>7.  Remover la corrosión de traviesas, apoyos y otras estructuras; reparar donde sea necesario |
| | **B.** | **Interiores (partes en contacto con fluidos del proceso, vapor, agua, etc.)**<br>1.  Investigar/reparar la corrosión interna, deformaciones, holguras, piezas caídas<br>2.  Investigar/reparar la corrosión y fisuras de las unidades principales<br>3.  Investigar/remover la contaminación, incrustaciones, obstrucciones, etc.<br>4.  Investigar las variaciones en las condiciones de operación y del equipo |
| **Fase 2:**<br>**Corregir**<br>**debilidades** | **A.** | **Exteriores (partes en contacto con el entorno exterior)**<br>1.  Reparar y prevenir la corrosión local<br>2.  Reparar y prevenir la entrada de agua de lluvia<br>3.  Reparar y prevenir las fugas e infiltraciones<br>4.  Mitigar o prevenir las vibraciones y golpes<br>5.  Mejorar traviesas, apoyos y otras estructuras |
| | **B.** | **Interiores (partes en contacto con fluidos, vapor, agua, etc.)**<br>1.  Mitigar la concentración de cargas (cargas estáticas, dinámicas, tensión térmica)<br>2.  Mitigar y mejorar la fatiga térmica<br>3.  Corregir y prevenir la corrosión local<br>4.  Corregir y prevenir fugas e infiltraciones<br>5.  Introducir mejoras para prevenir contaminación e incrustaciones<br>6.  Introducir mejoras para prevenir obstrucciones<br>7.  Introducir métodos mejorados para añadir agentes que previenen problemas del proceso (tales como inhibidores de la polimerización) |
| | **C.** | **Elementos comunes**<br>1.  Investigar y adoptar nuevos revestimientos anticorrosión y antierosión<br>2.  Investigar y adoptar nuevos materiales resistentes a la corrosión<br>3.  Mejorar el revestimiento de guarniciones<br>4.  Introducir técnicas de reparación mejorada tales como la pulverización térmica |
| **Fase 3:**<br>**Restarurar**<br>**el deterioro** | **A.** | **Exteriores (partes en contacto con el entorno exterior)**<br>1.  Chequear regularmente los exteriores<br>2.  Pintar exteriores periódicamente con pintura inoxidable<br>3.  Renovar periódicamente el aislamiento y apoyos |
| | **B.** | **Interiores (partes en contacto con fluidos del proceso, vapor, agua, etc.)**<br>1.  Realizar inspecciones generales periódicas (con desmontaje)<br>2.  Reemplazar periódicamente piezas internas<br>3.  Renovar y reparar periódicamente las piezas deterioradas<br>4.  Remover periódicamente las incrustaciones<br>5.  Poner en práctica planes a medio y largo plazo para renovación de tuberías, tanques, intercambiadores de calor, etc.<br>6.  Identificar relaciones entre tasas de deterioro del equipo y condiciones de proceso tales como propiedades de las primeras materias y condiciones de operación |
| **Fase 4:**<br>**Predecir**<br>**y ampliar**<br>**las vidas**<br>**útiles de**<br>**los equipos** | **A.** | **Predecir el deterioro de materiales y ampliar los períodos de vida**<br>1.  Realizar tests no destructivos de materiales<br>2.  Realizar tests destructivos y de microestructura sobre muestras<br>3.  Investigar y analizar los mecanismos del deterioro mediante tests destructivos y no destructivos<br>4.  Desarrollar e introducir mecanismos de comprobación de la corrosión interna y tecnología para equipos tales como la tubería<br>5.  Desarrollar materiales nuevos y tecnología para ampliar la vida de los equipos.<br>6.  Investigar técnicas de fabricación y reparación tales como la pulverización térmica y la soldadura<br>6.  Revisar y mejorar las condiciones de operación |
| | **B.** | **Predecir los fallos de proceso y alargar los intervalos para el decapado**<br>1.  Alargar los intervalos para el decapado comprobando la contaminación y adhesión y empleando la limpieza inicial en serie<br>2.  Extender la operación continua analizando los cambios en las primeras materias y en las condiciones de operación y equipos, y relacionando todo esto con la ocurrencia de contaminación y adhesión |

**Tabla 5-5.**    **Los seis pasos de la creación de un sistema de mantenimiento planificado**

| Fase | 1 Estabilizar los intervalos entre fallos | 2 Alargar la vida de los equipos | 3 Restaurar periódicamente el deterioro | 4 Predecir y ampliar la vida del equipo | |
|---|---|---|---|---|---|
| Mantenimiento autónomo | Paso 1: Realizar la limpieza inicial<br>Paso 2: Mejorar las fuentes de contaminación y lugares inaccesibles<br>Paso 3: Establecer estándares de limpieza y chequeo | Paso 4: Realizar la inspección general del equipo | Paso 5: Realizar la inspección general del proceso | Paso 6: Sistematizar el mantenimiento autónomo<br>Paso 7: Práctica plena de la autogestión | |
| Mantenimiento especializado | **Paso 1: Evaluar el equipo y comprender la situación actual de partida** | | | | **Paso 6: Evaluar el sistema de mantenimiento planificado** |
| | **Paso 2: Restaurar el deterioro y corregir las debilidades** (apoyar el mantenimiento autónomo y prevenir recurrencias) | | Implantar el mantenimiento correctivo | | |
| | | **Paso 3: Crear un sistema de gestión de la información** | Establecer el mantenimiento periódico | | |
| | | | **Paso 4: Crear un sistema de mantenimiento periódico** | | |
| | | | | **Paso 5: Crear un sistema de mantenimiento predictivo** | |

## REALIZACION PASO A PASO DEL MANTENIMIENTO PLANIFICADO

Montar un sistema de mantenimiento planificado exige una preparación cuidadosa y un trabajo duro. Es ineficaz intentar hacerlo todo a la vez. Recomendamos desarrollar las actividades en la secuencia siguiente, cooperando en cada paso con todos los departamentos relevantes:

Paso 1: Evaluar el equipo y comprender las condiciones actuales de partida.
Paso 2: Restaurar el deterioro y corregir las debilidades.
Paso 3: Crear un sistema de gestión de la información.
Paso 4: Crear un sistema de mantenimiento periódico
Paso 5: Crear un sistema de mantenimiento predictivo.
Paso 6: Evaluar el sistema de mantenimiento planificado.

## Tabla 5-6.  Proceso de desarrollo paso a paso

| Paso | Actividades |
|---|---|
| **Paso 1: Evaluar el equipo y comprender la situación actual de partida** | 1. Preparar o actualizar los registros de los equipos<br>2. Evaluar los equipos: establecer criterios de evaluación, priorizar los equipos y seleccionar equipos y componentes para PM<br>3. Definir rangos de fallos<br>4. Comprender la situación: medir el número, frecuencia y severidad de fallos y pequeñas paradas: MTBF; costes de mantenimiento; tasas de mantenimiento de averías; etc.<br>5. Establecer objetivos de mantenimiento (indicadores, métodos de medir resultados) |
| **Paso 2: Revertir el deterioro y corregir debilidades** | 1. Establecer condiciones básicas, revertir el deterioro y abolir los entornos que causan deterioro acelerado (apoyar el mantenimiento autónomo)<br>2. Poner en práctica actividades de mejora orientada para corregir debilidades y ampliar los períodos de vida<br>3. Tomar medidas para impedir la ocurrencia de fallos idénticos o similares<br>4. Introducir mejoras para reducir los fallos de proceso |
| **Paso 3: Crear un sistema de gestión de información** | 1. Crear un sistema de gestión de datos de fallos<br>2. Crear un sistema de gestión del mantenimiento de equipos (control de historiales de máquinas, planificación del mantenimiento, planificación de inspecciones, etc.)<br>3. Crear un sistema de gestión de presupuestos de equipos<br>4. Crear sistemas para controlar piezas de repuesto, planos, datos técnicos, etc. |
| **Paso 4: Crear un sistema de mantenimiento periódico** | 1. Preparación del mantenimiento periódico (control de unidades de reserva, piezas de repuesto, instrumentos de medida, lubricantes, planos, datos técnicos, etc.)<br>2. Preparar diagrama de flujo del sistema de mantenimiento periódico<br>3. Seleccionar equipos y componentes a mantener, y formular un plan de mantenimiento<br>4. Preparar o actualizar estándares (estándares de materiales, de trabajo, de inspección, de aceptación, etc.)<br>5. Mejorar la eficiencia del mantenimiento con parada general y reforzar el control del trabajo subcontratado |
| **Paso 5: Crear un sistema de mantenimiento predictivo** | 1. Introducir técnicas de diagnóstico de equipos (formar a diagnosticadores, comprar equipo de diagnóstico, etc.)<br>2. Preparar diagrama de flujo del sistema de mantenimiento predictivo<br>3. Seleccionar equipo y componentes para mantenimiento predictivo, y ampliar gradualmente el sistema<br>4. Desarrollar equipos y tecnologías de diagnóstico |
| **Paso 6: Evaluar el sistema de mantenimiento planificado** | 1. Evaluar el sistema de mantenimiento planificado<br>2. Evaluar la mejora de la fiabilidad: número de fallos y pequeñas paradas, MTBF, frecuencia de fallos, etc.<br>3. Evaluar la mejora de la mantenibilidad: tasa de mantenimiento periódico, tasa de mantenimiento predictivo, MTTR, etc.<br>4. Evaluar los ahorros de costes: reducción en los gastos de mantenimiento, mejora en la distribución de los fondos para mantenimiento |

**Tabla 5-7. Muestra de plan maestro de mantenimiento planificado**

| Paso | Actividad | Preparac. (3, 6) | Introducción (9, 12, 3, 6) | Implantación (9, 12, 3, 6) | Consolidación (9, 12, 3, 6) |
|---|---|---|---|---|---|
| **Paso 1: Evaluar el equipo y comprender las condiciones actuales de partida** | Preparar o actualizar los registros de equipos | | | | |
| | Formular e implantar estándares de evaluación del equipo | Equipo PM | | | |
| | Definir rangos de fallo | | | | |
| | Comprender la situación (número de fallos, etc.) | | | | |
| | Fijar objetivos de mantenimiento | | | | |
| **Paso 2: Restaurar el deterioro y corregir debilidades** | Establecer condiciones básicas y revertir el deterioro | | Apoyar el mantenimiento autónomo | | |
| | Abolir entornos que causan el deterioro acelerado | | Tratar las principales fuentes de contaminación | | |
| | Tomar medidas para prevenir fallos idénticos o similares | | Crear sistemas / Evolucionar las actividades | | |
| | Alargar la vida del equipo corrigiendo debilidades | | | Trabajo de mant. correctivo | |
| | Reducir los fallos de proceso y mejorar el trabajo manual | | | | |
| **Paso 3: Crear un sistema de gestión de información** | Crear un sistema de gestión de datos de fallos | | Crear CMMS | Arranque sistem. | |
| | Crear un sistema de gestión del mantenimiento de equipos | | Crear CMMS | Arranque sistem. | |
| | Crear un sistema de gestión del presupuesto de equipos | | | Crear CMMS / Arranque sistem. | |
| | Crear sistemas para controlar unidades de reserva y piezas de repuesto | | | Crear CMMS | |

Consolidación: Guía especial para premio PM · Auditoría in situ premio PM

| Paso | Actividad | | |
|---|---|---|---|
| **Paso 4: Crear un sistema de mantenimiento periódico** | Preparar el mantenimiento periódico | Lubricantes, repuestos, planos, etc. | |
| | Preparar listas de trabajos para el mantenimiento periódico | Flujo del trabajo de diseño | |
| | Seleccionar equipos y componentes para el mantenimiento periódico | | Realizar mantenim. periódico |
| | Preparar calendario de mantenimiento periódico | Establecer intervalos de mantenimiento | |
| | Reforzar la gestión del trabajo (preparar estándares) | | |
| | Mejorar la eficiencia del mantenimiento con parada general | | |
| | Reforzar el control del trabajo subcontratado | | |
| **Paso 5: Crear un sistema de mantenimiento predictivo** | Introducir equipo de diagnóstico | Formar diagnosticadores — Introducir equipo | |
| | Preparar listas de trabajos de mantenimiento predictivo | Proyectar flujo de trabajo | Realizar mantenimiento predictivo |
| | Seleccionar equipos y componentes para mantenimiento predictivo; ampliar gradualmente el sistema | Seleccionar equipo | |
| **Paso 6: Evaluar el sistema de mantenimiento planificado** | Evaluar el sistema de mantenimiento planificado | | |
| | Evaluar la fiabilidad y mantenibilidad | Evaluar la prevención de repeticiones | Evaluar el mantenimiento periódico |
| | Evaluar la reducción global de costes | | Realizar evaluación global |

**Nota:** CMMS = sistema de gestión de mantenimiento computerizado.

**Tabla 5-8. Muestra de hoja de auditoría para paso 1 del mantenimiento planificado**

### Auditoría del mantenimiento planificado
### Paso 1: Evaluar y comprender condiciones

Situación: _____    Auto-auditoría (90+): _____

Fecha: _____    Audit. jefe sección (85+): _____

Auditor: _____    Auditoría dirección (80+): _____

| Actividad | Puntos clave de auditoría | Max. Punt. | 100% | 80% | 60% | Observac. |
|---|---|---|---|---|---|---|
| 1. Preparar registros de equipos | • ¿Hay registros para cada unidad de equipo? | 10 | | | | |
| | • ¿Incluyen los registros historias de fallos? | 5 | | | | |
| | • ¿Incluyen los registros historias de reparación? | 5 | | | | |
| 2. Evaluar y seleccionar equipo PM | • ¿Se han formulado criterios y atributos de evaluación de equipos? ¿Son apropiados? | 5 | | | | |
| | • ¿Se han evaluado todos los equipos? | 5 | | | | |
| | • ¿Es apropiada la selección de equipos y componentes PM? | 5 | | | | |
| | • ¿Está el equipo PM marcado claramente como tal? | 5 | | | | |
| 3. Realizar clasificación de fallos | • ¿Están apropiadamente definidos los fallos del equipo? | 5 | | | | |
| | • ¿Están apropiadamente definidos los tiempos en vacío y pequeñas paradas? | 5 | | | | |
| | • ¿Están apropiadamente definidos los fallos de proceso? | 5 | | | | |
| 4. Comprender condiciones y nivel de mantenimiento | • ¿Se mantienen cuentas y gráficos de fallos y pequeñas paradas? | 10 | | | | |
| | • ¿Se conoce la frecuencia y severidad de fallos? | | | | | |
| | • ¿Se calcula el MTBF? | | | | | |
| | • ¿Se registran en gráficos los fallos principales e intermedios? | 5 | | | | |
| | • ¿Se conocen los costes del mantenimiento? ¿Están claras sus categorías de asignación? | 5 | | | | |
| 5. Establecer referencias y metas | • ¿Se han fijado metas de referencia y de reducción apropiadas para fallos, tiempos en vacío y pequeñas paradas? | 5 | | | | |
| | • ¿Se han establecido apropiadamente metas de referencia y objetivos para MTBF? | 5 | | | | |
| | • ¿Se han fijado apropiadamente marcas de referencia y objetivos para tasas de mantenimiento de averías y de mantenimiento periódico? | 5 | | | | |
| 6. Preparar plan de acción | • ¿Hay algún plan de acción para el desarrollo paso a paso? | 5 | | | | |
| | • ¿Se ha preparado la iniciación del paso 2 y se han asignado claramente responsabilidades? | 5 | | | | |

## Paso 1: Evaluar el equipo y comprender la situación actual

Las plantas de proceso usan muchos tipos diferentes de equipos. Incluso equipos iguales o similares pueden diferir en importancia dependiendo de su función en el proceso. Para decidir qué equipos serán objeto de mantenimiento planificado, hay que preparar registros de los equipos y priorizar éstos de acuerdo con criterios preestablecidos.

### *Los registros deben facilitar datos para evaluar los equipos*

Los registros proporcionan datos en bruto para evaluar los equipos. Deben facilitar datos de su diseño y el historial de la operación y mantenimiento de los equipos. La tabla 5-9 ofrece una muestra que incluye algunos de los conceptos de un registro de equipo.

**Tabla 5-9. Formato de registro de equipo**

1. Activo#:_____

2. Equipo: _____ Modelo#: _____ Plano#: _____ Espec.#:_____

3. Situación: _____ Fábrica: _____ Planta: _____ Proceso: _____ Registro de movimientos: _____

4. Fabricante: _____ Fecha fabr.: _____ Fecha instalac.: _____
   Fecha de test:: _____ Fecha de arranque:_____

5. Registro de especificaciones de cambios

| Fecha | Especificaciones del equipo | Condiciones de operación |
|-------|-----------------------------|--------------------------|
|       |                             |                          |

6. Registro de mantenimiento

| Fecha | Servicio periódico | Mantenimiento correctivo | Fallos principales |
|-------|--------------------|--------------------------|--------------------|
|       |                    |                          |                    |

7. Especificaciones del principal equipo auxiliar

## Evaluar y priorizar el equipo

Hay que evaluar cada equipo en función de la seguridad, calidad, operabilidad, mantenibilidad, etc. Los equipos se clasifican (por ejemplo, en las clases A, B y C) y se decide las clases que se incluirán en el mantenimiento planificado (por ejemplo, las unidades clasificadas como A y B), a las que se añadirán las unidades en las que el cero fallos es un requerimiento legal. Los criterios de clasificación variarán dependiendo del proceso, de modo que los departamentos de mantenimiento, producción, ingeniería y seguridad deben cooperar para evaluar cada atributo.

La figura 5-8 muestra un ejemplo de esquema de flujo para seleccionar equipos para mantenimiento planificado. La tabla 5-10 ofrece una muestra de criterios para evaluar características de equipos.

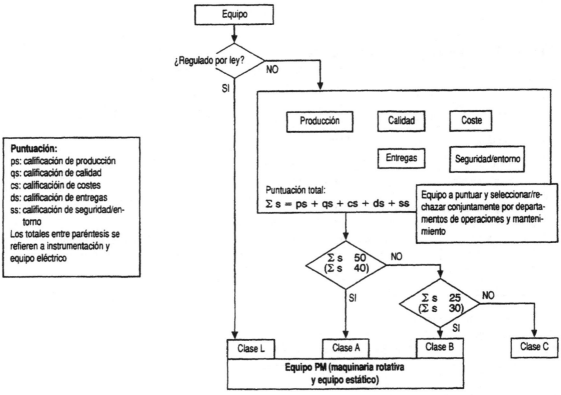

Fuente: Nippon Zeon Co., *PM Prize Lecture Digest*

**Figura 5-8.    Diagrama de flujo para seleccionar equipo PM**

**Tabla 5-10. Criterios para evaluar características de equipos**

| Atributo | Criterios de evaluación | Clase |
|---|---|---|
| **Seguridad:** Efecto del fallo sobre personas y entorno | Un fallo del equipo expone a riesgo de explosión u otros peligros; el fallo del equipo causa una polución seria | A |
| | El fallo del equipo puede afectar adversamente el entorno | B |
| | Otros equipos | C |
| **Calidad:** Efecto del fallo sobre calidad del producto | El fallo del equipo tiene un gran efecto sobre la calidad (puede contaminar el producto o producir reacciones anormales que den origen a un producto fuera de especificaciones) | A |
| | Un fallo del equipo produce variaciones de calidad que pueden corregirse por el operario de forma relativamente rápida | B |
| | Otros equipos | C |
| **Operaciones:** Efecto del fallo sobre la producción | Equipos con gran efecto sobre la producción, sin unidades de reserva, cuyos fallos son causa de que los procesos previos y siguientes paren por completo | A |
| | Un fallo del equipo causa sólo una parada parcial | B |
| | Un fallo del equipo tiene poco o ningún efecto sobre la producción | C |
| **Mantenimiento:** Tiempo y coste de reparación | La reparación del equipo toma 4 o más horas y cuesta 2.400 dólares o más, o bien se producen tres o más fallos por mes | A |
| | El equipo puede repararse en menos de 4 horas, a un coste entre 240 y 2.400 dólares, o falla menos de tres veces por mes | B |
| | El coste de la reparación es inferior a 240 dólares o puede dejarse sin reparar hasta que surja una mejor oportunidad | C |

Fuente: Nippon Zeon Co., *PM Prize Lecture Digest*.

## Rango de fallos

Los fallos se clasifican como grandes, intermedios o pequeños dependiendo del grado del efecto sobre los equipos. En los casos grande e intermedio hay que poner en práctica medidas para prevenir su repetición y, asimismo, prevenir la ocurrencia de fallos similares en otros equipos.

## Comprensión de la situación de los fallos y establecimiento de objetivos de mantenimiento

Para captar la situación actual de punto de partida, se reúnen datos del número de fallos, frecuencias, severidades, MTBF (tiempos medios entre fallos), MTTR (tiempos medios de reparación), costes de mantenimiento, etc. Entonces se establecen objetivos para reducir los fallos a través del mantenimiento planificado. La tabla 5-11 sugiere objetivos de mantenimiento planificado.

**Tabla 5-11. Ejemplos de metas de mantenimiento planificado**

| Indicador | Meta de mejora |
|---|---|
| Fallos según categoría de equipo | • Equipo A → 0<br>• Equipo B → 1/10 de referencia 1/10<br>• Equipo C → 1/2 de referencia 1/2 |
| Fallos por categorías | • Fallos grandes → 0<br>• Fallos intermedios → 1/10 de referencia 1/10<br>• Fallos pequeños → 1/2 de referencia 1/2 |
| Fallos de proceso | • Fugas, contaminación y obstrucciones → 0<br>• Presiones, temperaturas y tasas de flujo anormales debidas a causas complejas → 1/2 de referencia |
| Severidad de fallos de equipos | $\dfrac{\text{Tiempo de parada por fallos}}{\text{Tiempo de operación}} \times 100 \rightarrow$ (Equipo A: 0,15 o menos) |
| Frecuencia de fallos de equipos | $\dfrac{\text{Paradas por fallos}}{\text{Tiempo de operación}} \times 100 \rightarrow$ (Equipo A: 0,1 o menos) |
| Tasa de realización PM | $\dfrac{\text{Trabajos PM terminados}}{\text{Total programado para trabajos de mantenimiento planificado}} \times 100 \rightarrow$ (90% o más) |

## Paso 2: Restaurar el deterioro y corregir debilidades

Hasta que una planta establece el mantenimiento autónomo, el equipo que ha estado expuesto al deterioro acelerado durante muchos años, puede fallar de modo inesperado a intervalos irregulares. A menudo, los departamentos de mantenimiento no tienen tiempo para realizar el mantenimiento planificado porque están demasiado atareados resolviendo esos fallos. En esta situación, es imposible forzar la implantación de un programa de mantenimiento planificado. Por tanto, el primer paso de un programa de mantenimiento planificado es apoyar las actividades de mantenimiento autónomo de los operarios restaurando el deterioro acelerado, corrigiendo las debilidades de diseño y restaurando el equipo hasta su condición óptima.

Para apoyar los pasos del 1 al 3 del programa de mantenimiento autónomo, hay que ayudar a los operarios a restaurar el deterioro. Al mismo tiempo, hay que corregir las debilidades y alargar la vida del equipo, prevenir la repetición de fallos y reducir los fallos de proceso. Cada una de estas actividades se describe con más detalle a continuación.

### Ayudar a los operarios a restaurar el deterioro

Se ayuda de los siguientes modos a los operarios a comprender y superar los efectos del deterioro en sus equipos:

- Tratar inmediatamente cualquier deterioro o irregularidades que descubran los operarios y que no puedan resolver por sí mismos.
- Preparar lecciones de «punto único», y enseñar a los operarios la estructura y funciones de sus equipos.
- Adiestrar in situ a los operarios sobre inspección, restauración del equipo y la realización de pequeñas mejoras.

Para abolir los entornos que causan deterioro acelerado:

- Aconsejar a los operarios sobre cómo tratar las fuentes de contaminación y los puntos difíciles de inspeccionar y lubricar.
- Eliminar las fuentes principales de contaminación.

Para establecer las condiciones básicas del equipo:

- Preparar estándares de controles visuales y ayudar a los operarios a implantarlos.
- Ayudar a los operarios en la preparación de estándares provisionales de chequeo diario.
- Enseñar a los operarios sobre lubricación y estandarizar los tipos de lubricantes.

### Corregir debilidades y alargar la vida de los equipos

Además del deterioro acelerado, el equipo puede sufrir también por debilidades inherentes generadas en su diseño, fabricación e instalación. Las debilidades pueden hacerse también patentes cuando el equipo funciona fuera de sus condiciones de diseño. Los equipos deben utilizar técnicas tales como el FMEA (análisis de efectos y modos de fallo) y el análisis P-M para estudiar los fallos debidos a tales debilidades, y a continuación corregirlas. De otro modo, los fallos inesperados anularán cualesquiera beneficios que puedan deducirse del mantenimiento planificado.

### Evitar la repetición de fallos

Se emplea el análisis de fallos para tratar los fallos grandes e intermedios que hacen parar las líneas de producción. Hay que investigar también la posibilidad de fallos similares en otros equipos y adoptar pasos para evitarlos. El diagrama de flujo de la figura 5-9 ilustra un procedimiento para prevenir la repetición de fallos grandes e intermedios. La tabla 5-12 ofrece un formato para informar de un análisis de fallo y de las medidas preventivas adoptadas.

### Reducir los fallos de proceso

Los fallos de proceso los causan usualmente combinaciones de factores de proceso y equipo tales como:

- Corrosión, fisuras, obstrucciones, fugas y la acumulación de materiales extraños en el equipo estático; vibraciones y obstrucciones en tubos; perforaciones en los tubos de intercambiadores de calor; etc.
- Cambios en las propiedades de las primeras materias y materiales subsidiarios, cortes de servicios, operación deficiente, deterioro de catalizadores, y otros desórdenes de proceso.

**Tabla 5-12.   Formato de informe de acciones y prevención de repetición de fallos**

**INFORME DE FALLO INESPERADO N.° ____**

Director división ☐     Director de sección ☐
Supervisor ☐            Supervisor ☐
Líder de equipo ☐       Líder ☐

Equipo del fallo: Bomba de aceite caliente    Modelo n.° P-XXX    Tiempo total ☐ (Min.)
Fecha: __/__/__ Tiempo ____ (min.)
Reparado en: __/__/__ Tiempo ____ (min.)

**Descripción:**
Se paró la bomba para reemplazar el cierre mecánico. Cuando se hizo arrancar la bomba, se rompió el acoplamiento, de modo que la bomba paró de nuevo.
La bomba P-XXX bombea aceite caliente a la temperatura normal de 200-250° C. Como el mecanismo de estanqueidad mecánico tenía una fuga, se paró la bomba para reemplazarlo después de primeramente conectar la bomba de reserva P-XXX. El acoplamiento se rompió cuando se hizo arrancar de nuevo la bomba después de reemplazar el mecanismo de estanqueidad.

**Análisis del fallo: (Causas directas, causas indirectas, causas reales).**
1. El acoplamiento se ha enfriado mientras el mecanismo de estanqueidad se estaba reemplazando. La bomba se hizo arrancar después de conectar el acoplamiento al eje de la bomba, que estaba aún caliente.
2. No se chequeó el estado del acoplamiento

**Acción y contramedidas**
1. Precalentar un acoplamiento de repuesto y montarlo cuando la diferencia de temperatura entre él y el eje de la bomba esté dentro de un rango especificado.
2. Especificar un método para verificar el estado de la unión del acoplamiento después de la instalación, e incluir esto dentro de los estándares de trabajo.

**Acción para evitar fallos similares**

| Situación | Equipo | Plan acción | Acción ejec. | Situación | Equipo | Plan acción | Acción ejec. |
|---|---|---|---|---|---|---|---|
| | Bomba de aceite caliente P-X | / | / | | | / | / |
| | Bomba de alta temperatura P-X | / | / | | | / | / |
| | Máquinas rotativas de alta temperatura | / | / | | | / | / |
| | | / | / | | | / | / |
| | | / | / | | | / | / |

(Nishi Nippon Seito)

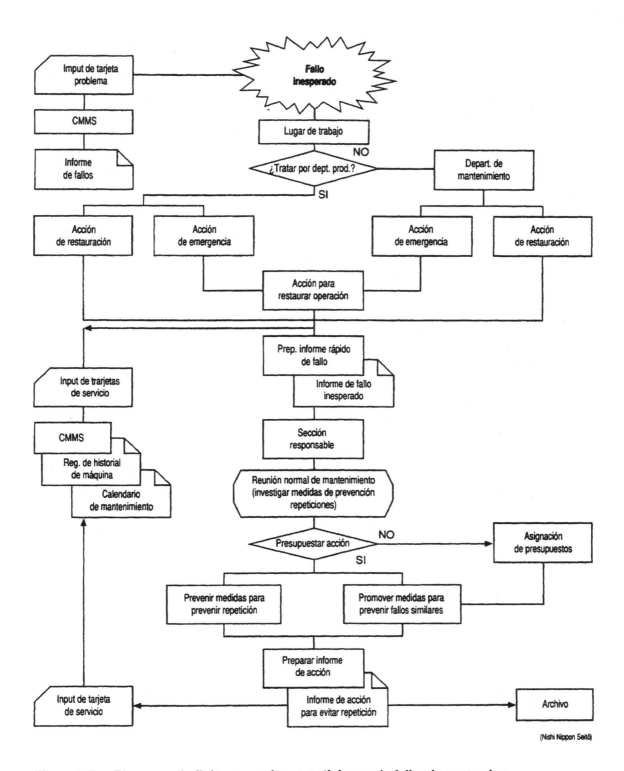

**Figura 5-9.    Diagrama de flujo para evitar repeticiones de fallos inesperados**

Como las causas de los fallos de los procesos son combinaciones de factores, a menudo es difícil identificar dónde y cuándo empiezan. Las causas de un fallo pueden haber desaparecido en el momento en el que alguien advierte el fallo. Entonces, solamente puede analizarse la parte obvia del fenómeno, y es difícil que se lleguen a identificar las medidas que evitarían la repetición del fallo.

Para minimizar las pérdidas de fallos de proceso, hay que restaurar tan pronto como sea posible las condiciones del proceso, una vez que se ha detectado las señales de un fallo inminente. Para facilitar la predicción de los fallos de proceso:

- Asegurar que el personal involucrado comprende con precisión el estatus del proceso. Calibrar cuidadosamente los instrumentos de medida y chequearlos regularmente para mantener su precisión.
- Desmontar y revisar los instrumentos de control y confirmar constantemente que funcionan con corrección.
- Estudiar los pasados fallos. Usar los resultados para formar a los operarios en la restauración de los procesos hasta su estado ideal tan pronto como sea posible.
- Para cada fallo de proceso que se produzca, preparar un informe detallado que describa las señales de anomalía, la naturaleza del fallo y la acción tomada.
- Analizar cada fallo usando el FMEA, el análisis P-M u otras técnicas, y reconstruir el informe del fallo a la luz de los resultados.

Un enfoque básico para reducir los fallos de proceso es seleccionar el sistema de mantenimiento más apropiado para cada equipo o componente funcionalmente importante. Para determinar esto, usar el enfoque de mantenimiento centrado en la fiabilidad (RCM), con base en los registros de fallos y principios físicos.

### Paso 3: Crear un sistema de gestión de la información

En las industrias de proceso necesitan mantenimiento una enorme variedad de equipos, y diferentes procesos requieren diferentes regímenes de mantenimiento. Gestionar manualmente esta colosal cantidad de información es imposible. Debe montarse un sistema de proceso de datos informatizado. Sobre este punto hay que considerar los siguientes puntos claves:

- Antes de decidir el tipo de sistema, evaluar y mejorar el sistema de mantenimiento existente y decidir cuáles son los datos necesarios.
- Determinar el grado de mecanización informática requerido.
- Diseñar métodos simples de entrada de datos para los responsables del mantenimiento.

- Empezar con ordenadores personales. Conforme aumente el nivel de la gestión de datos que se requieren, considerar el diseño de un sistema más amplio de gestión de datos centralizado en un gran ordenador.
- Un sistema de gestión del mantenimiento informatizado no puede funcionar eficazmente si persisten los fallos grandes e intermedios. Así, es recomendable construir primero un sistema de gestión de datos de fallos. Solamente cuando ya no se producen fallos grandes e intermedios crear el sistema de gestión de mantenimiento de equipos.

### Creación de un sistema de gestión de datos de fallos

Un sistema de gestión de datos de fallos debe incluir tipos de información, que faciliten a los operarios entrar a la base de datos. Tal información incluirá fechas y horarios; clasificación de los fallos (grandes, intermedios, pequeños); modelo de equipo; componente que ha fallado (eje, acoplamiento, cojinetes, etc.); naturaleza del fallo (vibración, ruido anormal, sobrecalentamiento, corrosión, desgaste, etc.); causa; acción tomada; efecto sobre la producción; y tiempos y número de personas requeridas para la reparación.

El sistema debe ser capaz de generar informes para discusión de las reuniones de cada mañana. El grupo puede analizar en estas reuniones los pequeños fallos. En las reuniones de mantenimiento semanales, deben realizarse los fallos grandes e intermedios que se repararon temporalmente y considerar medidas para prevenir la repetición.

Estos datos deben hacerse disponibles y analizarse a intervalos regulares en forma de resúmenes periódicos de fallos y listas de fallos de equipos. Esto ayuda a los equipos a determinar la frecuencia de los fallos, los tiempos de paro, y otros datos para procesos individuales o tipos de equipos. La información ayuda también a priorizar las mejoras y prevenir la repetición. Las listas de fallos de equipos facilitan también análisis más penetrantes de las causas de la mecánica y el proceso de los fallos para diferentes rangos de equipos y de fallos.

La figura 5-10 muestra un ejemplo de un resumen periódico de fallos; la finca 5-11 muestra un ejemplo de lista de fallos de equipos.

### Caso 5-1: Un pequeño sistema de gestión de mantenimiento informatizado

Cuando la dirección de cierta empresa instaló un gran ordenador central, decidió aprovechar la oportunidad para desarrollar un sistema de gestión del mantenimiento, a fin de aumentar la eficacia de sus mantenimientos especializado y autónomo. Crearon un sistema con tres subsistemas: gestión de fallos, gestión de equipo, y gestión del presupuesto. El sistema se proyectó facilitando a los operarios de la planta la entrada de datos usando ordenadores personales.

Los objetivos primordiales del sistema eran:

- Para acelerar el análisis de los fallos grandes e intermedios con el fin de prevenir su repetición.
- Para reforzar el sistema de mantenimiento facilitando que cada uno tuviese acceso a los datos de mantenimiento.
- Para reducir el número de personas necesarias para recoger y analizar datos de mantenimiento.
- Para mejorar el trabajo de mantenimiento y la gestión del presupuesto.

**RESUMEN PERIODICO DE FALLOS**

Período: 1/8/89 a 10/8/89      Director de departamento _____

Total acumulado: 13/5/89 a 10/8/89 Jefe de sección _____

| Fallos mecánicos | Equipo PM | | | | Conjunto del equipo | | | | | |
|---|---|---|---|---|---|---|---|---|---|---|
| Equipos | Total mensual | % mensual | Total acumul. | % acumul. | Total mensual | % mensual | Total acumul. | % acumul. | Tiempo parada | Horas repar. |
| Mezcladoras | 0 | 0,0 | 2 | 1,5 | 0 | 0,0 | 2 | 1,3 | ,00 | ,00 |
| Separadores | 3 | 23,1 | 49 | 36,6 | 3 | 23,1 | 49 | 31,0 | ,00 | ,17 |
| Filtros | 2 | 15,4 | 3 | 2,2 | 2 | 15,4 | 4 | 2,5 | ,00 | 18,00 |
| Bombas | 1 | 7,7 | 14 | 10,4 | 1 | 7,7 | 17 | 10,8 | ,00 | ,00 |
| Agitadores | 1 | 7,7 | 8 | 1,5 | 1 | 7,7 | 3 | 1,9 | | ,33 |
| Tanques | 0 | 0,0 | 2 | 1,5 | 0 | 0,0 | 15 | 9,5 | ,00 | ,00 |
| Cristalizadores | 2 | 15,4 | 6 | 4,5 | 2 | 15,4 | 6 | 3,8 | ,00 | 2,00 |
| Tamices | 0 | 0,0 | 2 | 1,5 | 0 | 0,0 | 2 | 1,3 | ,00 | ,00 |
| Elevadores | 0 | 0,0 | 9 | 6,7 | 0 | 0,0 | 9 | 5,7 | ,00 | ,00 |
| Transportadores vibrantes | 0 | 0,0 | 4 | 3,0 | 0 | 0,0 | 4 | 2,50 | ,00 | ,00 |
| Transportadores de tornillo | 0 | 0,0 | 8 | 6,0 | 0 | 0,0 | 9 | 5,7 | ,00 | ,00 |

**Figura 5-10.**    **Resumen periódico de fallos**

**LISTADO DE FALLOS DE EQUIPOS**

Fecha de inspección: 3/8/89

Período: 1/4/89 a 15/8/89

| Prod. # | Equipo | Fecha de fallo | Clase | Componente | Descripción | Fallo | Observaciones |
|---|---|---|---|---|---|---|---|
| CF-7302 | Separador n.º 2 | 4/4/89 | C | Cinta descarga | Parada | | Anomalía en sensor de límite de cinta |
| CF-7302 | Separador n.º 2 | 5/4/89 | C | Cinta descarga | Parada | Fallo en descarga | |
| CF-7302 | Separador n.º 2 | 11/4/89 | C | Cinta descarga | Excedido tiempo de ciclo | Fallo en descarga | Ocurrido 2 veces, causa posible: fricción con extremo superior |
| CF-7302 | Separador n.º 2 | 14/4/89 | C | Cinta descarga | Parada | Fallo en descarga | Fallo en volver a horizontal en límite superior cinta |
| CF-7302 | Separador n.º 2 | 20/4/89 | C | Cinta descarga | Parada | Atascada | |

**Figura 5-11.**    **Lista de fallos de equipos**

La figura 5-12 muestra la estructura del sistema de gestión informatizado del mantenimiento.

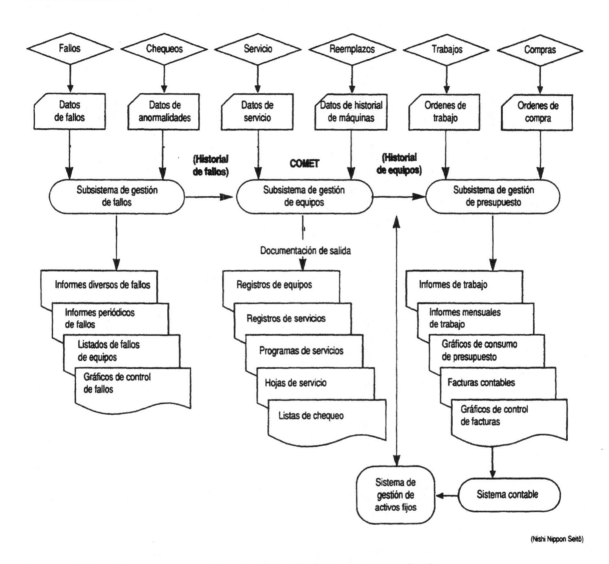

**Figura 5-12. Sistema de gestión de mantenimiento computerizado**

## Caso 5-2: Un gran sistema de gestión informatizada del mantenimiento

Después de que una empresa informatiza los sistemas de gestión de la producción, control de costes, gestión de activos fijos, y gestión del personal, debe clarificar las relaciones entre éstos y el sistema de gestión de la información de mantenimiento. La figura 5-13 muestra un ejemplo.

La capacidad de juicio de las personas y su ejercicio juegan un papel más importante en los sistemas de gestión de la información de mantenimiento que en

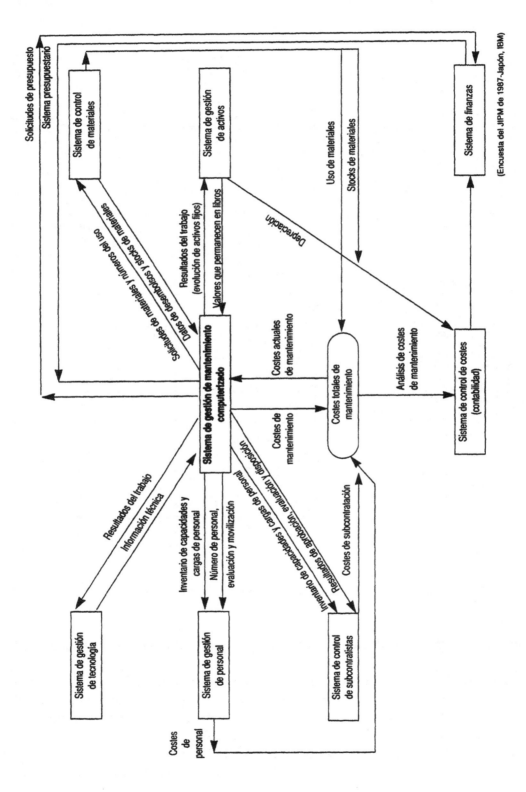

**Figura 5-13. Flujos de información entre CMMS y otros sistemas**

los otros sistemas. Las cosas no siempre marchan de acuerdo con el plan. No se puede esperar que los beneficios de la informatización se hagan patentes de forma inmediata. Para hacer una transición suave, conviene tener presentes los siguientes puntos:

- Asegurar que los datos conducen a la acción y utilizar los resultados de cualquier acción para revisar los estándares.
- Empezar con un sistema que esté a la par con el nivel de control realmente existente y mejorarlo en fases sucesivas.
- Diseñar el sistema de modo que pueda utilizarse por el personal de mantenimiento y operarios con la eficacia máxima posible.

La figura 5-14 ilustra la organización funcional de un sistema de gestión informatizada del mantenimiento.

### Gestión informatizada del presupuesto de mantenimiento

Un sistema de gestión del presupuesto de mantenimiento calcula, asigna y totaliza los presupuestos de mantenimiento. Debe generar las siguientes clases de información:

- Informes para diferentes tipos de trabajos de mantenimiento que comparen el gasto actual y el presupuesto para el mismo período en diferentes años.
- Programas de empleo de trabajos y materiales que faciliten información sobre planes de trabajo, costes, empleo de materiales previsto, y stocks de materiales. Esta información puede también usarse para prever cuándo tiene que disponerse de los fondos de mantenimiento.
- Listas de prioridades de trabajos que incluyan información sobre prioridades de trabajo de mantenimiento, tiempos de parada proyectados, costes, etc.
- Previsiones de vida de equipos que ayuden a asegurar que el mantenimiento se realiza apropiadamente. El sistema debe generar datos de MTBF del pasado junto con detalles sobre las fechas en las que se prevé que el equipo termine su vida útil.
- Gráficos o cuadros que comparen las pérdidas de paradas previstas con los costes de mantenimiento que ayuden a medir la eficacia del mantenimiento. El sistema debe generar datos que comparen el coste de mantener en condiciones óptimas del equipo con las pérdidas que se prevé provocarán los fallos o averías.

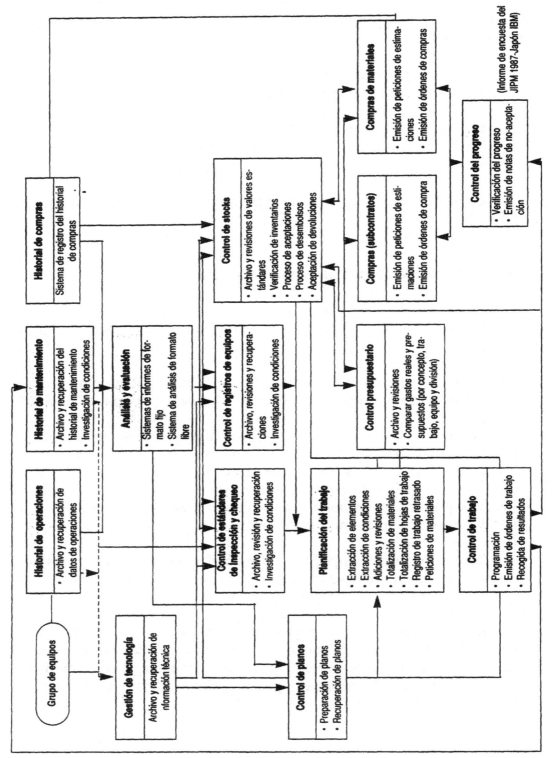

**Figura 5-14. Sistema de gestión del mantenimiento computerizado-organización funcional**

### Crear un sistema para controlar las piezas de repuesto y materiales

Para analizar las razones por las que se mantienen stocks de repuestos de larga duración y poder reducir la cantidad de tarea requerida para calcular el uso total y mantener un seguimiento de los pedidos y recepciones, es necesaria la siguiente información:

- Listas de stocks de larga duración que incluyan modelos de equipo y componentes, especificaciones, números de pedidos, pedidos mensuales, uso mensual esperado, stocks mensuales, meses transcurridos, cantidades y razones para almacenar.
- Tablas de uso de materiales para calcular totales para diferentes sistemas de aprovisionamiento, diferentes modelos de equipo, etc.
- Tablas que comparen pedidos y recepciones que muestren el estatus de ambos conceptos.

### Crear un sistema para controlar la información técnica y los planos

Un sistema de gestión de tecnología debe controlar toda la información relacionada con el mantenimiento, incluyendo estándares de diseño, informes técnicos, literatura importante, estándares de chequeo, programas de cálculo de diseño mecánico, criterios de diagnóstico de los equipos, y datos de análisis estructurales.

Hay que diseñar un sistema de control de planos para archivar y recuperar planos y esquemas de mantenimiento, planos de equipos, registros de equipos, planos detallados de piezas a inspeccionar, «layouts» de tuberías, diagramas de flujo, diagramas de cableado, listas de planos, catálogos, etc.

### Paso 4: Crear un sistema de mantenimiento periódico

En el mantenimiento periódico (o basado en tiempo), para realizar el trabajo programado es necesario tener preparado por anticipado unidades de reserva, piezas de respuesto, equipo de inspección, lubricantes y la información técnica necesaria (planos de detalle, etc.). Solamente con esta preparación anticipada el trabajo de mantenimiento procede regularmente.

### Procedimiento para el mantenimiento periódico

Como muestra el esquema de flujo de la figura 5-15, el equipo puede mantenerse en exceso si el trabajo se programa sin pensarlo bien a intervalos fijos rígidos. Siempre que se realice un trabajo de mantenimiento, hay que replantearse

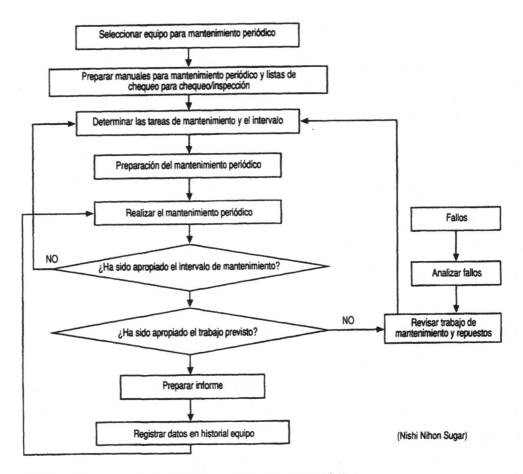

**Figura 5-15.  Diagrama de flujo del mantenimiento periódico**

si es apropiado el intervalo y el tipo de trabajo programado. Siempre que falle el equipo antes de que transcurra el tiempo fijado para el mantenimiento, hay que analizar las razones y usar los resultados para revisar el intervalo de mantenimiento y las tareas a realizar antes del servicio siguiente.

## *Seleccionar equipos y componentes para mantenimiento periódico*

Se evalúa el equipo que se designó para mantenimiento planificado y se seleccionan para mantenimiento periódico las siguientes categorías de equipos:

- Equipos que, por ley, requieren inspección periódica.
- Equipos con intervalos de mantenimiento determinados por experiencia.
- Equipos que requieren verificaciones regulares como consecuencia de su importancia para el proceso.

- Equipos con intervalos de reemplazo preestablecidos en función de la vida de servicio de sus componentes.
- Equipos, tales como los intercambiadores de calor, cuyo rendimiento empieza a deteriorarse después de un período conocido como resultado del crecimiento de incrustaciones y otros fenómenos.
- Equipo importante para el que es difícil o imposible detectar o corregir anomalías durante la operación.

### Preparación de planes de mantenimiento

Los planes de mantenimiento deben basarse en los planes de producción a medio plazo (aproximadamente 5 años). Se detalla el mantenimiento con parada para la planta entera o sección junto con el mantenimiento periódico requerido para unidades individuales del equipo. Se incluyen planes de mantenimiento con parada; planes anuales, mensuales, semanales, y diarios; planes individuales; y planes para «mantenimiento de oportunidad» (mantenimiento realizado sobre máquinas siempre que paran por diversas razones).

Cuando se perfilen planes de mantenimiento periódico, intentar incorporar lo siguiente:

- Fabricar e instalar por anticipado piezas para reducir el tiempo que toma el trabajo de mantenimiento.
- Minimizar el movimiento de personal durante el mantenimiento formando en tareas múltiples a técnicos de mantenimiento y trabajadores externos.
- Preparar todo por anticipado (andamiajes, luces, materiales, energía eléctrica, aire compromido, suministro de agua, purga y desmontaje del equipo, etc.).
- La severidad del deterioro del equipo depende de las condiciones de operación desde el último servicio. Antes de perfilar el plan de mantenimiento, se examina la información tal como los registros de chequeo diario y se anota cualquier cambio en las condiciones de operación.

### Formular estándares de mantenimiento periódico

Para asegurar que el personal realiza el mantenimiento periódico con precisión y eficiencia y crear una sólida base de tecnología de mantenimiento, hay que elaborar las siguientes clases de estándares y actualizarlos cuando sea necesario:

*Estándares de selección de materiales.* Aunque se hayan seleccionado los mejores materiales cuando se diseñó originalmente el equipo, los cambios del proceso o de las propiedades de las primeras materias y materiales auxiliares pueden haber alterado la situación. En tales casos, conviene revisar los estándares originales.

***Estándares de estimación de trabajos.*** A medida que se van asumiendo las últimas técnicas de mantenimiento, equipos y materiales conviene replantearse las horas de trabajo y los costes de equipos y materiales para elaborar los nuevos estándares de tareas de mantenimiento tales como las siguientes:

- *Maquinaria rotativa:* montaje y desmontaje, reemplazo de piezas, ajustes y centrado, reemplazo de lubricantes, etc.
- *Columnas y tanques:* retirar y reemplazar cubiertas, limpieza interna, retirar y reemplazar piezas internas, etc.
- *Intercambiadores de calor:* desmontaje y montaje, limpieza interna, chequeo de fugas en haces tubulares, etc.
- *Hornos:* retirada y reemplazo de quemadores, limpieza y reemplazo de tubos de calor, reparación de revestimientos del horno, etc.
- *Tubería:* retirada e instalación de bridas, placas de asiento y válvulas; reparación, reemplazo y limpieza interna de tubos, etc.
- *Equipo eléctrico e instrumentación:* reemplazo, tests, servicio, etc.

***Estándares de control de piezas de repuesto.*** Las piezas de repuesto son esenciales para asegurar la fiabilidad del equipo, alargando su vida, y reduciendo los tiempos de parada. Por otra parte, los stocks innecesarios aumentan la inversión y los costes de almacenaje, de modo que es vital establecer estándares de control eficaces.

Las piezas de repuesto pueden clasificarse y controlarse de acuerdo con un esquema como el siguiente:

- *Unidades de reserva —bombas, motores y otro equipo de reserva.* El departamento de mantenimiento las debe controlar y mantener constantemente listas para uso.
- *Componentes prioritarios —piezas rotativas de maquinaria importante, etc.* El departamento de mantenimiento debe controlarlos y chequearlos regularmente.
- *Piezas generales —elementos usados regularmente tales como cojinetes, pernos y tuercas.* El departamento de almacenes debe controlar, usando un sistema de código fijo, la entrega de elementos tales como los cojinetes, y crear un sistema de entrega de paquetes con elementos múltiples para elementos como tuercas, pernos y similares.
- *Herramientas y equipo de test.* El departamento de mantenimiento debe controlar las herramientas y entregarlas en préstamo. El equipo de test debe controlarse por el departamento que lo utiliza.

***Estándares de control de lubricantes.*** Comparados con otros productos petroquímicos hay más marcas de lubricantes disponibles que especificaciones de productos distintos. La mayoría de las empresas simplemente compran la marca especificada por el fabricante de la máquina. Esto puede ser necesario al principio para no invalidar la garantía del rendimiento de la máquina. Sin embargo, así se incrementa gradualmente el número de diferentes tipos de lubricante en uso, lo que hace difícil hacer un seguimiento de los lubricantes. Los usuarios de equipos deben aprender a valorar la conveniencia y compatibilidad de los diferentes tipos de lubricante para diferentes tipos de uso, de modo que puedan preparar estándares de control de lubricantes y reducir el número de marcas que se emplean. Algunas empresas han tenido éxito reduciendo el número de diferentes marcas de cincuenta a diez, lo que facilita considerablemente el control de los lubricantes.

*Estándares de control del suministro de lubricantes.*    A menudo, se usan lubricantes en exceso, particularmente grasa. Esto contamina el equipo y estimula la adhesión de polvo y suciedad. Las superficies de fricción consumen realmente muy poco lubricante: en un caso, la cuidadosa observación de un rodamiento de cilindros de 60 mm. de diámetro durante un año, reveló que funcionaba sin problemas incluso cuando el operario aplicaba solamente 0,2 cc. de lubricante tres veces al mes.

*Estándares de seguridad.*    Hay que preparar estándares de seguridad para el trabajo de mantenimiento. Estos estándares se revisan parcialmente cada año, y se hace una revisión completa al menos una vez cada cinco años. Deben incluir los siguientes conceptos:

- Deberes de trabajadores y supervisores.
- Acción antes de empezar el trabajo.
- Acción en caso de accidente.
- Procedimientos de seguridad durante el trabajo.
- Estándares de seguridad para *seiri* (clasificar y retirar lo innecesario) y *seiton* (poner en orden).
- Manejo de sustancias radiactivas.
- Precauciones de seguridad eléctrica.

La tabla 5-13 es un ejemplo de estándar de seguridad para aplicación antes de comenzar el trabajo de mantenimiento.

Los aspectos más importantes a tener en cuenta para garantizar la seguridad de los trabajadores de mantenimiento son:

- Preparar estándares que traten problemas específicos de las áreas en las que tienen que trabajar.
- Facilitar que los trabajadores inspeccionen el sitio de trabajo por anticipado.
- Crear un sitio de trabajo seguro para el uso de sopletes o soldadura.

**Tabla 5-13. Muestra de procedimientos de seguridad ejecutados antes de empezar el trabajo de mantenimiento**

---

I. **Deberes de supervisores en inspección y trabajo.**

Párr. 110: Los supervisores se conducirán en todo momento dando ejemplo y evitando peligros y daños:
— Observando todos los requerimientos legales y reglas de la planta.
— Tomando todas las precauciones de seguridad establecidas por la dirección de seguridad de la planta o director relevante.
— Asegurando que todos los que realizan el trabajo se comportan similarmente.

II. **Procedimiento a seguir antes de comenzar el trabajo.**

Párr. 111: Los supervisores no darán orden de comenzar el trabajo de inspección a menos de que se hayan adoptado y confirmado las siguientes acciones con el director de seguridad, el jefe de la sección donde se localiza el equipo, y los operarios que realizan el trabajo.

1. Cuando se trabaje en áreas peligrosas en presencia de productos petroquímicos o reactivos y gases usados en los procesos de refino o se realizan tareas especiales tales como mover cargas pesadas:
   — El plan de trabajo se confirma sólo *después* de que se ha chequeado el área y todas las cuestiones de seguridad se han revisado de conformidad con el programa, técnicas, procedimientos de desmontaje y montaje, y supervisión y dirección del trabajo.
   — Se ha asignado una persona específica para responsabilizarse del trabajo.
   — Se ha dado a los trabajadores información completa de los contenidos del plan de trabajo y se les ha facilitado la necesaria formación sobre seguridad.
2. De acuerdo con las «Reglas de Autorización de Comienzo de Trabajo», se unirán al equipo relevante tarjetas de autorización que permiten el comienzo del trabajo o abrir el equipo.
3. Se han revisado y están dispuestos los mecanismos de seguridad y los vestidos protectores necesarios para el trabajo.
4. Cuando tengan que prepararse bombas o compresores, los relevantes motores de mando se habrán desconectado en el lugar de trabajo y en la toma general. Además, se instalará una nota de aviso en la estación de toma de corriente indicando que se está haciendo el trabajo.
5. Cuando tengan que repararse tanques de mezcla o enfriadores por aire, se desconecta el motor de mando relevante en el lugar de trabajo. Además, se encadena el conmutador del lugar de trabajo para impedir su funcionamiento, y se coloca una nota avisando que se está haciendo el trabajo.
6. Se verifica que el equipo a trabajar es el correcto.
7. Se descarga la presión y se purgan los materiales volátiles de cualquier equipo que tenga que desmantelarse o abrirse; además, se cierran fuertemente válvulas y grifos en el equipo químico o se instalan placas de bloqueo, con el fin de evitar que se descarguen en el área de trabajo sustancias peligrosas o vapor de temperatura elevada; estas válvulas, grifos y placas asimismo se encadenan, y, o bien se colocan notas de aviso para que no se abran, o se coloca una persona de guardia.
8. Adicionalmente, tienen que cumplirse los procedimientos y condiciones especificados en «Procedimientos para realizar trabajos en los puntos de instalación».
9. Cuando se comience el trabajo, se toman primero las precauciones oportunas, particularmente se conecta el equipo a tierra para evitar descargas de electricidad estática cuando se realicen limpiezas de vapor, lavado con keroseno, pintura, u otros trabajos con pulverizaciones.

---

La tabla 5-14 es un ejemplo de impreso de autorización de comienzo de trabajo de mantenimiento e informe de su terminación.


## Mejora de la eficiencia del mantenimiento con parada

Es una práctica común en la industria química realizar una operación de mantenimiento con parada general al menos una vez al año, y esto ayuda a mejorar la seguridad de las operaciones. Algunas otras industrias de proceso han mejorado también su eficiencia cuando han introducido el mantenimiento con parada planificada en lugar del mantenimiento después de la jornada normal o en fiestas.

## Tabla 5-14.  Informe de autorización de comienzo y terminación del trabajo

| TAREA | Fecha_____ Trabajo # _____ Tarjeta autor # _____ | | | ¿Se usa llama desnuda? |
|---|---|---|---|---|
| | Instalación _____ Nuevo ☐  Construcc. ☐ | | | ☐     ☐ |
| | Descripción trabajo: _____ | | | SI    NO |
| | Instrucciones: _____ | | | |
| | ☐     ☐ | | | Tarjeta de autor #: _____ |
| | SI    NO | | | |

| Subcontratista: _____ | Superintendente del trabajo: _____ | Tiempo de comienzo programado |
|---|---|---|
| Director del trabajo: _____ | Núm. de trabajadores: _____ | |
| Situación: _____ | Equipo: _____ | Tiempo de terminación programado |

| PUNTOS DE CHEQUEO PREVIOS AL COMIENZO | Depto Producc. | | | Depto. Trabajos | | |
|---|---|---|---|---|---|---|
| | SI | NO | Autoriz. | SI | NO | Autoriz. |
| 1.  ¿Ha chequeado los detalles del trabajo el responsable? | | | | | | |
| 2.  ¿Se ha purgado apropiadamente el equipo; es la presión interna igual a la atmosférica? | | | | | | |
| 3.  ¿Está el equipo apropiadamente etiquetado? | | | | | | |
| 4.  ¿Hay procedimientos completos para detectar gases inflamables, tóxicos y asfixiantes? | | | | | | |
|    Gases inflamables _____ % | | | | | | |
|    Gases tóxicos _____ ppm | | | | | | |
|    Gases asfixiantes _____ % | | | | | | |
| 5.  ¿Están instaladas correctamente las placas de bloqueo en válvulas y otros mecanismos? | | | | | | |
| 6.  ¿Está desconectado el equipo? | | | | | | |
|    ¿Se han colocado señales de la desconexión? (en conmutador del lugar de trabajo y en toma general) | | | | | | |
| 7.  ¿Están apropiadamente sellados los drenajes? | | | | | | |
| 8.  ¿Se han retirado o protegido apropiadamente los materiales inflamables? | | | | | | |
| 9.  ¿Se muestran en el lugar de trabajo avisos de que se emplean sopletes o soldadores? | | | | | | |
| 10.  ¿Se ha recibido permiso para mover vehículos en zonas peligrosas? | | | | | | |
| 11.  ¿Están instalados extintores? | | | | | | |
| 12.  ¿Están legalmente cualificados los trabajadores? | | | | | | |
| 13.  ¿Está correctamente instalado el andamiaje o programada su instalación? | | | | | | |
| 14.  ¿Están informados todos los lugares de trabajo relevantes? | | | | | | |
| 15.  ¿Existen medidas para garantizar la seguridad si se interrumpen los circuitos de los instrumentos de medida? | | | | | | |
| 16.  ¿Se han facilitado trajes protectores? | | | | | | |
|    (equipos de reanimación, guantes, cadenas de seguridad, gafas de seguridad, máscaras | | | | | | |
|    faciales, botas de caucho, máscaras de gas, máscaras respiratorias, máscaras de oxígeno) | | | | | | |
| 17.  ¿Se han colocado etiquetas de autorización de comienzo del trabajo? | | | | | | |

| **Confirmación de seguridad** | He verificado la condición de equipos, materiales, y contorno, y confirmo que hay seguridad para comenzar el trabajo |
|---|---|

   Encargado/líder equipo: _____  Supervisor producc.: _____
   Supervisor de trabajos:

| **Grandes recipientes** | Cuando se tienen que abrir, entrar o sellar grandes recipientes, obtener autorización de acuerdo con las Reglas de Autorización de Comienzo del Trabajo |
|---|---|

   Director inspección: _____  Director sección prod.: _____
   Director sección trab.: _____  Director de seguridad: _____

| Puntos de chequeo de terminación | Depto. Trabajos/Subcontratista | | | |
|---|---|---|---|---|
| | Secc. | Term. | Autoriz. | Observ. |
| 1.  ¿Se han apagado todas las llamas después de usarlas? | | | | |
| 2.  ¿Están todas las mangueras de gas y cables ordenados limpiamente y sin obstrucciones? | | | | |
| 3.  ¿Están en off todos los interruptores de tableros de distribución y de otros puntos? | | | | |
| 4.  ¿Están debidamente aseguradas contra el viento las instalaciones temporales tales como andamios, | | | | |
|    paneles a prueba de fuego, placas de protección, etc.? | | | | |
| 5.  ¿Están los equipos, repuestos, materiales, etc., limpios, pulidos, y debidamente ordenados? | | | | |
| 6.  ¿Se ha informado al Departamento de Producción que se ha terminado el trabajo del día? | | | | |

| **Confirmación** | Confirmo que he realizado los chequeos anteriores |
|---|---|

Director trabajos subcontratista/supervisor de trabajos: _____
Confirmo los resultados de los chequeos anteriores:
Departamento de producción – Confirmado por: _____  Tiempo: _____

**Copias a:** Director Sec. Producc., Director Sec. Trabajos, Director Sec. Seguridad, Subcontratista

(Kyokutō Petroleum)

El mantenimiento con parada general puede llegar a consumir hasta una mitad del presupuesto de mantenimiento anual. Esto es consecuencia de que esta operación incluye modificaciones del equipo, el coste de parar y arrancar la planta, así como los costes de mantenimiento de equipos (tales como columnas, tanques, intercambiadores de calor y tuberías) que no pueden abrirse durante la operación normal. También las empresas ejecutan proyectos de inversión durante el período de mantenimiento con parada, por lo que es importante mejorar la eficiencia de este mantenimiento.   .

### Estructura descompuesta del trabajo para el mantenimiento con parada

El mantenimiento con parada es la actividad de mantenimiento más extensa en cualquier planta de proceso. Involucra mucho trabajo, empezando por la parada de la producción, purgar el sistema, chequear la seguridad, ejecutar y aceptar el trabajo de mantenimiento y construcción, preparar el arranque y, finalmente, recomenzar la producción. Involucra a casi todos los departamentos de la empresa, incluyendo seguridad, aprovisionamientos, y contabilidad, así como producción, mantenimiento, inspección e ingeniería. Un mantenimiento con parada libre de errores u omisiones es imposible a menos de que se planifique cuidadosamente todo el proceso. Es recomendable listar cada tarea de mantenimiento, cualquiera que sea su magnitud, y relacionar todas ellas por medio de un diagrama que denominaremos de «estructura descompuesta del trabajo» (WBS). La figura 5-16 muestra un diagrama WBS. Para información adicional sobre esta actividad, véase *New Directions for TPM \**.

El método WBS incluye las siguientes actividades:

*Preparar una lista de operaciones a pié de obra en forma de red.* El trabajo a pié de obra durante el mantenimiento con parada se retrasa usualmente por una multitud de sucesos no previstos tales como el descubrimiento de deterioro inesperado, el retraso de la recepción de materiales, y las condiciones atmosféricas adversas. La lista de operaciones del tipo de barras es menos útil en tales casos porque oculta las relaciones entre diferentes tareas y el efecto de los retrasos sobre el conjunto del proyecto.

Para evitar esto, se suele preparar un diagrama en forma de red que muestre claramente las relaciones entre las diferentes tareas. Hay que mantener una vigilancia constante sobre la ruta crítica (el cuello de botella del proceso global). Esta es la clave para acelerar eficazmente el proceso.

*Preparar un diagrama de red.* Se emplea un método de programación en red tal como el PERT o el CPM para preparar una lista de operaciones a pie de

---

\* Productivity Press, Portland, OR., 1993

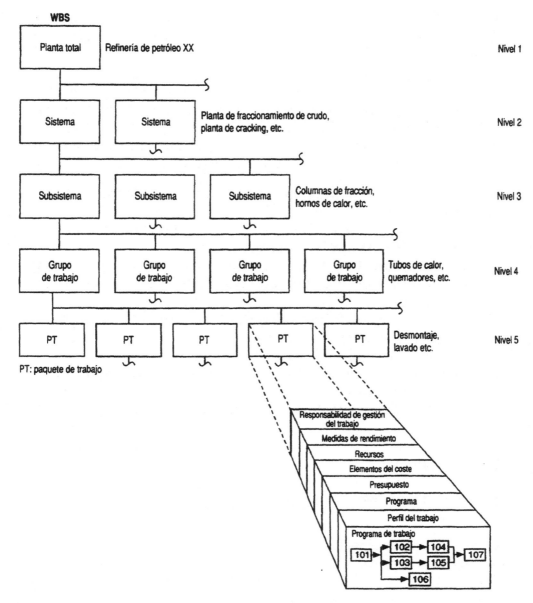

**Figura 5-16.   Estructura descompuesta del trabajo (WBS)**

obra que muestre las tareas indicadas en el diagrama WBS. Hay que destacar los procesos cuello de botella.

***Acortar el proceso.***   El proceso cuello de botella se acorta dándole prioridad en la asignación de personal y materiales, reduciendo los plazos de entrega de los materiales comprados, y utilizando técnicas de preparación externa, esto es, reuniendo y montando herramientas, materiales, piezas y equipos necesarios para el trabajo con la mayor anticipación posible antes de la parada. Se usa el diagrama de red para evaluar el efecto de estos esfuerzos e identificar el cuello de botella siguiente. El proceso se repite una y otra vez para acortar el conjunto del programa.

*Reducción de los costes del mantenimiento con parada.* Hay que revisar el proceso para eliminar los gastos innecesarios de personal, materiales, energía eléctrica, alquiler de equipo, etc., de cada tarea. En particular, se investiga el desperdicio en costes de personal y alquileres de equipos que resulten de cambios de programa. Presentamos algunas ideas para mejorar la eficiencia del trabajo:

- Revisar diariamente el programa para nivelar el número de trabajadorese externos en planta.
- Hacer un uso eficaz de las fluctuaciones de tiempo (sobre lo previsto) y de la capacidad de personal de reserva.
- Reducir la cantidad de trabajo en horas extraordinarias y fiestas retrasando el disfrute de días de descanso durante el período de mantenimiento con parada.
- Hacer un uso eficaz de los trabajadores subcontratados empleados normalmente en el mantenimiento diario.
- Racionalizar el uso de equipo pesado tal como las grúas.
- Pedir con suficiente anticipación elementos de fuentes externas.
- Seleccionar subcontratistas mediante ofertas competitivas basándose en los estándares de trabajo del mantenimiento con parada.

## Control del progreso

*Preparación anticipada.* La preparación anticipada del mantenimiento con parada incluye:

- Ordenar con anticipación materiales y equipos.
- Revisar el programa.
- Aprovisionar andamios, luces y energía; posicionar materiales y equipos donde se necesitarán.
- Instalar tubería temporal para purgas internas.

El departamento de producción debe planificar cuidadosamente las operaciones de purga y garantizar su seguridad. Las purgas eficientes aseguran que el personal de mantenimiento pueda abrir el equipo en el momento oportuno y asimismo reducen los costes de limpieza interna. También afectan considerablemente la seguridad y eficiencia del trabajo de mantenimiento y el tiempo invertido en su ejecución.

*Gestión de la seguridad.* Después de comenzar el trabajo, lo más importante es la gestión de la seguridad. Alrededor del 50 por ciento de los accidentes serios en las plantas de proceso se producen durante los mantenimientos con parada. Con el apoyo de otros departamentos, el departamento de mantenimiento debe controlar la seguridad, el entorno, la calidad del trabajo y el programa. En la gestión del trabajo subcontratado hay que dar prioridad a lo siguiente:

- Ejercitar un control estricto durante el mantenimiento para garantizar la seguridad.
- Como la naturaleza del trabajo y las condiciones del lugar cambian cada día, todos los jefes deben reunirse diariamente y acordar las tareas del día siguiente.
- Los empleados y subcontratistas deben realizar patrullas de seguridad y actividades conjuntas de prevención de accidentes cada día.
- Inspeccionar la seguridad de la maquinaria que los subcontratistas traigan a la planta. No autorizar el empleo de equipo que no pase la inspección.
- Esforzarse en nivelar el número de personas que trabajan en la instalación cada día durante el período de mantenimiento con parada. Establecer un límite superior permisible.
- Antes de comenzar el mantenimiento con parada, facilitar formación sobre seguridad y emitir certificados de aptitud para todos los que tengan que incorporarse al trabajo.
- Adicionalmente, tomar las medidas de seguridad que se detallan en las tablas 5-13 y 5-14.

### Conclusión del mantenimiento con parada

Al terminar el mantenimiento con parada, preparar un informe que detalle el trabajo ejecutado, el progreso realizado, la organización, el presupuesto, etc. Hay que informar cuidadosamente de todos los problemas concernientes a la seguridad, el progreso y el presupuesto, y usar esta información para planificar el siguiente proyecto de mantenimiento con parada.

La amplitud de este informe variará con el volumen del proyecto de mantenimiento y, en algunos casos, puede constar de docenas de páginas. La tabla 5-15 lista el contenido que generalmente debe incluir el informe, y la tabla 5-16 muestra un ejemplo del tipo de informe semanal de progreso que el director del proyecto de mantenimiento con parada debe remitir al superintendente de la planta.

### Caso 5-3: Gestión del mantenimiento con parada

La figura 5-17 muestra cómo la planta Aboshi de Daicel Chemical Industries mejoró la calidad de su gestión del mantenimiento con parada. La empresa no solamente redujo el tiempo y coste del mantenimiento con parada; también logró excelentes resultados aumentando el número de proyectos de mejora orientada puestos en práctica y reduciendo los fallos y defectos. Este éxito se debió probablemente a una práctica muy cuidada en la recogida de los datos necesarios para planificar el mantenimiento.

**Tabla 5-15.   Elementos registrados en el informe del mantenimiento con parada**

| | |
|---|---|
| 1.   Programa de mantenimiento con parada | • Planificado (diagrama en red)-indicar ruta crítica<br>• Actuación real (diagrama en red)-indicar ruta crítica real, con razones<br>• Planificado (calendario)-números de trabajadores diarios, grúas, maquinaria pesada, inspecciones del gobierno<br>• Actuación real (calendario)-números de trabajadores diarios, grúas, maquinaria pesada, inspecciones del gobierno, tiempo atmosférico |
| 2.   Parada y programa de arranque | • Parada de operaciones<br>• Comienzo del trabajo<br>• Planificado y real<br>• Problemas<br>*Terminación del trabajo:*<br>• Operación normal<br>• Planificado y real<br>• Problemas |
| 3.   Organización para mantenimiento con parada | • Organización actual empleada<br>• Puntos a incorporar al próximo plan de mantenimiento con parada |
| 4.   Descripción del principal trabajo realizado<br>5.   Problemas de seguridad y entorno<br>6.   Problemas de trabajo, medidas de mejora adoptadas | |
| 7.   Gastos presupuestos y reales | • Costes de materiales<br>• Costes de subcontrataciones |
| 8.   Trabajo subcontratado | • Trabajo emprendido por cada subcontratista<br>• Número de trabajadores planificados y reales entrados en la instalación |
| 9.   Inspecciones del Gobierno | |
| 10.   Inspección del mantenimiento con parada | • Problemas (unir informes de inspección separado) |
| 11.   Examen del mantenimiento con parada (SDM)<br><br>En principio:<br>**Examen SDM**<br>**Reunión de programación para siguiente SDM**<br>**Reunión de planificación para siguiente SDM**<br><br>**Reunión de trabajo para siguiente SDM** | • Programa para siguiente SDM<br><br><br>• Dentro de los dos meses siguientes a la terminación<br>• Tres meses antes de la fecha<br>• Dentro de los cuatro meses posteriores a la terminación<br>• Dos meses antes de la fecha |
| 12.   Otros conceptos a tener en cuenta en la planificación y realización del siguiente SDM | |

**Tabla 5-16. Muestra de informe semanal de mantenimiento con parada**

**GENERAL**
• No hay daños a empleados de subcontratistas
• Progreso del trabajo del mantenimiento con parada: 97-98%

**MANTENIMIENTO CON PARADA**
**Planta C:** Un test de fugas en tubos reveló fugas en los fondos de los intercambiadores de calor de alimentación/descarga de aceite de tres reactores. Una era debida a una fuga en la soldadura de sellado de un tubo obturador. Las otras dos eran debidas a fisuras en extremos de tubos. Todas ellas han sido reparadas. Se ha completado la carga de catalizador de los reactores.
**Planta B:** Basándose en los resultados de una inspección con rayos γ de los tubos del horno de calor después de descoquificar, se ha repetido la operación de descoquificar.
**Planta A:** Satisfactorio el test de fugas del distribuidor; comenzada inspección de reemplazo de cubierta. Ninguno de los problemas anteriores ha afectado el progreso global.

**NUEVO TRABAJO**
**Planta B:** Los tests han revelado que algunas de las boquillas de pulverización de las 32 bandejas de lavado estaban obstruidas.
Se ha instalado un tamiz de 10-mallas en la salida de la bomba, y la línea se limpia por inyección de aire. El trabajo cumple el programa.

**INSPECCIONES DEL GOBIERNO**
**Planta C:** 22/8 seguridad contra fuego.
**Plantas D y E:** 25/8 seguridad contra fuego, gas de alta presión.
**Planta B:** 26/8 seguridad contra fuego.
**Planta A:** 29/8 seguridad contra fuego.

**ELEMENTOS ESPECIALES**
Ninguno

Por ejemplo, como parte de su programa de mantenimiento autónomo, los operarios de la planta Aboshi mantienen diariamente «Reuniones ZT» (reuniones «cero problemas») en las que discuten las «tarjetas de problemas» (tarjetas con breves descripciones de los problemas encontrados). Cualesquiera problemas que los operarios no hubiesen resuelto al acercarse la fecha del mantenimiento con parada se incorporan en los planes para éste.

Algunas veces, los planes de mantenimiento con parada rivalizan en escala con pequeños proyectos de construcción pero, con todo, siguen siendo trabajos de mantenimiento. Por otro lado, es importante considerar que no importa el alto grado de cualificación del personal que realice el trabajo, el resultado no puede ser plenamente eficaz desde el punto de vista del mantenimiento, a menos de que la información recogida durante la operación sea relevante para el trabajo y se integre debidamente en los planes. En la planta que mencionamos se ha establecido un sistema fiable para incorporar en los planes de mantenimiento con parada, información crítica procedente de las actividades de mejora orientada y de los chequeos e inspecciones periódicos planificados.

## Paso 5: Crear un sistema de mantenimiento predictivo

A pesar de que los fallos inesperados se reducen considerablemente una vez que se ha establecido el mantenimiento periódico, realmente no se han elimi-

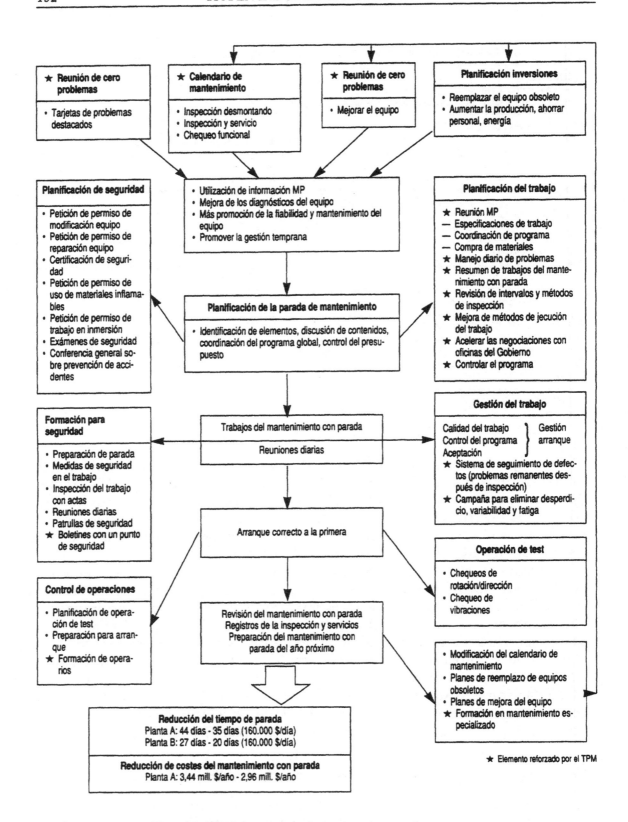

**Figura 5-17.  Planificación TPM del mantenimiento con parada**

nado del todo y se siguen produciendo, y, a veces, los costes de mantenimiento pueden incrementarse. Esto es consecuencia de que el mantenimiento periódico se basa en el tiempo y asume una tasa hipotética de deterioro del equipo. Sin embargo, no pueden establecerse intervalos de servicio óptimos sin medir la extensión del deterioro real de las diferentes unidades del equipo. Esto requiere un enfoque basado en condiciones, en el que el «timing» y la naturaleza del mantenimiento necesario se basa en el deterioro real confirmado a través de diagnósticos del equipo. Para poner en práctica el mantenimiento predictivo o basado en condiciones, debe ser posible medir las características que indican fiablemente el deterioro (conocidas como «características sustitutivas»). Tales características pueden incluir la vibración, temperatura, presión, tasa de flujo, contaminación de lubricantes, reducción del espesor de paredes, crecimiento de defectos metalúrgicos, tasa de corrosión y resistencia eléctrica.

### Introducción de los diagnósticos de equipos

El mantenimiento predictivo incluye el uso de diagnósticos de los equipos. En este contexto, lo mejor es empezar con los diagnósticos basados en vibraciones, una técnica desarrollada en las industrias del acero y química. Primero, se establece el sistema que sigue para el diagnóstico de la maquinaria rotativa, y la aplicación del método se extiende después al equipo estático.

### Diagnósticos de vibraciones en la maquinaria rotativa

*Paso 1:* Se establece un equipo como núcleo inicial entrenando a estas personas para hacer buenos diagnósticos a partir de vibraciones.

*Paso 2:* Se designan ciertas unidades del equipo como modelos para practicar los diagnósticos de las vibraciones. Los miembros del equipo practican con estos equipos y enseñan a otras personas.

*Paso 3:* Se designan ciertas unidades del equipo dentro de cada lugar de trabajo como modelos para realizar diagnósticos a partir de vibraciones. En las industrias de proceso, las bombas de alimentación o los compresores de gas son probablemente los tipos de equipos más apropiados para esto, puesto que sus condiciones de operación y las propiedades de los materiales que manejan son razonablemente estables.

*Paso 4:* Se establecen provisionalmente períodos y criterios para medir las vibraciones del equipo modelo. Para empezar, establecer períodos de aproximadamente uno, dos o tres meses.

*Paso 5:* Supervisar intensamente el equipo modelo durante el período establecido. Cuando se produce una gran dispersión en las mediciones, verificar el estado de la superficie en que se mide para determinar si se ha movido el punto de la medición o ha cambiado la presión de unión del instrumento de medida. Verificar también si ha cambiado la carga de la máquina, ha variado la tasa de rotación de la máquina, o si la máquina es resonante. Repetir después las mediciones.

*Paso 6:* El equipo inicial debe reunirse para discutir las técnicas de diagnóstico y los resultados. Hay que preparar materiales de estudio de casos y usarlos para formación.

Después de formar de este modo a cierto número de personas, establecer un sistema amplio de diagnósticos, realizar mediciones, analizar y coleccionar los resultados y difundir la técnica por toda la organización.

### Introducción de los diagnósticos para el equipo estático

En las industrias de proceso, el equipo estático varía considerablemente de tamaño desde pequeños agitadores y separadores a grandes columnas y tanques. Si se ignoran, los pequeños defectos en materiales o soldaduras en tales equipos pueden aumentar su magnitud y parar la producción o dar origen a grandes desastres. Es por tanto vital usar equipos de diagnóstico para descubrir, diagnosticar y predecir el deterioro. La tabla 5-17 muestra algunos ejemplos de técnicas de diagnóstico para columnas/tanques y tuberías/intercambiadores de calor, mientras la tabla 5-18 muestra un ejemplo de técnicas de diagnóstico usadas durante la operación normal y el mantenimiento con parada en una planta química particular.

### Flujo del trabajo para el mantenimiento predictivo

Una vez introducidos los procedimientos de diagnósticos de equipos y seleccionadas las unidades a diagnosticar como hemos descrito, se prepara un diagrama de flujo del mantenimiento predictivo. La figura 5-19 es un ejemplo. Cuando se aplique esto a equipo estático, el concepto de «diagnóstico simple» consistirá en el descubrimiento de anormalidades y el de «diagnóstico de precisión» en diagnosticarlas.

### Paso 6: Evaluar el sistema de mantenimiento planificado

El objetivo del mantenimiento planificado en las industrias de proceso no es meramente planificar los calendarios y técnicas de mantenimiento, sino también planificar los métodos para mantener eficazmente la funcionalidad y fiabilidad

**Table 5-17.  Técnicas de diagnóstico para equipo estático**

| Anomalía | Causa | Técnica de diagnóstico | Equipo |
|---|---|---|---|
| **COLUMNAS/TANQUES Fugas** | Corrosión, fisuras, guarnición no estanca | Inspección visual, test de agua espumosa, detección de gas, medida de espesor de paredes | Líquidos coloreados o espumosos, detectores de grietas magnetoscópicos, indicadores ultrasónicos de espesores, detectores de gas |
| **Vibraciones** | Transmisión desde el exterior | Medición de vibraciones | Medidor de vibraciones |
| | Flujo anormal de gas/líquido | Análisis de condiciones de operación | Analizador de frecuencias, registros de operación |
| **Contaminación interna** | Corrosión, fluidos internos anormales | Chequear condiciones de operación, analizar descarga | Radioscopio, registros de operación |
| **Daños internos** | Aflojamiento debido a flujo anormal | Vibraciones, sonido | Medidor de vibraciones, estetoscopio, radioscopio |
| **TUBERÍA Fugas** | Corrosión, erosión, perforación | Inspección visual, detección de gas, test con líquido espumoso | Detector de gas, detectores de grietas magnetoscópicos, indicadores ultrasónicos de espesores |
| | Guarniciones y empaquetados no herméticos | Medición de espesores | |
| **Obstrucciones** | Válvulas obstruidas o bloqueadas, materias extrañas, grasa o desechos acumulados | Medida de caída de presión, radioscopia | Indicador de presión, radioscopio |
| **Vibraciones** | Resonancia con vibraciones de maquinaria rotativa | Medida de vibraciones | Medidor de vibraciones |
| | Flujo anormal de fluidos | Investigar condiciones de operación | Medidor de vibraciones |
| | Apoyos anormales | Inspección visual, medición de vibraciones | Medidor de vibraciones |
| **Deformaciones, doblados** | Suspensiones y apoyos anormales | Medición desplazamiento | Escala, indicador de nivel, teodolito |
| | Fuerza externa anormal, tensión térmica | Chequeo de fuerzas externas y temperaturas | Registros de operación |

Seminario del JIPM: «Evaluación del estado del equipo»

esperadas de los equipos. Básicamente, el mantenimiento planificado sistematiza las técnicas de mantenimiento más eficaces para eliminar los fallos que conducen a la degradación o pérdida total de las funciones de producción del equipo.

**Tabla 5-18.    Diagnósticos del equipo durante el funcionamiento y la parada de la planta**

| Diagnósticos durante el funcionamiento | Diagnósticos con el equipo parado |
|---|---|
| Principalmente maquinaria rotativa y anomalías de equipo estático diagnosticadas por anomalías de proceso. Usualmente hechos por operarios que supervisan los procesos o realizan chequeos esporádicos. Los factores analizados incluyen:<br>• Anormalidades del equipo (a partir de lecturas de panel de instrumentación)<br>• Vibraciones en maquinaria rotativa y otros equipos<br>• Fugas<br>• Sonidos anormales<br>• Temperatura anormal<br>• Lubricante<br>• Olor<br>• Bloqueos u obstrucciones | Principalmente con equipo estático. Incluye diagnósticos a largo plazo de deterioro de materiales (corrosión de hidrógeno, deformaciones y alargamientos de metales, carburización, fisuras por corrosión bajo tensión, fatiga). Los tipos de inspección incluyen:<br>• Inspección de equipo estático desmontado<br>• Inspección con desmontaje de grandes máquinas rotativas no provistas de soportes<br>• Degradación de materiales en equipo estático (corrosión de hidrógeno, deformaciones y alargamiento de metales, carburización, fisuras por corrosión bajo tensión, fatiga, etc.)<br>• Soldaduras<br>• Espesores de tuberías de alta temperatura |

Como muestra la figura 5-18, el punto crítico para el buen funcionamiento de un sistema de mantenimiento es la eficaz integración del trabajo conjunto de los departamentos de mantenimiento y producción. El sistema debe apoyarse en dos pilares: el departamento de mantenimiento es responsable del mantenimiento periódico basándose en un calendario de mantenimiento y del mantenimiento predictivo que utiliza equipos de diagnóstico y supervisa las condiciones; el departamento de producción es responsable de mantener el equipo en condiciones óptimas mediante chequeos diarios regulares.

Para evaluar la eficiencia, oportunidad en tiempos y factibilidad económica del mantenimiento, hay que investigar lo que sucede actualmente a los equipos en los lugares de trabajo. Para calibrar si el sistema de mantenimiento planificado funciona consistentemente, hay que verificar si los sistemas de apoyo —estándares de control, estándares técnicos, etc.— están apropiadamente implantados.

El capítulo 12 contiene un examen detallado de la evaluación de los resultados del mantenimiento (véanse también los indicadores básicos de la mejora del mantenimiento descritos en este capítulo).

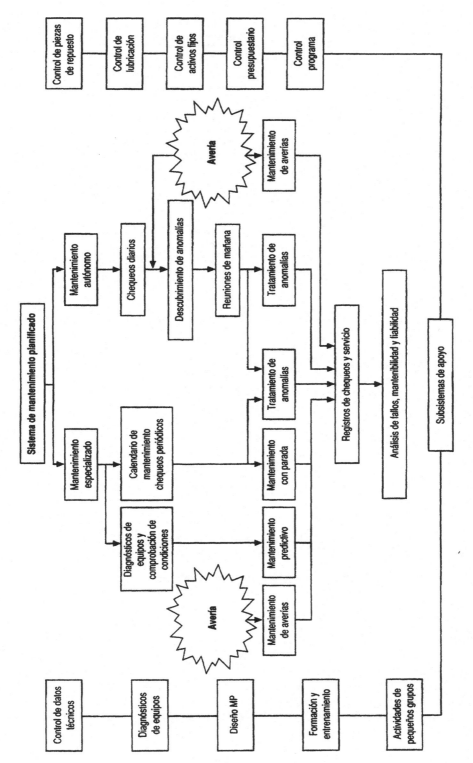

**Figura 5-18.   Esquema de sistema de mantenimiento planificado**

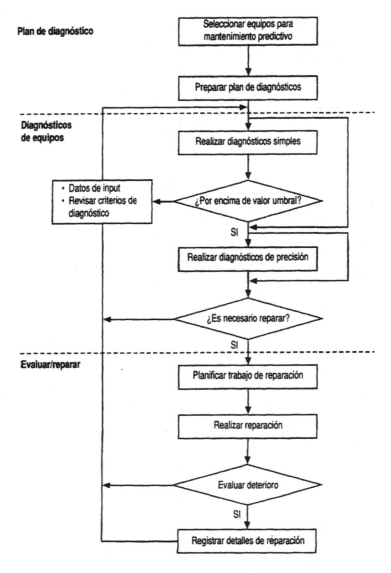

**Figura 5-19. Diagrama de flujo de mantenimiento predictivo**

## REFERENCIAS

Eiji Ohshima, ed., *Diccionario práctico de diagnósticos de equipos y mantenimiento predictivo* (en japonés). Tokyo: NTS, Fuji Technosystems, 1988.
Yoshimasa Sakaguchi, *Plant Engineer*, Vol. 3 (marzo): 8 (1990).
Tokutaro Suzuki, *New Directions for TPM*. Portland: Productivity Press, 1992.

# 6
# Gestión temprana

Conforme se diversifican los productos y se acortan sus ciclos de vida, crece en importancia encontrar modos de aumentar la eficiencia del desarrollo de nuevos productos y de las inversiones en equipos. El objetivo del TPM es reducir drásticamente el plazo desde el desarrollo inicial a la producción en gran escala y lograr un *arranque en vertical* (un arranque rápido, libre de dificultades y correcto desde el principio).

## NECESIDAD DE LA GESTION TEMPRANA

Es vital desarrollar productos de calidad asegurada que anticipen las necesidades de los usuarios, que sean competitivos, fáciles de vender y producir, y hacer todo ello eficientemente. Al mismo tiempo, la transición desde el diseño hasta la producción en gran escala debe ser rápida y libre de problemas. Para lograr esto, deben identificarse los inputs de producción (equipos, materiales, personal y métodos) requeridos para situar los productos en el mercado, eliminar las pérdidas asociadas con el equipo que las produce, y maximizar la rentabilidad de las inversiones. En otras palabras, hay que asegurar que el equipo de producción sea fácil de usar y mantener, altamente fiable, y con óptima ingeniería. Con tales equipos, es más fácil asegurar la calidad de los productos.

Particularmente en las industrias de proceso, las principales unidades de los equipos se diseñan según especificaciones individuales; a menudo, se diseñan, fabrican e instalan apresuradamente. Sin una gestión temprana estricta, tales equipos entran en la fase de operación de test plagados de defectos ocultos. Estas afirmaciones las corrobora la frecuencia con la que el personal de producción y mantenimiento descubre defectos generados en las fases de diseño, fabricación e instalación.

La gestión temprana es particularmente importante en las plantas de proceso porque se invierten cantidades considerables de fondos en unidades de proceso conectadas y la dirección espera que funcionen un gran número de años. Por otra parte, después de cada operación de mantenimiento con parada, la operación de rearranque debe gestionarse con el mismo procedimiento seguido cuando la planta se puso en marcha por primera vez. Para lograr esto, todos los departamentos deben cooperar estrechamente —no solamente R&D, diseño, ingeniería, producción y mantenimiento—, sino también planificación, marketing, finanzas y aseguramiento de la calidad.

El TPM concede la misma importancia a la gestión temprana del equipo y del producto que a las demás actividades del TPM. Las bases de la gestión son dos: la evolución del rendimiento económico del curso de vida del equipo (optimización de los costes del ciclo de vida) y el diseño para prevenir el mantenimiento (MP).

## COSTES DEL CICLO DE VIDA

Consideramos en primer lugar la filosofía básica del coste del ciclo de vida (LCC) tal como lo entiende y propone el Comité LCC del JIPM (Instituto Japonés de Mantenimiento de Plantas).

### Definición del coste del ciclo de vida

El *coste del ciclo de vida* de un producto, unidad de equipo, o sistema es el coste total de su vida útil entera. La U. S. Office of Management and the Budget, lo define así: «La suma de los costes directos, indirectos, periódicos y no periódicos, y otros relacionados de un sistema de gran escala durante su período de efectividad. Es el total de todos los costes generados o previstos que se generan durante el diseño, desarrollo, producción, operación, mantenimiento, y apoyo.»*

### ¿Qué es el cálculo de costes del ciclo de vida?

El Comité LCC del JIPM define el cálculo de costes del ciclo de vida como: «Una técnica para la toma de decisiones sistemática que incorpora los costes del ciclo de vida como un parámetro en la fase de diseño, realizando todos los cálculos de balance posibles para asegurar unos costes del ciclo de vida eficientes económicamente del diseño o sistema del usuario.»

Un procedimiento general para calcular los costes del ciclo de vida de un sistema dado consiste en los siguientes pasos:

*Paso 1:* Clarificar la misión del sistema.

---

* *Major System Acquisitions.* U. S. Office of Management and Budget. Circular #A-109. Washington, D. C., 1976.

*Paso 2:* Formular varias propuestas alternativas capaces de cumplir la misión.

*Paso 3:* Identificar criterios para evaluar el sistema y técnicas para cuantificar esta evaluación.

*Paso 4:* Evaluar las propuestas.

*Paso 5:* Documentar los resultados analíticos y procesos.

## DISEÑO MP

Las actividades de diseño MP reducen los futuros costes de mantenimiento y el deterioro de nuevos equipos, teniendo en cuenta (durante la planificación y construcción) los datos de mantenimiento de los equipos actuales y las nuevas tecnologías, y proyectando equipos con elevada fiabilidad, mantenibilidad, economía, operabilidad, y seguridad.

Idealmente, el equipo con un diseño MP no debe averiarse o producir productos no conformes. Debe tener una operación y mantenimiento fáciles y seguros. El proceso del diseño MP mejora la fiabilidad del equipo investigando las debilidades en el equipo existente y retroalimentando la información a los diseñadores.

## Importancia del diseño MP

Incluso cuando el diseño, fabricación e instalación de nuevas plantas o equipos parecen transcurrir regularmente, a menudo sugen problemas en las fases de operaciones de test y entrada en servicio. Los ingenieros de producción y mantenimiento luchan entonces para conseguir que la planta trabaje apropiadamente, y normalmente logran que opere bien después de repetidas modificaciones.

Después de que la planta ha empezado a operar normalmente, el chequeo, la lubricación, y la limpieza (indispensables para evitar deterioros y fallos), puedan ser arduos y difíciles; e igualmente las preparaciones de equipos, ajustes y reparaciones. Cuando los equipos no están diseñados para una operación y mantenimiento fáciles, los operarios y el personal de mantenimiento tienden a ser negligentes en la limpieza y orden de rutina, las preparaciones y ajustes toman demasiado tiempo, e incluso las reparaciones más simples necesitan que se pare el equipo durante demasiado tiempo.

Cuando se diseñan plantas de proceso, son muy importantes el plan de los bloques nucleares («layout» de la planta) y el de los equipos auxiliares y «layout» de la tubería. Dar de lado las consideraciones de diseño MP en estas fases infla los costes de operación y perjudica la operabilidad y mantenimiento durante la operación de test y el mantenimiento con parada.

Algunas personas opinan que es inevitable tener numerosos problemas en la fase de operaciones inicial a la vista del rápido avance de la tecnología y el aumento del tamaño, velocidad y automatización de los equipos. Creemos que no hay que intentar justificar estos problemas de este modo. Los ingenieros deben incorporar las nuevas condiciones de operación y proceso en las características de diseño del equipo. Para asegurar que el equipo es altamente fiable, mantenible, operable y seguro, hay que evitar confiar plenamente en los aprovisionamientos externos. Hay que hacer un pleno uso de la tecnología interna que los propios ingenieros de diseño, producción y mantenimiento han venido acumulando a partir de los problemas superados en el pasado. La profundidad de la investigación realizada en la fase de diseño determina fundamentalmente el volumen de mantenimiento que requiere una planta después de su instalación.

## Práctica del diseño MP

La gestión del equipo consiste en gran parte en ingeniería de proyectos y de mantenimiento. El diseño MP es un aspecto significativo de la ingeniería de proyectos y de la de mantenimiento.

Consideremos esto en mas detalle, refiriéndonos al sistema de tecnología de equipos mostrando en en la figura 6-1. Este ejemplo sistematiza la tecnología de equipos en cuatro divisiones principales:

*   Planificación de inversiones en equipos (técnicas para evaluar la economía de las inversiones).
*   Gestión temprana del equipo (tecnología de diseño MP).
*   Operación y mantenimiento (tecnología para mantener y mejorar el equipo existente).
*   Medidas de racionalización (tecnología para desarrollar y modificar) del equipo.

Con este sistema, el diseño MP se integra en la gestión temprana del equipo (desde el diseño a su entrada en servicio). Como muestra el diagrama, los grupos realizan actividades de diseño MP durante las siguientes fases, mientras en cada fase se ocupan de descubrir y corregir errores y anomalías:

*   Diseño.
*   Fabricación.
*   Instalación y operaciones de test.
*   Entrada en servicio (establecimiento de operaciones normales produciendo producto comercializable).

Las actividades de diseño MP están sujetas a las siguientes resctricciones establecidas en la fase de planificación de inversiones:

*   Tecnología (tecnología de equipos y producción).

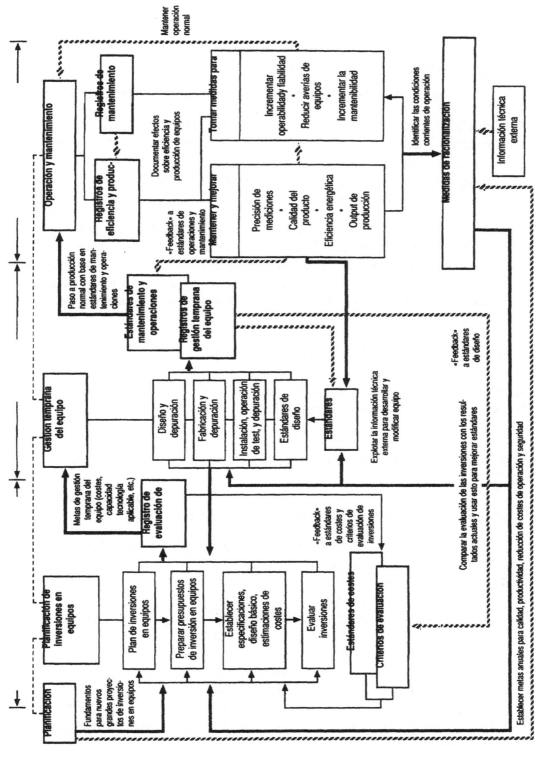

**Figura 6-1.   Esquema de sistema de tecnología de equipos**

- Capacidad cuantitativa y cualitativa del equipo.
- Especificaciones básicas del equipo.
- Presupuesto de capital.
- Costes de operación (personal, rendimientos de materiales, costes de mantenimiento de energía, etc.).

Su objetivo es lograr las siguientes metas dentro de las restricciones previstas:

- Reducir el tiempo a transcurrir desde el diseño a la operación estable.
- Lograr una transición eficiente con un mínimo de costes de personal y cargas de trabajo balanceadas.
- Asegurar que el equipo se proyecta para ser altamente fiable, matenible, económico, operable y seguro.

Para lograr estos objetivos, los ingenieros de tecnología de producción y diseño de equipos responsables del desarrollo deben estar altamente cualificados y tener una elevada sensibilidad. Deben hacer pleno uso de todos los datos disponibles de tecnología, y combinar éstos con la tecnología derivada de la investigación interna, e incorporar los resultados a los nuevos diseños de equipos.

## SISTEMA DE GESTION TEMPRANA DEL EQUIPO

El siguiente procedimiento asegura que la gestión temprana de productos y equipos evolucione comprensiva y eficazmente.

### Paso 1: Investigar y analizar la situación existente

Para identificar problemas, sugerimos investigar y analizar los procedimientos de gestión temprana usados en los pasados dos años:

1. Dibujar en un gráfico el flujo del trabajo de la gestión temprana actual.
2. Identificar problemas en el flujo.
3. Clarificar los mecanismos empleados para prevenir problemas identificados en cada fase de entrada en servicio.
4. Establecer qué problemas sucedieron durante la producción piloto, operación de test, y arranque en gran escala y qué acciones correctivas se tomaron.
5. Identificar cualesquiera retrasos ocurridos durante la producción piloto, operación de test y arranque en gran escala.
6. Recopilar toda la información que guarde relación con la finalidad de diseñar productos y equipos con altos niveles de operabilidad, facilidad de aseguramiento de la calidad, mantenibilidad, fiabilidad, seguridad y competitividad.

### Paso 2: Establecer un sistema de gestión temprana

La información obtenida en el paso 1 se usa para crear un sistema de gestión temprana nuevo y mejorado cercano al ideal. Esto se hace en los siguientes pasos:

1. Investigar y esquematizar la estructura básica del sistema de gestión temprana requerido y definir su perfil de aplicación.
2. Investigar y establecer un sistema para acumular y usar la información requerida para la gestión temprana.
3. Diseñar o revisar los estándares e impresos necesarios para operar los sistemas 1 y 2.

### Paso 3: Depurar el nuevo sistema y facilitar formación

Se inician proyectos modelo para poner en práctica el sistema y mejorar el rendimiento de cada persona. Se seleccionan suficientes temas para que todos los ingenieros de proyectos experimenten el sistema nuevo, asegurando que los temas estén dentro de sus capacidades.

1. Avanzar y evolucionar paso a paso para cada fase de la gestión temprana y cada tema.
2. Al mismo tiempo, formar al personal en las técnicas estándares requeridas para funcionar con el nuevo sistema.
3. En cada paso, evaluar el nuevo sistema en función del grado de comprensión del personal, la eficiencia con la que usan las técnicas, la eficacia de las retroalimentaciones, etc.
4. Usar los resultados de esta evaluación para aumentar o modificar el sistema y sus estándares o documentos.
5. Documentar los beneficios logrados con el uso del sistema.

### Paso 4: Aplicar el nuevo sistema ampliando su radio de acción

1. Ampliar la aplicación del nuevo sistema a todas las áreas.
2. Trabajar en la optimización de los costes del ciclo de vida y en intensificar el uso de la información en el diseño MP.
3. Identificar los problemas que ocurren en cada fase de la gestión temprana y cada tema a los que se aplica el nuevo sistema. Llevar cuenta del número de elementos incorporados en nuevos diseños procedentes de la retroalimentación, del número de problemas sucedidos en entradas en servicio, del número de meses de retraso respecto al programa de nuevas instalaciones, etc. Obtener números totales que faciliten una pa-

norámica de los beneficios del nuevo sistema. Analizar cualesquiera problemas que ocurran después de entrar en servicio nuevas instalaciones. Investigar y estandarizar métodos para cerrar los desfases que se produzcan durante las fases tempranas e intentar lograr un arranque «vertical» en la fecha programada.

## Gestión temprana del producto

Conforme el mercado impone la diversificación de la oferta y se intensifica la competencia en calidad, precio y entregas, es esencial planificar, programar, desarrollar, proyectar y crear prototipos de productos que satisfagan los requerimientos de calidad de los consumidores y que la planta pueda fabricar rápidamente y a bajo coste. Una conocida corporación estimó que el 80 por ciento de sus costes de producto se determinaban en la fase de diseño y, asimismo, que también el 80 por ciento de las pérdidas por problemas de fabricación podían adjudicarse a deficiencias del diseño. Un diseño deficiente reduce la rentabilidad, perjudica la eficiencia de la producción y reduce la eficacia global del equipo.

En las industrias de proceso, particularmente en la industria química, la gestión temprana del producto está estrechamente conectada con las propiedades de éste. Para gestionar eficientemente la producción inicial de nuevos productos es conveniente estudiar los fallos de equipos y defectos de calidad producidos antes en productos similares. El coste del ciclo de vida de un producto puede recibir una gran influencia de la aplicación temprana de tecnología de producción, particularmente en las fases de proceso mecánico, empaquetado y distribución. Esto hace esencial acelerar la producción piloto y lograr un arranque a la primera durante la entrada en servicio incorporando en el producto calidad, fabricabilidad, facilidad de aseguramiento de la calidad y manejabilidad en las fases precedentes del diseño conceptual y detallado. Por supuesto, sigue siendo necesario realizar investigaciones de mercado y de las capacidades técnicas internas en las fases de planificación y programación con el fin de desarrollar productos competitivos y comercializables.

## Proyectar productos fáciles de fabricar en la fase de desarrollo del diseño

Surgen problemas con la fabricación y uso de un nuevo producto si no se presta la debida atención a su fabricabilidad durante la fase de desarrollo del diseño. Esta sección examina brevemente los diseños para fabricabilidad, una de las principales actividades TPM en el área de diseño y desarrollo de productos.

### ¿Qué es un producto fácil de fabricar?

Un producto fácil de fabricar es aquel para el que los medios de producción se pueden aplicar de forma segura y a bajo coste: se pueden producir en condiciones seguras con los equipos existentes y operaciones simples. Por ejemplo, los productos o componentes fabricados principalmente mediante operaciones de mecanizado deben satisfacer las condiciones que relacionamos a continuación para lograr un alto nivel de fabricabilidad. Los productos que se moldean y empaquetan en las industrias de proceso deben satisfacer también esas condiciones, prestando atención adicional al flujo de materiales:

- Se establecen fácilmente planos de referencia.
- Fáciles de anclar (fijar).
- Facilidad para posicionar en plantillas y accesorios.
- Tendencia a permanecer centrados.
- Resistencia a daños.
- Raramente se forman rebabas.
- Fáciles de mecanizar.
- Fáciles de medir.
- Facilidad para distinguirlos de otros productos o componentes.
- Dificultad de adherir virutas.
- Facilidad para retirar virutas.
- Facilidad para ensamblar.
- Facilidad para automatizar.

### Cinco estrategias para lograr la fabricabilidad

Recomendamos las siguientes cinco estrategias para proyectar y desarrollar productos de fabricación fácil:

- Antes de comenzar el diseño de un producto, recoger y utilizar información sobre la fabricabilidad de los productos existentes.
- Analizar los procesos con los que se fabrican los productos existentes y planificar los requerimientos de fabricabilidad.
- Realizar análisis de los procesos para el nuevo producto en las fases de diseño conceptual y detallado para identificar y planificar los requerimientos de fabricabilidad.
- Durante las revisiones del diseño de nuevos productos, analizar los defectos potenciales de calidad con el fin de identificar y planificar características robustas.
- Investigar y predecir problemas de producción en las fases de producción piloto y test con el fin de identificar y planificar para satisfacer los requerimientos de fabricabilidad.

La ejecución de estas cinco estrategias requiere:

- Aplicar las condiciones de la producción en volumen.
- Desarrollar nuevos métodos de evaluación para descubrir problemas ocultos.

- Realizar revisiones del producto usando listas de chequeo estandarizadas y otras herramientas.
- Emplear y desarrollar sistemáticamente personal altamente capacitado y competente.

## Sistemas de gestión temprana del producto

El proyecto, desarrollo, producción piloto y producción normal de nuevos productos pueden referirse a una amplia gama de tipos y formas de productos. Además, el desarrollo puede variar desde productos completamente nuevos a sólo parcialmente nuevos, o a una nueva función o característica que se añade a un producto existente. Los equipos de desarrollo de productos tienen que emplear procesos flexibles que puedan ajustarse finamente a diversas necesidades. La figura 6-2 muestra un ejemplo de un sistema de gestión temprana de productos.

La mayoría de las empresas tienen establecido un sistema de gestión de la calidad, pero tales sistemas frecuentemente no se aplican a fondo durante las fases de gestión temprana. Los análisis e investigaciones son inadecuados, y la tecnología no se acumula y aplica apropiadamente. Esto prolonga la fase del desarrollo y conduce a frecuentes problemas cuando comienza la producción en gran escala. Cada empresa debe desarrollar un sistema de gestión temprana del producto adecuado a sus necesidades. El sistema debe permitir que se incorpore información sobre problemas potenciales y requerimientos en un momento temprano del proceso de desarrollo, de modo que pueda lograrse un arranque a la primera correcto y una producción en gran escala libre de problemas.

## Selección y evaluación de proyectos de desarrollo de productos

El desarrollo de productos competitivos y vendibles es la clave del éxito de una empresa. Al decidir el desarrollo de un producto particular, hay que investigar cuidadosamente y evaluar la capacidad técnica y física de la empresa. En este contexto se evalúan factores tales como el producto (competitividad del precio, tamaño del mercado, novedad, ciclo de vida, rentabilidad, etc.), la capacidad de desarrollo de la empresa (tecnologías de desarrollo, de proceso y ensamble, de manejo de materiales, etc.), el programa de desarrollo en relación con el personal disponible, el encaje del producto en la política de la empresa y sus posibilidades de evolución. Para evaluar estos factores, se establece un conjunto de especificaciones básicas para el desarrollo. Se descompone el proceso de desarrollo en elementos separados para así identificar mejor cualesquiera obstáculos que haya que superar para completar con éxito el proyecto.

La tabla 6-1 es un ejemplo de lista de chequeo usada para seleccionar proyectos de desarrollo. El personal responsable del proyecto evalúa cada concepto

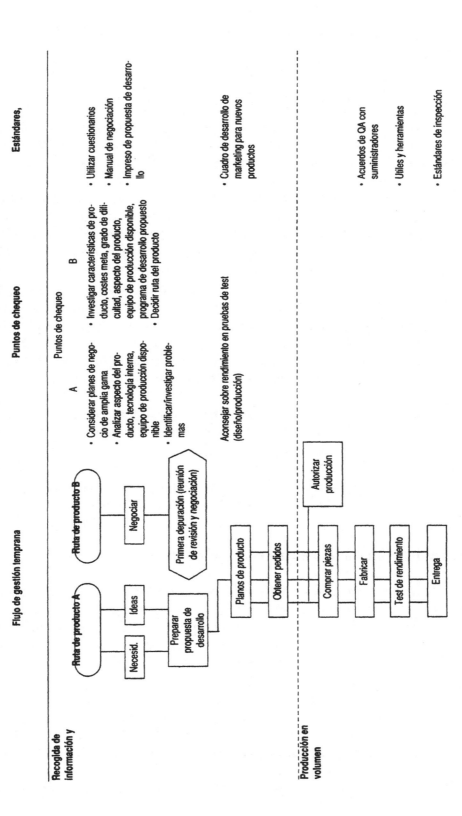

**Figura 6-2. Ejemplo de sistema de gestión temprana del producto**

y después se investigan los conceptos con las puntuaciones más bajas para identificar problemas y dirigir el diseño hasta la producción piloto.

Al poner en práctica las especificaciones básicas de un nuevo producto (características y funciones) y rápidamente proyectar, producir en test y situar en el mercado productos nuevos con calidad asegurada, es importante que no surjan defectos o reclamaciones después de la producción de test. Para evitar esto, se fabrican prototipos en las fases de diseño de producción (componentes) y diseño conceptual (ensamble) y se mejora la fabricabilidad en esas fases.

Normalmente, cuando se inicia un proyecto de desarrollo, el equipo de diseño recibe una lista de requerimientos y comienza sus trabajos utilizando estándares de diseño e información de productos competidores u otros productos con funciones similares. En esta fase son muy importantes las aportaciones de departamentos tales como ingeniería, diseño de equipos y producción. Cuando en la producción piloto se comprueba que es difícil fabricar un producto, o cuando aparecen muchos defectos después de comenzar la producción en gran escala, el coste de rectificar esta situación puede ser enorme. El empleo de técnicas analíticas tales como el FMEA (análisis de efectos y modos de fallos) en esta fase puede sacar a la luz problemas potenciales y generar ideas que eviten pérdidas innecesarias más adelante. Este es un modo muy eficaz de mejorar la fiabilidad. Las figuras 6-3 y 6-4 muestran ejemplos de impresos de listas de chequeo para el FMEA.

Usando planos esquemáticos, planos con detalles de funcionamiento y resultados del FMEA, los diseñadores, ingenieros de producción, ingenieros de calidad y otros siguen rutinas de análisis de supresión de errores para detectar y eliminar cualquier cosa del diseño que pueda perjudicar el rendimiento del producto o hacer difícil su fabricación. Este procedimiento mejora la fabricabilidad y asegura la calidad del producto desde el comienzo.

### Incorporación de la calidad en la gestión temprana

Durante la producción de test o al comienzo de la producción en gran escala, el departamento de producción debe controlar estrictamente los primeros productos de cada serie para asegurar que no se fabrican o entregan productos no conformes. La figura 6-5 esquematiza un proceso de control de este tipo. Bajo este sistema, el departamento de aseguramiento de la calidad examina los planos de producción y decide si se requiere un control tipo «primer lote de la serie». Si es así, el departamento de producción realiza un análisis FMEA y otras verificaciones, y remite entonces el primer lote producido al departamento de aseguramiento de la calidad junto con las hojas del FMEA, datos de mediciones, y otra información. El departamento de aseguramiento de la calidad verifica si el producto es conforme con los planos, y también determina si el proceso de producción está apropiadamente estandarizado y bajo control. Si se satisfacen todos los requerimientos, el departamento de garantía de calidad retira el producto de la

## Tabla 6-1. Lista de chequeos para seleccionar proyectos de desarrollo

**CRITERIOS DE EVALUACIÓN**

| Marketabilidad: 40 puntos | | | | | | |
|---|---|---|---|---|---|---|
| | 1 | 2 | 3 | 4 | 5 | Total |
| 1. Precio | | | | ✳△○□ | | 4 |
| 2. Competitividad | | | ○ | ✳△ □ | | 3,75 |
| 3. Tamaño de mercado | | | | ✳△○□ | | 4 |
| 4. Novedad/originalidad | | | △○□ | ✳ | | 3,25 |
| 5. Expectativas futuras | | | | ○ | ✳△ □ | 4,75 |
| 6. Ciclo de vida | | | | △○□ | ✳ | 4,25 |
| 7. Rentabilidad | | | | ○□ | ✳△ | 4,5 |
| 8. Patentabilidad | | | | ○□ | ✳△ | 4,5 |
| Observaciones | | | | | | 33/82,5% |

| Capacidad de desarrollo: 30 puntos | | | | | | |
|---|---|---|---|---|---|---|
| | 1 | 2 | 3 | 4 | 5 | Total |
| 1. Capacidad técnica requerida | Nueva tecnología | Tecnología actual | Nueva tecnología patentada ✳△○□ | Resultado de tecnología pat. actual | Tecnología patentada | 3 |
| 2. Personal requerido | | | Colaboración ingenieros de diferente área | Equipo de proy. exist. ✳△○□ | Dentro de departamentos existentes | 4 |
| 3. Tecnología de proceso | | | □ | △○□ | | 3,75 |
| 4. Tecnología de ensamble | | | ✳△○□ | | | 3 |
| 5. Tecnología de materiales | | | | ✳△○□ | | 4 |
| 6. Capacidad de aprovisionamiento de materiales/compon. | | | | ✳△○□ | | 4 |
| Observaciones | | | | | | 21,75/72,5% |

| Programa de desarrollo: 15 puntos | | | | | | |
|---|---|---|---|---|---|---|
| | 1 | 2 | 3 | 4 | 5 | Total |
| 1. Programa | 1,5 años o más | 1 año | 10 meses | 6 meses ✳△○□ | 3 meses | 4 |
| 2. Personal | | 2 a tiempo completo | 1,5 a tiempo completo | 1 tiem/com. ✳ ○□ | En paralelo con otros proyectos △ | 4,25 |
| 3. Prioridad | | | | ✳△ | ○□ | 4,5 |
| Observaciones | | | | | | 12,75/85% |

| Otros: 15 puntos | | | | | | |
|---|---|---|---|---|---|---|
| | 1 | 2 | 3 | 4 | 5 | Total |
| 1. Conformidad con políticas y planes de empresa | Menos del 60% | 60% | 75% | 90% | 100% ✳△○□ | 5 |
| 2. Posibilidad de evolución | | △○□ | ✳ | | | 2,25 |
| 3. Mejora de imagen corporativa | | | ○ | △○□ | | 3,75 |
| Observaciones | | | | | | 11/73,3% |

**Total:** 78,50

**Evaluación global**

Este producto tiene prevista una alta marketabilidad (82,5%). Su «rating» de programa de desarrollo es también alta. Con base en esta evaluación, se ha decidido darle una elevada prioridad al desarrollo.

✳,△,○,□: Evaluadores

**FMEA PARA COMPONENTES**

Producto: ______________ Código: ________ Fabricante: ______________ Modelo: ________

| Componente | Función | Modo de defectos | Efectos | Causas | Puntuación | | | | Acción tomada | Revisión post-acción | | | |
|---|---|---|---|---|---|---|---|---|---|---|---|---|---|
| | | | | | Frec. | Efectos | Tasa defec. | Grado | | Frec. | Efectos | Tasa defec. | Grado |
| | | | | | | | | | | | | | |
| | | | | | | | | | | | | | |
| | | | | | | | | | | | | | |
| | | | | | | | | | | | | | |
| | | | | | | | | | | | | | |

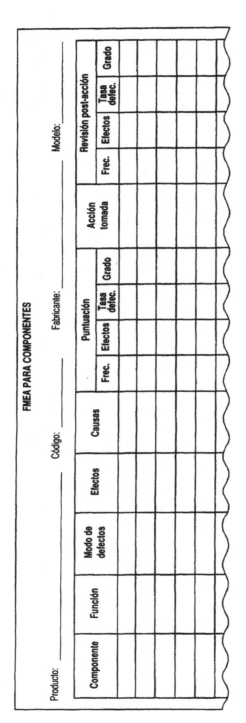

Figura 6-3. FMEA para componentes

**FMEA PARA ENSAMBLES** (2/2)

**FMEA PARA ENSAMBLES** (1/2)

Producto: ______________ Código: ________ Fabricante: ______________ Modelo: ________

| Componente | Función | Modo de defectos | Efectos | Causas | Puntuación (criterio: 20 puntos o más) | | | | Acción tomada | Revisión post-acción (criterio: 20 puntos o más) | | | |
|---|---|---|---|---|---|---|---|---|---|---|---|---|---|
| | | | | | Frec. | Efectos | Tasa de defectos | Grado | | Grado | Tasa de defectos | Efectos | Frec. |
| | | | | | | | | | | | | | |
| | | | | | | | | | | | | | |

Figura 6-4. FMEA para ensambles

lista de controles de primeros lotes. Este sistema evita entregar un producto si no se satisfacen algunos de los requerimientos del control de primeros lotes. Este sistema se aplica a nuevos productos y a los primeros productos fabricados cuando la planta reanuda la producción después de una parada de mantenimiento o por reparaciones.

## Uso de la información de defectos generados durante la fase de gestión temprana del producto

Incluso cuando una empresa hace tremendos esfuerzos para integrar la calidad y fabricabilidad en la fase de diseño, problemas internos y externos pueden aún causar pérdidas durante la fabricación de equipos, montaje, instalación, producción piloto del producto, y producción inicial en gran escala. Para evitar la repetición en el futuro de tales problemas, hay que obtener información precisa de ellos, investigar sus causas, retroalimentar los resultados a la fase previa, y tomar la acción preventiva apropiada. La figura 6-6 muestra un sistema de *control de problemas* (PC), para procesar y utilizar esta clase de información, y la figura 6-7 muestra un ejemplo de una hoja PC. Aconsejamos diseñar un sistema de este tipo que se ajuste a las necesidades de su empresa.

## PRACTICA DE LA GESTION TEMPRANA DEL EQUIPO

Cuando el equipo se remodela o se instala nuevo, surgen problemas en la fase de entrada en servicio que a menudo retrasan las operaciones y reducen la eficacia global. Esto sucede cuando los equipos de proyecto fracasan en integrar la fiabilidad, mantenibilidad, operabilidad, economía, seguridad, y facilidad de aseguramiento de la calidad durante la fase de gestión temprana. Para acortar la duración de las operaciones de test y de entrada en servicio y lograr un arranque inmediato, libre de problemas, hay que usar todas las capacidades técnicas disponibles para erradicar los problemas potenciales en las fases de planificación y diseño.

### Requerimientos básicos del equipo

El objetivo del diseño MP es superar la mentalidad de diseño centrado en el equipo. En vez de esto, se adopta un enfoque de sistema «hombre-máquina» para hacer proyectos que eviten problemas, y equipos seguros que garanticen fácilmente la calidad. En el diseño MP, se consideran los atributos básicos que el equipo debe poseer: fiabilidad, mantenibilidad en general, mantenibilidad por el operario, operabilidad, economía de recursos, seguridad, etc. Hay que asegurar que se definan claramente estas características; de otro modo, cada uno las interpretará de modo diferente. La tabla 6-2 ofrece una muestra de definiciones.

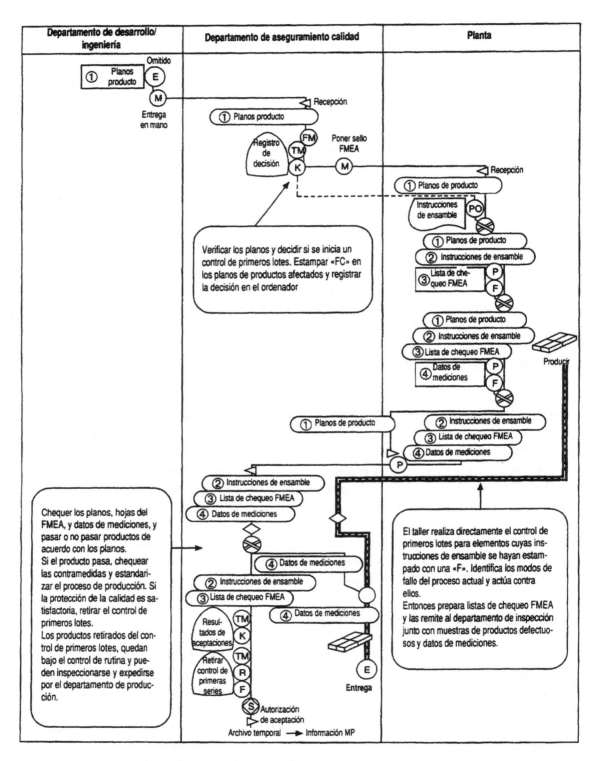

**Figura 6-5.    Sistema de control de primeras series**

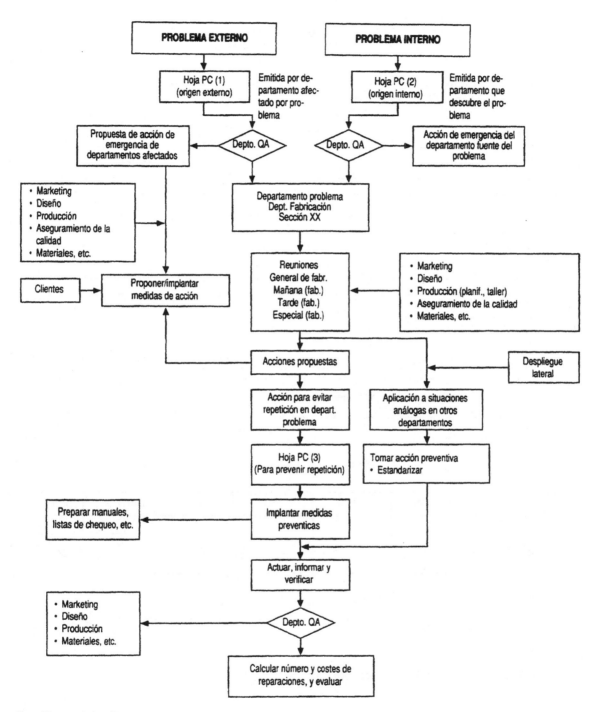

**Nota:** QA - garantía de calidad

**Figura 6-6.   Sistema de control de problemas (PC)**

## HOJA PC (3)
## Prevención repeticiones

A: : _____

Archivo #: _____
Fecha: _____
Sección: : _____

QA → Deptos. problema → QA → Deptos.relacionados

Problema: _____
_____

Elementos: _____
_____

Departamento problema: _____
Director de sección: _____
Inspector: _____
Persona responsable: _____

---

Fecha de examen: _____ Time: _____
Participantes: _____
Líder de discusión: _____
Documentación aplicable: _____
_____

| Causa | Medidas |
|---|---|
| | |

**Departamento del problema - costes incurridos**

| Costes indirectos: | Costes directos | Código costes |
|---|---|---|
| | | |

| Acción (¿quién?) | ¿Cuándo? | Momento | ¿Porqué? | ¿Qué? | Director secc. | Depto. QA |
|---|---|---|---|---|---|---|
| | | | | | ☐ confirm. | ☐ confirm. |

**Despliegue lateral a:**

☐ Asuntos generales     ☐ Marketing

**Nota:** QA - garantía de calidad

**Figura 6-7.    Hoja de control de problemas**

**Tabla 6-2.   Atributos básicos del equipo y sus definiciones**

| Atributos | Definiciones | Detalles | |
|---|---|---|---|
| Fiabilidad | Es inmune a deterioros funcionales y fallos por pérdida de función | • Baja tasa de fallos<br>• Pocos tiempos en vacío y pequeñas paradas<br>• Baja tasa de defectos de calidad<br>• A prueba de corrosión<br>• Sistema de control altamente fiable | • Necesita poco ajuste<br>• Tiempo de ciclo de máquina estable<br>• Precisión estática y dinámica fácil de medir<br>• Alta calidad de soldaduras |
| Mantenibilidad general | El deterioro se mide y corrige fácilmente | • Fallos fácilmente detectados y localizados<br>• Las piezas se reemplazan fácilmente; las funciones se restauran fácilmente<br>• Inspección fácil<br>• Fácilmente accesible para mantenimiento | • Detección fácil de piezas deterioradas<br>• Fácil reposición y recambio de lubricantes<br>• Desmontado y revisado fácilmente |
| Mantenibilidad por operario | Los operarios pueden realizar rápida y fácilmente tareas de mantenimiento tales como limpiar, lubricar, y chequear | • Fácil limpieza, lubricación y chequeo<br>• Se recogen fácilmente las virutas<br>• Las fuentes de contaminación y dispersión se contienen fácilmente<br>• Fácil de inspeccionar | • Se hacen fácilmente los chequeos de lubricación<br>• Mantenimiento de calidad simple (se mide fácilmente la precisión, etc.) |
| Operabilidad | Puede prepararse y operarse rápida y fiablemente | • Preparación y ajuste fáciles<br>• Herramientas y muelas abrasivas se reemplazan fácilmente; ajustes fáciles de hacer<br>• Control del proceso fácil | • Operación fácil pulsando botones (altura, posición, número, forma, color, etc.)<br>• Transporte e instalación fáciles |
| Economía de recursos | Uso eficiente de recursos tales como energía, útiles, ruedas abrasivas, lubricantes, etc. | • Bajo consumo unitario de energía y otros recursos | • Alto nivel de reciclaje de recursos |
| Seguridad | No entraña peligro directo o indirecto de mutilación o muerte | • Poco trabajo no estándar tratando fallos, pequeñas paradas, tiempos perdidos y defectos de calidad<br>• Partes móviles resguardadas con seguridad | • Pocas proyecciones, esquinas salientes, etc.<br>• Rutas de escape fáciles<br>• Anomalías de equipo o proceso fáciles de detectar |

## Un sistema de gestión temprana del equipo

La figura 6-8 describe el flujo de un sistema de gestión temprana del equipo. Los grupos de proyecto detectan los problemas potenciales en cada paso desde la planificación a la entrada en servicio para evitarlos. La intención al hacer esto es crear un equipo casi perfecto capaz de arrancar «de un golpe» y que por tanto requerirá sólo un período de prueba muy corto. Las actividades de erradicación de defectos durante los tres primeros pasos (planificación inicial, planificación de acción y diseño) son particularmente importantes para reducir el tiempo de arranque.

En estas tres fases hay que hacer un pleno uso de las capacidades técnicas y analíticas para integrar en el equipo calidad, fiabilidad y otras características deseables. Personal calificado deberá revisar las posibles deficiencias en cada paso. Hacer esto reduce el número de defectos producidos durante la operación de test y fases posteriores y acorta el período de revisión en la entrada en servicio (figura 6-9).

El tiempo requerido para vigilar activamente un equipo desde la instalación hasta la operación estable afecta al coste del ciclo de vida. Actualmente, con el rápido ritmo de innovación técnica vigente, los fallos en cumplir los programas de instalación y producción son un problema de dirección serio. Esta es la razón por la que las pérdidas de eficacia durante el período de arranque se tratan en el diseño MP.

El objetivo de la erradicación de deficiencias («debugging») es identificar los problemas que a pesar de todo se deslizan por el diseño MP y eliminarlas antes de que el equipo entre en servicio estable. Es una actividad más pensada para lograr un arranque «vertical». El «debugging» es más importante en la fase de diseño y relativamente menos importante durante la fabricación, operaciones de test, e instalación.

La sección siguiente explica cómo proceder en dos fases particularmente importantes: planificación de las acciones y el diseño.

### Planificación de acción

Después de una cuidadosa investigación comercial, se determinan las especificaciones del proyecto y la fabricación del equipo. Entonces se usa el «debugging» para aumentar la precisión de la planificación y asegurar que no se han omitido algunos elementos (figura 6-10).

Las herramientas analíticas que apoyan esta actividad incluyen:

*Gráfico del proceso de producción.* Muestra el orden en el que tienen lugar los procesos y las fronteras entre diferentes procesos. (Divide el proceso total en subprocesos separados.)

*Matriz QA del proceso.* Este es un impreso donde se muestran las relaciones entre la calidad del producto y los subprocesos individuales. La figura 6-11 ofrece un impreso como ejemplo.

*Análisis producción-inputs (4-M).* Para cada proceso que la matriz QA identifique que está estrechamente asociado con defectos de la producción, hay que clarificar las relaciones entre defectos e inputs de producción (equipo, materiales, personal y métodos), e identificar las condiciones del equipo que no producirán defectos (figura 6-12).

*FMEA del proceso.*   En el caso de los procesos problemáticos identificados en el análisis producción-inputs, se usa el FMEA para el proceso a fin de evaluar los riesgos. Esto facilita información útil para evaluar los conceptos de diseño del equipo y planificar contramedidas para tratar cualesquiera elementos que fallen según los criterios de evaluación (figura 6-13).

### Reflejar los resultados en los conceptos de especificaciones de equipos

Las contramedidas contra los problemas identificados en los análisis precedentes deben incorporarse en los conceptos de especificaciones de equipos. Se emplea una tabla con el formado mostrado en la figura 6-14 para registrar la información retroalimentada y la acción tomada.

### Evaluación preliminar mediante retroalimentación con los conceptos de especificaciones del equipo

Cuando se evalúan los conceptos de especificaciones del equipo, se registran las predicciones relativas a los objetivos establecidos en la fase de planificación inicial. Si no encajan objetivos y predicciones, se vuelven a pensar los conceptos de especificaciones del equipo. La figura 6-15 ofrece un impreso para una tabla de especificaciones de un equipo.

Los departamentos cooperantes usan los análisis y tablas precedentes para descubrir y resolver tempranamente los problemas potenciales involucrados en la capacidad de producción, fiabilidad, flexibilidad, etc. La siguiente sección describe cómo se incorpora en los diseños del equipo la información desarrollada durante esta fase.

### Un ejemplo de fase de diseño

Los equipos de ingenieros proyectan equipos basándose en especificaciones de diseño y fabricación, planos de concepto preparados en la fase de planificación de las acciones y especificaciones comunes de equipos. A continuación someten este diseño a una revisión FMEA para identificar cómo afectaría cualquier fallo de un componente o subensamble del equipo a la calidad del producto, operación del sistema y seguridad.

El equipo modifica entonces el diseño para prevenir los problemas potenciales identificados por el FMEA. Esto se logra reuniendo a todos los departamentos relevantes para una revisión dirigida a eliminar deficiencias. El equipo de revi-

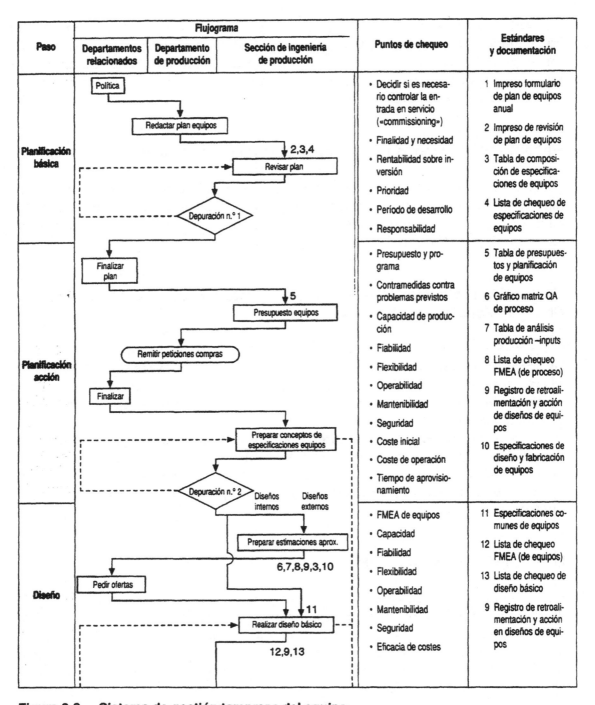

**Figura 6-8.   Sistema de gestión temprana del equipo**

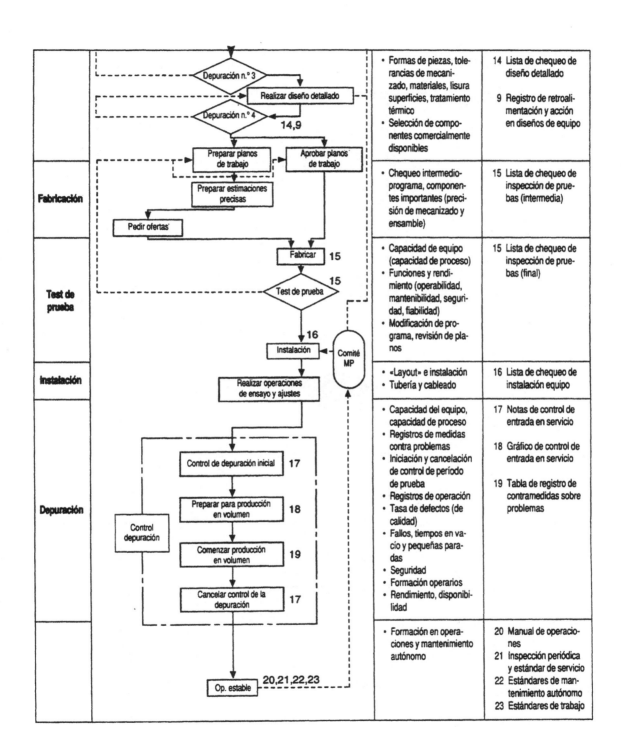

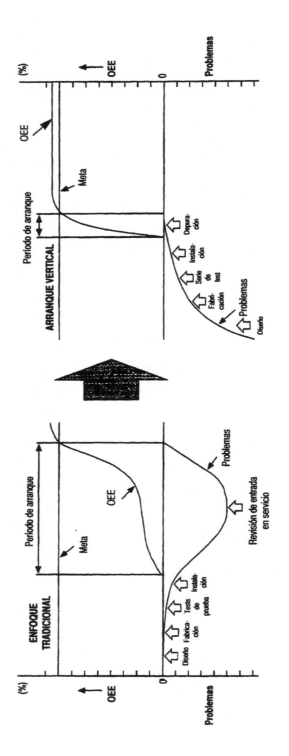

**Figura 6-9.   Depuración durante período de revisión a la entrada en servicio**

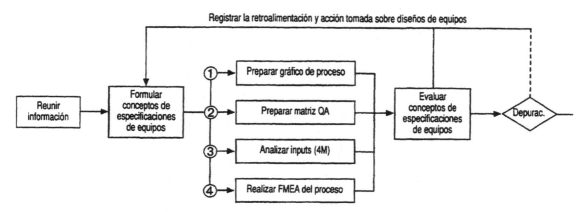

**Figura 6-10. Diagrama de flujo detallado para planificación acción**

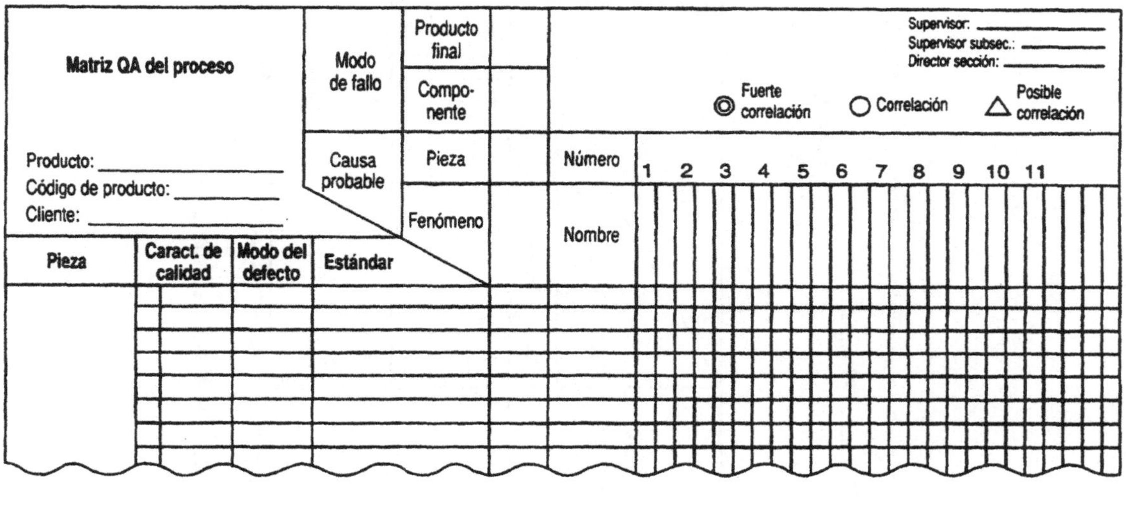

| Matriz QA del proceso | | | | Modo de fallo | Producto final | | | | | | | | | | | | | | | |
|---|---|---|---|---|---|---|---|---|---|---|---|---|---|---|---|---|---|---|---|---|
| | | | | | Componente | | Fuerte correlación ◎ | Correlación ○ | Posible correlación △ | | | | | | | | | | | |
| Producto: | | | | Causa probable | Pieza | Número | 1 | 2 | 3 | 4 | 5 | 6 | 7 | 8 | 9 | 10 | 11 | | | |
| Código de producto: | | | | | Fenómeno | Nombre | | | | | | | | | | | | | | |
| Pieza | Caract. de calidad | Modo del defecto | Estándar | | | | | | | | | | | | | | | | | |

**Figura 6-11. Matriz QA del proceso**

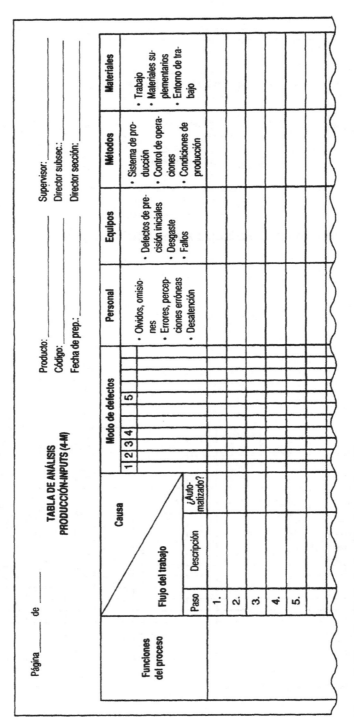

**Figura 6-12. Análisis de inputs de producción**

**FMEA PARA PROCESOS**

Finalidad:

Preparado por: _____
Fecha: _____

Equipo: _____ Trabajo (nombre y cód.): _____
Producto importante: _____ Producto: _____
Proceso importante: _____ Proceso general: _____
Superior: _____

| | 5 | 4 | 3 | 2 | 1 |
|---|---|---|---|---|---|
| A. Frecuencia | Crónico (cada lote) | Esporádico (1/mes) | Ocasional (1/3 mes) | Posible, pero raro | Muy escasa posibilidad de ocurrencia |
| B. Importancia | Fallo crítico (destruye resistencia, penetración de agua, durabilidad) | Fallo importante (resistencia, dimensiones, o durabilidad fuera de márgenes de seguridad) | No puede instalarse en producto final (pieza errónea, ensamble incorrecto, defecto) | Superficie dañada (rayado, levantado color protector, etc) | Poco importante |
| C. Dificultades de detección | Imposible observar externamente | Sólo con la vista personal | Con instrumentos | Sólo durante el ensamble | Antes del ensamble |

| Proceso | Función | Tipos de fallos | Efectos de fallos | Causas de fallos | 25 puntos o más: se requiere acción | | | | | Acción tomada | Programa | Depto. resp. | Chequeado por (firma) |
|---|---|---|---|---|---|---|---|---|---|---|---|---|---|
| | | | | | A x B x C = riesgo | | | | | | | | |
| | | | | | Ant. ¦Des. | Ant. ¦Des. | Ant. ¦Des. | Ant. ¦Des. | Ant. ¦Des. | | | | |
| | | | | | | | | | | | | | |
| | | | | | | | | | | | | | |

**Figura 6-13. FMEA del proceso**

## RETROACCION/ACCION PARA DISEÑO DE EQUIPOS

Preparado por: _____
Fecha: _____

Equipos: _____
Sección de destino: _____
Departamento aceptante: _____
Director subsección: _____

Sección de ingeniería de producción: _____
Supervisor: _____
Director subsección: _____
Director de sección: _____

En el momento de:
☐ Conceptos de especificaciones
☐ Diseño básico
☐ Diseño detallado

Emitido en: _____

| N.° | Fecha | Fuente (A) | Prioridad (B) | Problema/ petición | Acción | Fecha | Acción (C) | Causa (D) | Resul-tado | Retroac-ción (E) | Detalles (F) | Persona resp. | Observa-ciones |
|---|---|---|---|---|---|---|---|---|---|---|---|---|---|
| 1 | | | | | | | | | | | | | |
| 2 | | | | | | | | | | | | | |
| 3 | | | | | | | | | | | | | |
| 4 | | | | | | | | | | | | | |
| 5 | | | | | | | 1 | 1 | OK | | | | |
| 6 | | | | | | | 1 | 4 | OK | | | | |
| 7 | | | | | | | 1 | 1 | OK | | | | |
| 8 | | | | | | | 1 | 1 | OK | | | | |
| 9 | | | | | | | 1 | 1 | OK | | | | |
| 10 | | | | | | | 1 | 1 | OK | | | | |
| 11 | | | | | | | 1 | 1 | OK | | | | |
| 12 | | | | | | | 1 | 1 | OK | | | | |
| 13 | | | | | | | — | 1 | OK | | | | |
| 14 | | | | | | | — | 1 | OK | | | | |

| A. Fuente de información | B. Prioridad | C. Acción | D. Causa | E. Destino de retroacción | F. Detalles de retroacción |
|---|---|---|---|---|---|
| 1 Departamento fabricación (interna)<br>2 Departamento fabricación (externa)<br>3 Departamento diseño (interna)<br>4 Departamento diseño (externa)<br>5 Departamento usuario | 1 Incorporación obligatoria<br>2 Incorporar cuando sea posible<br>3 Referencia solicitada | 1 Modificar estructura/mecanismo<br>2 Modificar acción/función<br>3 Modificar circuitos control<br>4 Modificar superficie/tratamiento térmico<br>5 Modificar matrial/forma | 1 Error de planificación<br>2 Error de diseño<br>3 Esta máquina y modelos siguientes y similares | 1 Sólo esta máquina<br>2 Esta máquina y modelos siguientes<br>3 Esta máquina y modelos siguientes y similares | 1 Incrementar capacidad de proceso<br>2 Incrementar capacidad<br>3 Mejorar fiabilidad<br>4 Mejorar mantenibilidad (durabilidad)<br>5 Mejorar eficacia de costes<br>6 Mejorar seguridad<br>7 Mejorar operabilidad |

**Figura 6-14.  Registro de acciones y retroacción para diseño de equipos**

| TABLA DE EVALUACION DE CONCEPTOS DE ESPECIFICACIONES DE EQUIPO | | | Planificación esquema | Planificación detall. |
|---|---|---|---|---|

Equipo: _____

Departamento aceptante: _____

Fecha de preparación:
    Planificación anteproyecto: _____/_____/_____
    Planificación detallada: _____/_____/_____

**Secc. ing. producc.**
Supervisor ☐ ☐
Director subsección ☐ ☐
Director sección ☐ ☐
**Departamento aceptante**
Supervisor ☐ ☐
Director ☐ ☐

| Concepto | Contenidos | Al planificar anteproyecto | Al planificar acción | |
|---|---|---|---|---|
| | | Objetivo | Previsiones planificación | Evaluación |
| **Capacidad de producción** | Tiempos de ciclo, volumen de producción | | | |
| | Tasa de utilización (%) | (%) | (%) | |
| | | | | |
| **Fiabilidad** | Tasa de calidad (%) | (%) | (%) | |
| | Durabilidad | (Años) | (Años) | |
| **Evaluación global** | | | | |

**Claves:** A: Objetivo excedido
B: Objetivo cumplido    Cuando la evaluación global es C, repasar la propuesta
C: Por debajo del objetivo

**Figura 6-15. Tabla de evaluación de conceptos de especificaciones de equipo**

sión examina los planos del proyecto y datos FMEA para comprobar si el proyecto incorpora toda la información aportada en la retroalimentación, eliminando fallos potenciales y defectos latentes identificados a través del análisis, y también si el diseño es conforme a estándares.

## CONTROL DEL PERIODO DE PRUEBA («COMMISSIONING»)

Durante el período de prueba o inicial, los equipos controlan y tratan los problemas que surgen esforzándose en lograr rápidamente una operación estable. Este período comienza con el arranque de la producción real después de la instalación del equipo y las operaciones de test. (Algunas veces el período de prueba incluye la instalación y las operaciones de test.) El mismo concepto se aplica cuando se introducen nuevos productos fabricados con el mismo equipo.

Las repetidas revisiones durante las fases previas para incorporar calidad, fiabilidad y otras características deseables en el equipo aseguran que no pasen problemas a la fase inicial o de prueba. El período de prueba es la oportunidad final para detectar y prevenir problemas imprevistos en las fases previas. La ocurrencia de muchos fallos y defectos indicará necesariamente que no se han ejercido grandes capacidades técnicas en las fases previas.

La erradicación de deficiencias en el período de prueba debe centrarse en las capacidades de proceso, problemas de calidad y del flujo de materiales. Otra actividad importante es preparar el manejo del equipo, lo que incluye formular los estándares de operación, preparación y mantenimiento (p.e., lubricación, chequeo, servicio periódico, etc.), y formar a los operarios y técnicos de mantenimiento.

### Muestra de sistema de control del período de prueba

La figura 6-16 es un ejemplo de diagrama de flujo para un sistema de control de período de prueba. Este sistema define claramente las funciones de los departamentos de producción, mantenimiento y planificación (proyectos) y las actividades que realizan cooperativamente. El sistema actúa como interface entre diseño, producción y mantenimiento. Es fácil imaginar lo mal que pueden ir las cosas sin un sistema como éste.

Este sistema define también claramente la iniciación del control del período de prueba y su cancelación. Cuando se inicia este tipo de control se especifican los criterios de cancelación tales como rendimientos de producción, frecuencia y severidad de las paradas, tasa de calidad, etc.

### RECOGIDA Y USO DE DATOS DE DISEÑO MP Y TECNOLOGIA DE DISEÑO DEL PRODUCTO

Las figuras 6-17 y 6-18 son ejemplos de diagramas de flujo de sistemas que recogen y usan datos de diseño MP y tecnología de diseño del producto. Estos sistemas se perfilan para estandarizar y retroalimentar a las fases previas la información interna y externa sobre los requerimientos de calidad, tecnología de producción, mantenimiento y seguridad. Tales sistemas aseguran que toda la información relevante se incorpora en listas de chequeo, estándares de diseño y otros documentos de cada paso.

### Estandarización del diseño

La principal razón por la que la información sobre fiabilidad, operabilidad y mantenibilidad no se aplica a los proyectos y mejora de los productos y equipos es que las empresas fracasan en ordenar y comunicar esta información.

### Compilar y comunicar información

La compilación de información tecnológica es algo más que simplemente amontonar en jaulas separadas datos técnicos, sin tratarlos y refinarlos. Los responsables de proyecto con mayores cualificaciones y experiencia no podrán ayudar a sus colegas menos experimentados a mejorar sus habilidades técnicas si su conocimiento está solamente en sus cabezas. La tecnología y experiencia deben estandarizarse y usarse para mejorar las capacidades de desarrollo de los diseñadores. Debe compilarse en forma de manuales, debidamente clasificada, para prevenir errores de diseño.

### Proliferación de piezas

Uno de los problemas de diseño más abrumadores es la proliferación de piezas. Esto deteriora la eficiencia del mantenimiento y complica la fabricación de componentes y el ensamble. Como resultado de las variaciones en los requerimientos de los clientes y los estilos de los fabricantes, con el tiempo se multiplica el número de piezas que tienen la misma función. Esto aumenta los costes unitarios de fabricación y los stocks. También conduce a largas paradas como consecuencia de las rupturas de stocks de piezas y aumenta la probabilidad de errores de ensamble y reparación.

La estandarización de los diseños y el uso de componentes comunes siempre que sea posible reduce la proliferación de piezas. Como la proliferación de piezas es en parte resultado del celo de los diseñadores, no es algo del todo malo, pero los responsables de proyecto deben cuidar no llegar a ser «demonios de catálogos» o perseguir la novedad por la novedad.

### Compilar información en impresos útiles

No tiene sentido tomarse la molestia de preparar estándares de diseño y después usarlos negligentemente. Sin embargo, a menudo los estándares de diseño no se usan plenamente porque están desfasados, son demasiado voluminosos o difíciles de usar. La preparación de un conjunto de estándares de diseño es sólo el comienzo del trabajo. Los estándares deben clasificarse y organizarse por conjuntos en textos para su estudio ordenado, deben revisarse en base a cada nueva información y mejorarse constantemente mientras se emplean realmente en el trabajo de proyectos.

Las listas de chequeo de los diseñadores deben reflejar los estándares de diseño correspondientes a cada fase (planificación, diseño, fabricación, instalación, operación de test, período de prueba) para su uso en la extirpación de errores, en un proceso que garantice que los estándares se emplean eficazmente para sacar a la luz problemas potenciales. Sin embargo, la erradicación de defi-

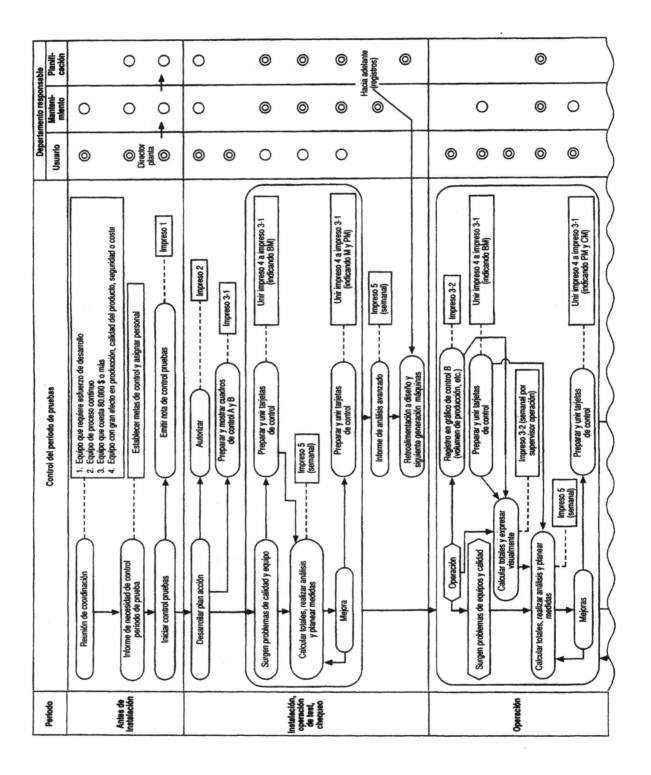

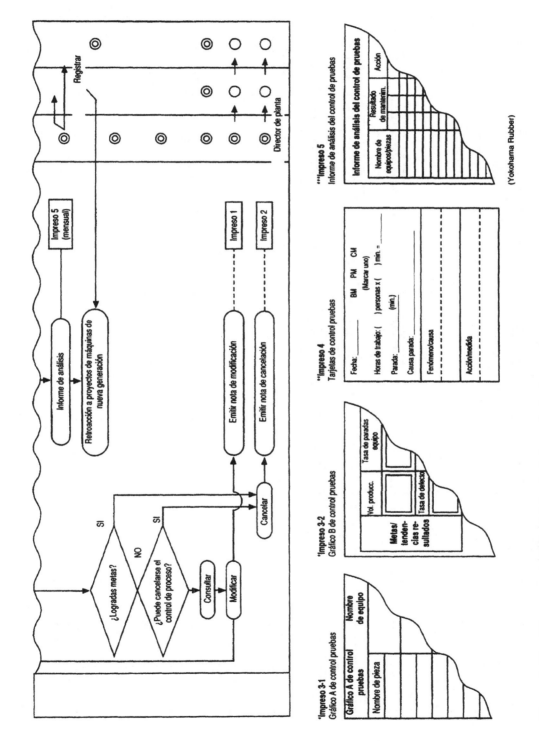

**Figura 6-16.   Diagrama de flujo del control de período de pruebas**

232        TPM EN INDUSTRIAS DE PROCESO

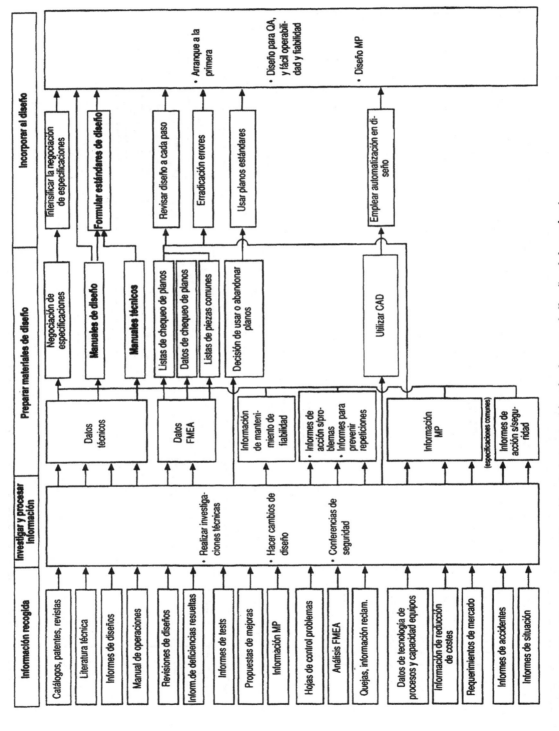

Figura 6-17.   Recogida y utilización de información técnica en el diseño del producto

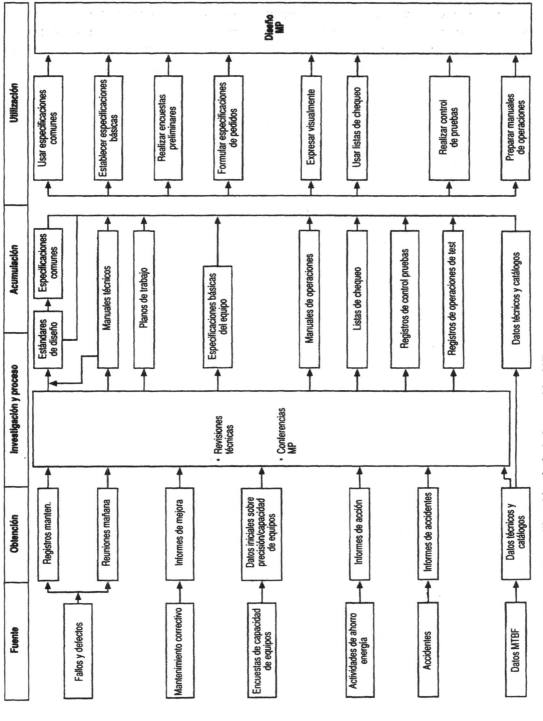

**Figura 6-18.   Recogida y utilización de la información MP**

ciencias será incompleta si los proyectistas usan listas de chequeo estandarizadas que no incluyen elementos únicos de máquinas particulares. Es esencial estudiar los detalles de los chequeos y la acción tomada en cada fase, predecir los problemas potenciales e identificar los conceptos prioritarios a verificar en la fase siguiente. Es conveniente estandarizar los elementos comunes a todos los equipos en forma de especificaciones comunes y desarrollar estándares individuales completos para los proyectos y adquisiciones de equipos de tipo particular.

# 7
# Mantenimiento de calidad

Conforme los equipos asumen el trabajo de la producción, la calidad depende crecientemente de las condiciones del equipo. El mantenimiento de calidad ha evolucionado hasta llegar a ser una de las principales actividades del TPM en gran parte de las industrias de fabricación y ensamble. Cuanto más se han ido automatizando las industrias, con mayor intensidad han optado por el TPM de calidad. En las empresas que cada vez requieren menos intervención humana, el objetivo del mantenimiento de calidad es asegurar y mejorar constantemente la calidad mediante un mantenimiento eficaz del equipo.

En las industrias de proceso, la calidad siempre se ha creado a través del proceso. Sin embargo, se ha acelerado el ritmo de desarrollo de nuevos productos, y la mayor diversidad actual de primeras materias y productos requiere ahora preparaciones y cambios de utilaje más frecuentes. Para enfrentar esta situación, los departamentos de producción deben revisar sus sistemas de aseguramiento de la calidad con la intención de fabricar con calidad a través de una buena gestión del equipo y una reducción constante de costes.

## MANTENIMIENTO DE CALIDAD EN LAS INDUSTRIAS DE PROCESO

En estas industrias, el proceso es lo primero. La calidad se integra en el producto a través de los procesos que facilitan las condiciones necesarias para transformaciones tales como la reacción, separación, y purificación de los materiales. Tales procesos se desarrollan en sistemas interrelacionados de equipos verdaderamente complejos.

Para producir productos perfectos, es necesario establecer las condiciones de proceso apropiadas (temperatura, presión, tasa de flujo, cantidad de catalizador, etc.) en función de las propiedades particulares, composiciones, y volúmenes de primeras materias, reactivos, y otras sustancias. Para lograr esto, las unidades del equipo y sus módulos componentes deben instalarse y mantenerse de modo que funcionen óptimamente y no se generen defectos de calidad.

Prácticamente, todas las industrias de proceso tienen programas y luchan por los mismos objetivos que el TPM de calidad. Pero a menudo los resultados dejan mucho que desear. Se producen pérdidas por defectos de calidad y reproceso (dos de las ocho principales pérdidas de una planta) y, a menudo, el producto no estándar tiene que reciclarse, salvarse mezclándolo con producto bueno, o degradarse. Las quejas de clientes y la insatisfacción suelen ser un problema perenne.

Además, en las plantas en las que tienen lugar las reacciones químicas, el control deficiente de las condiciones de la instalación afecta no sólo a la calidad sino que también es arriesgado. Para crear plantas seguras que produzcan productos de alta calidad, una empresa debe analizar rigurosamente su procesos y equipos para identificar y mantener condiciones que no conduzcan a defectos («condiciones libres de defectos»). Esta es la función del mantenimiento de calidad.

Un *defecto de calidad* es una propiedad que queda fuera del rango especificado. La tabla 7-1 relaciona algunas de las formas en las que aparecen defectos de calidad en las industrias de proceso.


## EL MANTENIMIENTO DE CALIDAD EN EL TPM

El mantenimiento de calidad consiste en realizar sistemáticamente y paso a paso actividades que garanticen en los equipos las condiciones para que no se produzcan defectos de calidad. Es decir, hablamos de mantener el equipo en unas condiciones perfectas para producir productos perfectos. Los defectos de calidad se evitan chequeando y midiendo periódicamente las condiciones del equipo y verificando que los valores medidos están dentro del rango especificado. Los defectos de calidad potenciales se pronostican examinando las tendencias en los valores medidos, y se evitan tomando medidas por anticipado.


Tabla 7-1.  Modos de defectos de calidad

| Modo de defecto de calidad | Descripción (ejemplo) |
|---|---|
| 1. Desviación de la composición especificada, propiedades físicas, etc. | Composición química, propiedades como la estabilidad térmica, impurezas. |
| 2. Contaminación. | Polvo, óxido, astillas, cabellos, bacterias, virutas, piezas de máquinas rotas, herramientas, palets rotos. |
| 3. No uniformidad y dispersión. | Variaciones de color, tamaño irregular de granos, espesor desequilibrado, planeidad desigual. |
| 4. Defectos visuales. | Descoloración, oscurecimiento, precipitación, coagulación, adherencia de cristales, otras deformaciones visibles. |
| 5. Defectos de empaquetado. | Bajo de peso, cierre o aislamiento inapropiados, sacos rotos, humedad, descomposición, etiquetas erróneas, etc. |

Normalmente se controlan los resultados inspeccionando los productos y actuando contra los defectos una vez que se han producido. Pues bien, el mantenimiento de calidad del TPM considera e intenta evitar enteramente los defectos de calidad antes de que se produzcan. Esto se logra identificando los puntos de chequeo para todas las condiciones del equipo y proceso que puedan afectar a la calidad, midiéndolas periódicamente, y tomando acciones apropiadas (figura 7-1).

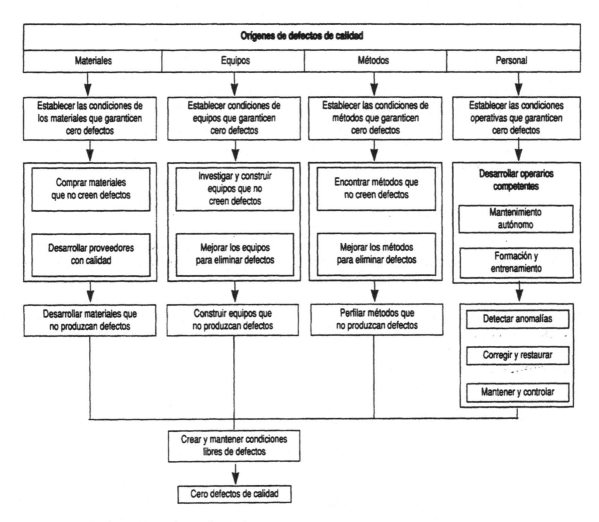

**Figura 7-1.   Filosofía básica del cero defectos**

El concepto ilustrado en la figura 7-1 se centra en los cuatro inputs de la producción (equipos, materiales, personas, y métodos) como fuentes de defectos de calidad. El concepto «establecer condiciones» significa fijar claramente el rango de condiciones de materiales, equipo, métodos u operación que deben mantenerse para garantizar un producto perfecto. Una vez establecidas, estas condiciones se mantienen y controlan por «operarios competentes», extensamente formados en tecnologías de producción (pasos 5 y 7 del mantenimiento autónomo —véase lado derecho de la figura—). De este modo, el establecimiento y control sistemático de las condiciones de la instalación elimina los defectos del producto.

## CONDICIONES PREVIAS PARA UN MANTENIMIENTO DE CALIDAD EFICIENTE

Un programa de mantenimiento de calidad se construye sobre las ganancias logradas con la implantación de los siguientes pilares del TPM: el mantenimiento autónomo, la mejora orientada, el mantenimiento planificado, y la formación en capacidades de operación y mantenimiento. Dicho de otra forma, son varias las condiciones previas para que tenga éxito un programa de mantenimiento de calidad: abolir el deterioro acelerado, eliminar los problemas de proceso y desarrollar operarios competentes.

### Abolir el deterioro acelerado

Cuando el equipo sufre un deterioro acelerado, sus módulos y componentes suelen tener una vida sumamente corta. El equipo es inestable y falla de modo inesperado. Cuando el equipo se avería continuamente, el progreso hacia el cero defectos de calidad es prácticamente nulo. Antes de poner en práctica el mantenimiento de calidad, debe abolirse el deterioro acelerado y minimizarse los fallos inesperados a través de la práctica del paso 7 del TPM: mejoras orientadas, mantenimiento autónomo, mantenimiento planificado y formación en operaciones y mantenimiento (véanse capítulos 3, 4 y 5).

### Eliminar los problemas del proceso

Las industrias de proceso están plagadas de problemas tales como los bloqueos, obstrucciones, fugas, derrames, cambios de composición y otros enemigos de la operación estable. Las obstrucciones, fugas y paradas son la ruina de cualquier planta de proceso. Si realmente ocurre todo esto, hay que eliminarlas a través de mejoras orientadas o mediante el mantenimiento autónomo realizado por operarios capacitados. Solamente entonces puede ser eficaz el mantenimiento de calidad.

### *Desarrollar operarios competentes*

Hemos examinado ya con cierta extensión en el capítulo 4 el desarrollo de operarios competentes en procesos y equipos, y el capítulo 8 amplía el tema.

Debe formarse a los operarios para que sean capaces de identificar y corregir inmediatamente cualquier defecto o señal que presagien anomalías en el sistema.

En las actividades TPM se concede gran importancia a lo que se llaman «tres realidades»: localización real, objeto real y fenómeno real. Las tres realidades tienen una lógica directa: los defectos de calidad surgen en lugares específicos del proceso, en objetos reales (productos o piezas del equipo defectuosos) y fenómenos o problemas con características específicas. Para identificar las fuentes de los defectos nada mejor que centrarse en las tres realidades.

Como hemos visto en el capítulo 6, el sistema ideal es crear plantas libres de defectos desde las fases de diseño de los productos y equipos. Antes de atacar el mantenimiento de calidad, hay que clarificar sus relaciones con las otras siete actividades principales del TPM, incluyendo la gestión temprana de nuevos productos y equipos (véase figura 7-2).

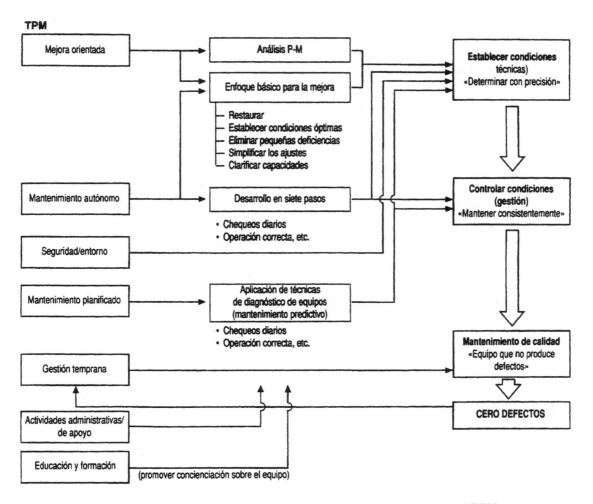

**Figura 7-2. Relación entre mantenimiento de calidad y otros pilares del TPM**

## ELEMENTOS BASICOS DE UN PROGRAMA DE MANTENIMIENTO DE CALIDAD

### Causas de los defectos de calidad

El primer paso en la práctica del mantenimiento de calidad es clarificar las relaciones entre las características de calidad del producto y los cuatro inputs de la producción mostrados en la figura 7-1. Tal como venimos diciendo, los defectos de calidad emanan como mínimo de cuatro fuentes: equipos, materiales, personal y métodos. Algunas empresas añaden un quinto input: la medición de las características de calidad. (Véase tabla 7-2.)

### Relaciones entre equipos y calidad

En las industrias de proceso, el producto se fabrica mediante una combinación de unidades de equipos. Cada unidad consiste en módulos, a su vez consistentes en componentes. Unidades, módulos y componentes condicionan los diferentes tipos de calidad. Es esencial clarificar las relaciones entre todos estos elementos (tabla 7-3).

**Tabla 7-2.    Inputs de producción y características de calidad**

| Inputs de producción \ Calidad | Características de calidad | | | | |
|---|---|---|---|---|---|
| | 1··· | 2··· | 3··· | 4··· | 5··· |
| Personal | O | | O | | O |
| Equipo | | O | | O | O |
| Materiales | O | | O | | O |
| Métodos | O | O | | O | O |

**Tabla 7-3.    Relación entre planta y características de calidad**

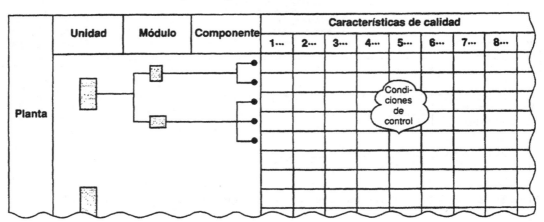

## Condiciones de control de los equipos

El siguiente paso del mantenimiento de calidad es establecer las condiciones de control de los equipos. Para lograr esto se analizan las causas de los pasados problemas de calidad usando los análisis P-M y «porqué-porqué». A los componentes de los equipos que afectan a las características de calidad de un producto se les llama «componentes de calidad». Los defectos se evitan manteniendo tales componentes dentro de las condiciones especificadas. Esta es la base del mantenimiento de calidad. La tabla 7-4 muestra un impreso de lista de chequeo de mantenimiento de calidad.

### ¿Cuáles son los componentes y condiciones de calidad?

La figura 7-3 ilustra la construcción de la sección estanca de un compresor para proceso de gas con junta de aceite. Este compresor estaba causando un de-

**Tabla 7-4. Lista de chequeo de mantenimiento de calidad**

| Lista de chequeo de mantenimiento de calidad | | | |
|---|---|---|---|
| Componente de calidad | Control de condiciones | | |
| | Condición | Método de chequeo | Estándar de chequeo |
| ① | | | |
| ② | | | |
| ③ | | | |
| ④ | | | |
| | | | |

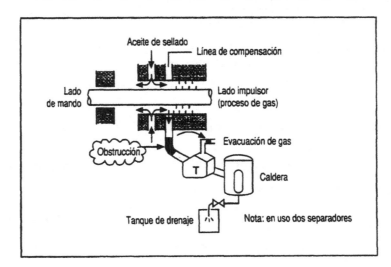

**Figura 7-3. Diagrama de gas compresor**

fecto de calidad: el gas procesado se contaminaba por el aceite. Una obstrucción en el tubo que conducía al separador del aceite de sellado impedía que este aceite se drenase completamente, infiltrándose en el lado impulsor de la junta y contaminando el proceso del gas. En este caso, el *componente de calidad* es el sistema separador. La *condición* (aquella que no causa un defecto de calidad) es que debe descargar una cantidad específica del aceite gastado. Esto puede chequearse midiendo la cantidad del aceite gastado.

La tabla 7-5 muestra una tabla de control para este componente de calidad. La intención básica es investigar las causas del problema y, mediante mejoras, facilitar que el componente opere normalmente durante largos períodos. (En este caso, el tubo se obstruía con productos de una reacción que se producía entre el gas procesado y los aditivos del aceite.)

### Control de condiciones del proceso

En las industrias de proceso, la calidad depende de las condiciones del proceso así como de los componentes de calidad. Daicel Chemical Industries (Planta Otake) usa una «Matriz MPQ» para controlar las condiciones de proceso (véase tabla 7-6). La «Q» es el elemento de calidad a chequear, tal como un chequeo sensorial de modos de defectos tales como olores anormales causados por

**Tabla 7-5.   Tabla de control de componentes de calidad (ejemplo)**

| Componentes de calidad / Características de calidad | | | Contam. aceite | | | | Depto. de producción | | | | Depto. Mantenimiento | | | | Observaciones |
|---|---|---|---|---|---|---|---|---|---|---|---|---|---|---|---|
| | | | | | | | Chequear | | | Reemplazar o reparar | Chequear | | Reparar | | |
| Unidad | Componente | Fenómeno | | | | | Intervalo | Propuesta | Método | | Intervalo | Propuesta | Repuestos | Método | |
| C104 | Separador aceite | Obstrucción | ◎ | | | | 1x/mes | Medir cantidad descarga | Cambio | 1x/mes | | Unid. reserva | Cambio | Fallo si XX ppm o más |

**Tabla 7-6.   Matriz MPQ (tabla de control)**

| Elemento de calidad | Modo defecto | Mecanismo del defecto | Equipo (M) | Punto de control (P) | Condición de control |
|---|---|---|---|---|---|
| Test sensorial | Olor | Impurezas generadas por sobrecalentamiento | Separador (1) | Temperatura | < 100° C |
| | Olor | Impurezas generadas por pobre reacción en el arranque | Reactor (2) | Distribución de temperatura | Máx. ① ~ ② |
| | Olor | Permanecen materiales sin reaccionar por reacción incompleta | Como arriba | Distribución de temperatura | Diferencia de temperatura dentro de 20° C |

un sobrecalentamiento. «M» es la máquina o equipo donde aparece el modo de defecto. «P» es el «punto» de control, tal como el rango de temperaturas, mediante el cual puede lograrse la condición de calidad (un montaje específico).

## Implantación del mantenimiento de calidad paso a paso

La figura 7-4 es un diagrama de flujo que ilustra los pasos de la implantación de un programa de mantenimiento de calidad. La tabla 7-7 describe en detalle cada paso.

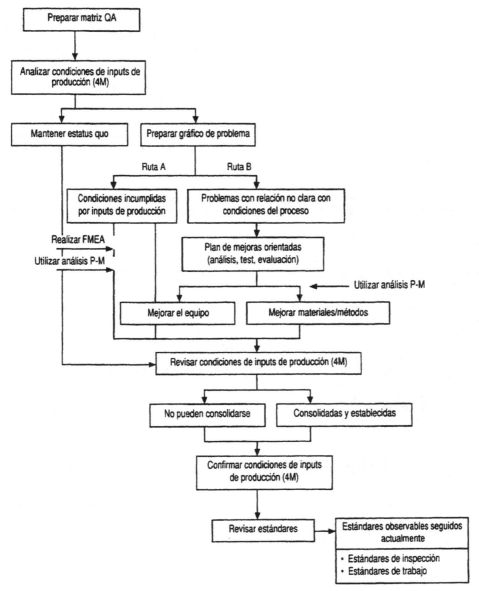

**Figura 7-4.   Diagrama de flujo para practicar el mantenimiento de calidad**

**Tabla 7-7.   Procedimiento para practicar el mantenimiento de calidad**

| Paso | Detalles |
|---|---|
| 1. **Preparar matriz QA** | Analizar las relaciones entre la calidad y los equipos/procesos:<br>• Chequear las características de calidad<br>• Investigar los tipos de defectos y los subprocesos donde se dan los defectos<br>• Evaluar seriamente los tipos de defectos |
| 2. **Preparar tabla de análisis de condiciones inputs-producción** | • Chequear deficiencias en las condiciones inputs-producción para cada tipo de defecto en cada subproceso<br>• Chequear si los estándares existen y se siguen |
| 3. **Preparar cuadro del problema** | • Clarificar las condiciones inputs-producción para los problemas de cada subproceso<br>• Actuar prontamente contra problemas que puedan atacarse en el punto. Determinar cuidadosamente medidas contra los problemas que no puedan tratarse inmediatamente<br>• Estratificar los tipos de defectos, diseñar técnicas de investigación y planificar medidas |
| 4. **Evaluar la seriedad de los problemas (FMEA 1)** | Este paso orienta el esfuerzo de mejora del equipo:<br>• Priorizar los problemas valorando su efecto sobre el tipo de los defectos de calidad<br>• Decidir por anticipado la escala de evaluación |
| 5. **Usar el análisis P-M para rastrear hasta las causas de los problemas** | • Para los problemas más serios según análisis precedente, clarificar el fenómeno<br>• Investigar usando técnicas tales como el análisis P-M y proponer medidas |
| 6. **Evaluar el efecto de las medidas propuestas (FMEA 2)** | • Realizar una evaluación preliminar de la situación post-mejora usando FMEA |
| 7. **Implantar las mejoras** | |
| 8. **Revisar las condiciones inputs-producción** | • Revisar las condiciones inputs-producción identificadas en el paso 2<br>• Chequear si las condiciones inputs-producción son apropiadas y correctas |
| 9. **Consolidar y confirmar los puntos a chequear** | • Usar los resultados del paso 8 para resumir los elementos de inspección<br>• Preparar una matriz de chequeo de la calidad |
| 10. **Preparar una tabla de control de componentes de calidad y asegurar la calidad a través de condiciones de control estrictas** | • Los estándares deben ser numéricos y observable |

## IMPLANTACION DEL MANTENIMIENTO DE CALIDAD: ESTUDIO DE CASO

Esta sección describe los pasos de un programa de mantenimiento de calidad puesto en práctica para la producción de cierto producto en la Planta Nanyō de Tokuyama Sekisui Industries *.

---

\* Una descripción completa aparece en las citas del *1989 National Equipment Management Symposium,* editados en japonés por el JIPM.

La figura 7-5 muestra la parte relevante del proceso de producción. El polvo líquido de PVC fabricado polimerizando monómero de cloruro de vinilo en el proceso previo entra en el tanque de «slurry» mostrado en el lado izquierdo del diagrama. El material se seca hasta quedar en estado pulvígeno, que se usa después como primera materia para moldear plásticos.

### Paso 1: Preparar una matriz QA (aseguramiento de la calidad) (tabla 7-8)

Preparar una matriz QA mediante un proceso de cuatro pasos:
1. Investigar los tipos de defectos que ocurren en cada proceso.
2. Clasificar las características de calidad del producto con precisión e identificar todos los tipos de defectos relacionados con cada característica.
3. Clasificar y ordenar los tipos de defecto de acuerdo con su gravedad e indicar cuáles han causado problemas en el pasado, sean frecuentes u ocasionales. Cuando se evalúe la gravedad de los tipos de defectos, conviene incluir en el examen a un miembro del departamento de aseguramiento de la calidad.
4. Hay que dividir el proceso en las unidades más pequeñas posibles (subprocesos) e indicar las relaciones entre éstas y los tipos de defectos (véase tabla 7-8).

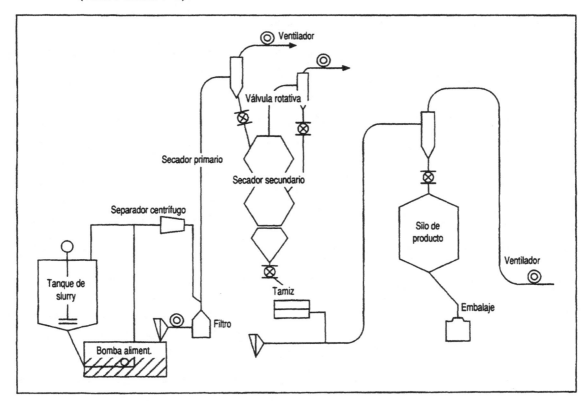

**Figura 7-5.    Diagrama de flujo para proceso de secado**

## Paso 2: Analizar las condiciones inputs-producción (tabla 7-9)

Después de preparar la matriz QA se analizan las condiciones inputs-producción (las 4M) y se organizan los datos en un formato de tabla (véase tabla 7-9).

Para cada tipo de defecto en cada subproceso, se identifican todas las condiciones de equipos, materiales, personas y métodos que, cuando se establecieron, no daban lugar a defectos. Hay que asegurar que las condiciones se verifiquen en sus propios lugares, no desde detrás de una mesa de despacho. A continuación se investiga si existen estándares para estas condiciones de calidad y si el personal los sigue. Una vez más hay que asegurarse que se investiga el nivel de estandarización y su cumplimiento mediante observación *in situ*.

*Descubrimientos.*   En este caso, la investigación reveló que los estándares no estaban muy claros, y que cada operario operaba el proceso de modo diferente.

### Tabla 7-8.   Matriz QA para proceso de secado

| Procesos intermedios principales | Subproceso | Características de calidad | | Materia inorgánica | Astillas madera | Incrustaciones | Depósitos de quemadores | Hierro/acero inoxidable | Objetos extraños | Alta | Baja | Alto | Bajo |
|---|---|---|---|---|---|---|---|---|---|---|---|---|---|
| | | | | Contaminación | | | | | | Polimerización | | Contenido de agua | |
| | | Tipo de defecto → Gravedad | | | | | | | | | | | |
| | | Ocurrencias pasadas | | | | | | | | | | | |
| | | Producto inspecc. | | | | | | | | | | | |
| | | Proceso inspecc. | | ▲ | ▲ | ▲ | ▲ | ▲ | ▲ | ● | ● | ● | ▲ |
| | | Proceso de apoyo | | | ☆ | ☆ | ★ | ☆ | | | ☆ | ☆ | ★ | ★ |
| Alimentación/ secado | Recirculación | Bomba recirc. | | ◎ | | | X | X | | | | | |
| | | Estanqueidad | | ◎ | | | X | X | | | | | |
| | Transfer. | Bomba transfer. | | ◎ | | | X | X | | | | | |
| | | Estanqueidad | | ◎ | | | X | X | | | | | |
| | Aliment. | Selector aliment. | | ◎ | | | | | | | | | |
| | | Bomba aliment. | | ◎ | | | X | X | | | | | |
| | | Estanqueidad. | | ◎ | | | X | X | | | | | |
| Secado/ deshidratación | | Separador centrífugo | | ◎ | | X | X | X | | | | | |
| | | Alimentador DCV | | | | | | ◎ | | | | | |
| | | Contador ajuste alim. | | | | | | | | | | | |
| | | Transport. vibrante | | | | | | | | | | | |
| | | Pulverizador | | | | | X | ◎ | | | | | |
| | | Caja PVC | | | | | X | ◎ | | | | | |

Solamente el 45 por ciento de los subprocesos del proceso de secado se realizaban de acuerdo con los estándares. Los estándares eran imposibles de seguir en el 27 por ciento de los casos, y su cumplimentación no era estricta en un 4 por ciento. En el restante 24 por ciento eran necesarios los estándares pero no se habían establecido.

## Paso 3: Preparar cuadro de problemas (tabla 7-10)

Se prepara un cuadro de problemas listando todas las irregularidades del proceso por tipo de problema. Hay que anotar cómo se investiga y los resultados y usar esta información como base para proponer medidas (véase tabla 7-10). Asimismo, hay que considerar cualesquiera subprocesos para los que el análisis de condiciones inputs-producción haya revelado que no están apropiadamente estandarizados (marcados con los símbolos Δ, χ o ⊗ en la tabla 7-9). Se investigan

**Tabla 7-8.** (continuación)

| Densidad bruta | | Granularidad | | | | | Granos de vidrio | | Test-C | | Estab. térmica inic. | MCV* residual | Aparienc. | | Gelificación | | |
|---|---|---|---|---|---|---|---|---|---|---|---|---|---|---|---|---|---|
| | | Distribución | | Granos gr. | | | | | | | | | Polvo bl. | | | | |
| | | | | PVC | Otros | | | | | | | | | | | | |
| Alta humedad | Elect. está-tica | Granos gruesos | Gra-nos finos | Las-cas | Granos grue-sos/es-camas | Granos gruesos | Gra-nos de vidrio | Gra-nos esca-mados | Bajo | Alto | Descolo-ración | | Des-colo-rido | Mate-ria ex-traña | Gelifi-cación rápida | Gelifi-cación lenta | Mo-mento dif. |
| ● | ● | ▲ | ▲ | ▲ | ▲ | ▲ | ▲ | ▲ | ▲ | ▲ | ▲ | ▲ | ▲ | ▲ | ● | ● | ● |
| ★ | ★ | ★ | ★ | ☆ | | | ☆ | ☆ | ☆ | ☆ | | ☆ | ☆ | ☆ | | | |

**Análisis de correlación**
○ Proceso en el que ocurre el problema (dónde se ha descubierto)
χ Proceso directamente relacionado con el problema (cuando algo va mal, el problema siempre se produce en el proceso siguiente)
◎ Proceso donde se pronostica que se producirá el problema
◇ Proceso donde se realiza la inspección del proceso
◆ Proceso donde se produce la inspección del producto

**Gravedad**
● Se produce un gran defecto
▲ Resoluble mediante contramedidas

**Ocurrencias del pasado**
★ Frecuentes
☆ Ocasionales

* Monómero cloruro vinílico.

**Tabla 7-9.   Tabla de análisis de las condiciones inputs-producción para proceso de secado**

| ANÁLISIS DE CONDICIONES INPUTS-PRODUCCIÓN: PROCESO DE SECADO | |
|---|---|
| ○ : De acuerdo con el estándar | ✕ : Estándares imposibles de seguir |
| △ : Estándares no seguidos apropiadamente | ⊗ : Estándares necesarios |

| Proceso princ. | Subproceso | Modo de defecto | Materiales | | Equipos | | Métodos (personal) | |
|---|---|---|---|---|---|---|---|---|
| Secado/almacenaje | Almacenaje | Materias extrañas | Concentracción: 30% | ○ | V11-2-D revestimiento de caucho: no oxidación | ○ | Chequeo de corrosión interna | ⊗ |
| | | | Temperatura: 70° C o menos | ○ | V11-3-D acero inoxidable: no oxidación | ○ | Temperatura de almacenaje: 70° C o menos | ○ |
| | | | | | V11-4-D revestimiento de cloruro de polivinilo: no oxidación | | Uso: V11-4-D para producto R | △ |
| | | | | | V11-5-D acero inoxidable: no oxidación | ○ | V11-1,2,3,5-D para otros productos | |
| Secado/almacenaje | Recirc. • Transfer. • Aliment. | Materias extrañas | Slurry de cloruro de polivinilo Concentración: 30% | ○ | P11-1,2,3,4-D: no fugas en caja estanca | ✕ | Estándares de tasa de fugas de caja estanca | ⊗ |
| | | | Temperatura: 70° C o menos | ○ | P11-1,2,3,4-D: no calentamiento en caja estanca | △ | Chequeo calentamiento caja estanca: una vez por turno | △ |
| | | | Estándar de turbidez FW | ○ | P11-1,2,3,4-D: cantidad de suministro de agua a caja estanca | ⊗ | Chequeo de tasa de suministro de agua a caja estanca | ⊗ |
| | | | | | P11-1,2,3,4-D: presión suministro agua a caja estanca | △ | Estándar de chequeo a caja estándar | ⊗ |
| | | | | | | | Chequeo presión suministro agua a caja estanca | △ |
| | | | | | Presión de salida de bomba suministro agua a caja estanca: 5 Kg/cm² o más | △ | Chequeo presión de salida de bomba suministro agua a caja estanca: una vez por turno | ○ |

los problemas observados y se proponen contramedidas. Hasta el mayor grado posible, los resultados se expresarán cuantitativamente.

En el caso de los problemas simples, se decide la acción a tomar, se asignan responsabilidades y se actúa inmediatamente. Para los problemas más difíciles, se registran con precisión los métodos de investigación y resultados, pero no se toman soluciones apresuradas. Para estos problemas, conviene usar el análisis FMEA para ordenar los tipos de defectos de acuerdo con la gravedad de sus efectos y poder así priorizar los problemas a resolver. Conviene entonces tomarse el tiempo necesario para desarrollar contramedidas apropiadas usando el análisis P-M.

*Descubrimientos.*   A través de este proceso, los grupos de este caso identificaron problemas en cada subproceso e identificaron las condiciones de inputs-produción no plenamente cumplidas en cada modo de defecto. La cuantificación de los resultados de la investigación de problemas hizo posible decidir si cada pro-

**Tabla 7-10. Cuadro de problemas del proceso de secado**

| Proceso | Inputs de prod. (3M) | Problema | Modo de defecto | Técnica de Investigación | Resultados de Investigación | Acción sugerida | Persona resp. |
|---|---|---|---|---|---|---|---|
| Recirc. · Tranfer · Alimentación | Equipos | P11-D: fugas guarnición. P11-D: guarnición sobrecalentada. P11-D: tasa no conocida de suministro de agua a caja estanca. P11-D: varía la presión de suministro de agua a caja estanca. P14-D: varía la presión de salida de bomba de agua hasta debajo de 5 Kgs/cm². | Materia extraña | Tasa de fugas de guarnición. Frecuencia de reemplazo de guarnición. Tasa de suministro de agua a caja estanca. → Análisis P-M de causas de variación en presión suministro de agua. | Resultados de análisis P-M: La presión baja cuando se usa agua por otros procesos: • Cambio de producto (preparación) en procesos de mezcla y secado. • Procesos de apertura, polimerización y secado. | • Aislar de la preparación de suministro de agua de lavado, y asegurar suficiente almacenamiento de agua. Mejora a investigar e implantar por grupo de producción FW. | Roldán Rubio · Conde |
| | Personal · Métodos | • No hay estándar de tolerancia de tasa de fugas de caja estanca. • Procedimiento poco claro para chequear calentamiento guarnición estanqueidad. • No hay estándar de reemplazo de guarnición. • No hay estándar de tasa de suministro de agua. | Materia extraña | • Chequear estándares y procedimientos de inspección de tasa de fugas de caja estanca. • Investigar razones de sobrecalentamiento. • Investigar frecuencia de reemplazo de guarnición. • Investigar variación presión. | • La tasa de 50 cc/mes sería aceptable, pero la fuga actual es de 2 l/mes por el sobrecalentamiento. La guarnición se reemplaza a menudo por los problemas. • La causa de la variación de la presión es por lo que se indica. | • Reemplazar periódicamente la guarnición de acuerdo con la tasa de fugas. • Marcar el indicador de presión con los valores apropiados. | Rosa · Vera |
| Separador centrífugo | Equipamiento | • El PVC se adhiere a la cubierta del decantador, derramándose fuera y formando grumos solidificados. • El interior del cojinete se contamina con líquido PVC. Adhesión del PVC. | Materia extraña | Investigar las causas de la adhesión del PVC. Verificar qué productos forman grumos. → Análisis P-M de causas de materias extrañas. Verificar la frecuencia de la generación de materias extrañas. | Resultados del análisis P-M: Entra en contacto con carbono dentro del cojinete, formando un contaminante descolorido. | Impedir que el PVC entre en el cojinete. | Sala |

blema podía atacarse inmediatamente o no y ayudó a centrar la atención en medidas de mejora.

### Paso 4: Evaluar la gravedad - Realizar FMEA (1) (tabla 7-11)

Se examinan los problemas sobre el cuadro anterior y se ordenan en función de sus efectos sobre los tipos de defectos. A continuación, se priorizan los problemas puntuando su frecuencia, efecto, y dificultad de detección. Los criterios de evaluación se habrán determinado por anticipado. Se multiplican las tres puntuaciones de cada problema obteniéndose un número que prioriza los problemas a mejorar (véase tabla 7-11).

### Paso 5: Usar el análisis P-M para implantar acciones de mejora

Para los problemas más desafiantes, se utiliza el análisis P-M para clarificar los fenómenos observados y desarrollar propuestas de mejora. Al aplicar el análisis P-M, se analiza cuidadosamente y se considera y estudia el fenómeno en función de los principios físicos, dirigiéndose el plan de mejora en la dirección correcta mediante chequeos, análisis y medidas:

- Se comienza estratificando el fenómeno en función de su tipo y modo de ocurrencia. Se analiza físicamente, y se identifican las condiciones que lo producen.
- Hay que asegurar que se descubren y consideran todas las condiciones necesarias para que se dé un problema dado. Si los equipos de mejora pasan por alto alguna condición vital en esta fase, el resultado puede ser que se falle en la eliminación de los defectos, incluso después de confirmar y eliminar numerosas causas.
- Se listan cuidadosamente todas las condiciones que pueden producir el fenómeno, cualquiera sea su magnitud.

En este caso, el análisis P-M ayudó al grupo de proyecto a formular un plan de mejora para evitar la generación de materias extrañas en la caja estanca de la bomba (tabla 7-12). Las tablas 7-12 y 7-13 muestran los resultados del análisis P-M de este caso.

*Hallazgos.* El análisis de las causas del problema para todas las condiciones inputs-producción revelaron que la condición del agua filtrada (FW) suministrada a la carcasa portaguarnición de la bomba de alimentación era muy importante. Sin embargo, el suministro de agua filtrada a otros procesos y equipos por la misma bomba causaba que su presión variase considerablemente, lo que daba origen a un enfriamiento insuficiente y al riesgo de contracorriente. Esto sugirió la necesidad de una bomba de alimentación que no estuviese afectada por fluctuaciones en la presión del agua (figura 7-6).

## Tabla 7-11. FMEA (1) para proceso de secado

**FMEA PARA PROBLEMAS EN PROCESO DE SECADO**

| Problema | Modo de defecto | Frecuencia | Efecto | Detectabilidad | Seriedad | Proceso donde se detecta el defecto | Método de detección |
|---|---|---|---|---|---|---|---|
| 19. Generación de materias extrañas por guarnición de bomba alimentación | Materias extrañas | 3 | 4 | 3 | 36 | Inspección del proceso | Medición contaminación |
| 20. Grumos formados durante el proceso de achique | Contaminación negra. Contaminación descolorida. Incrustaciones. Ojos de pez | 2 | 4 | 3 | 24 | Inspección del proceso | Medición contaminación |
| 21. Control de alimentación inestable | Contenido de humedad. Densidad | 4 | 3 | 2 | 24 | Inspección del proceso | Medida contenido humedad Medida de densidad |
| 22. Caja de PVC, materias extrañas en tubo de arrastre | Depósitos de quemaduras | 4 | 2 | 3 | 24 | Inspección del proceso | Medición contaminación |

**Frecuencia**

| 1 | 2 | 3 | 4 |
|---|---|---|---|
| Ocurrido en pasado | Ocurre 1x/por año | Ocurre 1x/semestre | Causa de defectos |

**Efecto**

| 1 | 2 | 3 | 4 |
|---|---|---|---|
| No causa defectos | Puede causar defectos | Causa indirecta | Ocurre 1x/mes |

**Detectabilidad**

| 1 | 2 | 3 | 4 |
|---|---|---|---|
| Por sala de control o durante operaciones de rutina | Por control de operación | Por control del proceso | Por inspección producto |

## Tabla 7-12. Análisis P-M para proceso de secado

| ANÁLISIS PARA PROCESO DE SECADO | Generación de materias extrañas por bomba de alimentación slurry | | | |
|---|---|---|---|---|
| Fenómeno | Principios físicos | Condiciones que producen el problema | Relación con equipos, personas, materiales y métodos | Condiciones óptimas |
| Calentamiento carcasa portaguarnición | 1. Fricción entre eje de bomba y guarnición produce calor | 1-1. Insuficiente agua de enfriamiento<br>1-2. Falta de holgura entre carcasa de guarnición y eje | • Bloqueada línea de agua fría<br>• Excesivas fugas de portaguarnición<br>• Desplazado anillo de estanqueidad del agua<br>• Bloqueado anillo de estanqueidad del agua<br>• Eje dañado<br>• Guarnición sobreapretada<br>• Baja de capacidad de bomba de agua de enfriamiento | Revisar estándar de trabajo de operación de secado<br><br> |
| Aparece PVC quemado entre eje y guarnición | 2. El calentamiento por fricción carboniza el PVC | 2-1. El aumento de fugas en caja de estanqueidad, reduce la cantidad de agua en el cuerpo de la bomba.<br>2-2. La baja en la presión del suministro de agua de enfriamiento, causa contracorriente del PVC líquido. | • Desgaste de caja de estanqueidad<br>• Pequeño número de inserciones de guarnición<br>• Válvula de suministro de agua no abierta del todo<br>• Baja de presión del suministro de agua debido a uso por otros equipos<br>• Bomba arranca incorrectamente | Investigar la construcción de la guarnición, localizar el punto preciso donde se genera materia extraña, y remodelar la guarnición para que no se genere esa materia |

## Tabla 7-13. Resultados de análisis P-M de proceso de secado

| RESULTADOS DE ANÁLISIS P-M PARA PROCESO DE SECADO |
| --- |

○ : No anomalía
△ :Revisar
X : Implantar contramedidas

| Investigación | Evaluar resultados de investigación | | Proponer e implantar mejoras |
| --- | --- | --- | --- |
| **Investigar las causas del enfriamiento insuficiente** | | | **Medidas contra problemas caja estanca:** |
| 1.   Obstrucción en línea de agua de enfriamiento | No existen obstrucciones, pero hay riesgo de contracorriente debido a baja de presión del suministro de agua. | ○ | • El enfriamiento insuficiente surge de variaciones en la presión del suministro de agua y en la tasa de flujo debido al suministro de agua filtrada compartido con otros procesos |
| 2.   Incremento de tasa de fuga de caja de estanqueidad | • Las fugas aumentan como resultado del desgaste de la guarnición | X | • Cambio a cierre de estanqueidad mecánico con auto-flujo no afectado por fluctuaciones en la presión del agua |
|  | • Se ha encontrado PVC quemado en la sección de guarnición de la caja estanca | X |  |
|  | • Tasa de fuga: 2,0 l/m |  |  |
| 3.   Desplazamiento de anillo de estanqueidad | No hay desplazamiento | ○ |  |
| 4.   Obstruido anillo de estanqueidad | El PVC se adhiere al anillo de estanqueidad, causando contracorriente en el PVC | X | **Medidas contra variaciones de presión en el suministro de agua filtrada** |
| 5.   Eje dañado | No hay daños en el eje | ○ | • Tomar tanta agua de lavado como sea posible de otros equipos y procesos fuera de la línea compartida, e instalar bombas exclusivas para preparación de cambios de producto a producir |
| 6.   Capacidad reducida de la bomba de suministro de agua | Es normal la capacidad de suministro de agua de la bomba (6 kg/cm² durante operación normal). | ○ | • Remodelar la planta de agua filtrada para aumentar el suministro |
| **Investigar la caída de presión que se produce cuando el agua se usa por otros procesos** | | | **Cierre mecánico con auto-flujo** |
| 1.   Preparación en el proceso de mezcla. | 6 kg/cm² → 5 kg/cm² → 2x/mes | △ | |
| 2.   Lavado al principio y final del proceso de apertura | 6 kg/cm² → 4 kg/cm² → 15x/mes | △ |  |
| 2.   Lavado al principio y final del proceso de apertura | 6 kg/cm² → 5 kg/cm² → 15x/mes | △ |  |
|  | 6 kg/cm² → 4 kg/cm² → 4x/mes | △ |  |
|  | 6 kg/cm² → 5 kg/cm² → 80x/mes | △ |  |
|  | 6 kg/cm² → 2,5 kg/cm² → 3x/mes | X |  |

## Paso 6: Evaluar el efecto de las medidas propuestas-FMEA (2) (tabla 7-14)

Se usa el FMEA de nuevo para evaluar los efectos de haber puesto en práctica las propuestas de mejora basadas en el análisis P-M y los demás resultados de la investigación (véase tabla 7-14).

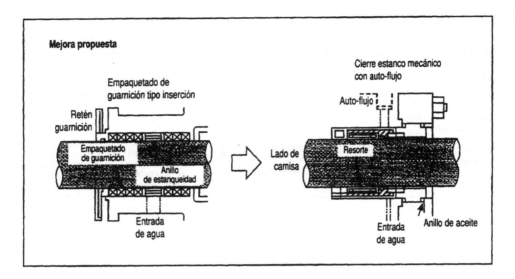

**Figura 7-6. Construcción de la bomba antes y después de mejora**

## Paso 7: Implantar las mejoras

En este caso, un segundo FMEA sobre las mejoras basadas en el análisis P-M y los resultados de la investigación mostró que el mejor plan era reemplazar la caja de estanqueidad de la bomba de alimentación por un cierre estanco mecánico con auto-flujo (véase figura 7-6). Los beneficios del nuevo cierre estanco incluían:

- El nuevo cierre estanco tiene auto-flujo, de modo que no hay necesidad de suministrar agua durante la operación.
- Al cierre no le afecta el uso de agua en otros procesos.
- Los operarios tienen que chequear la presión del agua solamente al arrancar y al parar.
- No se producen materias extrañas.
- El cierre estanco no tiene fugas, de modo que su alrededor permanece limpio.

El grupo mejoró el equipo como se ha descrito (véase figura 7-6). Siguieron el mismo procedimiento con las irregularidades que no pudieron relacionarlas con las condiciones inputs-producción, y clasificaron las mejoras como mejoras de equipo, de material o de métodos.

## Paso 8: Revisión de las condiciones inputs-producción (tabla 7-15)

Se revisa y actualiza la tabla de análisis de condiciones inputs-producción (tabla 7-9) para determinar si son apropiadas y correctas esas condiciones, si per-

Tabla 7-14. FMEA (2) Evaluación de propuestas de mejora

FMEA DE PROBLEMAS EN PROCESO DE SECADO

| Problema | Modo de fallo | Fre-cuencia | Efecto | Detec-tabili-dad | Serie-dad | Proceso donde se detecta | Método de detección | Medidas propuestas | Serie-dad | Fre-cuencia | Efecto | Detec-tabili-dad |
|---|---|---|---|---|---|---|---|---|---|---|---|---|
| 19. Generación de materias extrañas por guarni-ción bomba alimenta-ción | Materias extrañas | 3 | 4 | 3 | 36 | Inspección del pro-ceso | Medición conta-minación | Cambiar a cierre mecánico, menos propenso o a ge-nerar contamina-ción | 4 | 1 | 2 | 2 |

manecen deficiencias en los estándares, y si se satisfacen las condiciones: En el caso que nos ocupa, la resolución de los problemas fáciles identificados en el cuadro de problemas (tabla 7-10) y la práctica de las mejoras en los equipos indicadas, satisfizo todas las condiciones inputs-producción (véase tabla 7-15).

**Tabla 7-15.  Tabla de revisión de condiciones inputs-producción de proceso de secado**

| REVISION INPUTS-PRODUCCION EN PROCESO DE SECADO | | | O : De acuerdo con estándar<br>△ : Estándares no seguidos apropiadamente | | X : Estándares imposibles de seguir<br>⊗ : Estándares necesarios | |
|---|---|---|---|---|---|---|

| Proceso principal | Subproceso | Modo de defecto | Material | | Equipo | | Método (personal) | |
|---|---|---|---|---|---|---|---|---|
| Secado/ almac. | | | Temperatura: 70° C o menos | O | V11-3-D acero inoxidable: no óxido<br>V11-4-D revestimiento PVC: no óxido<br>V11-5-D acero inoxidable: no óxido | O<br><br>O<br><br>O | Temperatura de almacenaje: 70° C o menos<br>Método de uso: V11-4D dedicado para producto R<br>V11-1, 2, 3, 5-D para otros productos | O<br><br>O<br><br>O |
| Secado/ aliment. | Recirc.<br>·<br>Transfer.<br>·<br>Aliment. | Materia extraña | Solución de PVC: Concentración: 30% Temperatura: 70 °C o menos Estándar de turbidez de agua filtrada | O<br><br>O<br><br>O | P11-1, 2, 3, 4-D: no calentamiento de caja estanca.<br>P11-1, 2, 3, 4-D: tasa de suministro de agua a caja estanca: 2 l/min.<br>Presión de salida de bomba de suministro de agua a caja estanca: 5 kg/cm² o más. | O<br><br>O | Chequeos de calentamiento de caja estanca: 1x/turno<br>Chequeos de tasa de suministro de agua a caja estanca: 1x/turno<br>Chequeos de presión de salida de agua de suministro a caja estanca: 1x/turno | O<br><br>O<br><br>O |
| | Separador centrífugo | Materia extraña | Slurry de PVC | | Ciclo de cuchara de arrastre PVC: una vez cada 4 seg. | O | Chequeo operación cuchara | |

## Paso 9: Consolidar y confirmar los puntos de chequeo

Se usan los resultados del paso 8 para consolidar y establecer puntos de chequeo para las condiciones inputs-producción. Para ello, se prepara una matriz de chequeo de la calidad, se estandarizan la calidad, el personal y los procedimientos de chequeo, y se asegura que los estándares se seguirán sin dificultades (véase tabla 7-16).

## Paso 10: Preparar una tabla de componentes de calidad (tabla 7-17)

Para establecer el control visual y asegurar que se realizan los chequeos, hay que cuantificar las características sustitutivas utilizando la matriz de chequeo de la calidad desarrollada en el paso 9, y preparar una tabla de componentes de calidad para establecer estándares prácticos (tabla 7-17).

*Componentes de calidad.*   Determinar qué componentes afectan a la calidad y marcarlos para tratamiento especial como *componentes de calidad.*

*Tabla de componentes de calidad.*   Para asegurar que los componentes de calidad reciben prioridad en el mantenimiento, se prepara una tabla de componentes de calidad y se desarrollan estándares prácticos.

## Resultados del estudio de caso

Se han descrito las acciones que eliminaron los defectos de calidad en la bomba de alimentación del proceso de secado. Los equipos usaron un procedimiento similar para desarrollar medidas contra la contaminación de otras fuentes del proceso. La figura 7-7 muestra el resultante decrecimiento de la tasa de defectos. En este caso, las pérdidas por defectos y las horas de inspección se redujeron hasta un 1/10 y 1/5 de sus valores originales.

**Tabla 7-16.   Matriz de chequeo de calidad**

| Concepto | Bomba de alimentación núm. 1 | | | | |
|---|---|---|---|---|---|
| Elemento a chequear | Temperatura caja estanca | Presión suministro agua a caja est. | Tasa de suministro agua a caja est. | Corriente bomba | Presión de salida |
| Estándar | 30 °C o menos | 5 kg/cm² o más | 2 1/min. o más | 10,5±0,5A | 2 kg/cm² o más |
| Intervalo de chequeo | 1x/turno | Al arrancar y parar | Al arrancar y parar | 1x/turno | Al arrancar |
| Materia extraña | ○ | ○ | ○ | | |

**Tabla 7-17.   Tabla de componentes de calidad**

| Componentes de calidad: tasa de suministro de agua | |
|---|---|
| Intervalo de chequeo: | Al arrancar y parar. |
| Estándar de chequeo: | 2 1/min. o más. |
| Método de chequeo: | Chequeo visual de medidor de caudal. |
| Resultado: | Registrar la lectura del medidor de caudal en el registro diario de operaciones de la unidad de secado núm. 1. |

## ¿QUIEN ES RESPONSABLE DEL MANTENIMIENTO DE CALIDAD?

El departamento de control de calidad debe responsabilizarse de promover el mantenimiento de calidad por toda la empresa o planta. Sin embargo, los proyectos de mantenimiento de calidad varían considerablemente en dificultad. Los proyectos que abarcan un amplio rango de procesos o que requieren tecnología avanzada deben atacarse por grupos de proyecto encabezados por directores de sección. Los proyectos más fáciles pueden tratarse por pequeños grupos en los propios lugares de trabajo. Después de que los grupos hayan establecido las condiciones para el cero defectos, los operarios deben mantener y controlar la mayoría de estas condiciones como parte del mantenimiento autónomo. Los problemas difíciles deben atacarse por equipos de proyecto del departamento de producción con participación de departamentos tales como ingeniería de producción, diseño de productos, ingeniería de equipos, mantenimiento y aseguramiento de la calidad.

## INTEGRACION DE LA CALIDAD A TRAVES DE LA GESTION TEMPRANA

Cuando se construye una planta de producción, la planificación inicial que establece las condiciones fundamentales de proyecto precede al diseño básico

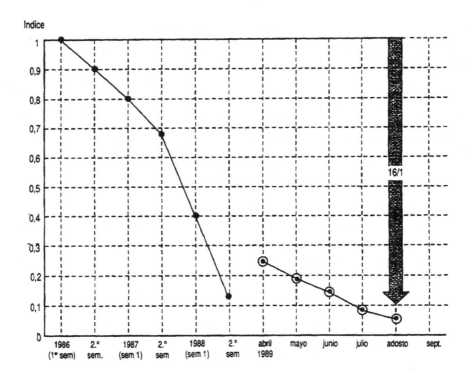

**Figura 7-7.    Tendencia de defectos en proceso de secado**

del equipo. Es recomendable, por tanto, que cuando se revisen los primeros planes, primero se evalúen los procesos para hacer patente cualquier cosa que no esté clara, indecisa o no resuelta, o que cause preocupación. Al mismo tiempo, se revisa la calidad para integrarla desde el principio en el proceso y el equipo. Los diferentes grupos responsables de producción, mantenimiento, y diseño deben conducir una profunda investigación preliminar y acordar claramente todo lo que se requiera. La figura 7-8 es un ejemplo de diagrama de flujo para realizar una evaluación preliminar en la fase de diseño básico del equipo en la fabricación de cierto producto.

### Elementos de la investigación preliminar

- Clarificar los objetivos que deben lograrse con el equipo.
- Clarificar la secuencia de procesos y las interfaces entre procesos.
- Clarificar la relación entre cada proceso y la calidad del producto.
- Detectar todas las posibles causas de defectos de cada proceso.
- Para las causas de defectos que detecten los estudios de simulación de los procesos, clarificar las condiciones de cada equipo y cada proceso que no causarán defectos.
- Listar todos los puntos que no estén aún claros después de los análisis inputs-producción, y todos los otros puntos que requieran chequeo. Decidir quiénes serán responsables de resolver estos problemas, cuándo deben resolverse, y cómo debe hacerse.

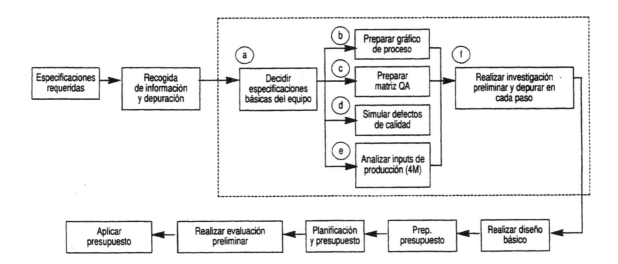

**Figura 7-8. Diagrama de flujo de investigación preliminar**

## REFERENCIAS

T. Suzuki. *New Directions for TPM*. Cambridge; Productivity Press, 1992.

Japan Institute of Plant Maintenance (ed.), Actas. *1989 National Equipment Management Symposium* (en japonés). Tokyo: JIPM, 1989.

Nachi-Fujikoshi Corp. (ed.). *Training for TPM*. Cambridge: Productivity Press, 1990.

# 8
# Promoción de técnicas de operación y mantenimiento

Las empresas florecen desarrollando constantemente sus recursos humanos y asegurando que todos sus empleados llegan a ejercer su pleno potencial. El objetivo último del TPM es crear entornos corporativos capaces de responder positivamente al clima cambiante de los negocios, los avances tecnológicos, la sofisticación de los equipos, y las innovaciones directivas.

Es esencial que en este entorno haya personas competentes que comprendan íntimamente su equipo. Los operarios que están más cercanos a los euipos deben tener la voluntad y ser capaces de cuidar su material por sí mismos. Mientras tanto, el personal de mantenimiento debe adquirir la tecnología y capacidad requeridas para actuar como custodios profesionales de los equipos. Similarmente, los ingenieros, que proyectan los equipos y los ingenieros de producción deben adquirir maestría en tecnología de equipos, técnicas de gestión y capacidad directiva para cumplir sus propias funciones. Sin todo esto, los beneficios de un esfuerzo TPM a gran escala permanecerán en el mundo de los sueños. Se lograrán resultados, pero serán puntuales y no permanecerán.

En la práctica, los departamentos de producción tienden a centrarse exclusivamente en la producción en su sentido estricto, mientras los departamentos de mantenimiento caen en un mar de averías. Las empresas negligentes en cuanto a tecnología de mantenimiento y que no promueven la formación de su personal, viven inmersas en un círculo vicioso, y no pueden librarse de averías, tiempos en vacío, pequeñas paradas, y defectos de calidad originados en los equipos. A lo anterior se asocian las tasas de operación bajas, la productividad deficiente, y las condiciones de trabajo inseguras. Mientras tanto, los departamentos de diseño de equipos e ingeniería de productos luchan desesperadamente con el equipo en pruebas mal adaptado a las condiciones del lugar de trabajo, difícil de usar y mantener, y que regularmente se avería o produce material defectuoso. Todo ello demuestra que la empresa tiene un nivel de tecnología bajo, y le falta capacidad y habilidad directiva en cada departamento.

## FORMACION Y ENTRENAMIENTO EN EL TPM

El TPM pretende liberar a las empresas de este círculo vicioso. Para superar este círculo vicioso, el TPM incluye en su enfoque de implantación estrategias y objetivos explícitos para elevar el nivel de las prácticas de gestión y el nivel técnico de cada individuo involucrado. De hecho, todas las corporaciones ganadoras del Premio PM han enfrentado los requerimientos del crecimiento de tecnología y de la capacitación personal estableciendo sistemas de formación y entrenamiento diseñados para maximizar el potencial de cada empleado. Tales empresas dedican un enorme esfuerzo a la formación en mantenimiento y operaciones. La formación debe empezar desde el primer día de cualquier programa TPM y tener en cuenta el entorno, necesidades, aptitudes, carácter y capacidades particulares del personal a formar y la empresa.

### Filosofía básica de la formación y entrenamiento

En el TPM, los dos conceptos básicos de la formación son el entrenamiento en el mismo trabajo (OJT) y el auto-desarrollo. Fundamentalmente, la mejora de las destrezas de los individuos no solo incide eficazmente en la eficiencia de la empresa, si no que también aumenta la vitalidad de las personas y su orgullo por el trabajo. Por supuesto, la formación fuera del ámbito del trabajo y las actividades de apoyo son también importantes para asegurar una buena educación.

Para lograr buenos resultados, directores y supervisores deben dedicarse a formar al personal a su cuidado. Deben invertir una buena parte de su energía en desarrollar personas competentes en equipos.Así lo requiere la estrategia formativa del TPM.

### ¿Qué es capacidad?

*Capacidad* es la habilidad para hacer el trabajo, y la destreza para aplicar correcta y reflexivamente conocimientos y experiencia a toda clase de sucesos durante un extenso período (figura 8-1). La acumulación sistemática de formación, experiencia e información permite a las personas diagnosticar y actuar apropiadamente. Cuanto más rápidamente pueda tratar una persona una anomalía, más elevado es su nivel de capacidad.

La capacidad es producto de la motivación personal y un profundo entrenamiento. El resultado final es la maestría. Para facilitar que el personal logre el grado de maestría necesario, las empresas deben poner en práctica los métodos de formación, más eficaces.

### Cuatro niveles de capacidad

El primer paso de cualquier programa de formación es identificar el nivel de conocimientos, tecnología, capacidad y competencia que tiene que adquirir

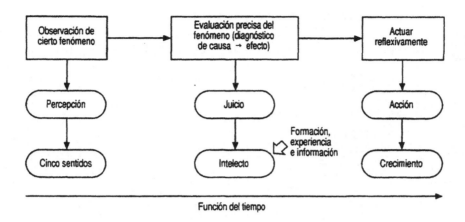

**Figura 8-1.   ¿Cuáles son las capacidades?**

el personal para progresar en cada tipo de tarea, especialización o posición. Asimismo, deben evaluarse los niveles existentes como punto de partida actual. La tabla 8-1, identifica cuatro niveles de capacidad:

*Nivel 1:* Falto de conocimiento teórico y habilidad práctica (tiene que aprender).

*Nivel 2:* Conoce la teoría pero no la practica (necesita entrenamiento práctico).

*Nivel 3:* Tiene maestría práctica pero no teórica (no puede enseñar a otros).

*Nivel 4:* Tiene maestría teórica y práctica (puede enseñar a otros).

La formación debe organizarse para satisfacer todas estas necesidades. Demasiada formación no es eficaz, sea por exceso de contenido o por inoportunidad del tiempo. A menudo, simplemente no se encuentra con el tiempo o las personas disponibles para hacer aplicaciones supervisadas en la instalación y lograr así la maestría mediante la enseñanza de otros. La formación debe ser profunda y práctica, y debe estar claramente enfocada a las necesidades visibles. Lo más adecuado es adiestrar en una necesidad cada vez.

## Operarios competentes en equipos

¿Qué habilidades pueden esperarse de personas competentes en equipos, esto es, de operarios que se enfrentan con la automatización, el control electrónico, y otras tecnologías?

Las tareas de los operarios están evolucionando, desde operaciones manuales hacia mayores porcentajes de verificación y supervisión. Los operarios deben adquirir las cuatro habilidades que relacionamos a continuación; deben estar tan familizados con sus equipos que éstos lleguen a ser como una prolongación de

## Tabla 8-1.  Ejemplo de evaluación de capacidades

| Clasificación del trabajo | Conceptos de conocimiento/capacidad | Vera | Roldán | Rubio | De la Rosa | San Cristóbal | Serra | González | Amedo | Belloch |
|---|---|---|---|---|---|---|---|---|---|---|
| Básico | 1. Uso/conocimiento de pernos y tuercas | ○ | ○ | △ | ○ | ○ | ○ | ○ | ○ | ○ |
| | 2. Uso/conocimiento de herramientas | ○ | ○ | △ | ○ | ○ | ○ | ○ | ○ | ○ |
| | 3. Uso/conocimiento de llaves | ○ | □ | △ | □ | □ | △ | □ | □ | □ |
| | 4. Conocimiento de árboles y ejes y sus métodos de montaje | △ | □ | ● | △ | △ | □ | △ | △ | □ |
| Capacidades de taller | 5. Teoría/práctica de trazado | ○ | ○ | △ | ○ | ○ | ○ | ○ | ○ | ○ |
| | 6. Teoría/práctica de limado | ○ | ● | ● | ● | □ | □ | △ | ○ | □ |
| | 7. Teoría/práctica de rectificado | ○ | ● | ● | ● | □ | □ | △ | □ | □ |
| | 8. Teoría/práctica de soldadura | △ | ○ | △ | ○ | □ | □ | △ | □ | □ |
| Ensamble | 9. Uso/conocimiento de levas, llaves y trinquete y transmisiones Ginebra | □ | △ | ● | □ | ○ | ○ | ○ | ○ | ○ |
| | 10. Uso/conocimiento de cremalleras, piñones y engranajes | □ | □ | △ | □ | ○ | ○ | △ | △ | ○ |
| | 11. Uso/conocimiento de embragues y frenos | ○ | △ | △ | ○ | □ | △ | △ | △ | △ |
| | 12. Instalación, ajuste, y conocimiento de equipo de finalidad especial | △ | ● | ● | △ | △ | △ | △ | △ | □ |
| | 13. Habilidad para evaluar y actuar contra fallos inesperados | △ | △ | △ | △ | △ | ○ | △ | △ | ○ |
| Hidráulica/ neumática | 14. Uso y conocimiento de controladores de velocidad, controladores de flujo y válvulas de retención | △ | △ | ● | △ | ○ | ○ | △ | ○ | ○ |
| | 15. Uso/conocimiento de FRLs (filtros...) | △ | △ | ● | ○ | ○ | ○ | △ | ○ | ○ |
| | 16. Uso/conocimiento de válvulas solenoides | △ | △ | ● | ○ | ○ | ○ | △ | ○ | ○ |
| | 17. Uso/conocimiento cilindros | △ | △ | ● | ○ | ○ | ○ | △ | ○ | ○ |
| | 18. Uso/conocimiento de tubería y conectores hidráulidos y neumáticos | △ | ● | ● | △ | ○ | ○ | △ | ○ | ○ |
| | 19. Conocimiento de «layouts» de tubería neumática | △ | ● | ● | △ | ○ | ○ | △ | ○ | ○ |
| Planos | 20. Conocimiento de planos | ○ | ○ | □ | ○ | ○ | ○ | ○ | ○ | ○ |
| Lubricación | 21. Conocimientos de lubricación | △ | △ | ● | △ | □ | △ | △ | △ | △ |
| Fundamentos | 22. Conocimientos de materiales y su aplicaciones | ○ | ● | ● | ● | ● | ● | ● | ○ | ● |
| | 23. Uso/conocimiento de instrumentos de medida | ○ | △ | ● | △ | △ | ○ | ○ | △ | ○ |
| Otros | 24. Uso/conocimiento de motores y transmisiones | △ | ● | ● | △ | △ | □ | △ | △ | △ |
| | 25. Uso/conocimiento de bombas de arrastre e hidráulicas | △ | ● | ● | ● | ● | □ | ● | △ | □ |
| | 26. Uso/conocimiento de alimentadores de piezas y mesas de alimentación | ● | ● | ● | ● | □ | □ | ● | □ | □ |
| Consumibles | 27. Uso/conocimiento de cojinetes | ○ | ● | ● | ● | □ | □ | □ | □ | □ |
| | 28. Uso/conocimiento de anillos colectores y guarniciones | △ | △ | ● | ● | △ | △ | △ | △ | △ |
| Seguridad | 29. Conocimientos y atención a la seguridad | ○ | ○ | ○ | ○ | ○ | ○ | ○ | ○ | ○ |
| | Puntuación (máx. 29)  —  Conocimiento | 24 | 19 | 24 | 19 | 20 | 19 | 9 | 16 | 26 |
| | Puntuación (máx. 29)  —  Capacidad | 19 | 25 | 24 | 19 | 20 | 19 | 9 | 16 | 26 |

● Conocimientos y capacidad insatisfactorias
△ Conocimientos satisfactorios
□ Capacidad satisfactoria
○ Conocimientos y capacidades satisfactorias

| Concepto / Símbolo | 2. Uso/conocimiento de pernos y tuercas | |
|---|---|---|
| Conocimientos | 1. | Conoce la diferencia entre los estándares ISO y JIS |
| | 2. | Conoce los tipos de pernos y tuercas |
| | 3. | Conoce las diferencias entre los materiales usados en diferentes tipos de pernos y tuercas |
| | 4. | Conoce los pasos y vueltas para diferentes tamaños de pernos y tuercas |
| | 5. | Conoce los estándares y aplicaciones de los tornillos puntiagudos |
| | 6. | Conoce tipos y aplicaciones de tornillos de filete cuadrado, trapezoidales y para acoplamiento roscaso de tubos |
| Capacidad (aplicación) | 19. | Puede apretar correctamente pernos de diferentes tipos y tamaños |
| | 20. | Puede fabricar y usar tuercas ranuradas y mecanismos de bloque |
| | 21. | Puede bloquear correctamente tuercas usando topes de cable |
| | 22. | Puede evitar que se agarroten los pernos y tuercas |

| Concepto / Símbolo | 16. Uso/conocimientos de válvulas solenoides | |
|---|---|---|
| Conocimientos | 1. | Conoce los símbolos de las válvulas solenoides de los diagramas de circuitos neumáticos |
| | 2. | Conoce las funciones y tipos de las válvulas solenoides |
| | 3. | Conoce la estructura y características de las válvulas solenoides tipo bobina |
| | 4. | Conoce la estructura y características de las válvulas solenoides tipo cabezal |
| | 5. | Conoce donde se usan las válvulas solenoides únicas |
| | 6. | Conoce donde se usan las válvulas solenoides dobles |
| Capacidad (aplicación) | 21. | Puede reparar las bobinas desplazadas o anillos colectores dañados en válvulas solenoides tipo bobina |
| | 22. | Puede remover el polvo y la suciedad de las válvulas sin dañar el solenoide |
| | 23. | Puede remover el aceite de las compuertas de exhaustación de las válvulas solenoides |
| | 24. | Conoce cómo reducir el ruido de la evacuación de válvulas solenoides |

sus brazos y cerebros. Las habilidades se adquieren mediante el entrenamiento en el trabajo, y la práctica del mantenimiento autónomo, y de las actividades de mejora orientada.

1. *Los operarios competentes en equipos pueden detectar las anomalías y efectuar mejoras.* Deben ser capaces de:

- Dectectar las irregularidades del equipo.
- Comprender la importancia de la lubricación, lubricar correctamente y chequear los resultados.
- Comprender la importancia de la limpieza y su función de inspección y realizarla correctamente.
- Comprender la importancia de minimizar la dispersión y fugas de productos, primeras materias y otros contaminantes y desarrollar mejoras que traten estos problemas.
- Corregir o mejorar las irregularidades detectadas.

2. *Los operarios competentes en equipos comprenden la estructura y funciones de sus máquinas y son capaces de descubrir las causas de las anomalías.* Deben ser capaces de:

- Comprender los puntos clave de la construcción del equipo.
- Mantener el rendimiento del equipo inspeccionándolo al limpiarlo.
- Conocer los criterios para identificar las anomalías.
- Comprender las causas de las anomalías.
- Juzgar correctamente cuando deben parar el equipo.
- Hasta cierto punto, diagnosticar los fallos.

3. *Los operarios competentes en equipos comprenden la relación entre equipos y calidad y pueden predecir las anomalías de la calidad y descubrir sus causas.* Deben ser capaces de:

- Analizar los fenómenos a partir de principios físicos.
- Comprender la relación entre equipos y características de calidad del producto.
- Comprender y chequer apropiadamente las tolerancias de precisión estática y dinámica del equipo.
- Comprender las causas de los defectos.

4. *Los operarios competentes en equipos pueden entender y reparar sus máquinas.* Deben ser capaces de:

- Reemplazar componentes.
- Conocer los tiempos de vida de los componentes.

- Postular las causas de los fallos.
- Tomar medidas de emergencia.
- Participar en las reparaciones generales con equipo desmontado.

### *Personal de mantenimiento competente en equipos*

En muchas industrias, la fiabilidad del equipo afecta significativamente a la productividad, calidad del producto, seguridad, etc. Naturalmente, esta es la razón por la que es absolutamente necesaria una excelente capacidad de mantenimiento. Para satisfacer esta demanda, los técnicos de mantenimiento deben adquirir una amplia gama de habilidades.

Los profesionales del mantenimiento deben ser capaces de:

- Instruir a los operarios para un manejo, operación, y mantenimiento diario correctos.
- Evaluar correctamente si el equipo está funcionando correctamente o no.
- Rastrear las causas de las anomalías y restaurar correctamente el equipo.
- Mejorar la fiabilidad de equipos y componentes, alargar los tiempos de vida de los equipos, y reducir anomalías y fallos.
- Comprender los diagnósticos de equipos, usarlos y estandarizarlos.
- Optimizar las actividades precedentes y hacerlas tan eficaces en costes y tiempo como sea posible.

Conforme se automatiza y sofistica el equipo, aumenta la necesidad de asegurar completamente la calidad, reducir el consumo de energía, y mantener un entorno agradable de operación. Por tanto, es esencial establecier y mantener unas determinadas condiciones del equipo que garanticen la calidad en el producto. Hay que clarificar la tecnología y capacidades que se requieren para lograr estos objetivos y, a continuación, proyectar un sistema de formación bien organizado y eficaz, que combine la educación interna y externa.

### *Importancia del auto-desarrollo*

Para asegurar que el personal desarrolle las capacidades precisas para hacer frente a equipo sofisticado, hay que crear un entorno que les estimule a aprender por sí mismos en vez de recibir pasivamente enseñanza. Mucha enseñanza en clases es ineficaz porque se trata de un proceso de una sola dirección. Los educadores informan sin mucha perspectiva del entorno de trabajo usual de los educandos. En contraste, el desarrollo paso a paso del mantenimiento autónomo y las actividades de mejora orientada facilitan una formación mucho más eficaz porque la mayor parte del aprendizaje se produce directamente en los propios lugares de trabajo.

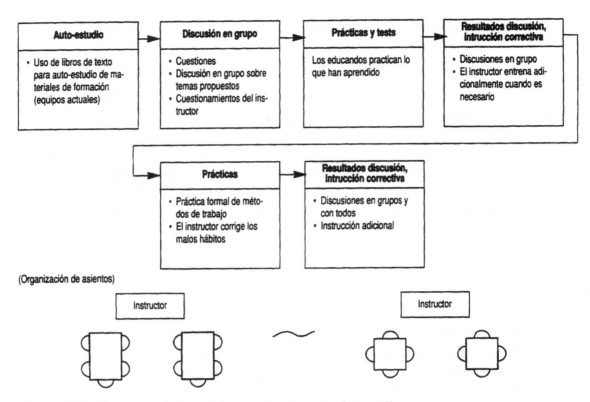

**Figura 8-2.    Esquema de formación mediante auto-desarrollo**

En la formación mediante clases, es importante usar el enfoque de auto-desarrollo ilustrado en la figura 8-2 para asegurar que cada persona llega a adquirir maestría en las habilidades necesarias. Las frecuentes discusiones en grupo se constituyen en oportunidades de reflexión. Las discusiones y reflexión, así como la aplicación práctica son claves importantes. Por ello, el educador debe evaluar continuamente el grado de formación de cada educando y facilitar el entrenamiento práctico cuando sea necesario.

Paralelamente, los directores y supervisores deben ser conscientes de la importancia de su función para el incremento de los niveles de capacidad. Deben crear un entorno que apoye el desarrollo mediante el trabajo y evitar ejercer una presión excesiva sobre los resultados. Deben conocer las habilidades adquiridas por cada uno de sus subordinados y comprender los objetivos de las clases de modo que puedan asignar trabajos de dificultad apropiada que apoyen el aprendizaje.

## SEIS PASOS PARA IMPULSAR LAS CAPACIDADES DE OPERACION Y MANTENIMIENTO

Para asegurar la eficacia de la formación, hay que desarrollarla sistemáticamente en los siguientes seis pasos, que se examinan en detalle a continuación:

1. Evaluar el programa de formación vigente y establecer estrategias y políticas prioritarias.
2. Elaborar un programa (Plan maestro de formación) para mejorar las capacidades de operación y mantenimiento.
3. Poner en práctica la formación recibida sobre operaciones y mantenimiento.
4. Proyectar y desarrollar un sistema de formación permanente de capacidades a largo plazo.
5. Crear un entorno que estimule el auto-desarrollo.
6. Evaluar las actividades y planificar el futuro.

## Paso 1: Analizar el programa actual y establecer políticas y estrategias prioritarias

La mayoría de las empresas facilitan a sus empleados algún tipo de formación. Sin embargo, muy pocas poseen grupos de personas verdaderamente competentes en equipos, profesionales en sus respectivas especializaciones y capaces de rivalizar con sus competidores. En la mayoría de los casos, la formación es algo secundario frente a la presión del trabajo diario; cuando la formación se pone en práctica, se hace de modo ritualizado y en pequeñas dosis. Recomendamos hacer una revisión profunda del programa de formación de su propia empresa y comprobar su efecto en la mejora de la capacidad y especialización de las personas. Hay que llegar al fondo, revisar la situación, e identificar los problemas persistentes. A continuación, perfilar políticas, metas y prioridades claras para un programa de formación que resuelva estos problemas y se ajuste a las circunstancias particulares. Estas políticas, metas y prioridades servirán para guiar la acción a través de los pasos restantes. La tabla 8-2 es un ejemplo de las políticas, metas y prioridades de formación de una empresa.

## Paso 2: Elaborar un programa de formación para mejorar las capacidades de mantenimiento y operación

La tecnología de producción avanza con un ritmo desconcertante y rápidamente quedan obsoletos los métodos vigentes. La introducción de robots industriales, del control numérico, y de los sistemas de fabricación flexibles está eliminando la necesidad de manipulaciones humanas, y la función del departamento de producción se centra ahora principalmente en la supervisión y el mantenimiento.

Paralelamente, el mantenimiento de equipos sofisticados, controlados electrónicamente se está convirtiendo en un gran dolor de cabeza. En respuesta a esto, las empresas forman a ingenieros y técnicos en las nuevas tecnologías. El personal de la planta tiene que pasar de ser técnico de una sola especialidad o equipo a adquirir maestría teórica y práctica en múltiples especialidades. Sin embargo, esto no puede lograrse de la noche a la mañana. Para crear personas competentes en cada nivel, la empresa debe elaborar un programa de formación que progrese en pasos desde lo elemental a lo básico, a lo intermedio, y a lo avanzado. La tabla 8-3 es un ejemplo del sistema de formación de una empresa, mientras la figura 8-3 es un ejemplo de un programa de formación en mantenimiento.

Cada empresa debe diseñar su propio sistema ajustado a su equipo. Para ello es necesario revisar los programas de formación de su empresa, y reelaborarlo con las mejoras que sean necesarias.

## Paso 3: Práctica de la formación en mantenimiento y operaciones

Esta sección describe cómo mejorar las capacidades de operación y mantenimiento hasta el nivel requerido en un programa TPM eficaz.

### Curriculum de formación

Hay que empezar desarrollando lo que denominamos un *curriculum*. Este *curriculum* tiene que considerar el equipo que tiene la empresa, determinar los ni-

**Tabla 8-2.   Muestra de políticas, objetivos y prioridades de formación**

---

**POLITICA BASICA**

La política de formación de esta planta es desarrollar capacidades especializadas mediante un activo programa de formación y auto-desarrollo. Este programa se realizará prioritariamente en el propio lugar de trabajo, apoyado puntualmente por la formación fuera de los puestos de trabajo. Nuestra creencia básica es que la mejora de las capacidades individuales no sólo ayuda a mejorar los resultados de los negocios de la empresa sino que también incrementa la vitalidad de las personas y su orgullo por el trabajo.

**OBJETIVOS**

- Estimular a través del TPM la formación de personas competentes en equipos y en la gestión de mejora continua de su área de responsabilidad.
- Desarrollar recursos humanos que puedan satisfacer las necesidades de trabajo futuras.

**PRIORIDADES**

Para lograr estos objetivos, hemos revisado el sistema de formación. La prioridad se otorga ahora a:
1.  Desarrollar personas competentes en equipos.
    — Desarrollar personal de mantenimiento con capacidades analíticas y técnicas más avanzadas.
    — Establecer un centro de formación para mantenimiento y desarrollar operarios competentes en equipos.
    — Promocionar habilidades especializadas enviando personal a cursos de formación exteriores.
2.  Desarrollar personal competente en la gestión de su área de trabajo.
    — Desarrollar personal competente en gestión de mejora continua mediante el programa de mantenimiento autónomo paso a paso y la formación en automatización de oficinas.
3.  Establecer un programa de desarrollo de habilidades.
    — Formular un sistema de desarrollo de habilidades que se centre en el desarrollo de capacidades esenciales, estimulando la formación sistemática de personas verdaderamente competentes en equipos y administración.

## Tabla 8-3.  Sistema de formación global

| Hitos de formación | Introducción (nuevos trab.) | Capacidades básicas (grados 1-2) | Capac. especializadas (grado 3) | Capac. gestión (grados 4-5) | Capac. de gestión avanzada (grado 6) | Capac. básicas de gestión de negocios (grados 7-8) |
|---|---|---|---|---|---|---|
| OJT* | Formación departamental | Formación departamental | Formación departamental | Formación departamental | Formación departamental | Formación departamental |
| Auto-desarrollo | | • Cursos de formación con vídeos • Alquiler de vídeos de formación → | | • Introducción de textos de formación • Cursos por correspondencia → | | |
| **Fuera del lugar de trabajo** | | | | | | |
| Mantenimiento | • Introducción al mantenimiento de equipos (1). | • Introducción al mantenimiento de equipos (2) | • Clases de mantenimiento (elemental) | • Clases de mantenimiento (intermedio) | • Clases de mantenimiento (intermedio) | |
| Tecnología y habilidades | • Formación práctica en lugares de trabajo • Interpretación de planos (1) | • Interpretación de planos (2) | • Curso de ingeniería industrial (1) • Curso de control numérico • Curso de diseño de moldes y troqueles • Curso de moldeo de plásticos • Curso de características de cables (1) | • Curso de ingeniería industrial (2) • Curso de moldeo de plásticos • Curso de características de cables (2) • Curso de cuentas financieras (1) | • Curso de cuentas financieras (2) | |
| Gestión | • Formación en prevención de accidentes (1) • Curso de automatización de oficinas (A) • Curso QC (introductorio) | • Formación en prevención de accidentes (2) • Curso de automatización de oficinas (B) • Curso QC (elemental) | • Curso de control de costes (1) • Formación en dirección por objetivos (1) • Clases de automatización de oficinas (elemental) • Curso de líderes de círculos QC (elemental) • Curso QC (intermedio) | • Curso de control de costes (2) • Formación en dirección por objetivos (2) • Clases de automatización de oficinas (intermedio) • Curso de líderes de círculos QC (intermedio) • Curso QC (avanzado) | • Clases de automatización de oficinas (avanzado) • Curso de líderes de círculos QC (avanzado) | • Clases de automatización de oficinas (avanzado) |
| Formación según grados específicos | • Formación del presidente (1) • Formación de seguimiento • Curso de contactos con clientes (1) • Grupo de formación para nuevos empleados • Formación de pre-entrada | • Formación del presidente (2) • Formación de graduados (residencial) • Curso de contactos con clientes (1) | • Formación del presidente (3) • Curso sobre contactos con clientes (2) • Curso de líderes de grupo (Introductorio) • Programa de formación directiva (introductorio) | • Formación del presidente (4) • Curso de líderes de grupo (avanzado) • Programa de formación en dirección (introductorio) • Formación del Instituto de Investigación Técnica • Conferencias de alta dirección | • Seminario de directores • Programa de formación directiva (intermedio) | • Formación de alta dirección • Seminario de dirección • Programa de formación directiva (avanzado) • Seminario de dirección • Seminario departamental • Formación en lugares de trabajo |

* OJT: Formación en los lugares de trabajo

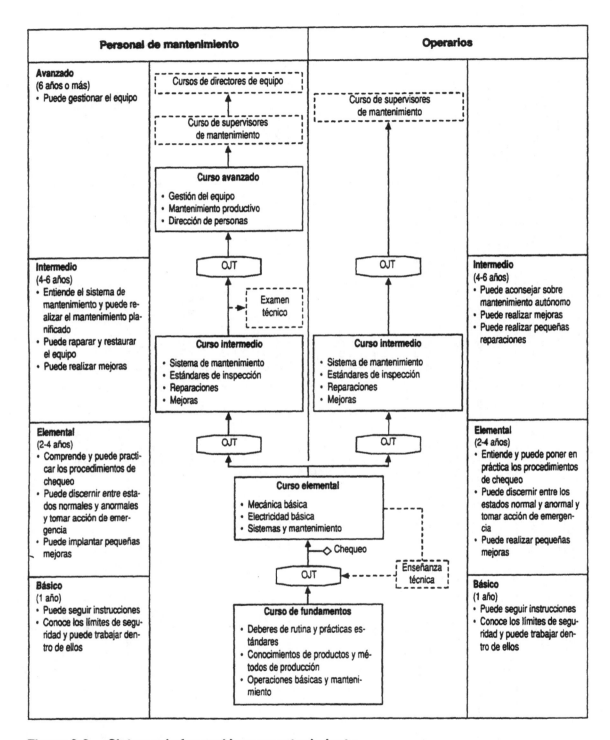

**Figura 8-3.   Sistema de formación en mantenimiento**

veles de capacidad que se requieren, y decidir entonces los elementos específicos a enseñar y el tiempo a gastar en ello. La tabla 8-4 es un ejemplo de programa de formación en mantenimiento. La empresa que lo desarrolló logró buenos resultados cubriendo dos unidades en una semana, a lo que siguen dos semanas en las que los educandos hacen aplicaciones prácticas en sus propios trabajos. No es bueno intentar realizar el programa apresuradamente invirtiendo, por ejemplo, dos horas en cada unidad: una buena comprensión práctica necesita tiempo.

### Planes y materiales para lecciones

Un programa de formación eficaz requiere diseñar un buen modelo de aprendizaje. Es muy bueno el enfoque del auto-desarrollo, porque pone el acento principal en aprender a través de la práctica. Una buena regla empírica es dedicar un 70 por ciento a la práctica y un 30 por ciento a conferencias y discusiones. Para cada tema, hay que perfilar un plan de lecciones específicas en función de la empresa en particular, preparar textos de auto-estudio para casa, y materiales de ayuda y otros que los educandos necesitarán para la formación práctica (p.e., maquetas, equipos de diagnóstico, máquinas y herramientas para prácticar). (Véase tabla 8-5).

Hay que facilitar suficientes ayudas y equipo para que cada educando realice prácticas de formación. Dos o tres educandos pueden compartir en prácticas de equipo costoso (transmisiones, sistemas de control hidráulico, electrónico, etcétera).*

### Clases

Mientras la instrucción práctica debe darse de uno en uno, la proporción «6 a 10 educandos/entrenador», es un buen ratio para la instrucción en clase. Los entornos de las clases deben ser estimulantes para el aprendizaje y estar equipados con materiales de ayuda para la formación práctica.

### Entrenamiento

Al personal se le formará de acuerdo con el planing, dando énfasis a la práctica sobre la teoría y usando el enfoque de auto-desarrollo indicado anteriormente. La formación debe conectarse hasta el mayor grado posible con las actividades reales de los lugares de trabajo para ayudar así a los educandos y adquirir

---

* En Japón, las empresas envían a potenciales instructores a cursos del JIPM y otras instituciones. Con este fundamento pueden desarrollar programas, textos y ayudas apropiadas para su propia empresa

## Tabla 8-4. Programa de formación sobre mantenimiento

### PROGRAMA AVANZADO (16 UNIDADES)

| ① Empresa y organización | ② Deberes de los supervisores | ③ Gestión de los equipos | ④ Gestión del mantenimiento |
|---|---|---|---|
| • Empresa y objetivos<br>• Empresa y organización<br>• Organización y dirección | • Deberes de línea y de staff<br>• Autoevaluación | • Importancia de los equipos<br>• Gestión de los equipos y su función | • Relación entre gestión del mantenimiento y producción<br>• Funciones de la gestión del mantenimiento (técnicas y financieras) |
| ⑤ Vida del equipo y costes de proceso | ⑥ Presupuesto de producción y su función | ⑦ Práctica AM I: | ⑧ Práctica AM II: Medir y analizar el status quo |
| • Costes del ciclo de vida<br>• Temas de reducción y costes de proceso | • Sistemas y funciones<br>• La función de la línea y el staff | Medir y analizar el status quo | • Medir y analizar el status quo<br>• Analizar problemas<br>• Proponer e implantar contramedidas |
| ⑨ Práctica PM I: Medir y analizar el status quo | ⑩ Prácticas PM II: Medir y analizar el status quo | ⑪ Práctica PM III: Medir y analizar el status quo | ⑫ Práctica PM IV: Medir y analizar el status quo |
| • Medir y analizar el status quo<br>• Actividades técnicas<br>• Actividades económicas | • Medir y analizar el status quo<br>• Analizar problemas<br>• Proponer e implantar contramedidas | • Medir y analizar el status quo<br>• Diseñar y aplicar estándares de mantenimiento<br>• Evaluación de status y eficacia | • Medir y analizar el status quo<br>• Preparar e implantar planes de trabajo de mantenimiento<br>• Evaluar status y eficacia |
| ⑬ Práctica PM V: Medir y analizar el status quo | ⑭ Control del presupuesto de mantenimiento | ⑮ Capacidad directiva I | ⑯ Capacidad directiva II |
| • Medir y analizar el status quo<br>• Evaluar los registros e informes de mantenimiento y usarlos para el control de fallos y la mejora | • Sistema y uso<br>• Reducción de costes de mantenimiento<br>• Medición y evaluación de resultados | • Formación interna<br>• Desarrollo de habilidad | • Uso de planes de formación<br>• Control de progreso (inventario de habilidades)<br>• Técnicas de evaluación de capacidad |

### PROGRAMA INTERMEDIO (20 UNIDADES)

| ① Métodos de mantenimiento de equipos | ② Sistemas del mantenimiento | ③ Estadística aplicada | ④ Planificación del mantenimiento |
|---|---|---|---|
| • Mantenimiento preventivo<br>• Mantenimiento correctivo<br>• Mantenimiento de averías | • Mantenimiento diario<br>• Estándares de chequeo<br>• Inspección periódica<br>• Estándares de reparación | • Registros de anomalías y fallos y su aplicación (implantación y control) | • Uso de calendarios de mantenimiento |
| ⑤ Práctica de habilidades de mantenimiento | ⑥ Desarrollo y aplicación de estándares de inspección y chequeo | ⑦ Fabricación e instalación de tubería | ⑧ Conceptos de mecatrónica |
| • Revisión e incremento de capacidades de mantenimiento claves | | • Formación de estándares de fabricación y trabajos de instalación de tuberías | • Flujo de datos<br>• Construcción y acción de máquinas |
| ⑨ Técnicas de detección de fallos | ⑩ Comprobación de condiciones y MTBF | ⑪ Detección de anomalías y fallos | ⑫ Análisis del caso «peor» |
| • La relación entre el deterioro y la anomalía/fallo; contramedidas<br>• Estadísticas y su uso en la reducción de fallos | Prácticas de comprobación de:<br>• Ruidos<br>• Vibraciones<br>• Temperatura<br>• Aislamiento térmico | • Estudios de casos | • Presentación de los «cinco peores» ejemplos de los lugares de trabajo de los educandos<br>• Investigación de contramedidas |

AM = Mantenimiento autónomo
PM = Mantenimiento planificado

| ⑬ Chequeo y mantenimiento de equipos | ⑭ Inspección de equipos | ⑮ Práctica de reparación de equipos | ⑯ Moldeo por inyección |
|---|---|---|---|
| • Chequeo y mantenimiento de componentes<br>• Chequeo y mantenimiento periódicos | • Preparación de tablas de proceso<br>• Preparación de listas de chequeo de inspección<br>• Inspección estática y dinámica<br>• Desmontaje y limpieza | • Comprensión de la construcción y funciones del equipo; practicar realizando y registrando reparaciones de acuerdo con diagrama de bloques | • Anclajes y fijaciones<br>• Inyectores<br>• Controladores |
| ⑰ Equipos y circuitos hidráulicos | ⑱ Mantenimiento de equipo hidráulico | ⑲ Ajustes mecánicos | ⑳ Circuitos eléctricos |
| • Sistemas hidráulicos (máquinas de moldeo y prensas)<br>• Estructura y operación de equipo hidráulico<br>• Actuación de mecanismos hidráulicos y circuitos | • Chequeos diarios y periódicos<br>• Mantenimiento<br>• Reparación de averías | • Chequeos y operación de ensayo<br>• Montaje y ajuste de piezas<br>• Mecanismos de control | • Interpretación de diagramas de cableado elementales<br>• Ordenador de secuencias<br>• Reparación de averías |

## PROGRAMA ELEMENTAL (16 UNIDADES)

| ① Básico de pernos y tuercas | ② Aplicación de momentos de torsión correctos | ③ Básico de lubricación | ④ Básico de estanqueidad |
|---|---|---|---|
| • Uso y mantenimiento de pernos y tuercas | • Práctica en la realización de chequeos | • Uso y mantenimiento de lubricantes y grasas<br>• Práctica en evaluación de deterioro de lubricantes | • Uso y mantenimiento de juntas y guarniciones<br>• Práctica en la realización de chequeos |
| ⑤ Interpretación de planos mecánicos | ⑥ Básico de acoplamientos y llaves | ⑦ Básico de engranajes | ⑧ Prácticas de revisión |
| • Montajes básicos<br>• Símbolos de materiales | • Conocimientos básicos, uso y mantenimiento de cojinetes | • Uso y mantenimiento de cintas y cadenas | • Desmontaje, ensamble y operaciones de test (prácticas) |
| ⑨ Básico de electricidad | ⑩ Básico de secuenciación | ⑪ Circuitos de sensores de límite | ⑫ Básico de mantenimiento eléctrico |
| • Mecanismos y símbolos eléctricos<br>• Interpretación de diagramas de secuencias<br>• Uso de medios de test eléctricos | • Práctica en cableado de circuitos<br>• Circuitos de estabilidad<br>• Circuitos de arranque y parada de motor<br>• Circuitos de relés térmicos | • Circuitos temporizadores<br>• Circuitos de enganche<br>• Circuitos de inversión de marcha de motores<br>• Circuitos de detección de fallos | • Seguridad<br>• Práctica en realización de chequeos |
| ⑬ Básico de hidráulica y neumática | ⑭ Estructura y funciones hidráulicas | ⑮ Sistemas eléctricos e hidráulicos | ⑯ 16 Detección de fallos |
| • Básico de circuitos hidráulicos y neumáticos<br>• Práctica de desmontaje y montaje de sistemas hidráulicos | • Ensamble y operación de test en equipo de prácticas<br>• Preparación de diagramas de líneas de ciclos hidráulicos | • Circuitos hidráulicos y eléctricos<br>• Preparación de cuadros de temporización | • Detección de fallos usando sistemas hidráulicos de prácticas<br>• Práctica en la realización de chequeos<br>• Resumen |

## PROGRAMA BÁSICO (3 UNIDADES)

| ① Unidades de equipo principal | ② Equipo de servicios | ③ Moldes | |
|---|---|---|---|
| • Tipos y nombres de máquinas de moldeo<br>• Revisión general del equipo de producción<br>• Equipo de seguridad | • Tipos y nombres de equipo de servicios<br>• Revisión de equipo de servicios | • Tipos y nombres de moldes para inyección<br>• Tipos y nombres de prensas de estampación | |

**Tabla 8-5.    Ejemplo de plan de lección**

| CURSO INTRODUCTORIO DE MANTENIMIENTO | | Fecha: _____ Preparador: _____ |
|---|---|---|
| **Mantenimiento de mecanismos de mando**<br>(4-2) Cojinetes básicos<br>(4 horas) | | |

**Objetivos:**
- Comprender las funciones de los cojinetes
- Instalar y desmontar correctamente los cojinetes
- Chequear los cojinetes y detectar anomalías
- Usar poleas de arrastre y lubricantes; usar varillas de escucha y etiquetas termocrómicas

**Materiales:**
1) Textos
2) Cojinetes de varios tipos
3) Sistemas modelo

| Temas | Materiales | Tiempo | Sistema |
|---|---|---|---|
| • Tipos y función de los cojinetes | Textos 2-3<br>Cojinetes de varios tipos | 30 | D |
| • Rodamientos de cilindros | | | |
|   • Estructura, clasificación y etiquetado | Textos 2-3 | 30 | L |
|   • Puntos clave del manejo (precauciones, instalación, desmontaje, ajuste) | Sistema modelo, poleas de arrastre | 90 | P |
|   • Tipos y cantidades de lubricante; métodos de lubricación | Lubricantes | 20 | L |
|   • Puntos clave del mantenimiento (ruidos, vibración, temperatura) | Varillas de escucha y etiquetas termocrómicas | 30 | P/D |
| • Cojinetes deslizantes | | | |
|   • Características; comparación con los rodamientos de cilindros | Cojinetes | 30 | P/D |
|   • Puntos clave del manejo; lubricación | | | |
|   • Puntos clave del mantenimiento | | | |
|   • Chequeo de cojinetes; explicación de temas mediante hojas de lección de un punto | | 10 | L |

L: conferencia
D: autoestudio y discusión
P: práctica

capacidades, práctica y a ser más eficaces. La figura 8-4 es un ejemplo del procedimiento o flujo de formación que exige a los educandos aplicar lo aprendido en el lugar de trabajo y documentar e informar de sus experiencias.

. Para profundizar en el conocimiento y lograr rápidamente la maestría, los educandos deben practicar lo aprendido, preparar hojas de lecciones de un punto único para cada unidad del programa, e identificar temas de mejora o problemas de cada lugar de trabajo. Los educandos utilizarán este material para enseñar lo aprendido a sus colegas. Las lecciones de punto único deben comunicar temas de conocimientos básicos, sugerencias para evitar problemas, y claves

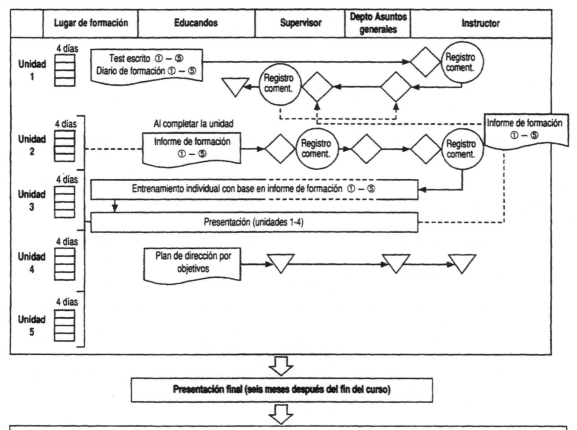

**Figura 8-4.   Esquema de flujo de la formación**

para una actividad eficaz de mejora relacionada con el tema. (Véanse figuras 8-5 y 8-6). Las lecciones que describen soluciones a problemas reales y mejoras son particularmente eficaces.

```
                        ┌─────────────────────────┐
                        │  LECCIÓN DE PUNTO ÚNICO  │
                        └─────────────────────────┘
```

| Conocimientos básicos | Estudios de casos de problemas | Estudios de casos de mejora |
|---|---|---|
| Puntos clave que deben conocerse | Puntos clave para impedir la repetición de problemas | Puntos clave para la teoría y práctica de las mejoras eficaces |

**Figura 8-5.   Tipos de lecciones de un punto**

---

| LECCIÓN DE PUNTO ÚNICO | Dept.: _____ | Fecha de prepar.: _____ |
|---|---|---|
| | Equipo: _____ | Preparado por: _____ |

| La función de los FRLs-lubricadores | Tipo: mecanismo neumático básico |
|---|---|

**¿Porqué son necesarios los lubricantes?**

El lubricador trabaja con el principio de atomización. La mezcla de aceite producida por el lubricador evita que los interiores de la tubería neumática y equipos se oxiden y ayuda a los mecanismos neumáticos a operar suavemente mediante la lubricación de las paredes del cilindro

**Principios**

Botón de ajuste de tasa de escurrido

- La superficie del aceite dentro del indicador de nivel (A) permanece constantemente bajo la presión del aire que entra.
- Cuando actúa el mecanismo neumático, la presión del aire de entrada excede a la del lado del conducto de salida del aire. Se extrae aceite por el tubo de succión y se forma una gotita (B)
- Esta gotita cae hacia abajo y se mezcla con el aire de entrada (C)
- El aceite se atomiza y se desliza a través del aire de salida

Entrada de aire
Salida de aire
Tubo de succión
aceite
Gama de control del nivel de aceite
Cristal para visión
Filtro

**Ajuste de tasa de escurrido**

- Se ajusta la tasa de escurrido de modo que se forme una gota mientras el pistón del mecanismo hidráulico se esté aún moviendo.
- Si la gota de aceite se forma después de que el pistón ha completado una carrera, no se lubrican las paredes del cilindro

- No permitir que el nivel del aceite caiga por debajo del punto de aspiración del tubo de succión

| Terminación de formación | Fecha: | 25 agosto 1986 | " | 29 agosto 1986 | " | " |
|---|---|---|---|---|---|---|
| | Educando: | | | | | |
| | Verificado: | | | | | |

**Figura 8-6.   Muestra de lección de punto único**

## Paso 4: Proyectar y desarrollar un programa de formación permanente de capacidades

La formación básica del personal de producción y mantenimiento debe poner el énfasis en la formación en el propio trabajo y en el auto-desarrollo. Paralelamente, es esencial elaborar un programa de desarrollo de capacidades a largo plazo. Este plan constituye una formación permanente que debe ajustarse a las necesidades de las personas y a los lugares de trabajo particulares, de forma que el personal afronte con éxito el rápido ritmo del progreso técnico y de la automatización.

A largo plazo, el mejor modo para que los diversos departamentos de una empresa logren sus objetivos es desarrollar personas con excelentes capacidades, estimular su potencial y animarles a aceptar desafíos de nivel cada vez más elevado. Sin embargo, la formación en capacidades de mantenimiento fuera del entorno de trabajo será poco útil si no se apoya en metas de auto-desarrollo individuales. Por tanto, evaluar las capacidades de las personas y ayudarles en sus programas individuales de formación son dos tareas importantes de directivos y supervisores. La figura 8-7 esquematiza un sistema para administrar un programa de desarrollo individual.

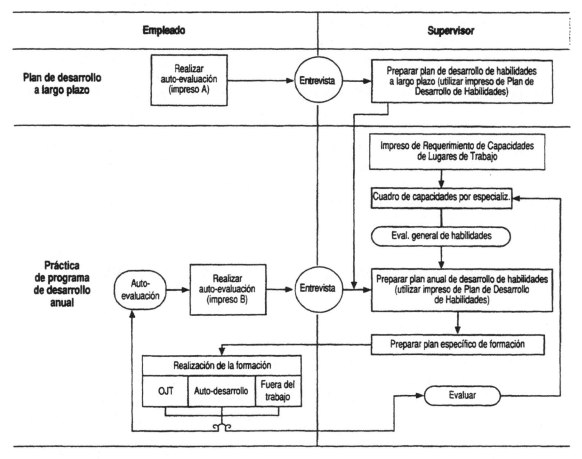

**Figura 8-7. Sistema de desarrollo de capacidades**

En este ejemplo, el primer paso es elaborar un plan a largo plazo (tres años) para el desarrollo de habilidades. Los empleados realizarán auto-evaluaciones y discutirán con sus supervisores los planes de carrera que desean y las rutas para el desarrollo de su capacidad. Los supervisores elaboran y ponen en práctica políticas de formación a largo plazo a la vista de las características, aptitudes y habilidades presentes de cada empleado y las perspectivas futuras.

Asimismo, se planifican y ponen en práctica programas anuales de desarrollo de habilidades. Cada empleado informará de su progreso, debilidades y aptitudes, y examinará todo ello con su supervisor. Para determinar la formación apropiada, el supervisor realiza una evaluación general de habilidades usando un cuadro basado en los requerimientos de capacidades actuales y futuras señalados para cada área de trabajo. Durante esta evaluación el supervisor pondera el avance de cada empleado en relación al plan de desarrollo de capacidades a largo plazo. En función de esto, el supervisor diseña un plan de formación específico para cada empleado de un año de duración que equilibre apropiadamente la formación en el propio trabajo, el auto-desarrollo y la formación fuera del trabajo.

Al final de cada ejercicio anual, se evalúa este programa de formación individual y los resultados se usan para proyectar el plan de formación del año siguiente. Los supervisores usan también estas evaluaciones para ayudar a determinar promociones o aumentos de salarios.

En cada caso concreto hay que proyectar un sistema que se ajuste a las características de una empresa que estimule de modo sistemático la capacidad de cada especialización y los grados de eficiencia requeridos a largo plazo. Esto permitirá desarrollar un sistema de mantenimiento robusto que pueda responder apropiadamente a cualquier situación.

Aunque lo dicho hasta ahora se ha centrado en los departamentos de operaciones y mantenimiento, evidentemente la formación es importante en todos los departamentos, incluidos marketing, investigación y desarrollo, ingeniería de producción y administración. Las estrategias sugeridas aquí son apropiadas para cada disciplina y departamento.


## Paso 5: Promover un entorno que estimule el auto-desarrollo

Es importante que los empleados refuercen sus debilidades y desarrollen sus capacidades por sí mismos a través del trabajo diario. Este es el principio de la formación en el propio lugar de trabajo. Sin embargo, cuando las personas están demasiado ocupadas en las tareas de rutina, el auto-desarrollo ocupa un último lugar. Por ello, además de facilitar planes de auto-desarrollo y una formación apropiada, las empresas deben crear un entorno en el que los empleados puedan perseguir libremente sus metas individuales. Algunas empresas alimentan un entorno proclive al auto-desarrollo introduciendo cursos por correspondencia, facilitando libros y vídeos, u ofreciendo ayuda financiera para la formación, tal como se muestra en la tabla 8-6. Otras usan un concepto de dirección por objetivos, que asigna a cada empleado un proyecto de auto-desarrollo cada seis meses.

## Paso 6: Evaluar las actividades y planificar el futuro

Las actividades de formación se evalúan periódicamente y se comprueba el progreso que hacen los individuos hacia los objetivos de desarrollo de capacidades y especializaciones y los grados de maestría alcanzados. Los empleados deben ser capaces de mantener el ritmo, e incluso anticipar los avances en tecnología, equipos y métodos de gestión. Recomendamos que periódicamente se revisen los sistemas de formación y sus procesos, las capacidades disponibles y los programas de estudio que requiera su empresa y se proyecten programas que ayuden al personal a conocer sus trabajos y equipos. Este es el modo con el que se logrará un crecimiento corporativo sostenido.

**Table 8-6.   Esquemas para estimular el auto-desarrollo**

| Elemento de formación | Coste por empleado | Unidad de curso | Elegibilidad |
|---|---|---|---|
| Cursos por correspondencia | La mitad de los honorarios del curso | • Establecida por la institución de los cursos por correspondencia | Todos los empleados (los cursos empiezan en enero y julio) |
| Formación con vídeos (alquilados) | Sin gasto | • Disponibles aproximadamente 250 vídeos | Todos los pequeños grupos y personal de empresa matriz y proveedores |
| Cursos de formación por vídeo especial | Sin gasto | • Mensual | Todos (tema mensual seleccionado por la empresa y anunciado al principio del mes). Cada vídeo dura 40 minutos y se proyecta después de las horas de trabajo |

# 9
# TPM en los departamentos administrativos y de apoyo

Gracias a los ordenadores y a la tecnología de comunicaciones, circulan ahora constantemente por todo el mundo cantidades masivas de datos. La creciente disponibilidad de información estimula la fragmentación del mercado y acelera los cambios en los estilos de vida de los consumidores. Como resultado, aumenta la diversificación de los productos y su individualización, y se acortan los ciclos de vida de los productos, haciendo más compleja la gestión de los negocios. De este modo, muchas empresas necesitan desesperadamente reestructurarse y reformarse para sobrevivir.

## NECESIDAD DEL TPM EN LOS DEPARTAMENTOS ADMINISTRATIVOS Y DE APOYO

Las empresas deben perfilar una clara estrategia para responder a este torbellino de cambios y acortar dramáticamente el plazo de puesta en el mercado de sus productos. Al mismo tiempo, deben buscar distinguirse de sus competidores en cuanto a calidad y precios. Estos son los desafíos más importantes a los que hacen frente los directores de hoy.

El 80 por ciento de la calidad y coste de un producto se determinan en las fases de desarrollo, diseño y producción. Desarrollo, diseño y demás departamentos staff deben cooperar generosamente para asegurar que el departamento de producción no fabrica productos inútiles o que serán un desperdicio. Paralelamente, las empresas deben organizar las plantas de fabricación de modo que la producción pueda realizarse en cortos plazos y en el momento oportuno, con la calidad y coste previstos por los departamentos de desarrollo e ingeniería. Esta no es una responsabilidad exclusiva del departamento de producción: se requiere un programa TPM que abarque a toda la empresa, incluyendo los departamentos administrativos y de apoyo.

Las actividades TPM en los departamentos administrativos y de apoyo no involucran al equipo de producción. Mas bien, estos departamentos incrementan su productividad documentando sus sistemas administrativos y reduciendo su desperdicio y pérdidas. Pueden ayudar a elevar la eficacia del sistema de producción mejorando cada tipo de actividad organizada que apoye la producción. Deben ser mensurables sus contribuciones a la operación regular del negocio.

## La función de los departamentos administrativos y de apoyo

Al contrario que los departamentos de producción, departamentos tales como planificación, desarrollo, ingeniería y administración, no añaden valor directamente. Como expertos cada uno de ellos en un área particular, su responsabilidad primordial es procesar información, aconsejar y ayudar a las actividades del departamento de producción y otros departamentos, y ayudar a la reducción de costes.

Su segunda tarea es permitir a la empresa responder rápidamente ante los cambios que tengan lugar en el entorno social y económico y superar a la competencia. Esto significa mejorar su propia productividad y reducir sus costes, y ayudar a la empresa en el desarrollo estratégico que intuye la alta dirección.

Su tercer tarea, basada en lo precedente, es ganar la confianza de los clientes y crear una sobresaliente imagen corporativa.

Para perseguir estos objetivos a través del TPM, los departamentos administrativos y de apoyo deben definir su misión contestando las siguientes cuestiones:

- ¿Cómo podemos apoyar las actividades TPM del departamento de producción y de otros departamentos?
- ¿Qué temas debemos tratar para maximizar nuestra propia eficiencia?

## Mejora de la organización y gestión de los departamentos administrativos y de apoyo

La función de los departamentos administrativos y de apoyo puede mejorarse de dos modos:

- Mejorando la eficiencia de modo que cada departamento pueda realizar satisfactoriamente su propia función particular.
- Desarrollar personas capaces de sostener y mejorar continuamente nuevos y eficientes sistemas.

La figura 9-1 muestra la relación entre estos dos enfoques.

Mejorar la eficiencia significa aumentar el output mientras se reduce el input. Para aumentar el output hay que eliminar todo lo que reduzca la eficiencia del sistema de producción aumentando la eficacia de las funciones de trabajo. Para reducir el input hay que eliminar las pérdidas administrativas asociadas con el trabajo y crear un sistema administrativo eficaz en cuanto a costes que facilite información fiable, de alta calidad, y oportuna en cuanto a plazo.

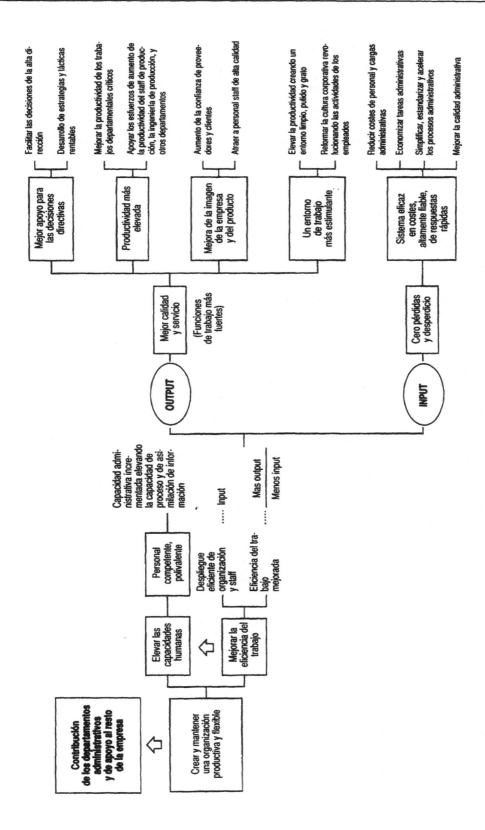

**Figura 9-1. Mejora de la organización y gestión de los departamentos administrativos y de apoyo**

Estos son objetivos ostensibles para mejorar la organización y gestión de los departamentos administrativos y de apoyo. E incluso un objetivo más fundamental aún es desarrollar administradores que sean extremadamente eficaces en el uso de información.

Sin embargo, cada empresa debe atacar este desafío de modo diferente. Las necesidades y problemas actuales y futuros de una corporación dependen de su tipo, escala, historial, circunstancias y entorno de negocios. Cada empresa debe perfilar un mejor enfoque para su propia situación.

La figura 9-2 puntualiza las diversas pérdidas que afectan a la eficiencia administrativa. En esta figura, una *función de trabajo* es una tarea particular. Por ejemplo, dos funciones de trabajo de las entregas son la verificación y la asignación de stocks. Las *funciones administrativas* son tareas que se requieren para asegurar que el trabajo se procesa con precisión. En las expediciones, esto puede incluir verificar los registros de stocks y anotar en éstos entradas y salidas. En general, las funciones administrativas tienen tres aspectos: formulación de decisiones, comunicaciones, y proceso de datos.

## IMPLANTACION DEL TPM
## EN LOS DEPARTAMENTOS ADMINISTRATIVOS Y DE APOYO

La información de departamentos tales como ingeniería y administración dispara la acción del departamento de producción. Por tanto, la calidad, precisión y oportunidad en el tiempo de esta información afectan profundamente a lo que hace el departamento de producción.

El modo de manejar esta información es el núcleo del TPM en los departamentos administrativos y de apoyo. En el TPM, el trabajo de tales departamentos se trata de forma análoga a los procesos de producción (p.e., como fabricación de información), contemplándose los procedimientos administrativos como análogos al equipo de producción.

El enfoque descrito sistematiza las experiencias de muchas empresas que han implantado el TPM en sus departamentos administrativos y de apoyo. Los principales elementos, elaborados más adelante, son:

- Empezar con el concepto de crear «fábricas de información».
- Aplicar el concepto de «equipo» al trabajo administrativo.
- Crear una visión a la que debe aspirar cada departamento (p.e., sus condiciones óptimas) y esforzarse en alcanzar este ideal.
- Implantar el TPM mediante sus cinco actividades nucleares.
- Esforzarse en lograr resultados mensurables.

### Crear fábricas de información

Un departamento administrativo es una fábrica de información. Idealmente, toma datos en bruto, y añade valor procesándolos y organizándolos. La

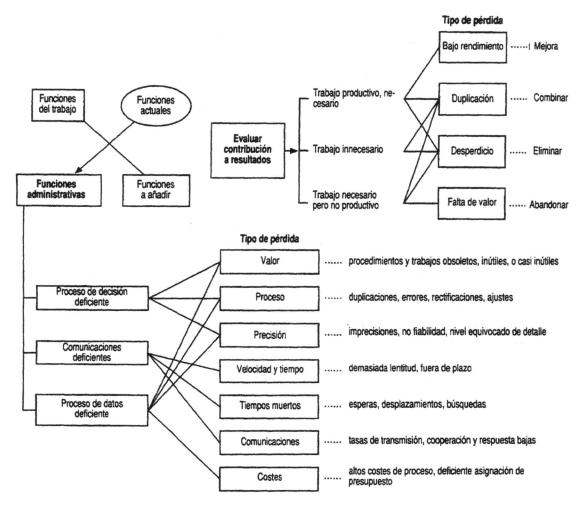

**Figura 9-2. Conceptos de pérdidas de eficiencia**

información que facilita debe ser de alta calidad, precisa, de bajo coste de proceso, y entregada de forma que sea útil para los que la necesitan. Es igualmente importante la oportunidad en cuanto al plazo. Para lograr esto, los procesos que producen la información, como los procesos de producción, deben ser visibles y fáciles de supervisar.

## Aplicar el concepto de equipo a los procedimientos administrativos

Para hacer el trabajo administrativo visible y controlable, puede pensarse sobre los procedimientos administrativos como equipos de producción. Cuando los ingenieros estudian la fiabilidad funcional de una máquina compleja, la dividen en módulos de tamaño apropiado, conectados funcionalmente. Del mismo modo, el equipo de mejora puede analizar funcionalmente los procedimientos administrativos. La figura 9-3 resume la aplicación de este concepto a las funciones administrativas.

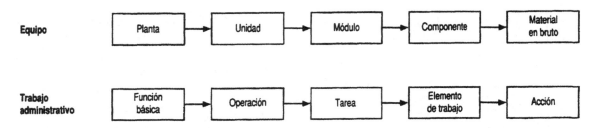

**Figura 9-3.** **Comparación entre el equipo y el trabajo administrativo**

Cualquier trabajo de un departamento puede dividirse y subdividirse hasta el nivel de acciones discretas. Las subdivisiones en cada fase se denominan *unidades de trabajo* (WU). Los equipos de mejora pueden identificar e investigar funciones, características, y cargas de trabajo en estas unidades de trabajo. La figura 9-4 muestra un ejemplo.

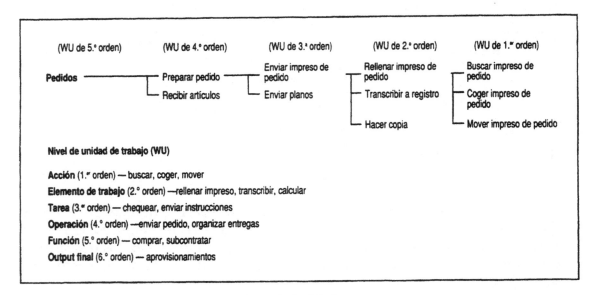

**Figura 9-4.** **El concepto de unidad de trabajo (WU)**

Cuando se definan las unidades de trabajo, hay que recordar lo siguiente:

- Independizar cada unidad para evitar duplicar las mediciones del trabajo.
- Definir unidades que entiendan fácilmente los supervisores que deben medir, planificar, asignar y organizar.

- Facilitar la estimación del volumen de trabajo (carga de trabajo generada en cada unidad).
- Conceder tiempo suficiente, asegurar una reproducibilidad satisfactoria.
- Asegurar que las cargas de trabajo puedan asignarse económicamente.

## Visión de las condiciones óptimas para un departamento

El primer paso para descomponer el trabajo de un departamento en unidades es clarificar la función básica del departamento y sus miembros dentro de la organización global. Cada departamento tiene una función esencial que cumplir y logros específicos que conseguir dentro del sistema total. La aplicación del concepto de equipo significa establecer condiciones óptimas para las funciones administrativas del departamento lo que clarificará qué mejoras se precisan y cómo lograrlas. Una visión y misión del departamento articularán estas condiciones.

Una *visión* de un departamento es una imagen ideal de las funciones que requiere, basada en la naturaleza de la actividad de la empresa. El establecimiento de una visión clara es un deber de los directores departamentales. Su *misión* es el trabajo que hay que hacer con el fin de materializar su visión. La misión especifica lo que los departamentos deben realizar con el fin de cumplir sus funciones esenciales. Por tanto, una exposición de la visión y misión departamentales dibuja la condición óptima de un departamento o su estado ideal.

Para formular una visión y misión de un departamento, hay que investigar sus funciones básicas en función de lo siguiente:

- El estado ideal requerido en la actualidad (para mantener fiablemente sus funciones actuales).
- El estado ideal requerido para enfrentar futuros desafíos (conforme las nuevas funciones evolucionan con la innovación).

### Establecimiento de visiones y misiones departamentales

El objetivo de cualquier campaña TPM en un departamento es convertir en una realidad su visión y misión, y esta última finalidad debe guiar todas sus actividades. Sin embargo, si las funciones de los diferentes departamentos no se articulan regularmente sin desfases o discontinuidades, pueden surgir diversas pérdidas durante el ciclo de vida de los sistemas de producción. Estas pérdidas dificultan los esfuerzos de mejora de la eficacia global del sistema. Cuando se promueve el TPM en los departamentos administrativos y de apoyo, es importante establecer una visión y misión compatibles con las de otros departamentos.

Cada departamento funciona en concierto con otros. Por tanto, ningún departamento puede definir aisladamente su visión y misión. La visión y misión departamental deben establecerse utilizando el siguiente procedimiento:

1. Invitar a cada departamento a remitir propuestas de visión y misión.
2. Integrar las propuestas de todos los departamentos y crear un consenso global.
3. Obtener la aprobación de la alta dirección.

En el primer paso, los directores de cada departamento deben elaborar su visión y misión departamental. Esto se hace identificando las funciones esenciales del departamento (primarias y secundarias) y, con base en éstas, perfilar sus roles actuales y futuros. La tabla 9-1 ilustra la relación entre las funciones y el estado ideal (visión y misión) de un departamento de subcontratación de ingeniería. La función básica del departamento es eliminar impedimentos en la producción proporcionando asistencia técnica a los subcontratistas.

## Implantación de las cinco actividades nucleares

El TPM se desarrolla en los departamentos administrativos y de apoyo a través de las cinco actividades siguientes: mejora orientada, mantenimiento autónomo, educación y formación, personal flexible, y medición de rendimientos. La tabla 9-2 facilita objetivos y descripciones de las cinco actividades nucleares.

### Mejora orientada

Después de establecer una visión y misión del departamento, hay que eliminar las pérdidas crónicas y perseguir infatigablemente la eficiencia en todos los aspectos del trabajo del departamento. El trabajo departamental raramente tiene lugar en un vacío; usualmente involucra a otros departamentos. Hay que empezar seleccionando una tarea que afecte a otros departamentos y que parezca que vaya a rendir probablemente mejoras significativas. Para ello, se organiza un equipo que incluya directivos y staff de esos otros departamentos, y se inicia un proyecto de mejora orientada encaminado a eliminar pérdidas.

### Mantenimiento autónomo

El mantenimiento autónomo, una de las bases del TPM, es otra clave para un eficiente TPM en los departamentos administrativos. Desarrollar un programa de mantenimiento autónomo administrativo es esencial para ejecutar un trabajo eficiente, libre de problemas.

El diseño de este programa se enfoca desde dos ángulos: función administrativa y entorno. El objetivo del primero es reducir los costes y elevar la eficacia del trabajo mejorando la calidad del sistema administrativo. La intención del segundo es elevar la eficiencia administrativa eliminando el estrés físico y psicológico y aliviando tensiones en el entorno y equipos administrativos. Su objetivo último es crear entornos en los que las personas puedan mantener estos niveles más altos de eficiencia.

**Tabla 9-1.   Relación entre funciones y estado ideal (visión y misión) en subcontratación de ingeniería**

---

**VISIÓN**

- Eliminar paradas o retrasos de producción impidiendo problemas de calidad y entrega de proveedores.
- Resolver en la fuente los problemas del proveedor. Ayudar a los proveedores a independizarse mostrándoles cómo pueden resolver por sí mismos los problemas de calidad.
- Reducir gradualmente el coste de supervisión y guía de los proveedores conforme éstos se vuelven más fiables. Desmantelar tan pronto como sea posible la sección de apoyo a los proveedores.

---

**MISIÓN**

- Reducir drásticamente los problemas de calidad y entregas.
- Lograr arranques rápidos, libres de problemas.
- No permitir nunca la repetición de un problema por la misma causa.
- Impulsar la independencia de los proveedores y su capacidad de autogestión.
- Transferir los ingenieros de la sección a otras responsabilidades tan pronto como sea posible.

---

| Primarias | FUNCIONES | Secundarias |
|---|---|---|
| **Asistir en la resolución de problemas de calidad** | | • Resolución de problemas y seguimiento<br>• Sistemas de chequeo de la calidad<br>• Sistemas de calidad<br>• Sistemas de inspección |
| **Aconsejar en cambios de diseño** | | • Métodos de construcción<br>• Distribución de equipos en planta<br>• Métodos de trabajo<br>• Procedimientos de inspección |
| **Facilitar la producción** | | • Cargas de trabajo<br>• Tareas del personal<br>• Transportes |
| **Aconsejar en tecnologías de proceso** | | • Diseño de moldes y troqueles<br>• Condiciones de trabajo<br>• Métodos de trabajo<br>• Puntos de calidad de proceso |
| **Apoyo a la gestión temprana** | | • Planes de arranque<br>• Fabricación de moldes y plantillas<br>• Actividades preparatorias<br>• Control de primeras series<br>• Resolución de problemas |

## Educación y formación

El desarrollo de los sistemas de información está cambiando el mundo con una velocidad sorprendente. El desarrollo de personas con una capacidad superior de proceso de información es un tema vital para las empresas. Por ejemplo, las empresas que forman a sus empleados de modo no sistemático, haciendo que

**Tabla 9-2.   Las cinco actividades nucleares del TPM en administración**

**Misión**

Mejorar la organización y gestión de los departamentos administrativos y de apoyo, reforzando sus capacidades básicas, y creando un sistema capaz de responder al cambio mientras se cumplen los estándares fundamentales.

| Actividad nuclear | Objetivo | Descripción |
|---|---|---|
| **Aumentar la eficiencia del trabajo mediante la mejora orientada** <br>• Mejorar las funciones <br>• Racionalizar y automatizar los procedimientos administrativos | • Comprobar el valor funcional del trabajo a la luz de la visión y misión del departamento, y crear un sistema administrativo eficiente eliminando las pérdidas | Evolucionar en cinco fases con base en la visión y misión del departamento <br>1. Clarificar tema <br>2. Identificar relaciones y aislar problemas <br>3. Identificar y priorizar temas de mejora <br>4. Formular conceptos básicos de mejora <br>5. Implantar mejoras |
| **Crear un sistema de mantenimiento autónomo de la administración** <br>• Funciones administrativas (aspecto «soft») <br>• Entorno administrativo (aspecto «hard») | • Desarrollar administradores competentes <br>• Crear entornos de oficinas altamente eficientes <br>• Desarrollar la habilidad de mantener y mejorar las funciones | Realizar los siete pasos básicos <br>1. Limpieza inicial e inventarios <br>2. Identificar y tratar problemas <br>3. Atacar las fuentes de contaminación <br>4. Preparar estándares y manuales <br>5. Educar y formar <br>6. Realizar inspección general <br>7. Establecer la auto-gestión plena |
| **Mejorar la capacidad administrativa a través de la educación y formación** | • Elevar los niveles de formación de las personas en las capacidades que requieren para su trabajo <br>• Promover la multicapacitación | • Identificar el conocimiento y capacidades necesarios para realizar el trabajo del departamento <br>• Establecer categorías de evaluación y criterios de logro <br>• Preparar materiales y manuales de enseñanza y formar instructores <br>• Compilar historiales de formación <br>• Establecer métodos de formación <br>• Formar <br>• Evaluar logros |
| **Crear un sistema eficiente de asignación de personal** | • Asignar el personal con flexibilidad para ajustarse a las cargas fluctuantes de trabajo | • Dividir el trabajo ampliamente fluctuante en elementos constantes y variables <br>• Estimar la carga y tiempo unitario de proceso para el elemento constante, y usar esto para crear un sistema flexible de asignación del personal |
| **Desarrollar un sistema de evaluación del trabajo** | • Establecer objetivos con base en visión y misión del departamento <br>• Medir los logros y evaluar la tasa de logro de los objetivos | • Identificar las categorías de rendimiento de cada función con base en la visión y misión del departamento <br>• Establecer puntos de evaluación e indicadores de rendimiento para cada función <br>• Establecer técnicas de evaluación y medición para cada función <br>• Medir rendimientos <br>• Evaluar y seguir las tasas de logro de objetivos |

observen cómo lo hacen otros o aprendiendo mediante ensayos y errores, es improbable que crezcan o incluso que sobrevivan. Hay que establecer un programa de formación detallado que cubra todas las especializaciones y grados, establecer estándares para adquirir los conocimientos y capacidades necesarios, y diseñar historiales de formación eficaces. Hay que asegurarse de que el programa de formación añade un valor real al activo humano de la empresa.

### Dotación flexible de personal

El modo más eficaz de elevar la eficiencia del trabajo administrativo y de apoyo es ser constantemente consciente de la relación entre trabajo y coste. Los costes de personal forman la parte del león de los gastos administrativos, de modo que un uso eficaz de los recursos humanos es una alta prioridad. Las cargas del trabajo administrativo varían en el tiempo en respuesta a los cambios de las condiciones. Es despilfarrador mantener una oficina continuamente dotada con personal suficiente para manejar los picos máximos de carga de trabajo. Por el contrario, hay que adoptar un sistema de dotación flexible, y ajustar el personal a las cargas de trabajo mediante la capacitación en múltiples tareas y nivelando las cargas.

### Medición de rendimientos

Como parte de su misión, cada departamento debe lograr ciertos resultados, algunos cuantitativos, y otros cualitativos. Debe obtener resultados mensurables, tangibles en las áreas de costes, eficacia funcional, productividad y creatividad. Hay que adoptar y utilizar indicadores de rendimientos tales como tasas de reducción de problemas, de reducción de plazos, y de reducción de stocks.

Cada departamento debe también identificar claramente la relación entre el rendimiento global y las funciones y tareas que se esperan de sus diversas secciones y subsecciones, y medir y evaluar resultados constantemente. Hay que evaluar el rendimiento global de un departamento y el grado de logro de su misión, y todo ello dentro de un cierto plazo y en tiempo oportuno. La medición de los resultados logrados y el grado de cumplimiento de los objetivos conectados con indicadores tales como los anteriormente relacionados revela la dirección para las actividades futuras y las prioridades directivas. La tabla 9-3 muestra un ejemplo de indicadores de medición de rendimientos para la mejora en costes, eficiencia funcional, y creatividad.

**Tabla 9-3. Medición de los resultados del TPM**

| Mejoras | Indicadores | Ejemplos | Mediciones |
|---|---|---|---|
| **Eficacia en costes** | Reducción de costes | Coste de consumibles, stocks, comunicaciones, transportes, subcontratación, etc | Ahorros de costes, porcentaje de reducción de costes |
| | Reducción de costes de personal | Reducción de número de personas | Reducción número de personas x coste unitario de personal (total de ahorros) |
| | Reducción de tiempos de proceso y plazos | Tiempos de proceso, tiempos recuperados | Tiempo ahorrado x coste unidad de tiempo, porcentaje |
| **Eficiencia funcional** | Mejora de funcionalidad | Objetivo fijado, p. e., eliminación de problemas, disponibilidad, operación regular | Número, tasa de utilidad, tasa de logros, evaluación por cuestionario |
| | Mejora de la calidad | Errores, trabajos rehechos, duplicaciones, firmeza del control, número de ajustes/cambios | Número, precisión, probabilidad |
| | Eficacia de la utilización de los recursos humanos | Número de transferencias, aumento de carga de trabajo, mejora de conocimientos y capacidades | Número, trabajo procesado por unidad de tiempo, tasa de logro de objetivos, cualificaciones adquiridas |
| **Creatividad** | Mejora del entorno | 5S para equipo móvil, montajes, accesorios, plantillas | MTBF, diagnósticos, tasa de implantación del mantenimiento |
| | Vitalidad de lugares de trabajo | Número de sugerencias, número y naturaleza de actividades de círculos | Número, frecuencia, y tasa de adopción de sugerencias |
| | Moral elevada | Actitud, conducta, apariencia personal, disciplina | Auditorías, cuestionarios |

# PROMOCION DEL TPM EN LOS DEPARTAMENTOS ADMINISTRATIVOS Y DE APOYO

La figura 9-5 muestra la estructura global de un sistema que promueve el TPM en los departamentos administrativos y de apoyo.

## MEJORA DEL TRABAJO FUNCIONAL

La mejora de la eficacia de un departamento requiere que el departamento asegure que todos los trabajos contribuyen a cumplir su misión. El enfoque para este objetivo es tanto cuantitativo como cualitativo.

El enfoque cuantitativo incluye reducir la cantidad de trabajo no productivo, elevar la tasa de operación, y aumentar la cantidad de trabajo productivo completado por unidad de tiempo. El enfoque cualitativo incluye reducir las discordancias funcionales y aumentar la precisión y eficacia.

## Mejorar la eficiencia del trabajo en tres fases

La eficiencia del trabajo se mejora en tres fases en el mantenimiento autónomo administrativo (véase figura 9-6).

### Fase 1: Mejorar el sistema

La fase 1 se pone en práctica conjuntamente con el mantenimiento autónomo durante un período de uno o dos años para asentar los fundamentos. Durante esta fase, se centra la atención en identificar las funciones y objetivos que deben satisfacerse en el trabajo corriente del departamento y en elevar las tasas de calidad y cumplimiento hasta niveles aceptables. Los objetivos de la fase 1 incluyen:

- Hacer el trabajo más productivo investigando su valor funcional y eliminando pérdidas.
- Eliminar el desorden y desperdicio de las funciones administrativas y de su entorno.
- Promover la estandarización y preparar directrices escritas y especificaciones para crear un firme fundamento para la automatización de tareas de oficinas.

### Fase 2: Elevar la eficiencia del sistema

En la fase 2, la atención se centra en el desarrollo de la habilidad para responder ante cambios futuros. Los objetivos para la fase 2 incluyen:

- Revisar y reforzar las actividades de la fase 1.
- Sistematizar las nuevas funciones y tareas e integrarlas con las tareas actuales que necesitan revisión.
- Revisar los sistemas para estandarizarlos y automatizarlos.
- Revisar los sistemas para medir los rendimientos y evaluación.

### Fase 3: Refinar el sistema

Se trata de diseñar sistemas para mantener las condiciones mejoradas en los nuevos altos niveles y hacer de la mejora continua una parte del trabajo diario.

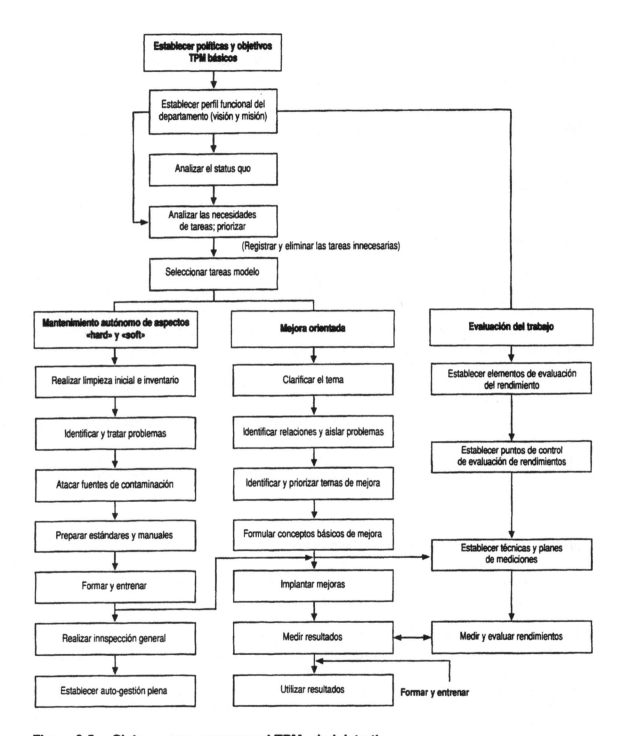

**Figura 9-5.    Sistema para promover el TPM administrativo**

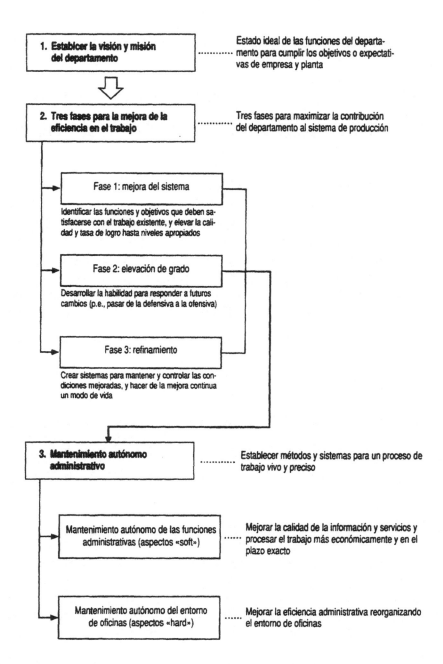

**Figura 9-6.    Desarrollo del enfoque de funciones del trabajo**

Los objetivos para la fase 3 incluyen:

- Revisar la organización y sus funciones.
- Establecer y mantener niveles más apropiados de recursos humanos.
- Establecer un sistema de dirección por objetivos.
- Institucionalizar sistemas de evaluación y medición de rendimientos.

## MEJORA ADMINISTRATIVA ORIENTADA

La actividad de mejora orientada es una actividad de equipos de proyecto inter-funcionales organizados para aplicar *expertise* a problemas críticos y a encontrar soluciones factibles. (Véase cap. 3 para un examen detallado de esta actividad en el contexto de los problemas de equipos y procesos.) La mejora orientada de los departamentos administrativos y de apoyo se pone en práctica en las cinco fases mostradas en la tabla 9-4. Esta sección describe los puntos clave de cada fase.

### Fase 1: Clarificar el tema

Estudiar el procedimiento de trabajo en cuestión en función de su contribución esperada a los resultados de la empresa. Esto exige una comprensión profunda de cómo se realiza actualmente el trabajo. El trabajo corriente se analiza y se determina qué trabajos son innecesarios y cuáles deben mejorarse.

### 1. Analizar el sistema corriente

*Revisar a fondo el sistema y las cargas de trabajo.* Para obtener una perspectiva general, hay que analizar el trabajo y sus cargas dentro del dominio funcional del departamento. Se usa esta perspectiva general como punto de referencia para las actividades siguientes. Se empieza investigando cómo se distribuye el trabajo entre los miembros de la organización. La tabla 9-5 es un ejemplo de tabla de asignación de trabajos.

Con base en esta perspectiva, cada miembro de la organización usa el análisis de unidades de trabajo para clarificar sus deberes corrientes y cargas de trabajo (tiempo necesario para realizar cada tarea). Puede utilizarse un impreso de análisis tal como el mostrado en la tabla 9-6.

*Identificar las características del trabajo a nivel de sección y subsección.* Hay que consolidar los hallazgos de la investigación previa y calcular las cargas de trabajo mensuales (figura 9-7) y picos (figura 9-8) para cada sección y subsección. Conjuntamente, estos dos diagramas muestran el grado de variación en las cargas

**Tabla 9-4.   Mejoras administrativas orientadas**

| Fase | Descripción | Claves |
|---|---|---|
| 1.  Clarificar el tema | Evaluar el trabajo desde el punto de vista de su contribución esperada a los resultados de la empresa | 1-1.  Analizar el estatus<br>Revisión completa del sistema de trabajo y sus cargas<br>Analizar las cargas de trabajo para comprender la naturaleza de éste<br>1-2.  Investigar la necesidad del trabajo<br>Evaluar el valor funcional del trabajo<br>Realizar un balance para decidir qué tareas son necesarias y cuáles no<br>1-3.  Evaluar el trabajo<br>Registrar las tareas innecesarias para facilitar información para la mejora<br>Priorizar las tareas necesarias para mejorar |
| 2.  Identificar relaciones y aislar problemas | Clarificar las relaciones funcionales entre tareas, tratar los desfases entre los estados ideales y existentes del trabajo | 2-1.  Aislar los problemas mediante el despliegue de funciones<br>2-2.  Estructurar los problemas mediante el análisis «de-a» |
| 3.  Identificar y priorizar los temas de mejora | Clasificar los temas para decidir el orden de prioridades | 3-1.  Para priorizar, examinar los temas individuales y decidir cuáles es probable que rindan resultados rápida o lentamente y si constituyen un sistema de mejora o aumento de eficiencia |
| 4.  Formular conceptos básicos de mejora | Orientar la mejora identificando requerimientos, restricciones y relaciones | 4-1.  Estructurar las relaciones entre temas<br>4-2.  Diseñar procedimientos para implantar la mejora<br>4-3.  Identificar exigencias y restricciones |
| 5.  Implantar mejoras | Controlar el progreso con base en el procedimiento diseñado en el paso previo, y medir y estandarizar resultados | 5-1.  Controlar el progreso de la mejora<br>5-2.  Medir y utilizar resultados<br>5-3.  Estandarizar y seguir |

mensuales de trabajo e indican las personas que están infrautilizadas o sobreutilizadas. La intención de este ejercicio es identificar el perfil de las variaciones de las cargas de trabajo para regularizarlas y distribuirlas más equitativamente.

*Medir los costes de funcionamiento del departamento.* Se identifica el número de personas, sus costes (salarios más cargas sociales anejas), el coste de materiales consumibles, y otros costes no laborales tales como los de comunicaciones. Se calculan entonces indicadores tales como costes por persona, coste por unidad de tiempo, tasa de coste para el tiempo extra (trabajo en día de fiesta, etc.), como base para las actividades de reducción de costes. La tabla 9-7 es un ejemplo de tabla de análisis de costes departamentales.

**Tabla 9-5. Tabla de asignación de trabajos**

| Función (WU-5.° orden) | Director de sección | Director de subsección | Consejero de asuntos laborales | Administrativo de asuntos laborales |
|---|---|---|---|---|
| Relaciones laborales | Dirigir estrategia y negociación con sindicato | Proponer estrategias y negociar con sindicatos | Reunir información, publicar boletín laboral mensual, preparar materiales conferencias, preparar actas | Acumular materiales de referencia, preparar artículos para boletín laboral interno, ayudar a preparar conferencias, etc. |
| Relaciones con gobierno | Dirigir y supervisar negocios con organismos del gobierno | Preparar materiales para remitir a oficinas del gobierno, aconsejar en negociaciones con oficinas del gobierno | Aconsejar sobre interpretación y aplicación de leyes y reglamentos, y ejecución de procedimientos legales | Investigar condiciones de empleo, aplicar reglamentos de empleo y servicio público, investigar accidentes |
| Salarios y presupuestos | Aprobar y gestionar el presupuesto | Preparar propuestas de presupuesto y aplicar éste | | |
| Pago de salarios | Dirigir y supervisar | Aconsejar y verificar | | |
| Otros | Dirigir y supervisar | Aconsejar y verificar | Preparar informes sobre problemas laborales e investigar legislación y jurisprudencia laboral | Administrar la formación sobre seguridad, organizar ficheros, y preparar informes diarios de trabajo |

| Director de sección o subsección | Carga mensual (h) | Clasificación C | Clasificación S | Gráfico | Observaciones |
|---|---|---|---|---|---|
| Conde | 124,8 | 23,3 | 101,5 | | |
| Roldán | 132,8 | 23,3 | 111,5 | | |
| Vera | 148,6 | 47,6 | 101,0 | | |
| | 122,8 | 115,2 | 7,6 | | |
| Total 9 dir. | 1.092,6 | 723,2 | 369,3 | Clave: ☐ Trabajo crítico (C) ■ Trabajo de apoyo (S) | |

Tiempo mensual disponible por persona = media de días por mes x horas de operación por día
= 22 días/mes x 7,5 h./día
= 165 h./persona/mes

Tasa de operación sección o subsección = $\dfrac{\text{Carga media mensual total sección}}{\text{Disponibilidad mensual por persona}}$ x núm de personas en sección x 100%

$$= \frac{1.092,6}{1.485} \times 100 = 73,6\%$$

**Figura 9-7. Gráfico de carga de trabajo total mensual**

## Tabla 9-6.    Impreso de encuesta de trabajo

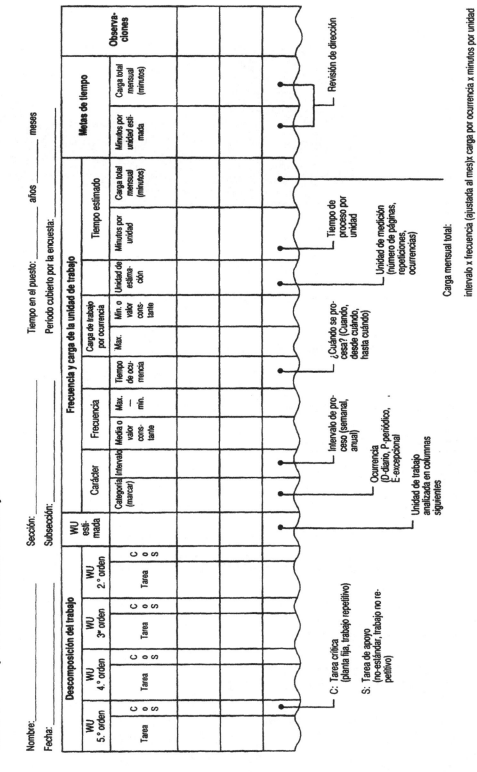

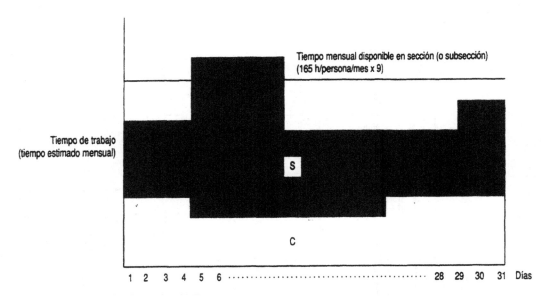

**Figura 9-8.   Gráfico de variación de la carga mensual de trabajo**

**Tabla 9-7.   Tabla de análisis de costes departamentales**

| Elementos / Fecha | Fecha de referencia | Fecha actual | +/– | Fecha actual | +/– | |
|---|---|---|---|---|---|---|
| 1. Personal<br>   Directivos<br>   Trabajadores | | | | | | (resto omitido) |
| 2. Costes laborales<br>   Estándares<br>   No estándares<br>   Horas extras | | | | | | |
| 3. Costes no laborales<br>   • Costes de mantenimiento<br>   • Materiales consumibles | | | | | | |
| 4. Costes de operación por persona (2 + 3) | | | | | | |
| 5. Tasa de costes laborales $\left( \dfrac{2}{2+3} \right)$ | | | | | | |
| 6. Trabajo en fiestas y vacaciones | | | | | | |
| 7. Tasa de trabajo en fiestas y vacaciones | | | | | | |

## 2.   Investigar la necesidad del trabajo

*Evaluar el valor funcional del trabajo.*   El propósito del trabajo administrativo es asegurar un flujo regular de la acción empresarial y mejorar los resultados de las operaciones. En otras palabras, el trabajo administrativo es una conducta dirigida a satisfacer las intenciones indicadas. Cuanto más eficaz sea esa conducta, mayor es su valor. La tabla 9-8 resume este pensamiento. Adoptando este punto de vista se evalúa el trabajo del departamento y se usan los resultados para discriminar entre tareas necesarias y no necesarias.

**Tabla 9-8.   Evaluación del valor funcional del trabajo**

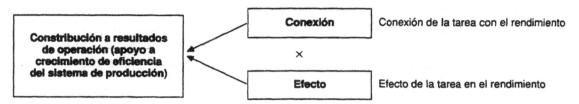

**Evaluar valor funcional:** El trabajo efectivo tiene un efecto significativo sobre el sistema de producción. Evaluar esto en función de lo que sucedería si el trabajo se interrumpe.

| Relación con rendimiento | Grado | Evaluación (conceptos) |
|---|---|---|
| **Criterios** | 1 | • Esencial para la competitividad corporativa y su posición social<br>• Componente inevitable de las actividades de la empresa<br>• Debe pararse, pero es imposible hacerlo en el presente |
| | 2 | • Probablemente necesario<br>• Podría causar problemas si se para<br>• Podría causar inconvenientes si se para |
| | 3 | • Podría pararse sin problemas<br>• Irrelevante<br>• Podría pararse por orden superior |
| **Efecto** | a | • Efecto inmediato<br>• Efecto gradual |
| | b | • Efecto probable<br>• Efecto a largo plazo |
| | c | • Irrelevante<br>• Hecho por conveniencia; no tiene efectos en el rendimiento |

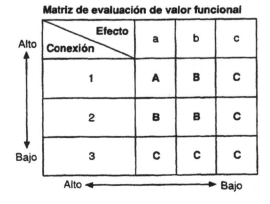

**Matriz de evaluación de valor funcional**

**Necesidad**

**A:** Esencial
**B:** Necesario (entre A y C)
**C:** Innecesario

*Realización de balances («trade-off») del trabajo.* Como muestra la figura 9-9, el equipo de mejora debe someter al trabajo a dos escrutinios o evaluaciones: primero, por el departamento que facilita el trabajo y después por el departamento que lo recibe. Después de evaluar el trabajo, los departamentos deben negociar si es realmente necesario. Es importante aquí un enfoque cooperativo, porque la evaluación del trabajo puede poner a las personas a la defensiva. Pueden intentar proteger un trabajo que no es útil o que se hace con un estándar innecesariamente elevado, o que satisface al supervisor pero no cumple ninguna función esencial del departamento. Las consultas entre el suministrador del trabajo y su cliente ayuda a evitar tales distorsiones y elimina inconsistencias entre los requerimientos de las dos partes.

El propósito de esta búsqueda de balance es evaluar el valor funcional (cuantitativo y cualitativo) del trabajo del departamento y alcanzar el mejor compromiso entre el valor facilitado por cada servicio con un estándar realista y su coste.

En la figura 9-9 se ilustra un procedimiento para evaluar el trabajo de un departamento y para hacer un balance con el servicio que recibe otro departa-

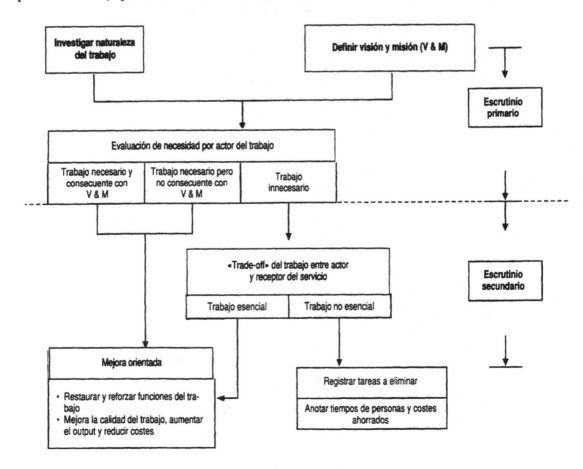

**Figura 9-9.   Un esquema para hacer «trade-off» del trabajo**

mento. La tabla 9-9 relaciona las tareas necesarias que permanecen después de hacer ese balance.

## 3. Evaluar el trabajo

*Registrar y emplear los detalles de las tareas innecesarias.* Cuando se eliminen las tareas innecesarias que identifica la aplicación del concepto de balance hay que registrar las reducciones de costes y las horas de trabajo personal ahorradas. Hay que anotar todo esto inmediatamente y usar esta información para reducir el trabajo en fiestas y tiempo extra y nivelar las variaciones de la carga de trabajo. La tabla 9-10 es un ejemplo de registro utilizado para este propósito.

*Priorizar las tareas necesarias que necesitan mejora.* Una vez que se han eliminado las tareas innecesarias, solamente permanecen las necesarias. Sin embargo, intentar mejorarlas todas a la vez es una invitación a fallar. Las mejoras se priorizan teniendo en cuenta el efecto que cada tarea tiene en otros departamentos. La prioridad más alta se otorga naturalmente a las que parece que es probable que rendirán los mejores resultados en el plazo más corto. En la fase 2, son estas tareas priorizadas las que se mejoran.

## Fase 2: Identificar relaciones y aislar problemas

Se empieza esta fase clarificando las relaciones funcionales entre cada tarea considerada y las tareas relacionadas con ella. Por ejemplo, la tabla 9-11 muestra las visiones y misiones de varios departamentos en relación con la tarea de control de costes.

## Aislar los problemas a través del despliegue de funciones

Para entender cómo mejorar la eficiencia de un trabajo particular hay que estudiar la misión del trabajo y considerar cómo la satisface. Específicamente, se cuantifica la discrepancia entre el nivel actual del trabajo y el ideal, y entonces se trata la diferencia como un problema a resolver. Se utiliza como ayuda en este caso la tabla de análisis de despliegue de funciones (tabla 9-12).

Pero, un departamento por sí mismo no puede resolver todos los problemas. Las soluciones radican en hacer conexiones con otras funciones de trabajo. Por ejemplo, el departamento de ventas no puede acelerar su trabajo de estimación de ofertas sin la cooperación de departamentos tales como ingeniería y producción. Hay que utilizar el análisis «De-a» para analizar problemas que se producen en las interfaces entre el propio departamento y otros. *De* representa una conexión con un proceso previo y *a* una conexión con un proceso siguiente o cliente. La tabla 9-13 es un ejemplo de una tabla de análisis «De-a».

**Tabla 9-9. Tabla de tareas necesarias**

Sección: Compras    Subsección: Producción en volumen

| Función (WU de 5.º orden) | Visión | Misión | WU de 4.º orden | Rango | WU de 3.º orden | Rango | Punto clave de control | Tiempo requerido por mes Ahora Max. | Tiempo requerido por mes Ahora Min. | Después de mejora | Observaciones |
|---|---|---|---|---|---|---|---|---|---|---|---|
| Control de costes (de elementos comprados) | I. Comprar partiendo como mínimo de ofertas competitivas de tres empresas (evitar siempre que sea posible comprar a proveedores propuestos) | 1. Reunir información del mercado sobre funciones, productos, precios, proveedores, características, etc., y organizarla eficazmente | | | | | | | | | |
| | | 3. Hacer más eficaz la compra estableciendo estándares básicos para evaluar ofertas competitivas | 1. Preparar un plan de compras | A | 1-1 Investigar costes | A | Calcular costes apropiados | 1.550 | 1570 | | |
| | | | | | 1-2 Investigar capacidad | A | Evaluar capacidad del proveedor | 1.350 | 490 | | |
| | | | | | 1-3 Investigar calidad | A | Obtener información de calidad | 850 | 290 | | |
| | | 4. Promover el control de costes comprobando el historial de costes de artículos seleccionados | 2. Registros de control de compras | A | 2-1 Preparar una tabla de compras a crédito notables | A | Evaluar rendimiento de compras | 120 | 120 | | |
| | | | | | 2-2 Preparar una tabla de distribución | A | Evaluar rendimiento de distribución | 5 | 5 | | |
| | | | | | 2-3 Chequear los detalles de cálculos erróneos | A | Descubrir causas de errores de cálculo | 60 | 40 | | |
| | | | | | 2-4 Chequear las órdenes de compras | A | Chequear códigos de pieza | 3.000 | 2.500 | | |
| | II. Crear un sistema de compras global que incluya fuentes del extranjero | 1. Establecer estándares claros para elementos comprados | 3. Preparar un programa de precios unitarios | A | 3-1 Chequear programa | A | Chequear detalles de errores | 2.500 | 5 | | |
| | | | | | 3-2 Chequear revisiones del programa | A | Identificar componentes, distribución y precios unitarios | 400 | 40 | | |

## Tabla 9-10. Registro de resultados

| Control # | Operación (WU de 4.º orden) | Tarea (WU de 3er orden) | «Trade-off» final (detalles) | Proceso de «trade-off» | | | | | | | Ahorros totales mensuales | |
|---|---|---|---|---|---|---|---|---|---|---|---|---|
| | | | | Reunión | Distri-bución | Informe | Con-sejo | Docum. de datos | Nego-ciación | Decisión | Hor. de pers. | Costes |

(Identificar resultados por departamento y tarea)

Tabla registro de costes de oficina

Función: _____    Departamento: _____

| Tarea actual | | | | Reducción mensual de horas de personal | Ahorros mensuales de costes | | | | | Modos de mejora | | | | | | | |
|---|---|---|---|---|---|---|---|---|---|---|---|---|---|---|---|---|---|
| | | | | | | | | | | Mejorar mecanismos, métodos o medios de tarea | | | | | | | |
| Miem-bros | WU | Tarea | Carga (horas de personal) | | Cos-tes de perso-nal | Co-muni-cacio-nes | Viajes y transp. | Im-prenta | Abolir la ta-rea | Sim-plificar | Aho-rrar pers. | Mejorar «timing» | Estanda-rizar | Acela-rar | Consoli-dar | Corregir | Dele-gar |

**Tabla 9-11. Visiones y misiones del control de costes**

| Departamento | Visión | Misión |
|---|---|---|
| Planificación | • Crear un sistema para suministrar la información correcta en el momento oportuno a los directores y otros departamentos. Preparar el futuro | • Comparar los precios finales de venta con los estimados. Analizar y evaluar el beneficio global de cada serie de modelos<br>• Analizar diferencias entre precios de venta y costes de compra unitarios. Establecer objetivos de costes e informar a los departamentos relevantes |
| Ventas | • Acelerar y mejorar la eficiencia del trabajo de estimación racionalizando las tareas que surgen en la fase desarrollo de cada producto | • Estandarizar los cálculos estableciendo un nivel de especificaciones (profundidad, detalle) y método de cálculo para cada fase de desarrollo de un producto y factor estimado<br>• Establecer regulaciones internas para métodos y criterios de cálculo de costes. Crear un sistema para evaluar la conformidad |
| Compras | • Construir un sistema que facilite cálculos de costes más rápidos, fáciles y precisos | |
| Control de producción | | |
| Ingeniería | | **Crear la «situación ideal»**<br>Crear un sistema que facilite el suministro en tiempo oportuno de los datos de costes necesarios para los departamentos relevantes. Para hacer esto, mejorar la fiabilidad y productividad de las tareas de estimación clarificando, simplificando y estandarizando los criterios de cálculo de costes estimados |

**Tabla 9-12. Tabla de análisis de despliegue de funciones**

| Función 1ª orden (WU orden 4 y 5) | Función 2.º orden (WU orden 3 y 4) | Estado ideal (misión) | Nivel de trabajo actual | Necesidad | Problemas y pérdidas | Relaciones entre causas del problema | | | | | |
|---|---|---|---|---|---|---|---|---|---|---|---|
| | | | | | | Organización | Personal | Sistemas | Métodos | Medios | Localización |
| | | | | | | | | | | | |
| | | | | | | | | | | | |
| | | | | | | | | | | | |

**Tabla 9-13.    Aceleración de las estimaciones a través del análisis «De-A»**

| De \ A | Ventas | Control de producción | Ingeniería |
|---|---|---|---|
| **Ventas** | (Intentar racionalizar las estimaciones en cada fase del desarrollo de un producto)<br>• La preparación de las estimaciones toma demasiado tiempo y a menudo disgusta a los clientes | • Frecuentes cambios de procesos y de secuencias de procesos entre las fases de desarrollo y ensayos de producción<br>• Tablas de costes obsoletas<br>• Tablas de costes imprecisas | • Planos de productos y piezas remitidos tarde |
| **Control de producción** | • No se sondean los datos de costes de los competidores | • La finalización de los procesos y de las secuencias de procesos dura demasiado (debido a la falta de personal) | • Planos terminados con retraso<br>• Demasiados cambios en los planos |
| **Ingeniería** | • Las opiniones y deseos de los clientes se comunican tarde y de modo impreciso<br>• Negociaciones finales con los clientes demasiado imprecisas | | |

## Fase 3: Identificar y priorizar los temas de mejora

Como hemos mencionado, los temas de mejora departamental se relacionan siempre con tareas y funciones de otros departamentos. Por tanto, las mejoras no pueden atacarse unilateralmente ni simplemente contemplarlas como soluciones óptimas para un departamento particular. Hay que intentar lograr el mejor resultado para el sistema global. La tabla 9-14 es una tabla de temas de mejora priorizados con sus relaciones con otros departamentos.

Cada proyecto de mejora tiene su propio carácter particular. Algunos pueden rendir resultados rápidos, mientras otros toman más tiempo. Algunos tratan dificultades presentes, mientras otros se orientan al futuro. Es más probable un buen progreso si los temas de mejora se priorizan y clasifican con un esquema tal como el que se muestra en la tabla 9-15.

**Tabla 9-14. Tabla de relaciones de temas de mejora**

| Función | Visión | Misión (4.º orden de WU) | Problemas actuales | Temas de mejora | Grado | Tiempo de mejora |
|---|---|---|---|---|---|---|
| | • Reducción de costes de energía | 1. Revisar los planes anuales e identificar las prioridades de reducción de costes (temas, objetivos, etc.)<br>2. Crear un sistema para planificar reducciones de costes y evaluar resultados<br>— Hacer el trabajo de cálculo de costes más rápido, fácil y preciso<br>— Racionalizar la fijación de precios identificando los márgenes de costes de suministradores | ★ Es difícil la reducción de costes por los insuficientes fundamentos para pedir descuentos durante las negociaciones con los suministradores | ☆ Clarificar y reforzar las metas de costes | 4 | Ingeniería y control de producción (interno y externo) |
| **Compras/ subcontratación** | | 3. Revisar los sistemas de propuestas VA y VE y hacer uso cuantitativo de ellas (considerar las propuestas de VA y VE obligatorias cuando se determinen los precios de compra) | ★ El sistema de evaluación se ha revisado, pero hay una considerable variación en las propuestas VA y VE recibidas de suministradores | ☆ Refinar el sistema de evaluación | 4 | Interno y externo |
| | • Crear un sistema para cálculos de costes más precisos, fáciles y rápidos | 1. Preparar tablas de costes<br>— Hacer eficientes las decisiones de precios<br>2. Establecer un sistema para actualizar las tablas de costes<br>3. Estandarizar el establecimiento de criterios y técnicas de cálculo de costes | ★ Los criterios de cálculo de costes no son claros, haciendo imposible los cálculos de precios independientes | ☆ Preparar tablas de costes descompuestos (consumos unitarios) y usarlas de rutina | 9 | Control de producción<br>Ingeniería de producción<br>Planificación<br>Ventas<br>Desarrollo |
| **Control de órdenes/ entregas (subcontratistas)** | • Eliminar problemas antes de que alcancen a la línea de producción estableciendo un sistema de control capaz de enfrentar los arranques, los aumentos bruscos de la producción y otras variaciones | 1. Establecer un sistema capaz de calibrar con precisión las capacidades de los suministradores (capacidad de producción, capacidad de control, características de proceso) | ★ Se presentan dificultades durante la producción porque no se han identificado claramente las capacidades a largo plazo de los proveedores | ☆ Establecer criterios unificados de estimación de capacidad | 1 | Fabricantes<br>Desarrollo<br>Ingeniería de producción<br>Ventas<br>Proceso de datos<br>Control de producción |
| **Compras/ subcontratistas** | | 1. Revisar y mejorar el sistema de pedidos... | ★ Como no se conoce el número de rodillos requeridos... | ☆ Establecer un sistema para identificar el número de rodillos requeridos | 2 | Fabricantes<br>Proceso de datos |

**Tabla 9-15.   Priorización de temas de mejora**

| Tipo | Aparición de efectos | a Inmediatos | b Con retraso |
|------|---------------------|-------------|--------------|
| A  Mejora del sistema | | A • a | A • b |
| B  Mejora fundamental | | B • a | B • b |

**Prioridad de temas**
1. A • a
2. B • a
3. A • b
4. B • b

## Fase 4: Formular un concepto de mejora básica

Las mejoras se orientan identificando los requerimientos, restricciones y relaciones entre los elementos de la mejora.

*Ilustrar gráficamente las relaciones entre los elementos de los temas de mejora.*   La tabla 9-16 muestra un ejemplo de un gráfico que dibuja las relaciones entre los diversos elementos de los temas de mejora.

*Crear un procedimiento para hacer realidad una mejora.*   Para poner en práctica un proceso de mejora hay que establecer las rutas de aproximación principales y dibujar secuencialmente las tareas que se requieren. Se emplea un gráfico como el mostrado en la figura 9-10 para controlar el progreso de la mejora. Tales gráficos son indispensables para dirigir y controlar los proyectos de mejora. En este ejemplo, los dos procedimientos principales para mejorar la precisión de las estimaciones eran: «Investigar los métodos de estimación» y «Sistematizar la estimación de datos».

*Identificar requerimientos y restricciones.*   Para realizar un proyecto de mejora se tienen que identificar las siguientes condiciones y requerimientos:

- Restricciones externas.
- Restricciones internas.
- Temas a tratar.
- Características requeridas en el sistema.
- Puntos de control a incorporar.
- Efectos pretendidos y tolerancias.
- Conexión con otros temas.

La figura 9-11 muestra un ejemplo de procedimiento de mejora basado en estas consideraciones.

**Tabla 9-16.   Gráfico de estructura de temas de mejora**

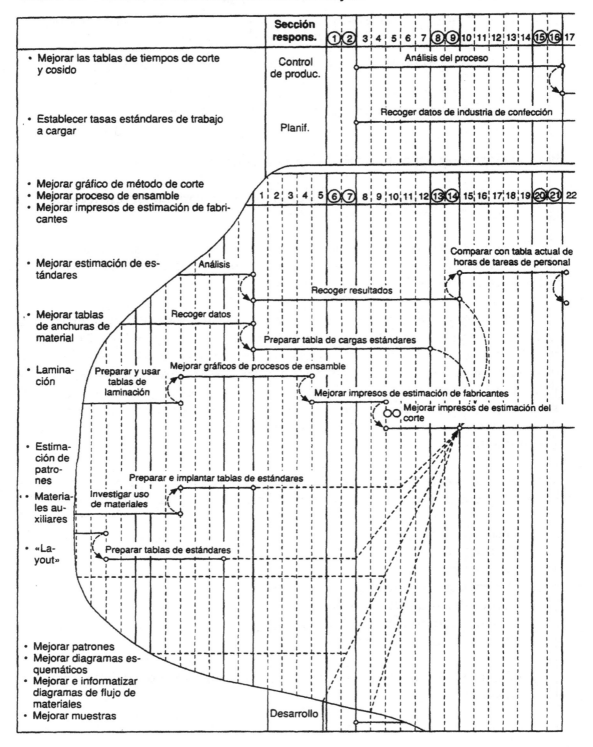

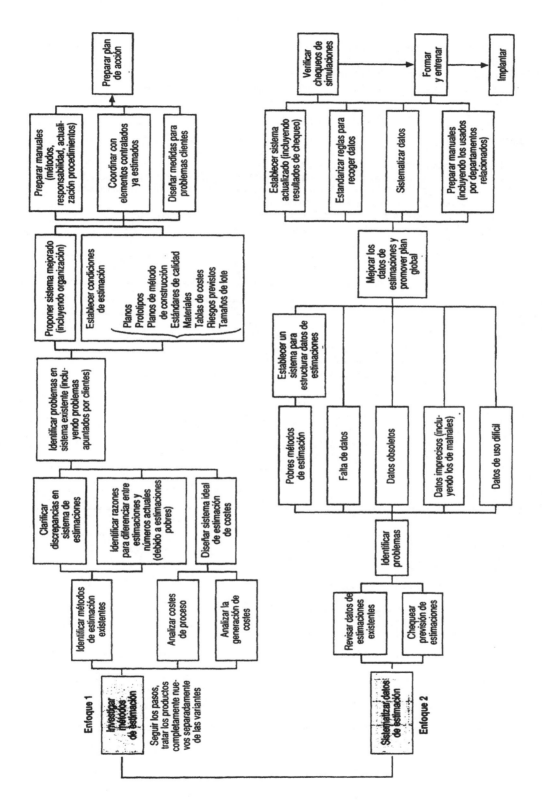

**Figura 9-10. Gráfico de procedimiento de mejora que ilustra los enfoques principales**

> **Documentación/planos:** Diagrama de «layout»

**Propósito:** Para calcular los costes de manteriales y los costes de patrones y de coste
**Contenidos:** Decidir el «layout» óptimo con base en el patrón. Calcular la longitud del material requerido y la del perímetro de cada
pieza por unidad

---

**Preparación:**

1. Recibir el patrón y diagrama desplegado del grupo de prototipos.
2. Entrada en el sistema CAD basada en patrón, diagrama desplegado y tabla de anchura de material, y preparar diagrama del «layout».
3. Devolver el patrón al grupo de prototipos y archivar la tabla de anchura de material con el grupo de ingeniería de producción.
4. Hacer dos copias del diagrama del «layout» y del diagrama desplegado.
5. Archivar el diagrama desplegado original y el diagrama del «layout» en el grupo de ingeniería de producción.
6. Enviar copias del diagrama del «layout» y del diagrama desplegado a ventas y compras (1 conjunto a cada depto.).

---

GRAFICO DE FLUJO

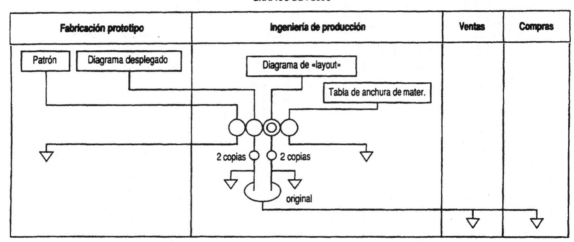

| Fabricación prototipo | | Ingeniería de producción | Ventas | Compras |
|---|---|---|---|---|

| | Mes | 7 | 8 | 9 |
|---|---|---|---|---|
| **Programa** | | | | |
| Introducir CAD | | → 9/7 | | |
| Formar | | → 20/7 | | |
| Formular propuestas de mejora | | | → 11/8 | |
| Explicar | | | 14/8 | |
| Finalizar e implantar | | | 17/8 → | |
| | | | | |
| | | | | |

**BENEFICIOS**

1. Los movimientos de los documentos son más simples

2. Se requiere menos tarea en la sección de ventas

3. El CAD hace más precisa la transmisión de información

4. Se necesita menos trabajo para preparar datos para estimaciones

5. El tiempo de preparación se ha reducido desde 31 horas a 17 (una reducción del 45%)

**Figura 9-11.  Establecimiento de condiciones y requerimientos de temas de mejora**

## Fase 5: Implantar las mejoras

Como implica el examen precedente, la mejora de la eficiencia del trabajo exige resolver problemas haciendo un pleno uso de las mejoras técnicas disponibles, tales como el análisis del trabajo, el análisis del gráfico de flujos administrativos, el análisis de funciones del trabajo, la ingeniería de valores (VE), y la ingeniería industrial (IE), así como las técnicas originales que puedan crearse en la propia empresa. La figura 9-12 ilustra el uso de las herramientas en la mejora de un procedimiento de estimaciones.

## MANTENIMIENTO AUTONOMO ADMINISTRATIVO

El mantenimiento autónomo administrativo se aplica a los entornos y funciones administrativas con los siguientes objetivos:

- Eliminar todas las pérdidas y problemas de los procedimientos administrativos.
- Crear un entorno de trabajo que facilite una administración eficiente.
- Crear un sistema para sostener los niveles de eficiencia mejorados y elevarlos aún más.

La aplicación de estos procedimientos a la función administrativa (parte «soft») se centra en mejorar la asignación de trabajos, los procedimientos administrativos, y tareas tales como la recepción de visitas. Muchos de los métodos y procedimientos detallados anteriormente en relación con la acción de mejora orientada (para la administración) son apropiados aquí. Por otra parte, la aplicación al entorno administrativo (parte «hard»), intenta mejorar los «layouts» de oficinas y equipos (ordenadores, fotocopiadoras, mesas, estantes), de modo que las personas puedan trabajar con un gran tono psicológico y físico. Desde esta perspectiva, pueden trasladarse fácilmente al entorno de oficinas los pasos del mantenimiento autónomo y los principios 5S implantados en las áreas de producción.

Las 5S son el fundamento de la gestión de lugares de trabajo. El mantenimiento autónomo administrativo integra cada uno de esos principios en actividades de mejora paso a paso:

- Clasificar-eliminar lo innecesario.
- Estabilizar-establecer localizaciones permanentes para todo lo esencial.
- Limpiar —encontrar modos de tener todas las cosas limpias e inspeccionar a través de la limpieza.
- Estandarizar-facilitar la adherencia a los procedimientos.
- Sostener —la auto-disciplina.

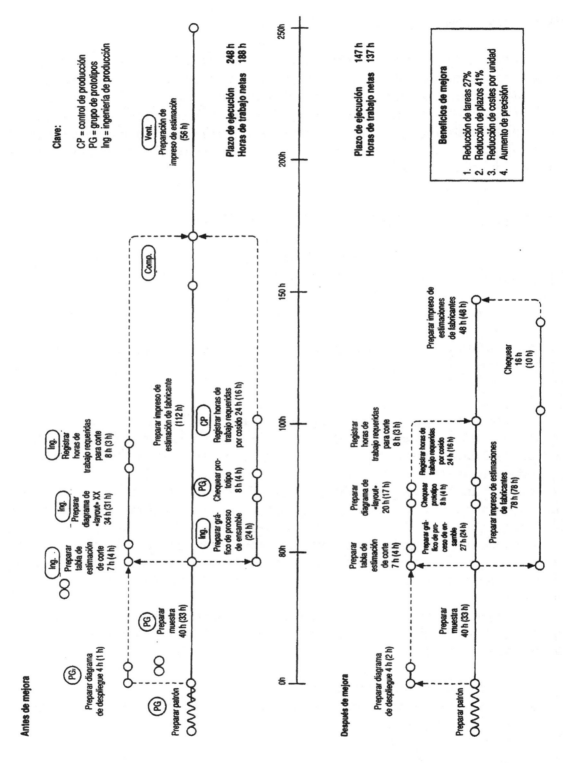

**Figura 9-12.  Estimación del trabajo antes y después de la mejora**

La tabla 9-17 detalla los pasos a seguir para establecer un programa de mantenimiento autónomo administrativo para las funciones y el entorno administrativos. Es importante proceder paso a paso para asegurar que los objetivos del programa no degeneran en una mera limpieza de ventanas. Hay que dar un solo paso cada vez, dominarlo completamente, y hacer una auditoría oficial antes de dar el siguiente paso. Asimismo, es mucho más eficaz involucrar a todos los que trabajan en un área y aprovechar su creatividad, que dejar la mejora en manos de un pequeño grupo de personas con capacidades especiales.

**Tabla 9-17. Siete pasos para el desarrollo del mantenimiento autónomo administrativo**

| Paso | Mejora del entorno administrativo | Mejora de las funciones administrativas |
|---|---|---|
| 1. **Hacer limpieza e inventario iniciales** | Eliminar elementos innecesarios de oficinas e instalaciones comunes, y eliminar polvo y suciedad<br>• Entorno: verificar la temperatura, humedad, ventilación, luz natural y artificial, acústica, etc<br>• Local/equipos/«layout»: limpiar, verificar, y reordenar mesas, mesas comunes, máquinas de oficinas, estantes, ficheros, lavabos, etc | Usar el enfoque de funciones de trabajo para identificar procedimientos, función, finalidad y efecto. Revisar medios y métodos<br>• Revisar el flujo del trabajo, asignación de responsabilidades, procesos, tiempos, y costes, y analizar los gráficos de flujo administrativo y sistemas de archivo<br>• Analizar impresos, documentos, y materiales de referencia. Revisar ficheros y almacenajes |
| 2. **Identificar y tratar problemas** | Identificar y corregir los defectos ocultos, deficiencias y pérdidas. (Investigar los fallos ocultos, ignorados, y defectos disfrazados por la suciedad y los artículos de desecho.)<br>Ejemplos:<br>• Acondicionadores de aire ruidosos, sitios desagradables<br>• Equipo de oficina deficientemente posicionado, sillas con altura errónea, funcionamiento deficiente, averías<br>• Iluminación y ventilación deficientes, colores no apropiados<br>• Equipos y accesorios que no encajan bien, pasillos y puntos de paso deficientes<br>• Suelos y paredes dañados y sucios | Investigar a fondo las pérdidas. Identificar y rectificar los problemas asociados con las funciones y tareas administrativas<br>— Conformidad con objetivos<br>— Organización y asignación del trabajo<br>— Asignación de horas de personal y costes<br>— Preparación y otros procedimientos<br>— Documentos, impresos, y otros medios de comunicación<br>— Precisión de la información, tiempo de preparación y plazo |
| 3. **Atacar las fuentes de contaminación** | Eliminar las fuentes de desechos, suciedad y pérdidas. Hacer más accesibles los puntos de inspección difícil. Reducir el número de lugares que deben limpiarse y chequearse, y acortar el tiempo requerido. Eliminar pérdidas en la fuente | Remover los obstáculos para la mejora examinando las relaciones entre mecanismos, métodos, asignación de responsabilidades, y fechas y plazos. Mantener la calidad y fiabilidad del sistema. Impedir deslizamientos |
| 4. **Preparar estándares y manuales** | Formular estándares de acción que permitan la limpieza y chequeo fiables, y evitar pérdidas | Estandarizar los procedimientos y reglas administrativos, y preparar manuales de oficina |
| 5. **Formar y entrenar** | • Preparar programas de formación revisando y sistematizando los conocimientos y capacidades necesarios. Poner en práctica y supervisar el programa de formación, y mejorarlo constantemente investigando mejores métodos de formación | |
| 6. **Realizar inspección general** | • Usar manuales de chequeo para entrenar en capacidades de chequeo. Identificar y eliminar las causas de deficiencias mediante inspección general<br>• Aumentar los controles visuales<br>• Revisar y mejorar los sistemas, y preparar estándares y manuales. Promover la tecnología de oficinas | |
| 7. **Establecer plena autogestión** | • Aumentar el rendimiento administrativo y la eficiencia mediante mejoras basadas en la propia iniciativa de los empleados<br>• Mantener y mejorar el control visual | |

La tabla 9-18 muestra un ejemplo de la aplicación de este proceso a los ficheros. La tabla 9-19 ilustra el procedimiento para auditar y evaluar cada paso. Este ejemplo detalla los puntos a chequear cuando se audita el primer paso (la limpieza inicial) de un programa de mantenimiento autónomo para mejorar el entorno de trabajo.

**Tabla 9-18.   Mantenimiento autónomo del sistema de archivos**

| Paso | Actividad | Puntos clave |
|---|---|---|
| 1. **Hacer limpieza e inventario iniciales.** | • Remover el polvo y suciedad de mesas, estantes, ficheros y otros. Retirar todos los elementos innecesarios y personales.<br>• Eliminar los impresos, documentos y papeles innecesarios, y medir las cantidades retiradas.<br>• Registrar los detalles de los documentos remanentes en un fichero de control.<br>• Clasificar impresos y documentos por año fiscal y materiales de referencia y planos por tipos. Decidir localizaciones de almacenaje, y almacenar temporalmente. | Investigación del estatus (establecer marcas de referencia).<br>(1)   Anotar tipos y cantidades de mobiliario (mesas individuales y colectivas, archivadores generales, ficheros, estantes, archivadores de planos, etc.).<br>(2)   Anotar tipos y volúmenes de ficheros (carpetas, bolsas, sobres, volúmenes encuadernados, etc.).<br>(3)   Registrar cantidades de documentos y materiales de referencia desechados.<br>(4)   Tomar fotografías fechadas.<br>(5)   Clasificar los materiales archivados y almacenar temporalmente:<br>• Año actual — cajón de mesa, o mueble de archivo.<br>• Año anterior — Mueble de archivo, o armario.<br>• Año previo — Sala de archivo o almacén central. |
| 2. **Identificar y tratar problemas.** | • Identificar y atacar problemas organizando, recuperando y usando los datos archivados. | • Identificar y atacar problemas referentes a impresos archivados, localizaciones de almacenajes, métodos de control, períodos de almacenaje, asignaciones de responsabilidad, etc. |
| 3. **Atacar fuentes de contaminación.** | • Investigar la eficacia y utilidad de documentos y datos, y adoptar las acciones necesarias. | • Investigar y considerar por qué se han creado los ficheros, cuánto tiempo se mantienen, que ocurriría si se eliminasen, qué problemas provoca su uso, y si se necesita hacerlos comunes. Hacer esto para el propio departamento y otros (p.e., para los clientes). |
| 4. **Preparar estándares y manuales provisionales.** | • Realizar el archivo de documentos y completar los ficheros previstos.<br>• Preparar estándares, especificaciones, y manuales de uso de ficheros provisionales. | • Diseñar índices eficaces de ficheros, formas de organización/almacenaje, y guías de recuperación de información.<br>• Establecer un sistema de archivos. |
| 5. **Realizar inspección general.** | • Identificar y tratar los problemas y causas de los ficheros perdidos, basándose en los estándares, especificaciones y manuales de uso provisionales.<br>• Promover el uso común y el control centralizado. | • Realizar chequeos usando listas de verificación.<br>• Aumentar el uso de controles visuales.<br>• Automatizar la recuperación de información.<br>• Revisar los manuales de archivo provisionales y establecer estándares finales. |
| 6. **Establecer la plena autogestión.** | • Mantener y controlar.<br>• Estandarizar e institucionalizar las mejoras. | • Mantener y mejorar constantemente un entorno de archivos ordenado y fácil de entender.<br>• Mantener archivos que permitan una recuperación fácil.<br>• Identificar y tratar problemas por propia iniciativa. |

## Tabla 9-19.  Procedimiento de auditoría de limpieza inicial

| Elemento de auditoría | Puntos clave | Procedimiento de evaluación |
|---|---|---|
| 1. **Armarios y mesas individuales (interior y exterior).** | • Libres de desechos, suciedad, polvo y grafitis.<br>• Libres de holguras, juegos y muescas. | • ¿Están limpias y despejadas las superficies superiores?<br>• (Chequear el polvo flotando la superficie con los dedos<br>• ¿Hay en el suelo algún resto de suciedad?<br>• ¿Están etiquetados los armarios?<br>• ¿Funcionan todas las llaves?<br>• ¿Algún grafiti?<br>• ¿Están fijos los armarios y mesas? |
| | • Libres de objetos innecesarios.<br>• Libres de suministros de oficina de repuesto.<br>• Pulidos y bien organizados. | • ¿Ha decidido el grupo qué elementos no son necesarios?<br>• ¿Ha decidido el grupo qué suministros de oficina serán individuales y cuáles comunes? ¿Se ha documentado esto?<br>• ¿Están los cajones de las mesas individuales limpios y bien organizados?<br>• ¿Están indexados los ficheros?<br>• ¿Están claramente etiquetados los archivos y otros documentos? |
| 2. **Muebles de archivo, impresos y documentos.** | • Libres de desechos, suciedad, polvo y grafitis.<br>• Libres de juegos, holguras y muescas. | • ¿Hay residuos de limpieza alrededor de la base?<br>• ¿Se muestra claramente una lista de contenidos dentro o fuera? |
| | • ¿Se han retirado todos los objetos innecesarios?<br>• ¿Están debidamente archivados los documentos?<br>• ¿Están los ficheros limpios y bien organizados?<br>• ¿Permanecen algunos impresos o documentos sin usar durante largos períodos? | • ¿Ha acordado el grupo qué elementos son innecesarios?<br>• ¿Ha decidido el grupo qué métodos de archivo son correctos?<br>• ¿Están claramente etiquetados los ficheros y otros documentos?<br>• ¿Se ha decidido el procedimiento de almacenaje para cada tipo de archivo, y se cumple? |
| 3. **Equipos, accesorios y útiles (incluyendo ordenadores, teléfonos, etc.)** | • ¿Libres de desechos, polvo y suciedad? | • Véase elemento 1 |
| | • ¿Se han decidido posiciones permanentes?<br>• ¿Están las cosas donde deben? ¿Están apropiadamente posicionadas y alineadas? | • ¿Se han dedicido lugares para elementos o equipos comunes, y se han etiquetado claramente?<br>• ¿Cuándo? |

Notas:
☆ Cuando se audite el orden y la organización, abrir todo incluyendo cajones de mesa individuales
☆ Escuchar a los miembros del grupo además de al líder
☆ Cuando el grupo esté discutiendo la limpieza inicial, observar si recuerdan donde empezaron y los siguientes pasos del programa de mantenimiento autónomo

| 4. Contorno | • ¿Están limpios los suelos, paredes, paneles y mesas?<br>• ¿Están limpias y sin elementos desordenados las áreas de almacenaje?<br>• ¿Están también limpias las áreas ocultas (superficies superior, inferior, delantera y trasera)? | • ¿Están limpias las esquinas del local?<br>• ¿Están limpias las áreas alrededor de las fotocopiadoras y otros equipos?<br>• ¿Están limpias las cocinas y otras áreas comunes?<br>• ¿Están limpios los bastidores, marcos y cristales de las ventanas (sólo el interior)? |
| | • ¿Están sin obstáculos las salidas de emergencia?<br>• ¿Estan libres de obstáculos las rutas de paso de uso regular?<br>• ¿Están en su sitio los extintores de incendios? | • ¿Tienen las rutas de paso como mínimo 88 milímetros de anchura y 2 metros de ancho?<br>• ¿Están las rutas de paso libres de cables y tubos?<br>• ¿Si algunos tubos o cables cruzan rutas de paso están debidamente puenteados?<br>• ¿Son claramente visibles desde dentro del local las placas de instrucciones de los extintores de incendios? |
| 5. Areas inaccesibles y fuentes de contaminación | • ¿Hay algún plan para tratar los lugares de limpieza difícil?<br>• ¿Hay algún plan para tratar los elementos difíciles de eliminar? | • ¿Ha discutido y planificado el grupo contramedidas?<br>• ¿Ha discutido y decidido el grupo sobre la retirada de elementos innecesarios? |
| | • ¿Se tiene en práctica un sistema para mantener la pulcritud y el buen orden?<br>• ¿Se han pensado medidas para evitar volver a situaciones anteriores? | • ¿Es esto un «show» temporal de limpieza especial para la auditoría?<br>• ¿Ha discutido a fondo o acordado el grupo medidas para evitar deslizarse a la situación anterior? |

| Nivel de evaluación | 2 puntos | 4 puntos | 6 puntos | 8 puntos | 10 puntos |
|---|---|---|---|---|---|
| Cosas | • Hechas difícilmente | • Hechas sólo en lugares visibles | • Hechas en algunos lugares ocultos | • Hechas en lugares visibles y ocultos | • Limpieza y chequeo profundos; han empezado algunas mejoras |
| Personal | • Todos apáticos | • Solo lo hace el líder del grupo | • Miembros del grupo están activos en algunas áreas simples | • Casi todos los miembros del grupo están activos | • Deberes claramente asignados y ejecutados |

**Notas:**
En la evaluación se consideran cosas y personas pero como la plena participación es la clave, hay que dar más peso al aspecto del personal al puntuar. Por ejemplo:

(1) cosas:          10 puntos
    personas:        4 puntos

    puntuación:    $(10 + 4)/2 = 7 \rightarrow 6$ puntos

(2) cosas:           4 puntos
    personas:       10 puntos

    puntuación:    $(4 + 10)/2 = 7 \rightarrow 8$ puntos

# REFERENCIAS

T. Suzuki, *New Directions for TPM*. Cambridge: Productivity Press, 1992.

S. Murakami. *Deciding Factors for Organizational Reform* (en japonés). Tokyo: Japan Management Association.

H. Oda. *Performance Measurement and Evaluation in Administrative and Support Departments* (en japonés). Tokyo: Japan Management Association.

S. Takahara. *Office Management* (en japonés). Tokyo: Hitotsubashi Shupan.

Japan Institute of Plant Maintenance. *Administrative Efficiency* (texto de seminario en japonés). Tokyo: JIPM.

*1989 Digest of PM Prizewinners. Acceptance Reports* (actas en japonés). Tokyo: JIPM, 1989.

Japan Management Association, ed., *Office Improvement* (texto de curso en japonés). Tokyo: JMA.

# 10
# Creación de un entorno seguro y grato

La eliminación de accidentes y polución es un requerimiento obligatorio para ganar el Premio PM en Japón. De hecho, los ratios de seguridad de los ganadores del premio son siempre significativamente mejores que antes de la introducción del TPM. En una fase avanzada del TPM, en el momento de optar al premio, el sistema de gestión de la seguridad ha tenido que revisarse y mejorarse con resultados positivos fuera de duda. Similarmente, se deben garantizar palpables mejoras contra la contaminación y contar con un sistema de mejora continua con objetivos exigentes.

El objetivo último debe ser también cero accidentes y polución.

## TPM Y GESTION DE SEGURIDAD Y ENTORNO

Asegurar la fiabilidad del equipo, evitar los errores humanos, y eliminar los accidentes y polución son algunos de los pilares básicos del TPM. La gestión de la seguridad y el entorno es una actividad clave en cualquier programa TPM. Una implantación plena del TPM mejora la seguridad de diversas formas, por ejemplo:

- El equipo defectuoso es una fuente común de riesgos, de modo que las campañas para el cero averías y defectos mejoran también la seguridad.
- A través de una profunda aplicación de los principios 5S (como parte del mantenimiento autónomo) se eliminan fugas y derrames y los lugares de trabajo se vuelven más limpios, pulidos, y bien organizados.
- El mantenimiento autónomo y las mejoras dirigidas eliminan las áreas inseguras.
- Los operarios entrenados en TPM se preocupan de sus equipos, están más capacitados para detectar anormalidades inmediatamente y resolverlas rápidamente.
- Los equipos y procesos no se operan por personal no cualificado.
- Los operarios asumen la responsabilidad de su propia salud y seguridad.

323

- El personal cumple con rigor los estándares y reglamentos desarrollados en un programa TPM.

La práctica del TPM crea seguridad en el trabajo. También contribuye considerablemente a crear un entorno sano y acogedor. La figura 10-1 muestra como una empresa (Japan Cable Systems) ha trabajado para mejorar la productividad y la seguridad simplemente poniendo en práctica cinco de las ocho actividades nucleares o pilares del TPM.

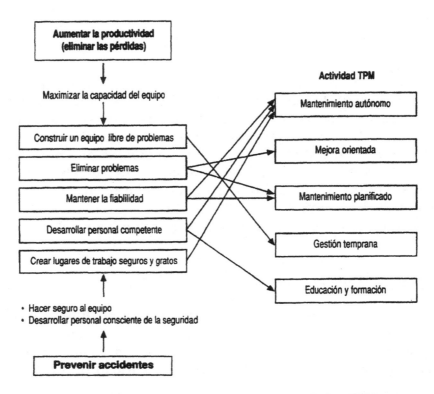

**Figura 10-1. Productividad, seguridad y actividades TPM**

## CERO ACCIDENTES Y POLUCION

La perfecta seguridad y la limpieza del entorno son requerimientos básicos de la fabricación. Sin embargo, en la práctica, siempre hay una posibilidad de que la instalación o un equipo provoquen accidentes o polución. Los peligros potenciales están siempre presentes incluso en una planta con ratios de seguridad excelentes (por ejemplo, cero accidentes con baja en los dos últimos años, etc.)

## Causas de accidentes y polución en plantas

Las plantas que manejan grandes cantidades de materiales inflamables, explosivos o tóxicos, usan gases a presión, consumen grandes cantidades de energía, u operan bajo condiciones extremas tienen riesgos particularmente elevados. Siempre está presente el peligro de fuego o explosión, y los accidentes pueden afectar a los alrededores además de a la propia planta. La polución debida a los accidentes internos o problemas de proceso es también altamente indeseable, puesto que afecta o pone en peligro el entorno y comunidades cercanas. Hay que eliminar estos riesgos poniendo en práctica los mismos procedimientos que se emplean para mejorar la seguridad.

Como los grandes accidentes y desastres son raros, se disipa pronto la preocupación que provocan o el interés por el cero accidentes. Hay que estar alerta, y recordar los dos puntos siguientes:

- Un defecto o problema casi imperceptible puede llegar a desarrollar un accidente serio o un incidente de polución, de modo que hay que enfocar las actividades diarias para cero-fallos también para cero accidentes y polución.
- Una empresa puede volverse negligente en relación a la seguridad y el entorno para aumentar su competitividad, particularmente para reducir los costes. Una reducción de costes demasiado entusiasta puede conducir directamente a accidentes y a recordarnos así que la seguridad es lo primero. Ninguna empresa desea este tipo de recordatorio.

## Ataque y defensa

Para minimizar la posibilidad de accidentes y polución, hay que desarrollar personas que conozcan íntimamente su equipo y que sean consistentemente conscientes de la seguridad. Hay que empezar por asegurar que cada uno comprende la importancia de establecer, reafirmar y mejorar constantemente el sistema de gestión de la seguridad y el entorno. Hay que adoptar una estrategia de dos caras: primero, atacar activamente, tomando acciones para minimizar la posibilidad de accidentes y polución. Segundo y al mismo tiempo, defender: crear procedimientos fiables de limitación de riesgos de accidentes o polución.

## ESTRATEGIAS CLAVE PARA ELIMINAR ACCIDENTES Y POLUCION

Una planta de producción es un vasto complejo de personas y máquinas. Para eliminar accidentes y polución, hay que tomar acciones específicas para reforzar la organización y gestión de personas y equipos: crear un sistema que pueda apoyar, promover, y dirigir la creación de lugares de trabajo seguros, libres de polución y hospitalarios.

Dos factores ayudan a las personas a adquirir una mentalidad cero accidentes, cero polución: la práctica diaria como parte de su trabajo y la gestión de materiales y un fuerte y visible apoyo de la dirección. Sin embargo, hay límites a lo
que puede lograrse si el personal de la planta es enteramente responsable de evitar los accidentes y la polución. El personal de la planta y el staff deben comprenderse entre sí y trabajar de modo conjunto con eficacia. La figura 10-2 ilustra un sistema diseñado para eliminar los accidentes y la polución.

## PROCEDIMIENTO PASO A PASO PARA ELIMINAR ACCIDENTES Y POLUCION

Las estrategias específicas relacionadas en la figura 10-2 se examinarán más
adelante. La mayoría se basan en el sentido común y, probablemente, cada lugar
de trabajo las aplica hasta cierto grado. Sin embargo, en la práctica, a menudo las
estrategias quedan lejos de los resultados deseados. Los accidentes y la polución siguen perjudicando seriamente a muchas instalaciones, y las actividades de seguridad no pasan de ser algo ritual y poco significativo. Esto sucede cuando las actividades son no sistemáticas, esporádicas, y no institucionalizadas apropiadamente.

La figura 10-3 es un modelo de plan a tres años para revisar la seguridad como
parte integral de un programa de desarrollo del TPM. Esta empresa ha desarrollado las actividades de seguridad como parte de sus programas de mantenimiento
autónomo y planificado. Como los accidentes y la polución se originan en los lugares de trabajo, los diseñadores del programa determinaron que un programa de
seguridad y entorno eficaz debería empezar con un plan de desarrollo paso a paso
basado en los propios lugares de trabajo y las instalaciones y materiales presentes
en dichos lugares. Todos los empleados participan en las actividades, que se promueven y estimulan a través de auto-auditorías y auditorías de la dirección.

Aunque la gestión de la seguridad y el entorno se revisan a fondo en el
paso 11 del nuevo programa de desarrollo TPM (después de una plena implantación), la conciencia de la seguridad necesita tiempo para arraigar. Es importante
empezar tratando este tema desde la fase de preparación (véase figura 10-3).

## Promoción de la preocupación por la seguridad en conjunción con el mantenimiento autónomo

En el primer paso del mantenimiento autónomo, los operarios limpian el
equipo de trabajo y el estacionario (no móvil). Como es probable que no hayan
hecho esto antes, hay un considerable riesgo de accidentes y daños. Estos riesgos
pueden aliviarse si se toman desde el principio los siguientes pasos:

• Empezar enseñando la filosofía del cero accidentes. Hacer comprender al
personal la superlativa importancia de la seguridad.

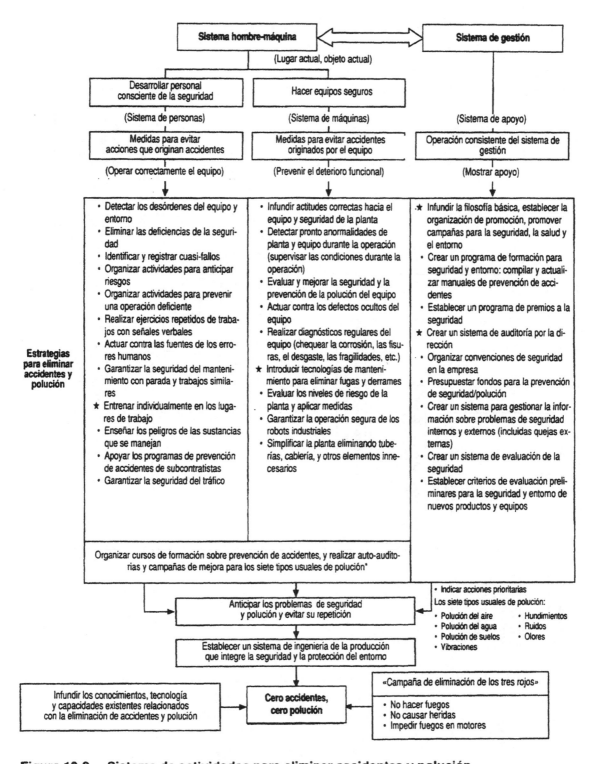

**Figura 10-2.   Sistema de actividades para eliminar accidentes y polución**

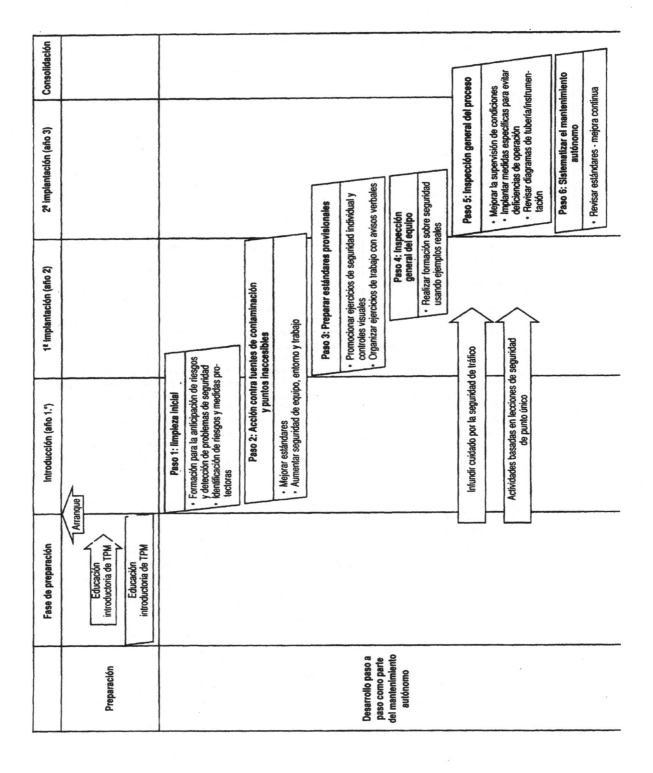

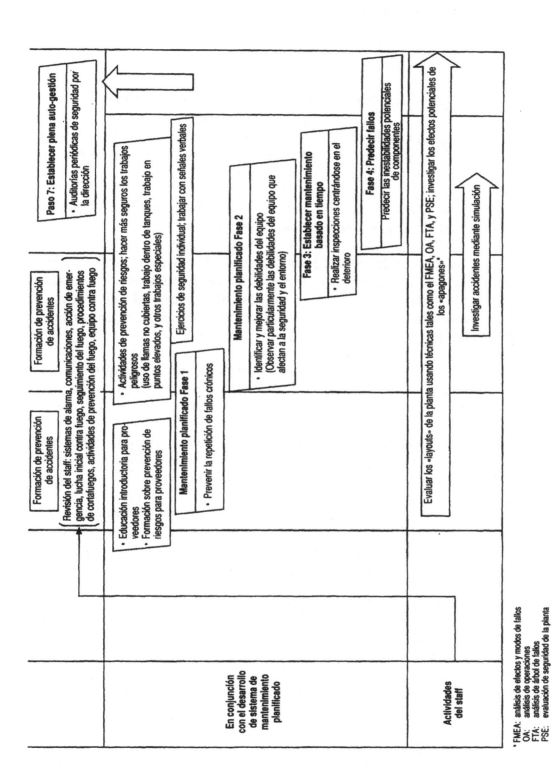

**Figura 10-3. Programa de desarrollo de seguridad paso a paso**

* FMEA: análisis de efectos y modos de fallos
  OA: análisis de operaciones
  FTA: análisis de árbol de fallos
  PSE: evaluación de seguridad de la planta

- Formar a los operarios para anticipar riesgos.
- Evitar que los operarios limpien piezas giratorias o situadas en alto (2,5 m. o más).

### Pasos 1-3: Establecer los requerimientos de seguridad básicos

Hay que incorporar la preocupación por la seguridad y polución en los tres primeros pasos del mantenimiento autónomo de acuerdo con las sugerencias siguientes:

*Paso 1:*   Como parte de la limpieza inicial, detectar y corregir cualquier problema que pueda afectar a la seguridad o entorno.

*Paso 2:*   Las acciones de mejora para facilitar la limpieza e inspección mejoran también la seguridad y el entorno eliminando las fuentes de contaminación mediante mejoras orientadas. Muchas empresas han reformado el entorno de sus plantas, creando lugares de trabajo limpios y pulidos mediante cruzadas sistemáticas tales como las «Campañas cero-fugas».

*Paso 3:*   En los estándares provisionales de limpieza y chequeo hay que incluir procedimientos de seguridad. Como hoy es tan común la operación con una sola persona, hay que establecer también rutinas de seguridad individuales.

Para tener lugares de trabajo seguros hay que realizar cinco actividades fundamentales. Esto incluye las mejoras 5S, los chequeos de seguridad, los controles visuales, la limitación de riesgos, y la seguridad de tráfico.

1. *5S.* De éstas, se emplean las tres primeras —*clasificar* (eliminando lo innecesario), *estabilizar* (establecer lugares permanentes para cada cosa esencial), y *pulir* (encontrar modos de mantener todo limpio)— para eliminar fugas y derrames y mantener todo en el lugar apropiado.

2. *Realizar chequeos de seguridad.* Deben incluirse chequeos de seguridad en las acciones diarias de limpieza e inspección. El tiempo requerido para todo esto se reduce con la práctica.

3. *Controles visuales.* Los sistemas visuales tales como la codificación con colores hacen más evidentes las anormalidades y mejoran la seguridad de los puntos de trabajo.

4. *Limitación de riesgos.* Implantar sistemas de limitación de riesgos. Hay que chequear regularmente la seguridad del equipo, y realizar revisiones periódicas de seguridad.

*5. Seguridad de «tráfico».* Hay que realizar campañas de «seguridad del tráfico». Mientras es importante cumplir las reglas, para lograr la seguridad en un entorno rápidamente cambiante, hay que eliminar activamente todas las fuentes de riesgos. Esto ayuda a sensibilizar a las personas sobre seguridad.

## Pasos 4-5: Desarrollar personas competentes en equipos y procesos

Cuanto más saben las personas sobre sus equipos y procesos, con más seguridad pueden trabajar. La formación sobre seguridad debe basarse en estudios de casos de accidentes reales. Conviene recordar que el número de accidentes crece en proporción al número de pequeñas paradas, de modo que se deben atacar los accidentes y problemas mejorando el control y supervisión de las condiciones de equipos y planta.

## Pasos 6-7: Consolidación

Dar un paso cada vez, sin apresurarse u omitir algo, hasta que cada operario adquiera confianza y conocimiento sobre seguridad, y se instale un sistema de mejora permanente.

### Lecciones de punto único sobre seguridad

Se empieza en el paso 1, recogiendo ejemplos de omisiones o errores próximos. Estos ejemplos se describen en hojas de lecciones de punto único. Tanto los ejemplos reales, como las lecciones de punto único, son medios de probada eficacia para mejorar los conocimientos de seguridad y su concienciación. Con la seguridad del tráfico se hace lo mismo.

## Desarrollo fase a fase y mantenimiento planificado

Actualmente, las empresas subcontratan gran parte del trabajo de mantenimiento. Por tanto, cuando se introduce el TPM, las empresas deben refrescar y confirmar los conocimientos de los subcontratistas sobre prevención de accidentes.

El mantenimiento planificado pretende eliminar los fallos inesperados, y mejorar gradualmente los niveles de operación conforme se completan las cuatro fases de la implantación. Sin embargo, esto implica muchas actividades peligrosas, tales como las relacionadas con la introducción de nuevo equipo, reconstrucciones en gran escala, el mantenimiento con parada general, y el trabajo no rutinario. Hay que diseñar un programa de seguridad para esas tareas, y ponerlo en práctica conjuntamente con los subcontratistas. Hay que mantener discusiones preliminares particularmente profundas, e identificar los tipos de trabajos más peligrosos (colectivos e individuales).

Los accidentes más serios y los incidentes de polución tienen relación con los equipos. Hay que clasificar los fallos y problemas en función de su riesgo y efecto ambiental, y establecer un programa de seguridad sistemático para equipo prioritario que reduzca la frecuencia de los fallos y las tasas de deterioro. La figura 10-3 muestra cómo desarrollar un programa de seguridad conjuntamente con un programa de mantenimiento planificado.

### Actividades del staff

Las plantas de proceso pueden ser particularmente peligrosas. Cuando se enfrentan problemas de ingeniería compleja referentes a la seguridad de equipos o procesos, hay que sacar el máximo partido de los conocimientos especializados del propio departamento de ingeniería o de los fabricantes del equipo. Cuanto mayor es la planta, más importante es evitar las desgracias.

Los ingenieros de seguridad han establecido sistemas para tratar los problemas de seguridad y entorno. Los departamentos de staff deben preparar listas de chequeo extensas y asegurar que no se ha dejado de lado ningún problema potencial. Esto es una parte vital de la gestión de riesgos. Por ejemplo, la simulación de apagones indicada en la figura 10-3 incluye investigar si la planta permanece segura aunque se corten súbitamente servicios tales como la electricidad, el vapor, el agua, el aire comprimido, o la instrumentación como resultado de terremotos, tormentas, etc.

### EJEMPLO DE AUDITORIA

Una característica del TPM es la práctica de auto-auditorías y auditorías de la dirección al final de cada paso del programa de desarrollo. (Véase el capítulo 4 para un examen de las auditorías). La planta de Harima de Daicel Chemical Industries evalúa las actividades 5S del mantenimiento autónomo siguiendo los procedimientos esquematizados en la figura 10-4 y usando los criterios de evaluación mostrados en la tabla 10-1. La 5S son el fundamento de los cero accidentes y polución. Usando esta clase de listas de chequeo para evaluación, algunas instalaciones han podido elevar sus índices de puntuación desde 50 a 90 o más en un plazo de tres años.

### ESTRATEGIAS ESPECIFICAS PARA ELIMINAR ACCIDENTES Y POLUCION

Aunque el TPM se centra inicialmente en los equipos, su objetivo es establecer condiciones que reflejen la comprensión de que las plantas de producción

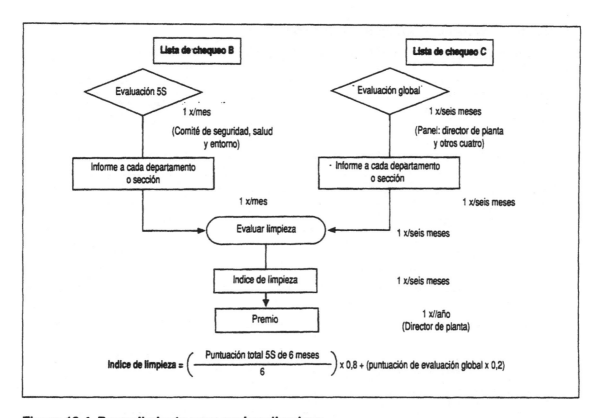

**Figura 10-4. Procedimiento para evaluar limpieza**

son sistemas hombres-máquinas. El cero accidentes y polución hay que estudiarlo desde ambos ángulos. Esta sección revisa algunas estrategias clave para prevenir accidentes que se originan bien en las acciones de personas o en el equipo.

## Prevenir accidentes originados por acciones de personas — Concienciar al personal sobre seguridad

En el primer paso del mantenimiento autónomo, los operarios indagan buscando desórdenes y anormalidades en el equipo y entorno. Muchos de estos fallos comprometen la seguridad, y los trabajadores deben ser capaces de reconocerlos. Por tanto, los grupos de mantenimiento autónomo deben aprender exactamente lo que constituye un problema de seguridad. Los materiales de formación apropiados pueden incluir colecciones de puntos de chequeo de seguridad tal como los mostrados en la tabla 10-2, y hojas de auditoría de seguridad tal como las desarrolladas por Sekisui Chemical en la planta Shiga Ritto (tabla 10-3).

Además de los problemas potenciales de seguridad, es también importante detectar las fuentes posibles de polución, tales como la vibración excesiva, rui-

## Tabla 10-1.	Lista de chequeo de evaluación global

**Departamento:** _PAD n.° 3_	**Fecha de evaluación:** _13/10;87_	**Evaluador:** _Rubio_

| Concepto | 5 pun. | 4 pun. | 3 pun. | 2 pun. | 1 pun. | Comentarios |
|---|---|---|---|---|---|---|
| 1. ¿Se ha realizado a fondo a limpieza inicial (paso 1)? | | O | | | | _Trabajar duro para mantener y mejorar las condiciones con base en los criterios de mantenimiento 3S_ |
| 2. ¿Se han listado las fuentes de contaminación y se han puesto en práctica de modo regular contramedidas? | ✕ | | ✕ | | | _No aplicable_ |
| 3. ¿Se hacen activamente sugerencias de mejora? | | O | | | | _Logrado el objetivo. Mantener el buen trabajo_ |
| 4. ¿Hay entusiasmo entre todos los miembros del equipo por mejorar la limpieza? | | O | | | | _Los tableros de actividades podrían mejorarse_ |
| 5. ¿Se ha limpiado cuidadosamente la sala incluyendo paredes y techos? | O | | | | | _Es importante el esfuerzo constante. Asegurar que se mantienen los niveles actuales_ |
| 6. ¿Se han desmontado y revisado los equipos, accesorios, herramientas, etc.; están libres de óxido y pintura descascarillada? | | O | | | | _Después de limpiar, la pintura de diversas partes requiere protección contra el óxido en colores estándares_ |
| 7. ¿Se han colocado marcas de ajuste en tuercas y pernos importantes para facilitar la detección de aflojamientos? | | | O | | | _Establecer criterios fijos para decidir qué tuercas y pernos son importantes, y aplicar marcas de ajuste a los más importantes_ |
| 8. ¿Están claramente marcadas las gamas de operación en amperímetros, voltímetros, e indicadores de presión, y están los instrumentos fijados con seguridad en lugares fácilmente visibles? | ✕ | | ✕ | | | _No aplicable_ |
| 9. ¿Se ha instalado correctamente el equipo de seguridad necesario, y se somete a test regularmente? | ✕ | | ✕ | | | _No aplicable_ |
| 10. ¿Se indican claramente sobre los tubos los contenidos y direcciones de flujo (contenidos codificados en colores), y no tiene daños el aislamiento y otros elementos? | O | | | | | _Hay pocos tubos, y éstos están bien mantenidos. Ningún comentario particular_ |
| 11. ¿Están las rutas de paso y áreas de trabajo claramente señaladas, limpias y bien organizadas? | | O | | | | _Las rutas de paso son difíciles de marcar, y las áreas de trabajo están claramente definidas por el tipo de trabajo, de modo que la situación actual es satisfactoria_ |
| 12. ¿Están disponibles las plantillas, herramientas y accesorios necesarios, marcadas sus cantidades, y están almacenadas en los sitios correctos? ¿Hay algo innecesario? | | O | | | | _Plantillas, herramientas, y accesorios están organizados y bien almacenados. Debe hacerse algo más para indicar el uso mensual y otros datos_ |
| 13. ¿Se están realizando correctamente los chequeos de operación de la maquinaria y equipos principales, y se mantienen registros precisos? | | O | | | | _Asegurar el registro de los datos requeridos. La instrucción inicial es importante_ |
| 14. ¿Hay señales de aviso para explosivos, materiales inflamables, disolventes orgánicos, radiaciones, pozos artesanos, alto voltaje, etc., y están correctamente mostradas? | O | | | | | _Sin comentarios_ |
| 15. ¿Están los trajes protectores limpios, pulidos, y en los lugares correctos? ¿Se chequean apropiadamente? | ✕ | | ✕ | | | _No aplicable_ |

## Tabla 10-2.  Puntos de chequeo de seguridad

| Elementos | Puntos de chequeo | Chequeo | Observaciones |
|---|---|---|---|
| **1. Cubiertas, pasamanos, etc.** | • ¿Se han ajustado las cubiertas para evitar la dispersión de partículas, refrigerante, etc.?<br>• ¿Se han colocado cubiertas de seguridad sobre mecanismos peligrosos tales como partes giratorias o deslizantes? ¿Están en buenas condiciones?<br>• ¿Se han instalado plataformas y rutas de paso para facilitar la limpieza, chequeo, ajuste y lubricación?<br>• ¿Están intactos los pasamanos, salvaguardas, topes y otros mecanismos de seguridad?<br>• ¿Hay escalas fijas de más de 2 metros con guardas de respaldo?<br>• ¿Hay pasamanos en rutas de paso y puertas? | | |
| **2. Puntos peligrosos** | • ¿Se han instalado luces de inspección en pozos y otras áreas oscuras?<br>• ¿Están los suelos nivelados y libres de puntos resbaladizos?<br>• ¿Son seguros los medios de transporte tales como los canales y transportadores y funcionan suavemente?<br>• ¿Se pueden abrir en las dos direcciones las puertas de instalaciones tales como las salas insonorizadas?<br>• ¿Hay algún riesgo de caída de objetos?<br>• ¿Hay riesgo de que alguien se queme por tocar tuberías de vapor u otros elementos calientes?<br>• ¿Están los espacios tales como los almacenes y sótanos apropiadamente equipados con señales indicando las salidas y luces de emergencia? | | |
| **3. Operabilidad** | • ¿Están apropiadamente posicionados los botones de arranque, palancas y paneles de control?<br>• ¿Se pueden operar con facilidad todas las palancas, volantes manuales, y otros controles?<br>• ¿Están claramente señalados los pesos de los equipos? | | |
| **4. Equipo de seguridad** | • ¿Funcionan correctamente todos los equipos de prevención del fuego (extintores, detectores de humo y gas, tomas de agua, etc,?<br>• ¿Funcionan apropiadamente los mecanismos de parada de emergencia?<br>• ¿Están cerca de la mano los botones de parada de emergencia?<br>• ¿Hay algún botón de operación cuya posición invita a omitir pulsarlo?<br>• ¿Funcionan correctamente todas las luces de alarma, bocinas, mecanismos de interbloqueo, sensores de límite, y mecanismos similares? | | |
| **5. Señales de seguridad y peligro** | • ¿Están correctamente indicados los gases de alta presión, materiales peligrosos, productos químicos, etc.?<br>• ¿Hay señales de aviso adecuadas para gases tóxicos, gases asfixiantes, y sustancias peligrosas similares?<br>• ¿Se indican claramente los límites de velocidad?<br>• ¿Se han instalado señales de peligro en los cables de alto voltaje?<br>• ¿Se han instalado todas las señales de precaución necesarias (cuidado con piezas giratorias, cuidado con la cabeza, mire donde pisa, etc.) | | |
| **6. Seguridad de pasos** | • ¿Se ha dado autorización para la colocación temporal de objetos que dificultan el paso? ¿Está obstruido algún paso?<br>• ¿Están claramente marcadas áreas de trabajo, rutas de seguridad, etc.?<br>• ¿Están apropiadamente marcadas áreas de trabajo, rutas de seguridad, etc.?<br>• ¿Están apropiadamente marcadas y cerradas las áreas de almacenaje de fuel, cilindros de oxiacetileno, etc.? | | |

## Tabla 10-3.    Lista de auditoría de seguridad

| Paso 1<br>Inspección general<br>de fuentes de peligro<br>(piezas giratorias y deslizantes) | Planta o equipo: _____<br>Fecha de auditoría: ____/____/____    Auditoría: _____<br>Tipo de auditoría: ☐ auto-auditoría ☐ auditoría de líder de grupo | | |
|---|---|---|---|
| **Elemento** | **Criterios de evaluación** | **Evaluación** | **Observaciones** |
| **PIEZAS GIRATORIAS Y DESLIZANTES** | | | |
| 1. ¿Están al descubierto algunas partes rotativas? | Cubiertas seguras, sin espacio para meter las manos desde atrás | | |
| 2 ¿Están los ejes que giran libres de piezas que sobresalgan (tornillos, acoplamientos, etc.)? | Los pernos que se monten deben ser del tipo sin cabeza | | |
| 3. ¿Pueden quedar atrapados los dedos por el movimiento de pistones? | Debe haber al menos 3 cm. entre la pieza que se mueve y las partes fijas, etc. | | |
| 4. ¿Deben hacerse algunos ajustes cerca de la maquinaria en funcionamiento? | Parar la maquinaria para realizar ajustes (las partes móviles deben estar dónde no puedan tocarse accidentalmente) | | |
| 5. ¿Hay posibilidad de entrar descuidadamente en un área peligrosa mientras esté funcionando una máquina? | Aislar por medio de paredes o cadenas | | |
| 6. ¿Está al descubierto alguna toma de polea? | Proteger con cubiertas o barras | | |
| 7. ¿Hay cubiertas importantes (las que ayudan a prevenir accidentes serios) aseguradas por mecanismos interbloqueados? | El equipo debe parar automáticamente cuando se retire la cubierta | | |
| 8. ¿Hay alguna posibilidad de engancharse en mecanismos de atornillado? | Indicar la dirección inversa de rotación o el dispositivo de unión con rotor | | |
| 9. ¿Son seguras las entradas de aspiración de los ventiladores? | Cubiertas con malla | | |
| 10. ¿Están apropiadamente purgados los cilindros neumáticos e hidráulicos? | Tomar medidas para protegerlos contra objetos que puedan caer | | |
| 11. ¿Están claras las direcciones de giro? | Indicarlas claramente | | |
| 12. ¿Están claros los puntos peligrosos? | Indicarlos claramente usando señales o codificación en color | | |
| **PARADAS DE EMERGENCIA** | | | |
| 1. ¿Se han posicionado para una operación fácil los botones de parada de emergencia | Marcar claramente localizaciones y las posiciones para auto-operación en emergencia | | |
| 2. ¿Es apropiada la forma y color de los botones de parada de emergencia? | Color rojo, usar botones en forma de hongo, barras, etc | | |
| 3. ¿Para el equipo con seguridad cuando se aprieta un botón de parada de emergencia? | Rodillos y otros mecanismos próximos abiertos (energía desconectada) | | |
| **GESTION** | | | |
| 1. ¿Se muestran en puntos importantes ejercicios de operaciones con señales verbales? | Indicar claramente | | |
| 2. ¿Se han detectado y corregido fuentes de peligro ocultas (incluyendo métodos de trabajo)? | Señalarlas de modo que todos las entiendan | | |
| 3. ¿Se vuelve a entrenar al personal cuando el trabajo o el equipo se alteran? | Manuales preparados y apropiadamente revisados; registrados los resultados de la formación | | |

**Ejemplo de evaluación:**

Marcar con el criterio de evaluación ( ★ )para indicar que se ha completado una mejora. En justicia, si es imposible lograr este nivel inmediatamente, evaluar como situación en vías de corrección con (O) si se satisfacen las dos condiciones siguientes:
1. Se ha preparado un plan de acción (tipo 5W1H) para lograr este nivel.
2. Se emplean satisfactoriamente códigos de color, señales de aviso y prohibiciones.

**Criterios de paso/fallo:**

1. **Fallo** si se han omitido cuatro o más puntos de fallo ligero (que podrían conducir a pequeños accidentes)
2. **Fallo** si se ha omitido incluso un punto de peligro crítico (que podrían conducir a un accidente serio).
3. **Pasa** si se han corregido todas las deficiencias

dos, olores, y dispersión de polvo. Los empleados corrigen las deficiencias y desórdenes durante el paso 2 del programa de mantenimiento autónomo, y es mejor que empiecen con los problemas que comprometen la seguridad. La mejora de la seguridad de los propios lugares de trabajo afinará gradualmente la consciencia sobre seguridad de los operarios. Su conducta cambia también. Inevitablemente, se reduce el número de veces que se resbalan, tropiezan, o se enganchan en la maquinaria.

### Análisis

La figura 10-5 ilustra el principio de Heinrich, derivado de un análisis de aproximadamente 500.000 incidentes relacionados con la seguridad en la industria*. El estudio demostró que había aproximadamente 300 pequeños fallos por cada daño serio o muerte.

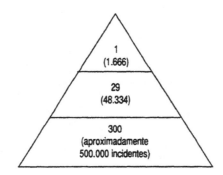

**Figura 10-5.   El principio de Heinrich**

La figura 10-6 muestra un análisis de pequeños fallos de una cierta fábrica especificando los «puntos ciegos» que conducen a los incidentes. Hay que tomar en serio los pequeños fallos. Recomendamos usar el análisis «porqué-porqué» para comprobar las causas raíces, y minimizar las conductas de ensayos-errores.

### Anticipación de peligros

Es difícil prevenir los sucesos inesperados. Los puntos ciegos analizados en la figura 10-6 refuerzan la importancia de las rutinas de seguridad conocidas

---

* Considerado el padre de la moderna seguridad industrial, H. W. Heinrich (*Industrial Accident Prevention*, 5.ª edición, McGraw-Hill, 1980) propuso ya en 1931 su filosofía y métodos de prevención de accidentes.

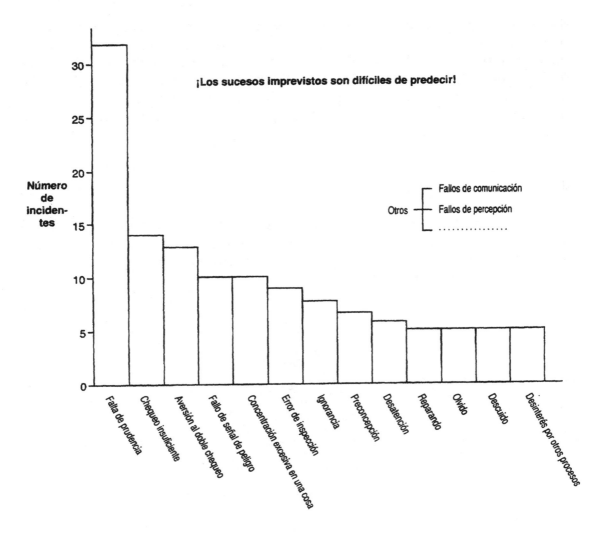

**Figura 10-6.   Causas de pequeños fallos**

como «actividades de anticipación de riesgos». Sumitomo Metals desarrolló ya en 1974 un programa de formación sobre rutinas de seguridad. Posteriormente, la Asociación Central de Prevención de Accidentes Industriales (Japón), asumió ese programa titulándolo «Ronda-IV de Formación en Rutinas de Seguridad» y muchas empresas japonesas tienen ahora este programa en práctica. El mejor modo de minimizar los accidentes causados por la conducta de los empleados es establecer una formación para prevención de accidentes y crear lugares de trabajo en los que sean claramente visibles las áreas con riesgos potenciales.

El humor del personal y la situación en los lugares de trabajo cambian constantemente. Hay que establecer «actividades individuales de anticipación de riesgos», rutinas de seguridad que se aplicarán por los propios trabajadores, y no cesar nunca de investigar modos de hacer los trabajos más seguros.

## *Medidas de prevención de errores*

La capacidad profesional en las operaciones consta de tres elementos:

- Una *percepción* precisa de la situación o información
- *Decisión* para actuar correctamente con base en esta percepción
- *Acción* rápida basada en esta decisión

La operación es deficiente si se produce un error en alguno de estos puntos o si es insuficiente la capacidad profesional para la operación La figura 10-7 ilustra este proceso y lista las principales causas y contramedidas. La planta de este ejemplo logró excelentes resultados diseñando estrategias específicas con base en este análisis. El trabajo con señales verbales (confirmar de viva voz o con señales hechas con la mano) durante las operaciones o acciones importantes ayuda a prevenir los errores centrando la atención de los operarios. Sin embargo, para que esto sea eficaz, los operarios deben tener unos conocimientos y experiencia considerables del trabajo y comprender la importancia real del procedimiento de trabajo con señales verbales. La figura 10-8 muestra algunos datos experimentales de su eficacia.

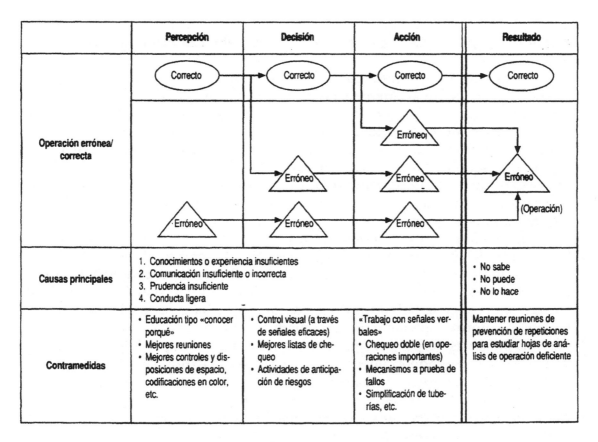

**Figura 10-7. Filosofía, causas y contramedidas en operación deficiente**

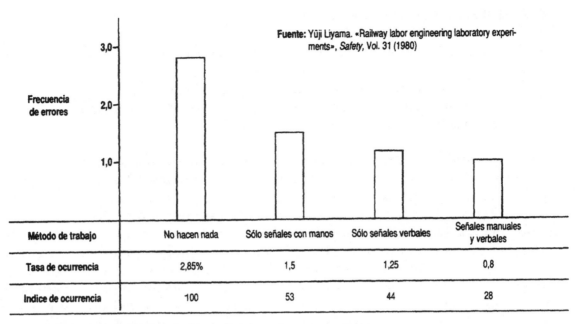

**Figura 10-8.   Efectividad de las señales en las operaciones**

## Tratamiento de las fuentes del error humano (la función de los directivos)

Los errores por falta de cuidado no siempre conducen a accidentes; solamente se produce un accidente cuando el error es peligroso. Es imposible entrenar al personal para que no cometa nunca errores, pero sí pueden aprender a ser conscientes de la seguridad. Esta es la razón por la que plantas que hacen exactamente el mismo trabajo (con el mismo potencial de errores por falta de cuidado) tengan diferentes ratios de seguridad. En estos resultados, los directores juegan un papel importante, puesto que son responsables del modo con el que cada uno trata los temas de seguridad (por ejemplo, hacer conscientes de la seguridad a las personas).

Kuniye Hashimoto, anteriormente profesor de la Universidad Nihon, clasifica el nivel de consciencia de las personas sobre la seguridad de acuerdo con el esquema mostrado en la tabla 10-4. Dormitar al volante o conducir bajo la influencia del alcohol se corresponde con las fases 0 y 1 respectivamente. Obviamente esto reduce la fiabilidad de la conducción y hace probable un accidente. La fase 3 —normal, plenamente consciente y activo— es el estado más deseable, pero las personas no pueden mantenerse así mucho tiempo. Los operarios pueden volver a ese estado emitiendo señales verbales cuando realizan acciones importantes, lo que reduce el riesgo de errores.

La mayoría del trabajo se ejecuta estando en la fase 2 —normal, relajado, pasivo— en la que los errores son improbables pero posibles. Para contrarrestar esto, una medida es diseñar los equipos a prueba de errores. La fase 4 es un estado hipernormal, supertenso que surge cuando sucede algo fuera de lo ordinario. En este estado, se reduce la fiabilidad de las acciones de las personas y su juicio se obnubila. Hay que recordar que puesto que el estado psicológico de las personas afecta su conducta, las actividades de seguridad deben tener en cuenta las características humanas que se muestran en la tabla 10-4. A título de ejemplo, las siguientes actividades de seguridad son parte integral del TPM:

**Tabla 10-4. Nivel de atención**

Fuente: Kuniye Hashimoto.
Safety Engineering, Vol. 18 (1979).

|  | Estado de conciencia | Atención | Estado psicológico | Fiabilidad |
|---|---|---|---|---|
| Fase 0 | Inconsciente | Cero | • Adormecido<br>• Desmayado | Cero |
| Fase 1 | • Por debajo de lo normal<br>• Semi-inconsciente | Desatento | Fatiga, monotonía, borrachera, modorra | 0,9 o menos |
| Fase 2 | normal relajado | • Pasivo<br>• Introvertido | • Actividad de rutina sosegada<br>• Descansado<br>• Operación normal | 0,99-0,9999 |
| Fase 3 | normal despejado | • Activa<br>• Positiva | Acción positiva | 0,9999 o más |
| Fase 4 | • Hipernomal<br>• Tenso | • Fijeza en un solo punto<br>• Juicio perturbado | Estado excitado o emocional Pánico | 0,9 o menos |

Nota: La fase 3 es el estado óptimo para la seguridad, pero las personas no pueden mantener este estado mucho tiempo. Si intentan forzarse para mantenerse en él, se fatigan y vuelven a la fase 1. Un modo eficaz de mejorar la seguridad es permanecer en la fase 2 durante las operaciones de rutina y deliberadamente cambiar a la fase 3 mediante la práctica de voces de señal durante las acciones no rutinarias.

*Mejora de la salas de control central.* Una persona puede absorber y actuar en cualquier momento solamente con una cierta cantidad de información. Por tanto, hay que reducir la cantidad y mejorar la calidad de la información que se presenta a los operarios, y hacer que sean fáciles de leer los diales de instrumentación e indicadores.

*Usar equipos de entrenamiento tales como los simuladores.* Las tasas de error humano se reducen drásticamente conforme aumenta la experiencia, pero los operarios de plantas seguras tienen poca oportunidad de aprender con la experiencia de problemas reales. Por tanto, la práctica mediante simulación es realmente importante.

*Mejorar la salud mental y física.* Los operarios cansados, impacientes, aburridos o disgustados es más probable que causen accidentes. Se necesita mantener una conducta segura, racional, consistente, distendida. La dirección debe crear y sostener un entorno de trabajo agradable.

### Garantizar la seguridad en el trabajo de construcción

Tanto en el servicio regular como en las reparaciones de emergencia, el trabajo de mantenimiento incluye muchas tareas no rutinarias. A veces, el personal de mantenimiento debe trabajar en cooperación con subcontratistas, lo que exige una comunicación excelente. Es vital eliminar las situaciones y conductas peligrosas. La tabla 10-5 lista algunos tipos de trabajos particularmente arriesgados y sus puntos de seguridad claves. Para lograr el objetivo del cero accidentes, hay que valorar la preocupación por la seguridad y profesionalidad de los subcontratistas, facilitar la formación sobre seguridad necesaria, y realizar patrullas de seguridad conjuntas durante las operaciones en la instalación.

**Tabla 10-5.   Trabajo de mantenimiento arriesgado y puntos de seguridad claves**

| Tipo de trabajo | Puntos de seguridad |
|---|---|
| Uso de llamas descubiertas | Chequear la existencia de residuos antes de trabajar dentro de columnas, tanques o tubos<br>Asegurar que todas las llamas están completamente extinguidas después de usarlas |
| Apertura de tubos y recipientes | Realizar tests de residuos, presiones residuales, etc. (Todo esto a veces cambia con el tiempo) |
| Trabajo en lugares elevados | Chequear planchas de apoyo, redes y cinturones de seguridad y tomar precauciones contra la caída de herramientas |
| Trabajo en colaboración | Confirmar en voz alta el comienzo y terminación de trabajos o con otras señales, especialmente cuando se desconecte o conecte una máquina. |
| Ascenso y descenso | Examinar profundamente el trabajo y ámbito de operación y marcar claramente las áreas prohibidas |
| Movimiento de maquinaria pesada | Marcar claramente el área de trabajo y prevenir el contacto con otros equipos |

## Prevenir los accidentes que tienen origen en el equipo

Los proyectistas estudian profundamente la fiabilidad de los equipos, pero éstos nunca son perfectos. Incluso cuando al principio los equipos son casi perfectos, posteriormente pueden deteriorarse, averiarse o causar problemas. Y los operarios pueden cometer errores.

Las plantas tienen siempre un potencial de causas de accidentes y éstos pueden ocurrir si el staff no trata correctamente las anomalías. Sin embargo, esto no implica que los accidentes sean inevitables. Para prevenir los accidentes que se originan en el equipo, hay que poner en práctica cuidadosamente estrategias de seguridad.

### Del desorden de la planta al accidente: fases habituales

Una planta que está operando normalmente puede sufrir anomalías por distintas razones, la mayoría de ellas incontroladas. Si el staff no trata las anomalías correctamente, el sistema se volverá inseguro. La figura 10-9 ilustra esto cualitativamente. No se indica ninguna escala de tiempo, pero una planta suele pasar casi instantáneamente desde un estado aparentemente estable a otro altamente inestable con una serie de accidentes calificados como fortuitos o como verdaderos desastres.

En su camino desde la operación normal al desastre las plantas pasan por varias fases:

*Fase 1:* Operación normal, estado estable.

*Fase 2:* Señales de anomalía; el sistema se desordena cada vez más.

*Fase 3:* Estado inestable, dificultad para recuperar la normalidad.

*Fase 4:* Peligro obvio como resultado de fallo u otra anomalía, pero los daños, fugas de materiales o fuego pueden controlarse dentro de las instalaciones.

*Fase 5:* Los trabajadores sufren daños como consecuencia de un manejo inapropiado de la situación; el fuego, las explosiones o las fugas amenazan la seguridad del entorno circundante. La empresa y los sistemas comunitarios de prevención de desastres se movilizan y se esfuerzan en controlar la situación y en prevenir los efectos secundarios.

*Fase 6:* Despejar la zona después de que la situación está bajo control.

Como muestra la figura 10-9, se toman diversas medidas conforme aumenta el nivel de riesgo de accidentes. Las medidas generales de seguridad incluyen lo siguiente:

*Supervisar el proceso y corregir anomalías.* Realizada por los operarios, esta actividad corresponde a la fase 2, cuando una anomalía está aún cercana a su fuente y el nivel de peligro es aún bajo. Mientras esto puede presentar dificultades, los operarios pueden con todo restaurar la anomalía de modo relativamente simple.

*Instalar y chequear el equipo de seguridad.* Cuando los operarios no pueden restaurar la normalidad, se toman medidas para prevenir la anomalía, tales como chequear los mecanismos existentes que previenen los fallos.

*Actuar contra las anomalías y defectos ocultos del equipo.* Hay que observar siempre cuidadosamente cualesquiera partes del equipo que causen preocupación o que estén expuestas a condiciones de operación severas o sean propensas a deteriorarse rápidamente. Durante el mantenimiento con parada se chequean las anomalías ocultas que no pueden detectarse durante la operación normal.

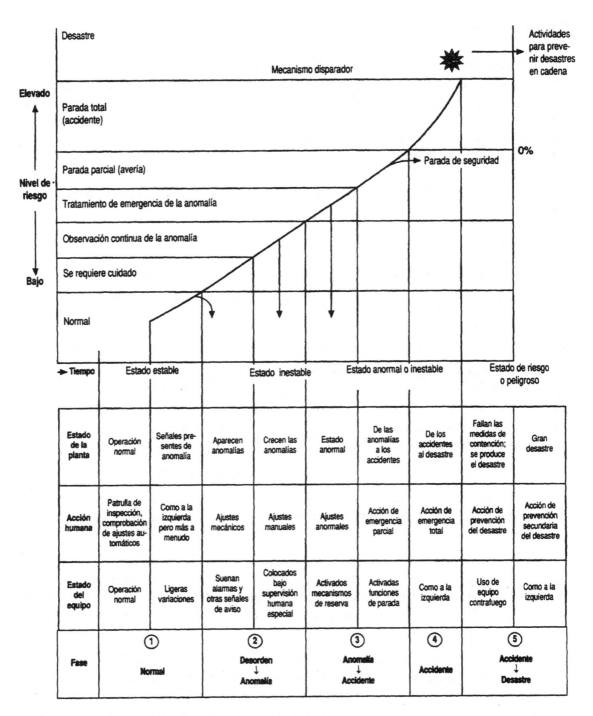

**Figura 10-9.    La ruta desde el desorden al desastre**

El siguiente ejemplo ilustra cómo una planta mejoró la eficiencia de las actividades de seguridad precedentes.

### *Comprobación de condiciones para detectar las anomalías*

Cada planta de proceso es una caja de Pandora de anomalías y fallos potenciales. Para prevenir accidentes y desastres, hay que asegurar que los signos de peligro se observan pronto y se toma acción apropiada.

La planta petroquímica de este ejemplo ha logrado excelentes resultados instituyendo un programa de amplio rango de gestión de seguridad de la planta («COMO»: supervisión de condiciones) que consiste en observaciones y chequeos de rutina. Desarrollaron este programa en paralelo con los pasos 3 al 5 del programa de mantenimiento autónomo de la planta. La figura 10-10 muestra la relación de la supervisión de condiciones con otras actividades, mientras la figura 10-11 muestra parte del sistema global.

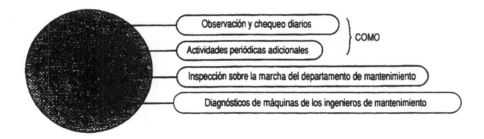

**Figura 10-10. Posición del COMO (Programa de control de condiciones)**

## Sistemas para liberar a la planta de accidentes y polución

«La seguridad lo primero» debe significar «lo primero actuar», esto es, actuar antes de hablar. La seguridad se garantiza mediante las tres siguientes actividades principalmente:

### *Actividades diarias de seguridad de los pequeños grupos*

La mejor garantía para la seguridad es contar con operarios bien entrenados que conocen bien sus equipos y procesos. Para crear un sistema libre de accidentes y polución, se establece un programa de actividades diarias que los operarios ejecutan por sí mismos. Un entorno seguro se mantiene así solamente mediante la propia iniciativa de las personas; es algo que no puede forzarse. Para lograr esto, la seguridad y la protección del entorno deben hacerse parte integral del TPM, y hacer del TPM un trabajo de todos.

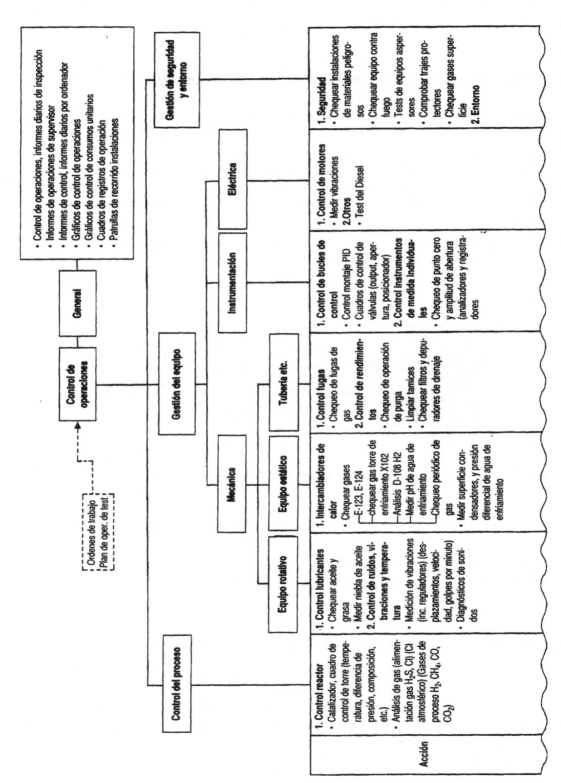

**Figura 10-11. Parte del sistema COMO (comprobación de condiciones)**

### Actividades de seguridad del staff de ingeniería (incluida la gestión del arranque)

Independientemente a que una planta sea nueva o vieja, la atención insuficiente a la seguridad por parte de la ingeniería conduce a deficiencias no corregidas, lo que hace más difícil eliminar los accidentes. Además, con menos operarios en las plantas de proceso como resultado de la creciente sofisticación del equipo, el control por ordenador, el uso de pantallas CRT, etc., una tarea importante de la ingeniería es asegurar la fiabilidad del sistema. Las actividades de seguridad del staff técnico deben ser el segundo pilar del programa de seguridad.

### Auditorías periódicas de seguridad de la dirección superior

Las auditorías y directrices de la dirección tienen un papel importante en todas las actividades TPM, incluida la seguridad. Las auditorías regulares mantienen al personal y a la organización sobre sus pies y ayudan a elevar el nivel de los estándares técnicos. Hay que preparar listas de elementos a auditar relacionados con la seguridad, salud, y polución; clarificar los niveles y puntuaciones de las evaluaciones; y establecer un sistema de auditorías in situ como mínimo anuales, a realizar por la dirección superior. Esto es indispensable para eliminar accidentes. La figura 10-12 muestra un sistema de seguridad de lugares de trabajo basado en las tres principales actividades de seguridad.

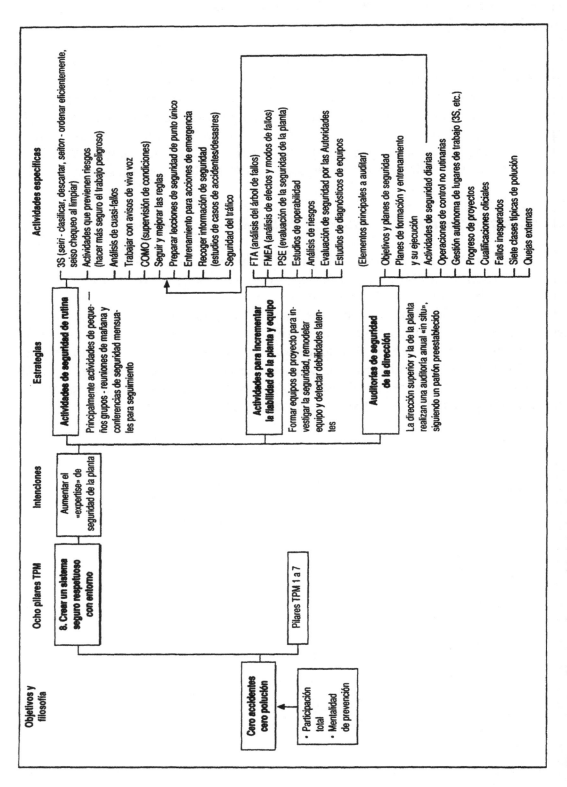

**Figura 10-12. Sistema de seguridad de la planta**

# REFERENCIAS

Kuniye Hashimoto. «A Proposal for Safety Ergonomics», (en japonés). *Safety Engineering*, Vol. 18, Núm. 6: 306-314, 1979.

Yuji Iiyama. «The Utility and Application of Pointing and Naming», (en japonés). *Safety*, Vol. 31, Núm. 12: 28-33, 1980.

Japan Institute of Plant Maintenance, ed. Actas. *1989 National Industrial Health and Safety Convention*, (en japonés). Tokyo: JIPM, 1989.

Kōgaito Chōsa Iinkai, ed., *White Paper on the Resolution of Pollution Disputes*, (en japonés). Tokyo: Ministry of Finance Printing Bureau, 1989.

Mitsuo Nagamachi. *Behavioral Science for Safety*, (en japonés). Tokyo: Central Industrial Accident Prevention Association, 1984.

Eiji Ohshima, ed., *A Practical Dictionary of Equipmet Diagnostics and Predictive Maintenance*, (en japonés). Tokyo: NTS, Fuji Technosystems, 1988.

Yoshikazu Takashi y Takashi Ozada. *TPM* (en inglés) Tokyo: Asian Productivity Organization, 1990.

# 11
# Actividades de pequeños grupos TPM

Una característica distintiva del TPM es su desarrollo a través de la participación de todos en pequeños grupos. Este capítulo examina algunas características de los pequeños grupos TPM, su organización, sus funciones en cada nivel, y sobre cómo pueden apoyarse mediante una cuidadosa planificación, gestión y liderazgo.

## CARACTERISTICAS DE LAS ACTIVIDADES DE LOS PEQUEÑOS GRUPOS TPM

Las actividades TPM no son voluntarias sino parte vital del trabajo diario del personal. Esta es una de las diferencias básicas entre las actividades TPM y las de los círculos QC.

## Comparación entre los pequeños grupos TPM y los círculos QC

Los círculos QC primitivos japoneses eran pequeños grupos de supervisores que se reunían voluntariamente para estudiar técnicas QC. Ahora, primordialmente son pequeños grupos de personas reunidas temporalmente para atacar problemas específicos dentro de un entorno TQM. Los círculos QC se forman siempre por iniciativa de los empleados e incluyen principalmente operarios. Mientras reciben el apoyo y estímulo de la dirección, los grupos no mantienen conexiones particulares con la organización jerárquica regular.

En contraste, los pequeños grupos del TPM forman parte de la organización regular. Los miembros dirigen sus actividades hacia el logro de objetivos corporativos resolviendo problemas de la organización en su conjunto. Aunque actúan de forma autónoma, lo hacen dentro del entramado de la organización existente. Por ejemplo, el TPM hace que el cuidado del equipo forme parte del trabajo diario de cada uno. Para promover y apoyar esta intención, los pequeños grupos TPM, bajo el control de los mandos correspondientes, desarrollan siste-

351

máticamente acciones de cuidado del equipo: limpian, chequean y lubrican. En la tabla 11-1 se ilustran otras diferencias entre los círculos QC y las actividades TPM.

**Tabla 11-1. Círculos QC y pequeños grupos TPM**

| | | Círculos QC | Pequeños grupos TPM |
|---|---|---|---|
| **Posición en organización** | | Sin relación con la organización permanente (organización informal) | Integrados en la organización permanente (organización formal) |
| **Líder** | | Elegido por los miembros del círculo | Directores y supervisores, cada uno a su nivel |
| **Tiempo para actividades de grupo** | Durante horas de trabajo | No permitido | Autorizado con permiso de los supervisores |
| | Después del trabajo | Sin compensación | Compensación (pago de tiempo extra o en fiestas, etc.) con la aprobación del supervisor |
| **Temas y objetivos** | | Seleccionados libremente por los miembros del círculo | Deben estar en concordancia con los objetivos de planta/corporativos (se requiere despliegue de objetivos y políticas) |

## Los pequeños grupos TPM ponen en práctica los objetivos TPM de la alta dirección

El TPM combina los objetivos de la dirección que fluyen de arriba-abajo con las actividades de los pequeños grupos que fluyen de abajo-arriba. La figura 11-1 ilustra el mecanismo de la promoción del TPM basada en esta filosofía. El éxito o fracaso del TPM depende en alto grado del compromiso de la dirección superior. El TPM logra usualmente un elevado nivel de éxito si la dirección lo entiende verdaderamente y lo lidera.

En este contexto, la dirección debe comenzar integrando los objetivos y políticas de promoción del TPM en las políticas básicas de la empresa. A continuación, los objetivos TPM y expectativas de la dirección se comunican con amplitud a cada empleado en todos los niveles. Cada pequeño grupo debe entonces establecer sus propios objetivos para satisfacer esas expectativas. Así es como funciona el sistema de pequeños grupos. Aunque los pequeños grupos TPM operan autónomamente dentro de sus términos de referencia, siempre permanecen dentro de las directrices de la organización general.

## Estructuras solapadas de los pequeños grupos TPM

Las actividades de los pequeños grupos TPM son parte integral de las actividades formales de la organización. Los pequeños grupos TPM abarcan a toda la jerarquía de la organización, desde la alta dirección, a la dirección media y los operarios.

Esta integración abajo-arriba se logra solapando los pequeños grupos, como se muestra en la figura 11-2. Los líderes de grupo de un nivel son miembros de los grupos del siguiente nivel más elevado. De este modo, los grupos se conectan formando una pirámide integrada. La figura 11-3 muestra un ejemplo típico. El pequeño grupo de lo alto de la pirámide puede incluir a directores de departamento encabezados por el presidente, o un vicepresidente o el director de la planta. Siguen hacia abajo los pequeños grupos de los jefes de sección liderados por los respectivos directores de departamento, seguidos (en las grandes empresas) por los grupos de subjefes de sección liderados por jefes de sección, etc. La base de la pirámide consiste en operarios liderados por sus supervisores.

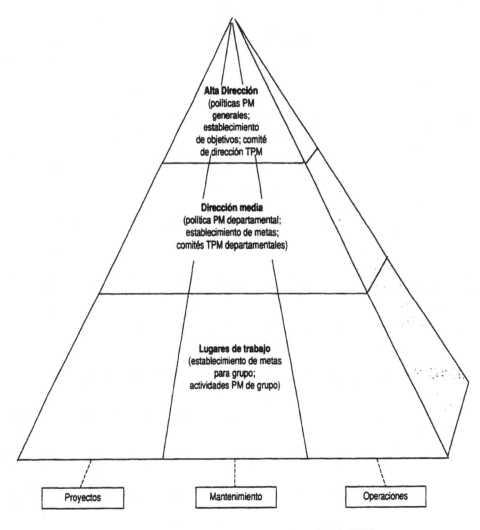

**Figura 11-1. Estructura promocional del TPM**

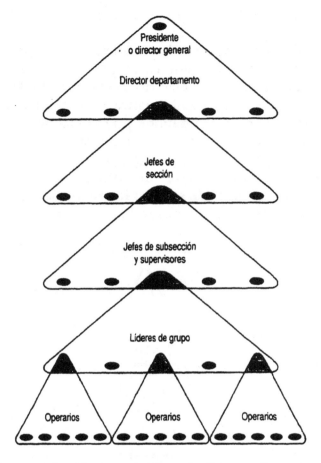

**Figura 11-2.    Estructura solapada de pequeños grupos**

Como los líderes de grupos son líderes en un nivel de la organización jerárquica y miembros en el nivel superior siguiente, actúan como correas de transmisión, facilitando la comunicación horizontal y vertical. Esta estructura de pequeños grupos es idéntica a la estructura de la propia organización.

## FINALIDAD Y FUNCIONAMIENTO DE LOS PEQUEÑOS GRUPOS TPM

El objetivo del TPM es maximizar la eficacia global de los sistemas de producción a través de la participación total y el respeto a las personas. En otras palabras, el TPM pretende desarrollar tanto a la empresa como a las personas. Específicamente, el TPM intenta llevar las instalaciones y procesos hasta su condición óptima eliminando las pérdidas que disminuyen la eficacia de la planta. Esto aporta beneficios tales como una mayor seguridad, un 100 por 100 de fiabilidad en el cumplimiento de los planes de producción, la estabilización y mejora de la calidad, la reducción de costes, y una estricta observancia de las fe-

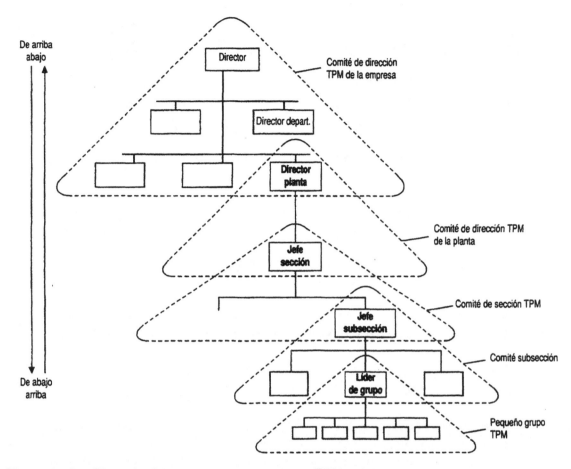

**Figura 11-3. Ejemplo típico de pequeños grupos TPM solapados**

chas de entrega. Por tanto, el TPM eleva los rendimientos y, en este proceso, crea lugares de trabajo vivos y gratos.

El TPM promueve la mentalidad y conducta que se requieren para lograr estos objetivos mediante las actividades de los pequeños grupos. Por tanto, las intenciones de las actividades de los pequeños grupos TPM son las del TPM en sí mismo (figura 11-4).

## Los pequeños grupos TPM en acción

Para que un sistema de pequeños grupos funcione con eficacia, la dirección y el equipo de diseño del programa deben pavimentar el camino. Los pasos preparatorios incluyen lo siguiente:

- Establecer una oficina de promoción
- Ofrecer a cada empleado educación introductoria sobre TPM
- Formar pequeños líderes de grupo
- Seleccionar líderes de grupo

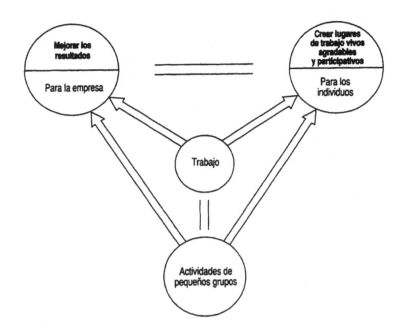

**Figura 11-4.  Objetivos de las actividades de los pequeños grupos en el TPM**

## Fase de preparación

*Establecer una oficina de promoción.*   Para promover los pequeños grupos de acuerdo a sus actividades, una empresa necesita alguna forma de organización de promoción. La función de esta organización (examinada a continuación en detalle) es enormemente importante para asegurar el éxito de las actividades de los pequeños grupos TPM. La organización de promoción TPM requiere un staff a tiempo completo con extensa experiencia en equipos, fuertes capacidades de liderazgo, y habilidad para ver las cosas de forma razonable y objetiva.

*Dar a cada empleado educación introductoria sobre TPM.*   Hay que asegurar que todos los miembros de la dirección y empleados (incluyendo suministradores y subcontratistas) conozcan los fundamentos y la necesidad del TPM y comprendan a fondo las razones de su introducción en la empresa. Los programas educativos deben emplearse para conseguir que cada uno trabaje en la misma dirección y conozca su función particular en este proceso.

*Formar pequeños grupos.*   Como hemos mencionado anteriormente, los pequeños grupos TPM se integran en el trabajo de todos. El punto clave a tener en cuenta en la formación de pequeños grupos es encuadrarlos en la organización existente. Por ejemplo, un supervisor puede estar a cargo de cinco operarios que manejan diez máquinas. En este caso, un pequeño grupo de seis personas (los cinco operarios liderados por su supervisor) pueden tratar las diez máquinas.

Esto se deriva del concepto básico del mantenimiento autónomo: las personas cuidan de sus propias máquinas. El mismo punto de vista se adopta cuando se forman pequeños grupos en niveles más elevados.

*Seleccionar líderes de grupos.* Muchos otros tipos de pequeños grupos seleccionan sus propios líderes. Sin embargo, como el TPM se integra en el trabajo corriente, el líder designado en cada pequeño grupo TPM es siempre la persona de nivel más elevado del entorno del grupo. Por ejemplo, el director de planta es el líder del pequeño grupo de nivel más elevado en una planta de proceso y los directores de departamento son sus miembros. El mismo enfoque se utiliza en los grupos de nivel inferior.

### Fase de implantación

Después de establecer los pequeños grupos y designar sus líderes, cada grupo debe seguir cuidadosamente el ciclo *actuar-planificar-ejecutar-chequear.* Primero, cada grupo debe:

- Comprender su posición presente y circunstancias
- Identificar los problemas enfrentados por su área
- Determinar las condiciones ideales que hay que esforzarse en alcanzar

Este es un paso importante para crear consenso y alinear el pensamiento del equipo.

Trabajando con una base de continuidad, los grupos deben entender también la forma de aproximarse al ideal —los objetivos específicos y metas numéricas a lograr, si el plan se está promoviendo apropiadamente, si los grupos están trabajando en los proyectos necesarios, qué resultados se logran, cómo se comparan éstos con los objetivos, y si el enfoque y progreso son satisfactorios. (Véase figura 11-5).

## LAS FUNCIONES DE LOS PEQUEÑOS GRUPOS EN CADA NIVEL

Las funciones de los pequeños grupos varían en cada nivel de la organización, pero todos ellos contribuyen a los objetivos globales del programa y apoyan las actividades de los grupos de niveles superiores o inferiores.

### Oficina de promoción del TPM

La oficina de promoción del TPM juega un papel central para asegurar que las actividades de los pequeños grupos evolucionan activamente. En el desarrollo

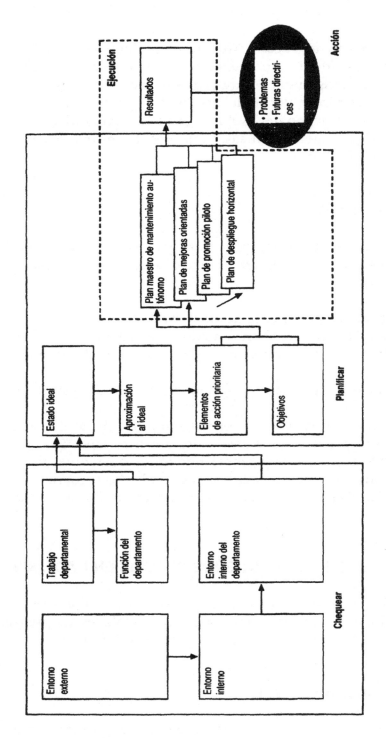

**Figura 11-5.   Objetivos TPM departamentales y plan de promoción**

del programa TPM, la oficina debe supervisar si el programa TPM se está moviendo en la dirección correcta y a la velocidad adecuada, decidir cómo mejorar el trabajo en equipo, mantener a todos involucrados en el programa, etc. En otras palabras, apoyar que los esfuerzos TPM sigan el camino correcto.

En la práctica, el staff de la oficina de promoción debe hacer algo más que administrar y emitir exhortaciones verbales. Deben visitar las instalaciones y escuchar lo que el personal tiene que decir, más bien que permanecer en su oficina redactando papeles. El personal debe confiar en que en cualquier momento puede acudir a la oficina de promoción TPM y recibir ayudas concretas especialmente los grupos de trabajo que tengan dificultades.

Algunas oficinas de promoción emiten impresos sin explicar apropiadamente su finalidad o la forma de cumplimentarlos. Después, recriminan a los trabajadores cuando los impresos se devuelven tarde o no se devuelven. Mantienen una actitud adusta y se fijan en pequeñeces cuando encuentran algún fallo. Como resultado, en los trabajadores crece la confusión sobre la finalidad, se sienten víctimas, y se desentienden de la mejora de los procesos. Para evitar esto, el staff de la oficina de promoción TPM debe supervisar las actividades del lugar de trabajo con genuino cuidado y compromiso.

## Pequeños grupos de la dirección superior

Los pequeños grupos de la dirección superior incluyen directores de departamento o sección dirigidos por el presidente de la empresa o director de la planta. Tales grupos son equivalentes a un consejo directivo. Su función es establecer las políticas y objetivos básicos TPM en línea con la política general de la empresa. En todo caso, deben conocer y comprobar si la planta o la empresa están avanzando en la dirección general establecida.

El pequeño grupo de la dirección superior debe también deliberar sobre las propuestas, opiniones, y hallazgos que les remitan la oficina de promoción del TPM y los subcomités de especialistas, haciendo circular hacia abajo por toda la organización este material con sus decisiones. Con esta finalidad, debe formarse un comité de dirección TPM u organismos análogo para coordinar el esfuerzo TPM conjunto y asegurar que las decisiones son consistentes.

## Pequeños grupos de la dirección intermedia

Los pequeños grupos de la dirección intermedia incluyen a los jefes de sección dirigidos por directores de departamento, o jefes de subsección dirigidos por un director de sección. Su función es elaborar políticas para sus departamentos o secciones particulares de acuerdo con las políticas y objetivos TPM generales. Estos grupos despliegan los objetivos corporativos globales en objetivos más específicos a nivel de departamento o sección, y hacen descender éstos hasta los pequeños grupos de las instalaciones que son responsables del trabajo de mantenimiento autónomo. Para guiar las actividades, los miembros de los pequeños grupos intermedios deben participar directamente por sí mismos en el mantenimiento autónomo.

Los pequeños grupos de la dirección intermedia deben también decidir qué pérdidas atacar a través de las mejoras orientadas y designar equipos de proyectos. Esencialmente, los grupos de la dirección intermedia reconvierten los objetivos generales en metas para la acción y, a menudo, contribuyen dilectamente a su logro. Por esta razón, se les considera como el núcleo del sistema de pequeños grupos y son un elemento esencial para conseguir buenos resultados globales.

## Pequeños grupos de primera línea

La función de los pequeños grupos de primera línea es desarrollar un programa de mantenimiento autónomo eficaz, tal como se ha detallado en el cap. 4. Sus atributos más importantes son la responsabilidad y compromiso. En un entorno TPM bien establecido, los operarios no se recriminan unos a otros cuando sus equipos rinden por debajo de lo previsto. Más bien, primero revisan a fondo sus propias actividades para localizar las fuentes del problema y asumen la responsabilidad de encontrar su solución. Este sentido de responsabilidad —la mentalidad de «ocuparme por mí mismo de mi equipo»— debe estimularse desde el principio.

## Las dos funciones de los líderes de grupo

Las actividades de los pequeños grupos TPM se organizan y dirigen para cosechar los beneficios del trabajo en equipo. Con ello se intentan capitalizar las sinergias que se producen haciendo trabajar conjuntamente las capacidades y puntos fuertes de varias personas. En este entorno, los líderes de los pequeños grupos juegan un papel importante. Dentro de la organización formal, los líderes de grupo tienen dos funciones relacionadas respectivamente con el «trabajo»

**Figura 11-6. Principales funciones de los líderes de grupo**

y el «personal» (véase figura 11-6). La función relacionada con el «trabajo» consiste en lograr los objetivos del grupo manteniendo las actividades en el carril adecuado. La función relacionada con las personas consiste en crear excelentes grupos promoviendo la responsabilidad individual y el respeto mutuo en el grupo. Una misión de los líderes de grupo es crear equipos cuyos miembros contribuyan satisfactoriamente como personas especializadas y cooperen sin recelos con los demás miembros para lograr los objetivos asignados.

## Claves para el éxito de los pequeños grupos

El éxito de las actividades de los pequeños grupos depende de tres factores: motivación, habilidad, y oportunidad. Mientras la motivación y habilidad son asuntos de compromiso individual, la oportunidad es una cuestión de entorno. La figura 11-7 divide estos requerimientos en dimensiones «humanas» y «de entorno». La integración satisfactoria de los tres requerimientos es una tarea esencial para directores y supervisores en sus funciones de planificadores y líderes.

*La función de la dirección.*   Surgen personas altamente capacitadas, motivadas y responsables cuando la educación satisface las necesidades de crecimiento individual en un contexto de grupo y cuando el entrenamiento equilibra la formación práctica con la teórica. Personas formadas así contribuyen a un nivel mucho más elevado, como individuos y como miembros de equipos. La primera responsabilidad de la dirección es facilitar la educación y entrenamiento que se requieren para desarrollar una gran fuerza laboral.

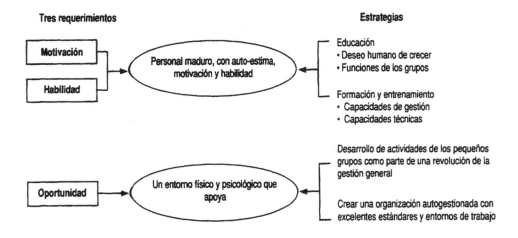

**Figura 11-7.   Los tres requerimientos del éxito de pequeños grupos**

Sin embargo, las personas y los equipos logran poco cuando el entorno físico y psicológico del lugar de trabajo perjudica los esfuerzos de los equipos. La dirección puede asegurar el logro de rendimientos óptimos por los equipos respaldando y participando en las actividades de los pequeños grupos de cada nivel como estrategia directiva general. Los esfuerzos de los equipos se estimulan y mejoran también cuando la dirección prioriza la mejora del entorno de trabajo (áreas limpias, seguras, y ordenadas) y el logro de elevadas productividades en áreas gestionadas visualmente a través de las actividades del mantenimiento autónomo.

*La función de los líderes de grupo.* Las personas se motivan para trabajar por diversas razones, como han demostrado los investigadores. Particularmente, no hay nadie que trabaje exclusivamente por motivos financieros. Cuando consideremos el mejor modo de apoyar el trabajo en equipo, debemos comprender porqué se trabaja.

Los miembros de los grupos nunca se motivarán si la dirección no les ofrece la oportunidad de descubrir por sí mismos que el trabajo y la mejora pueden ser algo grato, o que el logro de los objetivos de la dirección por los esfuerzos del equipo harán el trabajo más satisfactorio. Además, cualquiera que sea el grado de motivación de un grupo, su entusiasmo no cosechará fruto alguno si a los miembros individuales les faltan las capacidades que se requieren. Finalmente, incluso los grupos motivados y capacitados se descorazonan cuando no tienen tiempo u oportunidad de ejercitar sus habilidades. Para prevenir todo esto, los líderes de grupo deben apoyar la formación de los miembros en el propio trabajo con sus supervisores y otros departamentos y asegurar que los grupos tengan el tiempo y los recursos necesarios para ejercer sus actividades.

# 12
# Medición
# de la eficacia del TPM

El TPM está ampliamente extendido en la industria japonesa. La mayoría de las empresas que han obtenido el Premio PM pueden mostrar excelentes resultados. Ahora disfruta de una gran reputación en Japón y en el extranjero. La razón de esta reputación es porque se obtienen beneficios tangibles y permanentes.

Sin embargo, cuando las personas no ven cómo puede ayudar el TPM a su empresa, su implantación pierde fuerza y orientación. Por tanto, es esencial calibrar permanentemente su eficacia para mantener los esfuerzos TPM en la ruta debida. Hay que medirlo periódicamente durante el desarrollo del programa TPM y, en función de los resultados, ir perfilando nuevas estrategias para satisfacer los objetivos deseados.

El TPM no es algo paralelo a la gestión económica y productiva normal. Debe quedar clara su contribución actual y posterior a los objetivos de la empresa. Hay que coordinar sistemáticamente los objetivos del TPM con los objetivos globales de la empresa, y revisar regularmente las relaciones entre ellos. Para establecer prioridades en las actividades TPM, hay que descomponer los principales objetivos TPM en objetivos secundarios. Además de medir resultados cuantitativos y tangibles, hay que evaluar también los beneficios intangibles tales como la mejora en capacidades y actitudes y la creación de lugares de trabajo productivos y gratos.

## LA FILOSOFIA DEL ESTABLECIMIENTO DE METAS

El paso 4 del nuevo programa de desarrollo TPM consiste en establecer políticas y objetivos TPM básicos. La cuestión más difícil el establecer metas de mejora es cómo fijar adecuadamente el nivel de eficacia sobre las marcas de referencia actuales. Pero, previa o simultáneamente a cuando se establecen los objetivos, hay que decidir la contribución que debe hacer el TPM a la política básica de la empresa, y al logro de sus objetivos a medio y largo plazo. Los objetivos TPM deben integrarse con los objetivos generales de la empresa.

Una vez establecidos, los objetivos TPM se comunican a todo la planta.

A continuación, se definen los enfoques, prioridades y estrategias requeridos para lograr los objetivos. Periódicamente, se evalúan los resultados de las actividades TPM.

El comité de promoción TPM juega un papel extremadamente importante en el logro de los objetivos TPM. Cada tres o seis meses, un comité de promoción TPM (bien departamental o de la planta) debe evaluar el progreso hacia los objetivos, así como el cumplimiento de las prioridades. Este comité es responsable de establecer metas más elevadas cuando se han logrado las originales. Cuando las metas no se logran, el comité debe revisar la situación, identificar los obstáculos, emitir las instrucciones apropiadas, y recomenzar el desafío.

## MEDICION DE LA EFICACIA DEL TPM

Las industrias de proceso emplean una amplia variedad de equipos. En particular, la industria química usa numerosas unidades estáticas tales como columnas y tanques. Las distintas unidades del equipo son generalmente muy grandes y están conectadas entre sí por sistemas complejos de tubería e instrumentación para formar procesos continuos.

Aplicadas a procesos continuos de tal magnitud, las actividades TPM raramente rinden resultados instantáneos. Con todo, los indicadores de la eficacia deben reflejar con precisión el esfuerzo TPM que se realiza. Al medir la eficacia del TPM, hay que cuidar tener en cuenta las siguientes precauciones.

### *Los indicadores deben mostrar claramente los resultados de las actividades*

Con procesos continuos largos, es difícil que los resultados de las actividades TPM puedan verse claramente en el rendimiento global del proceso. Por ejemplo, en una papelera el proceso de reducción a pulpa consiste en una cadena continua de subprocesos que se extienden desde la trituración a la sala de pulpación. Además de evaluar el proceso global (por ejemplo, la productividad y eficacia global de las máquinas de pulpación), hay que medir también el rendimiento de cada subproceso. Por ejemplo, medir los rendimientos del proceso de digestión, el de blanqueado, etc. Puede ser incluso necesario medir el rendimiento de unidades individuales del equipo dentro de subprocesos importantes (por ejemplo, el digestor n.° 1). De este modo, se pueden establecer unidades de medida que muestren claramente el efecto de las actividades TPM.

### *Los indicadores deben evaluar equitativamente los esfuerzos TPM*

Los indicadores de la eficacia del TPM deben ser inmunes a las fluctuaciones de la demanda o los cambios estacionales, y deben reflejar equitativamente los resultados de las actividades diarias y contramedidas. Los diferentes departamentos, tales como producción o ventas, pueden evaluarse conjunta o independientemente. Cualquiera que sea el método adoptado, hay que seleccionar indicadores que reflejen claramente las responsabilidades separadas de cada departamento.

### *Los indicadores deben revelar las prioridades de mejora*

Hay que definir indicadores que identifiquen las áreas problema y las dificultades a resolver. Los indicadores deben facilitar (con frecuencia mensual, semanal o diaria) evaluaciones precisas de los cambios de situación para asegurar un progreso TPM eficiente. Deben mostrar a cada departamento lo que tiene que hacer, los beneficios que pueden esperarse, qué dirección deben seguir las mejoras, y dónde centrar los esfuerzos TPM.

## TIPOS DE INDICADORES

Los indicadores de eficacia TPM pueden clasificarse en siete tipos: gestión; eficacia de la planta; calidad; ahorro de energía; mantenimiento; salud, seguridad y entorno; y, finalmente, entrenamiento y moral. Examinaremos ahora todo ello junto con los métodos de cálculo y los valores meta u objetivos típicos.

### *Gestión*

Los indicadores de gestión sintetizan muchas actividades individuales. Es esencial reflejar los resultados de las actividades TPM en los indicadores de gestión y mostrar cómo ayudan a mejorar el rendimiento de la empresa.

Para lograr esto, se define una política TPM basada en la política general de la empresa, y se establecen objetivos TPM en consonancia con los objetivos generales. Hay que asegurar que cada departamento comprende claramente sus responsabilidades particulares y establece metas que reflejan esas responsabilidades. Por ejemplo, en una planta de proceso, el director de la planta y otros directivos superiores deben revisar los logros de su departamento cada seis meses. Si se alcanzan las metas originales, hay que fijar nuevas metas más elevadas. Si no es así, hay que intentar lograrlas sin fallos en el siguiente período de seis meses.

Evaluar los resultados y supervisar las actividades TPM en intervalos de seis meses es la clave para asegurar que el programa TPM contribuye a los rendimientos de la planta. Por otro lado, aunque se hayan definido objetivos sumamente estimulantes, será demasiado tarde para hacer algo si el progreso se evalúa cada año o cada tres años y se descubre entonces que no se han logrado los objetivos. Es esencial el chequeo frecuente y cuidadoso, y la acción correctiva.

La tabla 12-1 muestra algunos ejemplos de indicadores de gestión comunes. Recomendamos añadir o deducir de esta lista los indicadores que sean necesarios.

**Tabla 12-1. Indicadores de gestión**

| Indicador | Fórmula | Objetivo | Intervalo | Observaciones |
|---|---|---|---|---|
| Beneficio de operaciones | Cuenta de pérdidas y ganancias | | Anual | Indica el rendimiento global de la planta |
| Proporción entre beneficio de operaciones y capital bruto | $\dfrac{\text{Beneficio de operaciones}}{\text{Capital bruto}} \times 100$ | | " | Idem |
| Valor añadido | $\dfrac{\text{Valor añadido}}{\text{Número de empleados}} \times 100$ | 1,3 - 1,5 x | " | Valor añadido por empleado |
| Productividad del personal | $\dfrac{\text{Volumen o cantidad de producción}}{\text{Núm. de trabajadores (o total horas trabajo)}}$ | 1,4 - 2 x | " | Output por persona |
| Reducción de costes | Reducción de costes absoluta o en porcentaje | De acuerdo con meta anual | semestral | Porcentaje de reducción de costes o umbral de rentabilidad |
| Reducción de personal | Reducción absoluta o porcentual del número de trabajadores | " | " | En comparación con antes de introducir el TPM |
| Reducción en valor stocks producto | Reducción absoluta o en porcentaje del valor de los stocks de producto | " | " | Idem |
| Reducción en valor trabajo en proceso | Reducción absoluta o en porcentaje del valor del trabajo en proceso | " | " | Idem |
| Eficiencia de inversiones en equipo | $\dfrac{\text{Producción por periodo}}{\text{Valor de activos fijos al final del periodo}}$ | " | " | Indica la productividad de las inversiones en equipos |
| Proporción planta/personal | $\dfrac{\text{Activos fijos de planta (al final del periodo)}}{\text{Núm. empleados (al final del periodo)}}$ | " | " | Industrias de proceso: 80.000 a 480.000 $/persona. Industrias de ensamble: 24.000 a 48.000$/persona |

### Eficacia de la planta

El macro-indicador de la eficacia de la planta (OPE: *eficacia global de la planta*) se compone de tres subindicadores: disponibilidad, tasa de rendimiento, y tasa de calidad.

Como hemos mencionado anteriormente, es difícil calibrar la mejora lograda con el TPM evaluando un proceso global, especialmente si ese proceso es continuo y se compone de muchos subprocesos. En tal caso, el proceso global se divide en subprocesos y se mide y evalúa el rendimiento de cada uno. Como indicador de importancia particular se selecciona el de eficacia global del peor subproceso. Además, se mide y evalúa la eficacia de los elementos de equipos clave de los más importantes subprocesos. La tabla 12-2 muestra ejemplos de estos indicadores y sus métodos de cálculo. Adicionalmente, se mide el número de fallos de proceso y planta y se emplean estas mediciones como referencia para la mejora.

### Calidad y ahorro de energía

Son importantes los indicadores referentes a la calidad y el ahorro de energía. En las industrias de proceso, hay que considerarlos como indicadores clave de consumos unitarios directamente relacionados con los costes de producción.

Tres de los indicadores de calidad más importantes son el número y valor de las reclamaciones de garantías, y el rendimiento global. Además de las mediciones de consumos (electricidad, vapor, agua, etc.), otros indicadores clave del ahorro de energía incluyen los que estimulan activamente modificaciones del proceso y mejoras similares. Las tablas 12-3 y 12-4 relacionan ejemplos de indicadores de calidad y ahorro de energía.

### Mantenimiento

Hay que evaluar dos aspectos del mantenimiento. Primero, se evalúan las mejoras en la fiabilidad y mantenibilidad del equipo y se comprueba cómo ayudan a elevar la eficacia de la planta y la calidad del producto. Segundo, se evalúa la eficiencia del trabajo de mantenimiento. En las industrias de proceso, es importante sistematizar y acelerar el mantenimiento con parada y lograr un arranque suave y rápido eliminando los problemas de éste. Para valorar la eficacia en la utilización del presupuesto de mantenimiento, se analiza si el trabajo se está realizando utilizando los métodos más económicos y mejores. Las tablas 12-5 a 12-8 muestran ejemplos de indicadores de mantenimiento.

### Salud, seguridad y entorno

En cada planta, los directivos y supervisores asumen la responsabilidad de la salud, seguridad y entorno. Generalmente, el Comité de Seguridad organiza pa-

**Tabla 12-2. Indicadores de eficacia de la planta**

| Indicadores | Fórmula | Objetivo | Intervalo | Observaciones |
|---|---|---|---|---|
| Eficacia global de la planta | Disponibilidad x tasa de rendimiento x tasa de calidad | 80-90% | Mensual | Macro-indicador de la eficacia global del proceso |
| Eficacia global de subproceso | Igual al anterior | 80-90% | | Eficacia global de subproceso cuello de botella |
| Eficacia global de equipos importantes | Igual al anterior | 85-95% | | Eficacia global de unidades de equipo importantes |
| Disponibilidad | $\dfrac{CT - (\text{pérdidas SD + pérdidas de paradas})}{CT} \times 100$ | 90% o más | | Pérdidas de paradas (SD): tiempo perdido durante las paradas para mantenimiento, ajustes de producción, etc. Pérdidas de grandes paradas: tiempo perdido debido a fallos de equipos y proceso |
| Tasa de rendimiento | $\dfrac{\text{Tasa media actual de producción}}{\text{Tasa de producción estándar}} \times 100$ | 95% o más | | Indica el rendimiento de la planta |
| Tasa de producción estándar | $\dfrac{\text{Volumen estándar de producción}}{\text{Tiempo}} \times 100$ | — | Revisar anualmente | Capacidad estándar (nominal) de la planta |
| Tasa media de producción actual | $\dfrac{\text{Volumen de producción actual}}{\text{Tiempo de operación}} \times 100$ | Valor actual | Mensual | Producción real por unidad de tiempo |
| Tasa de calidad | $\dfrac{\text{Volumen de producción} - (\text{defectos + reproceso})}{\text{Volumen de producción}} \times 100$ | 99% o más | " | Tasa para el conjunto del proceso obtenida restando del volumen producido el output fuera de especificaciones y el producto reciclado |
| Número de fallos de equipos | Valores actuales para cada clase de equipos | Grado A=0 Grado B=1/10 Grado C=1/15 | " | Número (para cada clase de equipos) de averías inesperadas que han conducido a paradas de producción |
| Número de fallos de proceso | Número de fugas, incidentes de contaminación, y fenómenos similares | Minimizar | " | Incluye cualquier fenómeno que haya conducido a anomalías de proceso o calidad —normalmente denominadas «problemas de proceso» |

**Tabla 12-3. Indicadores de calidad**

| Indicador | Fórmula | Objetivo | Intervalo | Observaciones |
|---|---|---|---|---|
| Tasa de defectos de proceso | $\dfrac{RC + OS + desecho}{Volumen\ de\ producción}$ | 1/10 o menos | Mensual | Tasa de generación de productos reciclados (RC), producto fuera de especif. (OS), y desechos |
| Coste de defectos de proceso | Coste total de pérdidas generadas por cada tipo de producto | Minimizar | " | Costes de reciclaje, pérdidas de degradación de productos, y valor de coste de desechos |
| Número de defectos pasados sin detectar | Número de defectos pasados al proceso siguiente | 0 | " | Errores de muestreo, errores de inspección intermedia, etc. |
| Número de reclamaciones de garantía | Número de reclamaciones de clientes | 0 | " | Número: 1/10 o menos. Tasa: 30-100 ppm |
| Valor de reclamaciones de garantía | Valor de las reclamaciones para cada tipo de producto | Minimizar | " | Valor total actual de reclamaciones de garantía |
| Rendimiento global | $\dfrac{Total\ producto\ expedido}{Total\ primeras\ materias\ usadas}$ | Maximizar | " | Rendimiento global de cada tipo de producto |

**Tabla 12-4. Indicadores de ahorro de energía**

| Indicador | Fórmula | Objetivo | Intervalo | Observaciones |
|---|---|---|---|---|
| Consumo de electricidad | Tendencia de consumo de electricidad (kwh) | De acuerdo con metas anuales | Mensual | Incluida energía comprada y generada internamente |
| Consumo de vapor | Tendencia de consumo de vapor | " | " | |
| Consumo de fuel | Consumo de fuel oil, gas natural, etc. | " | " | |
| Consumo de agua | Tendencia de consumo de agua | " | " | Incluida agua fresca, reciclada y tratada |
| Consumo de lubricantes y fluidos | Consumo de lubricantes y fluidos hidráulicos | " | " | |
| Consumo de materiales auxiliares | Consumo de disolventes, pintura, etc. | " | " | |

**Tabla 12-5. Indicadores de mantenimiento: Fiabilidad y mantenibilidad**

| Indicador | Fórmula | Objetivo | Intervalo | Observaciones |
|---|---|---|---|---|
| Frecuencia de fallos | $\dfrac{\text{Número total de paradas debidas a fallos}}{\text{Tiempo de carga}} \times 100$ | 0,10% o menos | Mensual | Referido a las paradas de 10 minutos o más de duración |
| Tasa de gravedad de fallos | $\dfrac{\text{Tiempo total de paradas debidas a fallos}}{\text{Tiempo de carga}} \times 100$ | 0,15% o menos | " | Mantener el tiempo total de paradas dentro de 1 h/mes |
| Tasa de mantenimiento de emergencia | $\dfrac{\text{Número de trabajos EM}}{\text{Número total de trabajos PM y EM}} \times 100$ | 0,5% o menos | " | PM = mantenimiento preventivo EM = mantenimiento de emergencia |
| Costes de paradas debidas a fallos | Tiempo de paradas x coste por unidad de tiempo | Minimizar | " | Incluido la producción perdida, costes de energía, y costes de horas perdidas de personal |
| Número de pequeñas paradas y tiempos muertos | Tendencia en el número de pequeñas paradas y tiempos muertos | 0 | Total mensual (media diaria) | Referido al número de pequeñas paradas y tiempos muertos de menos de 10 minutos |
| MTBF | $\dfrac{\text{Tiempo total de operación}}{\text{Número de paradas}}$ | 2-10 veces | Mensual | Intervalo medio entre fallos |
| MTBF | $\dfrac{\text{Tiempo total de parada}}{\text{Número de paradas}}$ | 1/2 a 1/5 | " | Tiempo medio de reparaciones |

**Tabla 12-6. Indicadores de mantenimiento: Eficiencia del mantenimiento**

| Indicador | Fórmula | Objetivo | Intervalo | Observaciones |
|---|---|---|---|---|
| Reducción en el número de paradas para mantenimiento (SMD) | $\dfrac{\text{SMD previo}}{\text{SMD actual}}$ | De acuerdo con metas anuales | Anual | La meta es ampliar el número de días de producción continua |
| Arranque vertical después de las paradas de mantenimiento | Tendencia en el número de problemas de arranque después de las paradas de mantenimiento | Minimizar | " | Evitar los fallos tempranos después de las paradas para mantenimiento |
| Tasa de logros del PM | $\dfrac{\text{Tareas PM terminadas}}{\text{Tareas PM planificadas}} \times 100$ | 90% o más | Mensual | Indica el nivel de la planificación del mantenimiento |
| Tendencia CM | Tendencia en los logros del mantenimiento correctivo (CM) | Como mínimo 10 por persona y año | Anual | El nivel del mantenimiento correctivo indica la capacidad técnica del departamento de mantenimiento |
| Tasa de reducción de personal de mantenimiento | Tendencia en la reducción del número de personas de mantenimiento | De acuerdo con metas anuales | " | |

**Tabla 12-7. Indicadores de mantenimiento: Costes del mantenimiento**

| Indicador | Fórmula | Objetivo | Intervalo | Observaciones |
|---|---|---|---|---|
| Tasa de costes de mantenimiento | $\dfrac{\text{Coste total del mantenimiento}}{\text{Costes totales de producción}} \times 100$ | De acuerdo con metas anuales | Semestral | Indica la proporción de los costes de mantenimiento sobre el coste total |
| Costes de mantenimiento unitarios | $\dfrac{\text{Costes de mantenimiento}}{\text{Volumen de producción}} \times 100$ | " | " | Costes de mantenimiento por unidad de producto |
| Tasa de reducción de costes de mantenimiento | Tendencia en la reducción de costes de mantenimiento | " | " | Comparación con situación anterior a introducción TPM |
| Costes de reparación de fallos inesperados | Tendencia en los costes de reparación de fallos inesperados | " | " | " |
| Honorarios de mantenimiento | Tendencia en honorarios de mantenimiento pagados a terceros | " | " | " |
| Reducción de stocks de repuestos | Tendencia en el valor de los stocks de repuestos | " | " | " |
| Tasa de costes globales de mantenimiento | $\dfrac{\text{Costes totales de mantenimiento} + \text{pérdidas de paradas}}{\text{Costes totales de producción}} \times 100$ | " | " | " |

**Tabla 12-8. Otros indicadores del mantenimiento**

| Indicador | Fórmula | Objetivo | Intervalo | Observaciones |
|---|---|---|---|---|
| Tasa de mantenimiento contratado (1) | Contratado debido a falta de tecnología y capacidades | De acuerdo con metas anuales | Anual | Comparación con situación anterior a introducción TPM |
| Tasa de mantenimiento contratado (2) | Magnitud necesaria para absorber falta de capacidad (falta de personal) | " | " | " |
| Tasa de renovación | Proporción de unidades de equipos obsoletos modernizadas | " | " | Modernizar el equipo obsoleto física o tecnológicamente |
| Desarrollo interno | Tendencia en el número de unidades de equipo desarrolladas internamente | " | " | Incluir elementos remodelados |
| Tasa de corrección de fallos | Tasa de análisis de fallos x Tasa de implantación de contramedidas x Tasa de prevención de repeticiones | " | Mensual | Para sacar a la luz debilidades en las medidas contra fallos y prevenir retrocesos |

trullas que recorren la planta para descubrir problemas. Con todo, es difícil conseguir que durante largos períodos no se produzcan accidentes y polución. Hay que desarrollar medidas que impidan la repetición de accidentes y desastres anteriores, analizar las razones de los fallos y omisiones, y establecer métodos de seguridad tales como el trabajo con señales de viva voz. La tabla 12-9 lista algunos indicadores típicos de la seguridad, salud y entorno.

### Formación y moral

A través de la formación y la práctica directa, el TPM intenta revolucionar al personal y desarrollar empleados altamente motivados, capacitados, y con seguridad en sí mismos, que conocen íntimamente sus equipos y procesos. Esto hace particularmente importante la evaluación de la formación y la moral. La tabla 12-10 ilustra algunos indicadores típicos para esta finalidad.

## EVALUACION DEL TPM

La evaluación del TPM incluye calibrar si la empresa ha logrado los objetivos y políticas establecidos al introducir el TPM así como los beneficios pretendidos. Asimismo, incluye juzgar la consistencia y eficacia con las que se han perseguido los temas prioritarios, acciones y metas cuantitativas a través de las actividades de mejora.

Naturalmente, es esencial fijar nuevos objetivos más elevados en las áreas en las que se han logrado mayores beneficios cumpliéndose las metas establecidas. En las áreas en las que la empresa ha obtenido pocos frutos fallando en las metas previstas, se resuelven los problemas, se piensa en nuevos temas, y se enfrenta un nuevo desafío. La tabla 12-11 ofrece ejemplos de objetivos de promoción del TPM, mientras la tabla 12-12 ilustra los resultados del TPM y su evaluación.

## MEDICION DE LOS BENEFICIOS DEL TPM

Los beneficios del TPM pueden ser tangibles e intangibles. Mientras los beneficios tangibles pueden expresarse cuantitativamente, esto no puede hacerse con beneficios intangibles tales como crear una nueva mentalidad en el personal y lugares de trabajo más productivos y agradables. Con todo, los beneficios intangibles son extremadamente importantes y no pueden subestimarse. Hay que evaluar intangibles tales como la creación de lugares de trabajo estimulantes y relajados, porque estos son requerimientos esenciales de nuestra época. La figura 12-1 muestra los beneficios tangibles e intangibles logrados por la planta Kagoshima de Nihon Butyl.

## Tabla 12-9. Indicadores de entorno/seguridad/salud

| Indicador | Fórmula | Objetivo | Intervalo | Observaciones |
|---|---|---|---|---|
| Frecuencia de accidentes | $\dfrac{\text{Número de dañados/accidentados}}{\text{Horas de trabajo totales}} \times 100$ | 0 | Anual | Número de accidentes por millón de horas de trabajo personal |
| Tasa de gravedad de accidentes | $\dfrac{\text{Días perdidos por accidentes}}{\text{Horas totales de trabajo}} \times 100$ | " | " | Número de días de trabajo perdidos por accidentes por cada 1.000 horas de trabajo |
| Número de accidentes con pérdida de días de trabajo | Número actual | " | " | Mantener por debajo de la media de la industria |
| Número de accidentes sin pérdida de días de trabajo | " | " | " | |
| Número de accidentes de planta | " | " | " | Fuego, explosiones, etc. |
| Número de días continuamente libres de accidentes | " | " | Número total de días | Incluir accidentes que requieran o no requieran pérdidas de días de trabajo |
| Número de incidentes | " | De acuerdo con metas anuales | Mensual | |
| Número de puntos peligrosos detectados por las patrullas de seguridad | " | " | " | Mediante las patrullas de seguridad de la planta |
| Número de mejoras hechas en trabajos peligrosos | " | " | " | Número de medidas sobre seguridad |

## Indicadores de entorno/seguridad/salud

| Indicador | Fórmula | Objetivo | Intervalo | Observaciones |
|---|---|---|---|---|
| Nivel de ruidos del lugar de trabajo | Medir en puntos fijos usando «mapas de ruido» | Dentro de requerimientos legales | Medición periódica en puntos fijos | Medir también niveles de luz, concentraciones de polvo, niveles de gas tóxico, y otros factores que afecten el entorno |
| Número de quejas externas | Número actual | 0 | Anual | Ruido, polvo, olores, etc. |
| Número de descargas al exterior | " | " | " | Aceite desprendido, etc. |

**Tabla 12-10. Indicadores de formación y moral**

| Indicador | Fórmula | Objetivo | Intervalo | Observaciones |
|---|---|---|---|---|
| Número de reuniones o tiempo invertido en actividades de pequeños grupos | Números actuales | De acuerdo con metas anuales | Mensual | Calcular el total de pequeños grupos que se solapan en cada nivel de la organización |
| Número de temas registrados de mejoras orientadas | Número registrado para cada tipo de pérdida | " | " | Empezar atacando los tipos de pérdidas que rendirán los mayores beneficios tangibles |
| Costes ahorrados debido a mejoras orientadas | Costes totales ahorrados con mejoras orientadas | " | " | Costes totales ahorrados debido a mejoras orientadas de equipos de proyecto, organización permanente y pequeños grupos |
| Número de sugerencias de mejora | Número actual | " | " | Como mínimo 100/persona/año o 8/persona/mes |
| Número de presentaciones externas | " | " | Anual | En asociaciones, simposios, conferencias de presentación, etc. |
| Número de hojas de lecciones de punto único | " | " | Mensual | Como mínimo 1/persona/mes |
| Número de personas educadas en PM | " | " | Anual | Incluido cursos, etc., internos y externos |
| Número de cualificaciones oficiales adquiridas | " | " | | Incluido técnicos de mantenimiento mecánico |

**Tabla 12-11.  Muestra de objetivos de promoción**

| Concepto de control | 1983 Punto de referencia | 1984 | | 1985 | | 1986 | | 1987 | |
|---|---|---|---|---|---|---|---|---|---|
| | | 1.º sem. | 2.º sem. | 1.º sem. | 2.º sem. | 1.º sem. | 2.º sem. | 1.º sem. | 2.º sem. |
| Reducción de costes (comparada con 1983) | 100 | 92 | | 91 | | 79 | | 70 | |
| Costes de producción variables (comparados con 1983) | 100 | 93 | 92 | 93 | 88 | 71 | 61 | 57 | 55 |
| Costes de producción fijos (comparados con 1983) | 100 | 100 | | 100 | | 97 | | 89 | |
| Productividad del personal (comparados con 1983) | 100 | ⟶ | | | | 120 | | 130 | |
| Número de fallos (tasa mensual al final del período) | 226 | 216 | 125 | 100 | 63 | 38 | 20 | 10 | 5 |
| Número de grandes fallos por período | 22 | Intentar cero | | | | | | | |
| Número de reclamaciones de calidad en el año | 0 | Mantener cero | | | | | | | |
| Número de accidentes por año | Con pérd. de días trab.: 0 Sin pérd. de días trab.: 0 | Eliminar ambos tipos de accidente | | | | | | | |

Fuente: Onoda Cement, planta de Ofunato

## Tabla 12-12.. Muestra de resultados TPM y su evaluación

Leyenda: ◎ Excelente   ○ Bueno

### RESULTADOS

| Indicador | Referencia: 1983 | Objetivo 1986 | Resultado 1986 | Eval. | Evaluación |
|---|---|---|---|---|---|
| Reducción de costes (comparado con 1983) | 100 | 79 | 77 | ◎ | • Las actividades de reducción de energía y fallos progresan bien a pesar del adverso efecto de la apreciación del yen, y se han logrado las metas. |
| Costes de producción variables (comparados con 1983) | 100 | 71 (1ª sem. 1986) 61 (2ª sem. 1986) | 70 (1ª sem. 1986) 59,4 (2ª sem. 1986) | ◎ | • Los aumentos de los costes fijos debidos a los incrementos de salarios y precios se contuvieron mediante la reducción de la plantilla de personal y mejoras de la eficiencia administrativa. |
| Costes de producción fijos (comparados con 1983) | 100 | 97 | 96,4 | ○ | • La reducción de los costes fijos es nuestro tema más urgente. |
| Productividad del personal (comparada con 1983) | 100 | 120 | 120 | ○ | • Se han logrado los objetivos de productividad por persona, pero es necesario un esfuerzo adicional. |
| Número de reclamaciones de calidad | 0 | Llegar a cero | Mantenidas en cero | ◎ | |
| Número de incidentes por año | Con pérdidas de días trabaj.: 0 Sin pérdidas de días de trab.: 5 | Intentar cero | Con pérdidas de días trabaj.: 0 Sin pérdidas de días de trab.: 1 | ○ | |

### EFICACIA DEL EQUIPO

| Indicador | Referencia: 1983 | Objetivo 1986 | Resultado 1986 | Eval. | Evaluación |
|---|---|---|---|---|---|
| Número de fallos por mes | 226 | 20/3/87 | 25/3/87 | ○ | • El sistema PM está prácticamente establecido y empieza a funcionar bien; el número de fallos ha bajado hasta aproximadamente 1/10 de la referencia de base. |
| Número de grandes fallos por período | 22 | Intentar cero | 7 (1.ª sem. 1986) 2 (2.ª sem. 1986) | ◎ | • No ha habido grandes fallos desde enero de 1987. |
| • Frecuencia de fallos • Severidad de fallos | 0,023 (1.ª sem. 1984) 0,019 (1.ª sem. 1984) | 0,002 marzo 87) 0,003 marzo 87 | 0,002 marzo 87) 0,005 marzo 87 | ○ | • Se ha mantenido una tasa de operación del 100% para todos los hornos desde enero de 1987. |
| Tasa de operación de horno | 99,1 | Intentar 100% | 99,5 (1.ª sem. 1986) 99,6 (2.ª sem. 1986) | ◎ | |

### MORAL

| Indicador | Referencia: 1983 | Objetivo 1986 | Resultado 1986 | Eval. | Evaluación |
|---|---|---|---|---|---|
| Número de mejoras de pequeños grupos por año | 1.142 | — | 12.194 (1.ª sem. 1986) | ◎ | • Las actividades de los pequeños grupos se han revitalizado, y se ha disparado el número de sugerencias de mejora. |
| Número de incidentes por año | 5.863 | — | 11.777 (2.ª sem. 1986) | ◎ | • Ha mejorado la conciencia de seguridad, y ésta está ahora bien establecida |

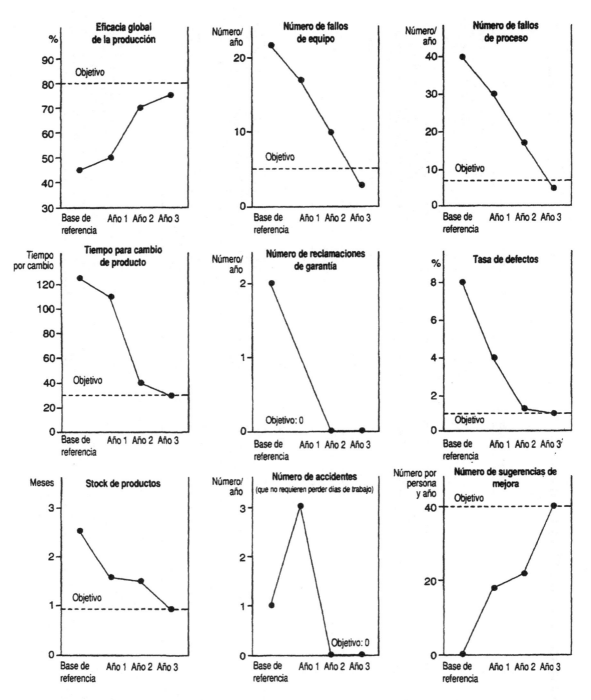

★ Se han logrado los objetivos TPM y se ha creado una cultura de lugares de trabajo con cero pérdidas
★ La idea de responsabilizarse del propio equipo ha echado raíces y está creciendo la motivación para mejorar
★ Los cambios en personas y equipos han hecho a todos más responsables y confiados

**Figura 12-1.    Ejemplos de beneficios TPM**

## REFERENCIAS

Seiichi Nakajima, ed. *Programa de desarrollo del TPM* (Madrid: TGP Hoshin y Productivity Press, 1992).

Japan Institute of Plant Maintenance, ed. *TPM College: Managers' Course* (texto de seminario en japonés). Tokyo: JIPM, 1989.

Japan Institute of Plant Maintenance, ed. *TPM Development programs in Process Industries* (texto de seminario en japonés). Tokyo: JIPM, 1988.

# Apéndice

## PRACTICA DEL TPM FUERA DEL JAPON

Desde hace varios años ha estado creciendo el interés por el TPM fuera del Japón. En los Estados Unidos, son muchas las empresas que tienen en práctica programas tanto en el sector de manufactura, como en el de procesos y ensamble, por ejemplo, Alcoa, AT & T, Dupont, Exxon, Kodak, Ford, Harley-Davidson, Nippondenso, Procter & Gamble, Tennessee Eastman, Timken, Yamaha Motor Manufacturing, por citar algunas. Desde 1990, el JIPM y Productivity, Inc. copatrocinan una conferencia anual sobre TPM. Cada año, son muchas las corporaciones que comparten sus experiencias sobre TPM. El American Institute of TPM (AITPM) ofrece una revista mensual y visitas a plantas, seminarios, y otras actividades sobre implantaciones del TPM en Estados Unidos.

En Europa, el TPM está en práctica en Volvo Cars Europe en Bélgica, National Steel Corporation y Renault en Francia, así como en varias empresas que tienen participación japonesa. También los fabricantes de automóviles italianos están tomando interés sobre el TPM. Lo mismo podemos decir de Finlandia, Noruega y Suecia. Finlandia ha establecido su propio Premio PM similar al modelo japonés.

También está creciendo el interés en América del Sur y Central, como lo evidencian los muchos seminarios que tienen lugar en Brasil y el primer congreso internacional sobre TPM que ha tenido lugar en Monterrey, Méjico (junio, 1993), patrocinado por Productivity de Méjico.

En China Popular, Corea del Sur, y varios países el Sureste Asiático, empresas con participación japonesa y otras están participando activamente en cursos y conferencias sobre TPM e introduciéndolo en sus instalaciones.

El sostenido interés por el TPM fuera del Japón lo evidencia también el aumento en el número de grupos que visitan Japón para estudiar TPM. Las solicitudes para visitar corporaciones japonesas y para consultas y cursos del JIPM están aumentando cada año.

## EL PREMIO PM

El Premio de Planta Distinguida PM (Premio PM) se estableció en Japón en 1964. En los años 60, el sistema se utilizó para distinguir a las plantas que habían logrado sobresalientes resultados a través de los mantenimientos preventivo y productivo. Desde 1971, el sistema ha estado otorgando reconocimiento a las plantas que han logrado excelentes resultados mediante sus actividades TPM. El número de empresas que optan al Premio PM en Japón ha estado aumentando de modo sostenido en años recientes, y obtener uno de estos premios es ahora el mejor modo de demostrar que una planta tiene una fabricación excelente.

### El proceso de examen

El examen para un Premio PM tiene lugar en dos fases. Durante el año anterior al examen completo se realiza un examen preliminar. Si, en esta fase se ve que una empresa tiene pocas oportunidades de éxito en el examen completo, generalmente se le solicita posponga su postulación un año. La empresa recibe muchas sugerencias y comentarios en esta fase, de modo que la dirección conoce lo que debe lograr antes del examen completo. Las empresas comprueban que esto es una gran ayuda para sus consiguientes actividades.

El examen pleno o completo consiste en una auditoría por cuestionario y una auditoría in situ. La auditoría mediante cuestionario documenta los fundamentos de las actividades TPM de la empresa (porqué y dónde emprendió el programa), la naturaleza de sus actividades hasta el examen del premio PM, y los resultados obtenidos. Una vez que una empresa pasa el examen con documentos, tiene lugar la auditoría de las instalaciones. La tabla A-1 resumen los elementos examinados para el Premio PM de Clase 1. Los examinadores del Premio PM son profesores universitarios de áreas relacionadas con la gestión de equipos.

### El Premio Especial PM

Las empresas que han ganado un Premio PM pueden optar a un reconocimiento más elevado, el Premio Especial PM, dentro de los tres años siguientes a la obtención del primer premio. Hasta ahora, sólo unas pocas corporaciones han ganado el premio especial, empezando por Toyoda Gosei, Aisin AW, y Nissan en los años anteriores a 1992. Sin embargo, son muchas las empresas que han estado trabajando para conseguir el premio. En 1992, Aichi Steel, Aishin Takaoka, y Osaka Gas recibieron el premio. En 1993, se distinguió a seis empresas: Odemitsu Kosan (refinería de Hokkaido), Kansai NEC, Sekisui Chemical (planta de Musashi), Zexel, Dai Nippon Printing Micro Products Division, Toyoda Machine Works.

Para establecer firmemente el TPM, las empresas deben mantener consistentemente las ganancias alcanzadas. Contemplar la opción al Premio Especial

PM ayuda en esta tarea, puesto que fuerza a la empresa a continuar y progresar en sus actividades TPM. Los premios PM se otorgan anualmente y no hay límite al número de veces que una empresa puede ganarlo. Por tanto, es extremadamente eficaz aceptar los desafíos de presentarse a los premios como medio para conseguir elevados objetivos empresariales.

**Tabla A-1.  Criterios de selección para el Premio PM (categoría 1)**

| Concepto | Puntos clave |
|---|---|
| 1. Políticas y objetivos TPM | Relación entre el TPM y las políticas de la empresa<br>Políticas y objetivos del TPM y su despliegue |
| 2. Organización y gestión del TPM | Organización de la promoción del TPM, su dotación de personal y operaciones |
| 3. Mejoras del equipo incrementando su eficacia | Promoción y beneficios de las mejoras de los equipos |
| 4. Mantenimiento autónomo | Promoción del mantenimiento autónomo, sistema de auditoría, evaluación de la implantación y las 5S (orden de la planta) |
| 5. Planificación y gestión del mantenimiento | Planificación y gestión del mantenimiento; gestión de la información de mantenimiento, mejora del mantenimiento; diagnósticos de equipos; control de lubricación; y control de piezas de repuesto, útiles, plantillas, accesorios, herramientas, instrumentos de medida, planos, etc. |
| 6. Formación y entrenamiento | Planificación y práctica de la formación y entrenamiento, número de empleados que tienen certificaciones o graduaciones técnicas, evaluación de conocimientos y capacidades |
| 7. Relación entre el TPM y la gestión de la calidad, costes, volumen de producción, y programas de entregas | TPM y control de calidad y de costes, costes de mantenimiento, volúmenes de producción, programas de entrega, ahorro de recursos, y ahorros de energía |
| 8. Planificación de inversiones en equipos y prevención del mantenimiento (MP) | Planificación de inversiones en equipos, métodos de comparación de costes de planes alternativos, presupuestos de equipos, estandarización de los diseños de equipos, actividades MP, gestión de activos fijos |
| 9. Gestión de la seguridad industrial, higiene y entorno | Política, organización y resultados de la seguridad, higiene y gestión del entorno |
| 10. Resultados TPM y evaluación | Tendencia en los resultados logrados desde el arranque del TPM, evaluación de los beneficios del TPM desde el punto de vista global de la empresa |

# Otras publicaciones de TGP-Hoshin, S. L.

## PROGRAMA DE DESARROLLO DEL TPM
### Implantación del mantenimiento productivo total
*Seiichi Nakajima (ed.)*

Este libro es la biblia básica del TPM. Describe un programa de tres años para la implantación sistemática del TPM, detallando las cinco actividades principales de su desarrollo:

- La eliminación sistemática de todas las pérdidas que tienen su origen en los equipos mediante las actividades de los pequeños grupos
- El mantenimiento autónomo (por operarios)
- El mantenimiento programado
- Los sistemas de formación del TPM
- La gestión de equipos desde la fase de su diseño

En el texto colaboran diversos especialistas del Instituto Japonés del Mantenimiento de Plantas.
ISBN 84-87022-82-0 / 423 págs. / 5.900 ptas.

## TPM para mandos intermedios
*Kunio Shirose*

*TPM para mandos intermedios* describe las características de los programas TPM que deben conocer y aprender los mandos intermedios de una fábrica para que la implantación del TPM tenga éxito, y estos mandos desarrollen su papel en las acciones que maximizarán la eficacia del equipo. El TPM es un conjunto de métodos cuya aplicación está rindiendo en algunas empresas españolas notables resultados, incluso sorprendentes. Ninguna otra técnica puede facilitar en un plazo de un año aumentos de productividad de un 30 a un 60 por 100, y mejoras de calidad (reducción de defectos) de un 40 a un 70 por 100, como se ha podido constatar en algunas fábricas españolas. Pero el TPM requiere la participación y comprensión de todos.
ISBN 84-87022-11-1 / 116 págs. / 3.600 ptas.

## TPM para operarios
### Compilado por Productivity Press
*Kunio Shirose, asesor de edición*

Este libro cumple la misma función que el anterior, en este caso para los operarios.
ISBN 84-87022-12-X / 91 págs. / 2.900 ptas.

## MANUAL DE IMPLANTACIÓN DEL JIT
### Guía completa de la fabricación «just-in-time»
*Hiroyuki Hirano*

Esta es la enciclopedia de la fabricación «just-in-time», presentada en dos grandes carpetas con casi 1.000 páginas en papel couché y cientos de gráficos y modelos de impresos de una fábrica JIT. Es un manual destinado a quién proyecte implantar realmente la fabricación JIT. Describe las opciones para el manejo de cada fase de la implantación, los conceptos, técnicas y herramientas JIT y las respuestas a casi cada problema que pueda plantearse.
ISBN 84-87022-86-3/84-87022-87-1 / 980 págs. / 74.000 ptas.


## POKA-YOKE
### Mejorando la calidad del producto y evitando los defectos
*Nikkan Kogyo Shimbun Ltd. y Factory magazine (ed.)*

Si su objetivo es cero defectos, este es un libro para Ud., una guía compuesta de láminas ilustradas de mecanismos poka-yoke que impiden la producción, o el paso adelante de defectos o ambas cosas. El libro incluye teoría poka-yoke, pero sobre todo 200 ilustraciones de mecanismos, que serán una ayuda formidable para ingenieros, mandos intermedios y operarios cualificados.
ISBN 84-87022-73-1 / 304 págs. / 5.600 ptas.


## DESPLIEGUE DE FUNCIONES DE CALIDAD
### Integración de necesidades del cliente en el diseño del producto
*Yoji Akao (ed.)*

Escrito por el creador de la técnica QFD (despliegue de funciones de calidad), este libro facilita información directa desde la fuente de herramientas esenciales para la fabricación de primer nivel mundial. El texto describe extensamente la técnica, y casos de aplicaciones en empresas japonesas de los más variados sectores, desde la industria mecánica y la electrónica, a la química y la ingeniería civil.
ISBN 84-87022-88-X / 359 págs. / 8.800 ptas.


## MANTENIMIENTO DE CALIDAD
### Cero defectos a través de la gestión del equipo
*Seiji Tsuchiya*

¿Qué es lo que debe hacer una empresa para lograr cero defectos de calidad en los productos? Cuando se incorporan e integran en las máquinas e instalaciones las técnicas y mecanismos apropiados, se pueden rastrear e identificar las causas raíces de los defectos, y eliminarlas de forma permanente. Seiji Tsuchiya describe de forma clara, con ejemplos específicos, cómo gestionar las instalaciones y equipos para producir artículos de elevada calidad. El mantenimiento de calidad es una de las ramas del TPM que ha adquirido un gran desarrollo en los últimos tiempos.
ISBN 84-87022-16-2/203 págs./4.500 ptas.


## UNA REVOLUCIÓN DE LA PRODUCCIÓN — EL SISTEMA SMED
*Shigeo Shingo*

Los cambios rápidos de útiles son uno de los pilares de los métodos de fabricación JIT. El Dr. Shingo, que inventó los métodos de cambio de útiles y preparaciones de máquinas en menos

de 10 minutos para Toyota, muestra cómo pueden reducirse los tiempos de preparación hasta en un 98 por 100. El Dr. Shingo es un genio industrial. Sus libros contienen siempre penetrantes sugerencias sobre métodos prácticos para mejorar la calidad y la productividad.
ISBN 84-87022-02-2 / 432 págs. / 5.900 ptas.

## TECNOLOGIAS PARA EL CERO DEFECTOS — INSPECCIONES EN LA FUENTE Y EL SISTEMA POKA-YOKE
*Shigeo Shingo*

El Dr. Shingo describe en este libro una de sus aportaciones básicas para la industria de nuestro tiempo: su sistema de prevención de defectos que combina la inspección en la fuente y los mecanismos poka-yoke que facilitan un medio de retroacción instantáneo que impide que los errores se conviertan en defectos. El resultado: un sistema que elimina la necesidad de control estadístico del proceso y produce piezas y artículos libres de fallos.Incluye 112 ejemplos, con mecanismos poka-yoke que cuestan en la mayor parte de los casos menos de 100$.
ISBN 84-87022-97-9 / 300 págs. / 4.900 ptas.

## EL JIT-REVOLUCION EN LAS FABRICAS
### Una guía gráfica para el diseño de las fábricas del futuro
*Hiroyuki Hirano*

Hiroyuki Hirano describe el sistema de fabricación JIT en 218 páginas de fotografías, dibujos y diagramas. Es un libro que no tiene precedentes: el usuario del libro más que leer observa visualmente cómo se desarrolla la producción en una fábrica JIT. Las fotografías se acompañan de textos simples, fáciles de entender, que permiten hacerse una idea cabal del estilo japonés de fabricación.
ISBN 84-87022-96-0 / 218 págs. / 5.800 ptas.

## DISEÑO DE CELULAS DE FABRICACION
### Transformación de las fábricas para la producción en flujo
*Kenichi Sekine*

Las células de fabricación de estilo japonés son el sistema de fabricación más flexible del mundo: flexibles ante los cambios de volumen, flexibles ante los cambios de modelo, y flexibles en cuanto a la disposición física. Kenichi Sekine examina los principios básicos para crear una producción en flujo, así como para el diseño de células de diferentes formas para satisfacer diferentes necesidades.
ISBN 84-87022-03-0 / 281 págs. / 7.900 ptas.

**TGP Hoshin, S.L., apartado 717 DF, Madrid (España)**
**Tel: 91-369 02 79. Fax: 91-369 02 61**

**Productivity Press, Inc., P.O. Box 13390, Portland, OR 97213-0390**
**Libros en español: Tel: 1-503-235-0600. Fax: 1-503-235-0909**
**Libros en inglés: Tel: 1-800-394-6868. Fax: 1-800-394-6286**
**Productivity Latinoamericana (México)**
**Tel: 95-800-315-5317. Fax: 95-800-315-5319**

Made in the USA
Coppell, TX
23 March 2022